狩野君山の阿藤伯海あて尺牘集

〔監修／注釈〕狩野直禎

〔編集〕杉村邦彦・寺尾敏江

法藏館

序

本書は、その書名が示すとおり、君山狩野直喜がその門人伯海阿藤簡に与えた尺牘（書簡）一七五通を翻刻して注釈を施すとともに、君山・伯海それぞれの略伝と年譜を掲げ、さらに君山と伯海に関する論考をも併載して一書にまとめたものである。

狩野君山（一八六八～一九四七）は、言うまでもなく支那学の泰斗として、ことに東洋史学の権威内藤湖南（一八六六～一九三四）とともに、初期の京都帝国大学文科大学の教授として、多くの俊秀を育て、いわゆる京都支那学の元祖と仰がれる碩学である。しかも、君山は湖南とともに学問の延長として書を善くした。

阿藤伯海（一八九四～一九六五）は、本名は伯海、後年、簡と自称し、号は伯海、別に大簡とも号した。岡山県浅口郡六條院村（今の浅口市）の豪農の家に生まれ、大正十三年（一九二四）三月、東京帝国大学文科大学西洋哲学科を卒業後、京都帝国大学大学院へ進学し、君山に親炙して支那文学を修めた。のち、法政大学教授を経て、第一高等学校教授となり、漢文学を担当した。著書に『大簡詩草』がある。

伯海の第一高等学校時代の学生、作家の清岡卓行氏は、伯海の高潔孤高な人格に傾倒し、その生涯を描いて『詩禮傳家』（文藝春秋、昭和五十年十月）を著わした。生涯独身で通した阿藤伯海の名が世に広く知られるようになたのは、清岡氏のこの書に負うところが大きいであろう。

私は昭和三十三年（一九五八）四月に京都大学文学部に入学し、三回生になって東洋史学を専攻する少し前から、東洋史学研究室へ出入りするようになった。当時、研究室の先輩に、君山の令孫で、後に京都女子大学教授・学長、平安書道会会長などもつとめられた狩野直禎氏がおられた。私は狩野氏から専門分野について助言を仰ぐとともに、君山やその親友の内藤湖南・長尾雨山らの翰墨に関する雅談を拝聴するのを無上の楽しみとしてきた。

時は流れて、平成二十年（二〇〇八）八月二十四日、私が会長をつとめる書論研究会は、第三十回書論研究会大会を京都の思文閣会館で開催し、特別展示「狩野君山とその交友」も同館で併催した。この特別展示には、狩野直禎氏御所蔵の君山とその交友の遺墨資料を多数拝借することができた。

この特別展示開催のため、私は狩野家以外にも、君山の遺墨資料の所在を調査し、借り出しを始めたころ、ふと『詩禮傳家』のことを思い出し、浅口市の阿藤家には君山の遺墨がかなり多く遺されているにちがいないと豫測してみた。

そこで、年来懇意にして頂いている岡山県瀬戸内市在住の赤枝春夫氏に相談したところ、浅口市の市長田主智彦（としひこ）氏とは親友の由で、さっそく調べて下さった。すると、伯海は生涯独身であったから子孫はないが、その令弟の子孫の方から、近年伯海の旧宅や遺品などを一括して浅口市に寄贈して下さったので、君山の遺墨もかなり多く収蔵している。ついては、私に一度下調べにお越し下さいとのことで、驚喜した。

私はその年の八月六日、赤枝氏ご夫妻と令嬢の美智子さんに案内して頂き、浅口市立中央公民館内の郷土先人研究室へ参上して、伯海旧蔵品の整理を指導されていた岡山大学名誉教授廣常人世氏らから説明を聞き、君山の書幅や書簡など合せて約二十点を上記の特別展示に拝借展観することができた。その後しばらくして、廣常氏からまた連絡が入り、君山の伯海あて書簡は、封書・葉書あわせて一七五通が見つかったという。そして、現所蔵者の浅口市教育委員会としては、全書簡のコピーを狩野直禎氏あてにお送りするので、一度全体にお目通し頂き、もし狩野家の御承諾が得られるならば、私（杉村）の方で、翻刻出版して頂いてもよろしいという趣旨の言葉を頂戴した。

それから暫くして、全書簡のコピーが狩野氏を経由して私のもとに届いた。そこで、私は友人の元名古屋市立図書館司書の寺尾敏江さんにも協力して頂き、釈読作業を完了し、その翻刻の原稿を狩野氏へお送りした。

これより先、私は直禎氏から「私は少年のころ阿藤伯海先生について漢文の素読を教わりました」とお聞きしていた。かくて、これらの書簡は、直禎氏という最適無上の注釈者を得て、錦上に花を添えることになったのである。尚、上記の大会と特別展示の成果を基にして、その後、私の編集する『書論』第三十八号（平成二十四年八月刊）に、狩野君山を特集することができた。本書併載の論考は、いずれも同号に掲載したものであるが、本書に収載するにあたり若干の改変を行った。また同号口絵所載の図版のすべてを「狩野君山遺墨図版」として再録し、君山の伯海あて書簡を除く全図版に釈文を附した。

さらに、本書の「附録」として、『東光』第五号「狩野直喜先生永逝記念」（弘文堂、昭和二十三年）を影印して掲載した。この追悼記念号は、狩野君山研究にとって無上の貴重な資料ではあるが、終戦後間もない物資欠乏の時期に、粗悪な仙花紙に印刷されているため、この際、影印復刻しておかないと、将来崩壊消滅してしまう恐れがあるからである。

周知のとおり、現在日本の出版界は、未曽有の厳しい不況下にあり、本書を快く出版してくれそうな出版社も得られず、困惑していた。そこで、私の大学・大学院を通じての先輩である京都大学名誉教授の礪波護氏に依頼して、法蔵館に打診して頂いたところ、出版を枉諾して下さったのである。

ただ何よりも残念でならないのは、昨年一月十三日、本書出版へ向けての打合せのため法蔵館へ御同行いただいた狩野直禎氏が、その後間もない同年二月七日早朝に急逝されたことである。本書の完成をあれほど楽しみにしておられ、本書の序文も執筆して下さる豫定であったのだが……。本書の刊行は、君山・伯海はもとより、直禎氏の霊も泉下でさぞ喜んで下さることであろう。

本書の書名に使用した「尺牘（せきとく）」の語は、中国において前漢の頃から使われており、元来は竪一尺の簡牘（かんとく）に書くことのできる程度の比較的短い書簡の意である。後に、簡牘が紙に代ってからも、この語はそのまま沿用され、正史の列伝や碑誌などに見える「善尺牘」の語は、とくに尺牘の筆跡の美事さをたたえる雅語となった。

君山はもとより伯海も秀れた漢学者・漢詩人であり、しかも両人ともに「尺牘を善くした」ので、本書の書名には、敢えて「尺牘」の語を用いることにした。但し、本文中では原則として原稿表記に従い、「尺牘」と「書簡」の両語を併用していることをおことわりしておく。

最後に、本書の出版を快諾して下さった浅口市教育委員会、狩野直禎氏の令夫人瑶子氏および本書に「あとがきに代えて」を御執筆頂いた君山の曾孫直敏氏、阿藤家の御遺族、今般新たに阿藤伯海の略伝と年譜を執筆して下さった岡山大学名誉教授廣常人世氏に対して、また複雑な編集作業を手ぎわよく担当して下さった株式会社法蔵館編集部の今西智久氏に対して、厚く御礼を申し上げたい。

平成三十年十二月十五日

杉村邦彦

狩野君山の阿藤伯海あて尺牘集＊目次

狩野君山の阿藤伯海あて尺牘集

狩野君山略伝

杉村邦彦

狩野直喜

狩野君山（一八六八〜一九四七）、名は直喜、幼名は百熊、字は子温、君山はその号である。別に半農生、半農人、葵園・紫海などと号した。狩野直恒の三男として現在の熊本市で生まれた。明治十二年、同心学舎に入ったが、まもなく県立済済黌中学（現在の済々黌高校）となり、十七年に卒業、上京して神田共立学校（在学中、東京開成学校と改称）に入学して英語を学んだ。第一高等中学校に入り、明治二十五年に卒業、ついで東京帝国大学文科大学漢学科に入学した。

明治二十八年、大学を卒業すると、三十三年四月、文部省の命により清国へ留学した。しかし、清国ではこの年六月に義和団事変が勃発したため、服部宇之吉らとともに北京に籠城する破目となった。八月に籠城が解かれて帰国した。三十四年、改めて上海へ留学し、考証学を治めるとともに、ヨーロッパのシノロジーにも触れた。

明治三十九年、京都帝国大学文科大学が開設されると、その教授となり、支那哲学史を担当し、四十年、文学博士の学位を受けた。四十一年に文学科が開設されると、支那文学史をも兼担した。四十三年、同僚の教授内藤湖南、同小川琢治（号は如舟）らとともに、敦煌発見の古書を調査するため清国へ出張した。さらに四十五年九月から大正二年十月まで、ヨーロッパへ留学、パリではペリオ、シャバンヌらと親交を結び、ロンドンでも敦煌遺書の調査に従事した。昭和三年、京都帝国大学を定年退官し、同大学名誉教授の称号を与えられた。昭和四年、東方文化学院東京研究所と京都研究所が開設されると、初代の京都研究所長に就任し、十三年の辞任まで、その運営に当った。昭和十九年四月、文化勲章を受章した。

その学問は、中国哲学史では清朝考証学を祖述し、文学史では元曲その他口語文学の研究を創始した。同僚の内藤湖南らとともに中国学の京都学派の基礎を築き、幾多の俊秀を育てた。書は学問の延長で、清の劉墉（りゅうよう）と翁同龢（おうどうわ）を愛し、その真髄を得た。精妙な中に雄壮の気を蔵し、楷行にすぐれたものが多い。書巻の気の横溢する格調の高さでは、能書家の多い京都学派の中でもひときわ光彩を放ち、湖南とともに双璧をなすと言えよう。

生前に刊行された著書に『支那学文藪』、『読書簒餘』があり、没後令孫の狩野直禎氏により、吉川幸次郎、宮崎市定、島田虔次ら諸氏の協力を得て、京都大学における講義録などをもとに、『中国哲学史』、『両漢学術考』、『魏晋学術考』、『支那文学史』その他の単行本があいついで刊行された。

狩野君山年譜

年号	西暦	年齢	事項
明治　元年	一八六八	一歳	二月十一日、熊本に生る。
十二年	一八七九	十一歳	同心学舎入学。（後、同心学校に改まる。）
十五年	一八八二	十四歳	同心学校、済済黌と改まる。本科二級に編入さる。
十七年	一八八四	十六歳	済済黌卒業。東京に赴き、神田共立学校に学ぶ。
十九年	一八八六	十八歳	東京開成学校（旧共立学校）卒業、大学豫備門（第一高等中学）入学。
二十五年	一八九二	二十四歳	第一高等中学文科卒業。東京帝国大学文科大学漢学科入学。
二十八年	一八九五	二十七歳	東京帝国大学文科大学漢学科卒業。大学院に入る。
二十九年	一八九六	二十八歳	私立芝正則尋常中学校（現正則学園）に漢文地理歴史を教う。
三十年	一八九七	二十九歳	中等学校教員検定試験委員を嘱託さる。
三十二年	一八九九	三十一歳	東京外国語学校に漢文を教う。
三十三年	一九〇〇	三十二歳	四月、文部省留学生として北京に赴く。六月、北清事変起り、北京公使館に籠城、八月、帰国。十一月、京都帝国大学法科大学講師を嘱託さる。
三十四年	一九〇一	三十三歳	再び清国留学、上海を中心に研究に従う。北清事変の戦功により、勲六等に叙し、単光旭日章を賜わる。
三十六年	一九〇三	三十五歳	帰朝。台湾総督府より台湾旧慣調査会事務を嘱託され、織田萬の補助として清国行政法の編纂に従う。

三十九年	一九〇六	三十八歳	四月、京都帝国大学文科大学創設委員を嘱託さる。七月、同文科大学教授に任ぜらる。支那哲学史担当。八月、内閣より臨時台湾旧慣調査委員を嘱託さる。十月、正七位に叙せらる。
四十年	一九〇七	三十九歳	文学博士の学位を受く。
四十一年	一九〇八	四十歳	文科大学に文学科の授業開始さる。十二月、従六位に叙せらる。
四十三年	一九一〇	四十二歳	内藤湖南、小川琢治教授らと共に敦煌古書調査のため清国に赴く。正六位に叙せらる。
四十四年	一九一一	四十三歳	勲五等に叙せられ、瑞宝章を賜わる。
四十五年	一九一二	四十四歳	九月、欧州留学。従五位に叙せらる。
大正二年	一九一三	四十五歳	十月、帰国。
四年	一九一五	四十七歳	台湾旧慣調査事業完了。正五位に叙せらる。
五年	一九一六	四十八歳	大阪懐徳堂重建され、その顧問となる。勲四等に叙せられ、瑞宝章を賜わる。
八年	一九一九	五十一歳	京都大学文学部長。勲三等に叙せられ、瑞宝章を授けらる。
九年	一九二〇	五十二歳	高等学校教育検定委員会臨時委員を嘱託さる。
十年	一九二一	五十三歳	従四位に叙せらる。
十二年	一九二三	五十五歳	対支文化事業調査会委員を嘱託さる。フランス国より Commandeur de l'Ordre du Mérite agricole を授けらる。
十三年	一九二四	五十六歳	宮中御講書初講師として尚書堯典首節を進講す。
十四年	一九二五	五十七歳	帝国学士院会員となる。東方文化事業総委員会成立のため服部宇之吉と共

			に北京に赴く。
十五年	一九二六	五十八歳	正四位に叙せらる。
昭和二年	一九二七	五十九歳	勲二等に叙せられ、瑞宝章を授けらる。「古昔支那儒学の政治に関する理想」について進講す。『支那学文藪』刊行す。
三年	一九二八	六十歳	京都帝国大学を停年退官す。京都帝国大学名誉教授の称号を受く。対支文化事業の用務を帯び北京に赴く。従三位に叙せらる。
四年	一九二九	六十一歳	東方文化学院開設され、理事として京都研究所長となる。「我国ニ於ケル儒学ノ変遷ニ就イテ」進講す。
七年	一九三二	六十四歳	「儒学ノ政治原理」について進講す。
八年	一九三三	六十五歳	日本学術振興会委員。満日文化協会評議員。
九年	一九三四	六十六歳	満日文化協会理事。
十年	一九三五	六十七歳	パリ Société asiatique 名誉会員。顕中府記を撰書す。
十三年	一九三八	七十歳	東方文化学院京都研究所長を辞す。対支文化事業調査会委員を免ぜらる。
十九年	一九四四	七十六歳	四月、文化勲章を授けらる。十二月、東方文化研究所長松本文三郎薨去のため、所長事務取扱となる。
二十年	一九四五	七十七歳	二月、東方文化研究事務取扱を辞す。大正天皇御製詩集の編纂終わる。
二十二年	一九四七	七十九歳	十二月十三日、死去、戒名文穆院殿半農君山日温大居士。『読書籑餘』を刊行す。

作成　狩野直禎

阿藤伯海略伝

廣常人世

阿藤伯海（浅口市教育委員会 提供）

伯海先生が日本の近体詩の詩壇において も評価されていることは、知る人ぞ知ると ころでありますが、主たる業績が漢詩であ ることは誰もが認めるところです。口を極 めて激賞し、現代日本の代表的漢詩人であ るとまで言う人は土屋竹雨（一八八七～一 九五六）でした。いわゆる絶筆の詩は伯海 先生の詩名を高くしたと言われていますが、 それは先生が病身の最後の力をふりしぼっ て、推敲を重ね、浄書を終え、これを枕も とに置いて、翌日瞑目したという、詩道一筋の生涯が劇的な最期であったからです。この詩「右相吉備公館址作」は右大臣吉備真備を顕彰したいという公の出身地の有志から依頼を受けて作られ、その碑は矢掛町東三成に建てられました。

鴨方町では、先生に親炙した六條院東の篤志家が第一高等学校の門下諸名士と謀って、先生を顕彰するための詩碑として、同じ詩を刻んで郷里の地に建立しました。側に副えられた碑は、清岡卓行氏が、恩師景仰の文を作り、高木友之助氏がこれを書したものであります。以下にその全文を掲げます。

伯海先生略伝

阿藤伯海先生ハ明治二十七年二月十七日※ニ岡山県鴨方町デ豪農ノ長男ニ生マレタ　諱ハ簡　字※ハ大簡　二十世紀中葉日本ノオソラク最高ノ漢詩人デアル　六條院ノ小学校時代カラ秀才デ容姿端正　矢掛中学校ヲ経テ第一高等学校文科ニ学ビ岩元禎教授ニ影響サレタ　東京帝大哲学科ニ入ッタガ上田敏ニ私淑シ近代西欧ノ詩美ニ囚ワレタ　大正十三年卒業論文ノ対象ハ　ノヴァーリス　同ジコロカラ李白杜甫ナド古代中国ノ詩人ニ魅惑サレ京都帝大ノ狩野直喜博士ニ中国学ヲ学ンダ　独身ヲ守ッテ鎌倉ニ住ミ現代詩ノ秀作「哀薔薇」ヲ発表シタガソノノチハ漢詩制作ニ最大ノ情熱ヲ注イダ　昭和十年ゴロ法政大学デ漢文学ヲ講ジ同十六年第一高等学校教授トナッテ漢文学ヲ担当　戦時ニアッテ王道ヲ尊ビ覇道ヲ排スル識見　文学ヘノ理想主義的ナ愛着　寛厚ナ人柄時流ニ超然ノ羽織袴コレラハ多感ナ一高生ノ敬慕ノ的トナッタ　同十九年暮ノ暗澹タル戦局ノ中デ辞任シテ帰郷　故宅臥龍洞デ看経三昧ノ生活ニ入ッタ　戦後農地改革ニ先立チ田地ヲ小作人ニ贈ッテ一部カラ嘲笑サレタガ恬然トシテイタ　同二十四年岡山大学創設ニ尽力　再ビ教壇ニ立ツコトハナクソノ後孤居十数年臥龍松ノ傍デ詩作読書ニ耽ッタ　同四十年四月四日死去　前日ニ完成シタ「右相吉備公館址作」ハ高雅芳潤ノ代表作デア

ル　拡大シタソノ草稿ヲ刻ンダ石碑ガ矢掛町東三成ノ吉備大神宮※境内ニ建立サレタ　同四十五年ニ先生ノ漢詩約四百八十編ガ「大簡詩草」トシテ一高教授時代ノ門下生ラニヨッテ刊行サレタ　法名　臥龍庵大簡居士※　墓ハ大簡阿刀先生之墓ト刻シ旧宅近クノ丘ニ在ル

昭和五十九年八月吉日

受業　清岡卓行　撰文

同　高木友之助　謹書

（※印の箇所は当時の或る文献に拠るもので、正しくは別掲の略年譜に記す所に従ってください。）

阿藤伯海年譜

年号	西暦	年齢	事項
明治二十七年	一八九四	一歳	二月十日、誕生。岡山県浅口郡六條院村（現鴨方町）、阿藤暦太・天留の長男。本名伯海（はくみ）。後年、簡（かん）と自称、大簡（たいかん）・伯海（はくかい）などを号とし、また姓を滕（とう）・阿刀（あとう）などと署した。
大正二年	一九一三	二十歳	岡山県立矢掛中学校卒業。
十年	一九二一	二十八歳	第一高等学校文科卒業。この頃、『上田敏詩集』の編纂者山内義雄氏の仕事に献身的に協力。
十三年	一九二四	三十一歳	東京帝国大学文学部西洋哲学科卒業。卒業論文「ノヴァーリスの悲嘆と慟哭」。京都帝国大学大学院入学。藤代禎輔・朝永三十郎両教授の指導を受けるが、シナ学に傾倒し、君山狩野直喜、豹軒鈴木虎雄両教授に親炙するに至った。
十五年	一九二六	三十三歳	法政大学講師、後、教授。フランス文学科の学生齋藤磯雄氏と出会う。その同人誌に漢詩を寄稿する。
昭和六年	一九三一	三十八歳	近体詩「哀薔薇」が春陽堂『明治大正昭和文学全集』「詩篇」に収載される。三月二十日、父暦太死去。
十三年	一九三八	四十五歳	一月、君山先生から作詩を激励する書簡を受ける。これは詩集『大簡詩草』の序文に充てられた。

十六年	一九四一	四十八歳	第一高等学校講師、後、教授。漢文担当。この年、「滕門書生」八名（青山行雄・清岡卓行・小池暎一・高木友之助・三重野康・牟田口義郎・村上博之・山本阿母里）と出会う。
十九年	一九四四	五十一歳	官職を辞任して、十二月、郷里に帰る。
二十一年	一九四六	五十三歳	農地を無償で小作人に与える。
二十二年	一九四七	五十四歳	十二月、君山先生逝去。
二十四年	一九四九	五十六歳	五月、豹軒先生来訪、備中の旧蹟を案内する。以後しばしば来訪、応酬の詩多し。
三十年	一九五五	六十二歳	八月二十八日、母天留死去。
三十一年	一九五六	六十三歳	岡山県教育委員に任命される。任期一年。以後一切の職に就かず。
三十八年	一九六三	七十歳	一月、豹軒先生逝去。冬、君山先生門下の先輩、日名静一氏（真備町の人）から、吉備真備公の頌徳碑に刻む詩を作ることを依頼される。
四十年	一九六五	七十二歳	四月三日、「右相吉備公館址作」の詩成り、細楷で浄書し了る。これが絶筆となる。碑は矢掛町東三成の吉備大臣宮の境内に建てられた。四月四日、四時四十四分病没。法名「臥龍庵大簡大居士」。阿藤氏の墓所に葬られ、墓標の文字は「大簡阿刀先生之墓」と刻まれている。
四十一年	一九六六		十一月、友人受業生等による『阿藤伯海先生追懐』成る。
四十五年	一九七〇		四月、『大簡詩草』不分巻一冊排印本発行。唐本仕立て、帙入り、私家版。序跋その他は生前著者の指定する所、校字装幀万般を高木友之助氏が担当。

五十年	一九七五		清岡卓行『詩禮傳家』文藝春秋社、平成五年講談社文芸文庫。
五十九年	一九八四		八月、有志、絶筆の詩碑二基を真止戸山神社参道脇に建立。この詩碑は、平成十七年十二月、阿藤伯海記念公園に移設された。
平成　十一年	一九九九		相続者令甥田中喬氏は、墓所を除いて、阿藤家の所有する宅地家屋田畑山林すべてを文物什器と共に鴨方町に寄贈された。町は三重野康氏を名誉委員長とする識者による整備計画策定委員会の答申を求めて、活用のための整備を図ることとした。
十八年	二〇〇六		阿藤伯海記念公園竣工。一月十八日オープン。

作成　廣常人世

祖父狩野君山と阿藤伯海先生

狩野直禎

阿藤伯海先生は、私に初めて素読という形で、漢文を読む力をつけて下さった御師匠さんである。私或いは私の家族達は、「阿藤先生」と親しみを込めて呼ばせて頂いていた。それだから阿藤伯海などと書くと、何か別の人のようにも思えてくるが、この文ではやはり阿藤伯海で通すこととする。しかし時には先生と書いてしまうかもしれない事をお断りしておく。

昭和十五年（一九四〇）の四月、私が小学校の五年生に進級した時、会社員であった私の父直方は、京都から東京に転勤する事になった。最初単身赴任をして、一家（母と妹と弟、そしてお手伝いさん）六人の住む借家を探していた。此の時、祖父は伯海に家を探してくれるよう依頼していた事を、今回君山の伯海宛の書簡で知った。君山と伯海の間は、このように俗事を頼めるような関係でもあったのである。

七月の末、一学期の終業式が終るのを待って、私達はまだ東京市といっていた東京の杉並区井荻(いおぎ)に引っ越した。そこはもう東京市の外れであり、一歩行けば東京府下ということになった。そして九月から先生の素読が始まった。伯海は当時市内の市ヶ谷にある法政大学で教鞭を執っておられたから、拙宅に御出でになるのには随分と時間もかかった筈である。

私はすでに四年生になった時から、素読を祖父から受けていたが、祖父は転宅をよい機会として、他人から正式に素読を受けさせようと思ったのであろう。それでは誰れに素読をしてもらうかとなると、祖父の頭の中には伯海しか浮ばなかったとみてよいだろう。幸いに伯海は東京に近い鎌倉に住んでいる。早速伯海に依頼をしたに違いない。伯海はすぐ師君山の頼みを受けて、わざわざ素読の為に、遠方までお越し下さったのであった。

先生は着物に袴をはいてお出でになった。その服装は十九年、素読が終るまで、変ることはなかった。素読が始まったころはまだしも、十九年と言えば戦争は熾烈になり、男子は国民服でゲートル、女子はもんぺ姿が強制されるような時代に入っていた。私の母が「その様な御姿で、大丈夫ですか」と御尋ねしたことがあったが、笑って答えられなかったとか。そのころのゴシップねたとして、先生が歩いておられて、自警団に尤(とが)められた所、先生は袴の裾をめくりあげられた。すると袴の下にゲートルを巻いておられたというのがあった。作り話もよいところである。又当時男性が長髪でいられることも難しかったが、先生は素読の折、垂れ下る髪を手でかきあげて読んで下さったこと、今も目の前に浮かんでくる。これも勿論、素読の始めから終るまで変ることはなかった。

私は伯海から素読を受けている間、伯海のお年はおいくつか、御出身はどこか、どんなお仕事をしていられるのか、そのような事を直接お聞きもしなかったし、祖父母や両親も何の話もしてくれなかった。私はぼんやりと、お年は父親位か少し年上かなと思っていた。私の父親は昭和天皇と同じ、二十世紀の始まった明治三十四年（一九〇一）生まれである。先生が日清戦争の始まった明治二十七年（一八九四）のお生まれであることを知ったのは、先生が亡くなられた時であったろうか。

伯海は岡山県浅口郡六條院村の大地主の家に生まれられた。矢掛中学校を卒業し、上京して第一高等学校文科に入学した。此の時共に矢掛中学から一高に進んだのが難波準平であった。

一高を卒業すると、多くの人は伯海が仏蘭西文学を東京帝国大学で専攻すると思っていたのに、西洋哲学に進んだ。此の時難波は京都帝国大学文学部に入学し、ドイツ文学を専攻する。当時の京大独文の主任教授は、君山の大学時代からの友人藤代禎輔であった。こうして矢掛中学の同級生は東大と京大に別れて進んだが、私は伯海に君山の事についていろいろ話をしたのは難波ではなかったろうかと思っている。

大正の末と言えば、東大と京大は東西に聳え立つ二大巨峰であり、そこでどの様な教授が、どんな研究をし、講義をしているかは、自然に聞えてきたには違いないが、中学から高等学校と共に歩いた友人の口から聞く話は阿藤に君山を師にしたいとの思いをつのらせたであろう。阿藤は、大正十三年三月、東大を卒業すると、京都帝国大学大学院に進んだ。目指す教授は狩野君山であった。なお阿藤と同じように、東大を卒業して大学院を京大に選んだ者に倉石武四郎がある。倉石は大正十年に東京帝国大学文学部支那文学科を卒業すると、特選給費生として文学部副手を兼ね、大正十一年に京都帝国大学大学院に転じ、君山の指導を受けられたのである。倉石は明治三十年の生まれで、阿藤より三歳の年少であるが、阿藤より二年早く京大大学院に進んだのは、伯海が若いころ病弱で休学期間があったからであり、最後の休学は一高時代で、一高を四年かかって卒業している。

伯海の君山宛の書簡の日付から見て、伯海は大正十五年六月には、すでに神奈川県鵠沼に住んでいるから、多分その年の三月をもって大学院を退学したのであろう。

言うまでもないが、旧制大学院は講義に出席する義務はなく、講義に出席しても単位を取得するわけでもない。修学年限も定まっていない。大学院の籍を離れれば退学で処理されるのであった。

さて、伯海の二年間の京大大学院在学中、君山は「支那哲学史」「支那文学史」「清朝の制度と文学」「両漢学術考」の講義をし、又「礼」「元曲」の演習を開いていた筈である。伯海がどの授業に出席したか分らない。又君山の研究室や家庭に赴いて教えを乞うこともあった筈である。

ところで、君山は伯海が京都留学の二年目、大正十四年だけは一年間日記（『半農書屋日記』。平成六年、みすず書房『春秋研究』に附録として、印刷に附した）をつけている。日記には大学で出会った人物の名は記されていないが、自宅への訪問者は克明に記されている。その日記を見てみると、「一月六日。晴。（前略）下午佐々木君（法学部教授佐々木惣一）、桑原君（文学部教授桑原隲蔵）、難波来」とある。難波は大正十四年の卒業であるから、卒業論文提出を間近にして、帰郷もせず、在洛していて、年賀に来たのであろう。さらに三月三十日にも「夜、難波生至」と見える。卒業の挨拶にでも見えたのであろうか。そしてこの間阿藤の名は一度も見えない。

新学年が始まって、五月二十五日に「此日難波生携金春楽師二名而至（中略）難波送鯛魚来」とある。君山の趣味に観能があり、謡曲があった。君山の故郷熊本は金春流が盛んである。そしてその日は又、難波の故郷から瀬戸内の鯛が送られて来た。そして恰もそれと揆を一にするように、翌二十六日の日記には「阿藤生送鯛魚来」とある。まさに瀬戸内の鯛の旬の季節であった。なお阿藤家からは毎年のように鯛が送られてきたことは、伯海宛の書簡に礼状が含まれていることから分かる。

さて阿藤の名は出てくるが、伯海自身が君山の家を訪れたのではなかった。六月八日になってようやく「傍晩阿藤君来」の記事が現れる。伯海とは勿論大学の教室や研究室等では顔を合わせていたのであろうが、君山の私宅に訪れたのは、この年はこの時始めてであったようだ。

そしてそれをきっかけに、

「六月九日。在家。難波生来。午後上学。夜拉難波阿藤二生詣東福園便飲」

「六月十六日。（前略）。夜阿藤君来（後略）」

「六月十九日、午前。難波生来」

と二人の名前が出て来る。二人を伴って中華料理屋に赴いて酒も飲んでいる。

そして大学はやがて夏季休暇に入る。

「八月五日。（前略）。阿藤生至」

「八月六日。招阿藤生磨墨。終日揮毫。少適意者。可恥之甚（後略）」

「八月八日。阿藤生至。求其磨墨、揮毫数紙（後略）」

「九月五日。阿藤生求其磨墨一升。揮毫数枚（後略）」

とあるから、八月から九月にかけて、君山を訪れた折に磨墨を命ぜられている。そして君山の伯海宛の大正十四年八月二十九日の葉書（書簡No.1）には、
拝啓。又々作字致候筈ニツキ、御間暇ニ候ハゞ、何時でも御出被下度、右御依頼迄如此。匆々不一。

とあり、墨をすってもらうために呼びよせているのである。

君山は揮毫の折には、祖母に墨をすらせていたようで、桑原武夫に君山が祖母に墨をすらせている所に出くわし、その様子を書いている文がある（桑原武夫「君山先生」『東光』第五号。本書附録）。その文によると、君山は「墨は必ず女の磨るもの、男では粗くなつていかぬ」と言っていたそうである。しかし此の時は伯海を呼び出して墨をすらせているのである。君山と伯海の間に、他の弟子とは違う、お互いに何か感じあうものがあったからであろうし、それ以後も君山の世を去るまで二人の交誼は続く事になる。詩人同志であることから生まれたのか。

伯海が夏季休暇中に、しばしば君山を訪れていることからみて、此の年は帰省しなかったと思える。

九月の末、伯海は君山を訪れる。難波の書斎の額に字を書いてくれと頼みに来た。

九月廿九日。阿藤生来。為難波生作書室額字。

十一月十四日（前略）午後、阿藤生至（後略）

十二月二十五日（前略）傍晩阿藤井上君至（後略）

十二月二十七日夜、招飲矢野教授孫子致杜聡明今西博士阿藤生。

と見える。なお矢野教授は矢野仁一、今西博士は今西龍である。お二人とも君山の家から徒歩一～二分の所に住んでいられた。

こうして大正十四年が暮れ、翌十五年に入ると、恐らく四月から、伯海は法政大学にて教鞭を執る事になり、京都を去った。以後伯海は鵠沼海岸、東京市外阿佐谷（現東京都杉並区阿佐谷）、東京市外杉並町天沼（現東京都杉並区天沼）、神奈川県鎌倉町（現鎌倉市）阪之下、神奈川県鎌倉町（現鎌倉市）名越六法井と転宅している。

伯海と君山は、伯海が帰郷或いは上京の折、京都で途中下車するか、君山が上京した際にのみしか直接会えないことになってしまった。それを補うために書簡の往復が頻煩になった。君山の伯海宛ての書簡は一七五通残っているが、伯海の君山宛てのものは数通しか残っていないのは残念である。

伯海は君山の関東に住む数少ない弟子の一人であった。しかも伯海は君山が揮毫の折に墨をすることを命じたように、他の弟子たちとは違った扱われかたをしていたから、いろいろと個人的な用件を頼まれることもあった。しかし昭和三年に、君山の長男直方（筆者の父）が就職して東京に住むことになって、その種の用は軽減されたように思われる。

そして次第に書簡の中にお互いの作った詩のことが中心の話題になっていく。君山は自分が作った詩をすぐに書簡に書いて、伯海に送っている。その大部分は君山が生前に、自分の作った詩から取捨選択して作っておいた『君山詩草』の原稿（昭和三十五年に付印された。ただしこれは君山十三回忌の折、有志の方が合銭して刊行して下さった『君山文』の餘貲をもって板に付されたもので、市販はされていない）に収められているが、中には君山が『詩草』に選ばなかったものもあり、また伯海に送った後も推敲を重ねて、字句の変化したものもあり、貴重である。

それとは逆に、伯海が自作の詩を送って来て、君山がそれに対しいろいろと意見を加えている書簡もある。ただ此の方は『大簡詩草』には、君山の意見によって伯海が詩句を改めたものが載っていて、伯海が最初作った詩を見る事ができないのは、当然とは言え残念である。

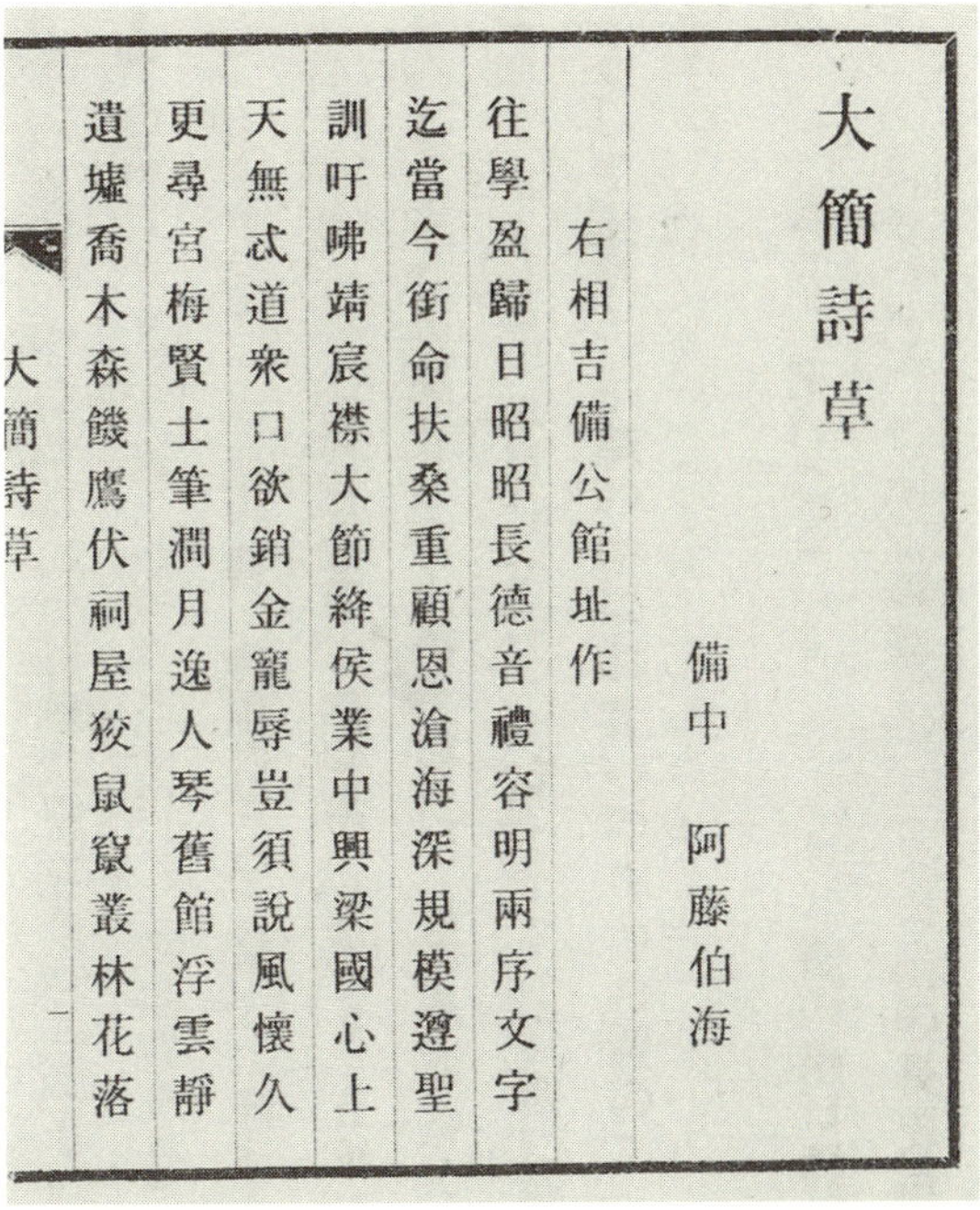

大簡詩草

備中　阿藤伯海

右相吉備公館址作

往學盈歸日昭昭長德音禮容明兩序文字
迄當今銜命扶桑重顧恩滄海深規模遵聖
訓吁咈靖宸襟大節絳侯業中興梁國心上
天無忒道衆口欲銷金寵辱豈須說風懷久
更尋宮梅賢士筆澗月逸人琴舊館浮雲靜
遺墟喬木森饑鷹伏祠屋狡鼠竄叢林花落

大簡詩草

1　『大簡詩草』

伯海と君山の交遊の根底には、お互いに詩人として認め合ったことがあるのではないだろうか。もとより君山にとっては詩を作る事は書とともに楽しみであった。そして若いころから詩人と目されていた伯海が、上洛して京大の大学院生になったのだから、二人は最初出会った時から、互いに詩人として認め合ったのであろう。従って二人の会話の大部分は詩作、或いは古人の詩の批評、鑑賞が主であったろう。同僚や他の弟子達との会話とは異なった側面を持っていたであろう。ただ鈴木豹軒と君山の間の会話の中には、学問を離れて詩の話があったろうし、君山の死後、伯海が詩人としてもっとも尊敬したのが豹軒であったことは、『大簡詩草』の詩から知ることができる。

そういう意味で、君山・伯海二人にとっての一番の楽しい思い出は、昭和七年春（恐らく三月の末であろうか）に、連れ立って、京都市の北郊大原の寂光院に遊んだことであったろう。言うまでもなく、寂光院は高倉天皇の皇后、建礼門院平徳子（清盛の次女）が壇ノ浦の戦いの後、剃髪して真如覚と号し、隠棲した所である。彼女は平氏が寿永四年（一一八五）壇ノ浦で敗れた時、高倉天皇との間にもうけた八歳の安徳を抱いて入水したが、彼女は助けられ京都に送られ、大原に住んだのである。時に三十一歳。翌文治二年（一一八六）、建礼門院の舅にあたる後白河法皇がはるばる都からこの地を訪れる。大原御幸と呼ばれ『平家物語』でも有名な一節であるが、後には謡曲にも取り入れられた。君山の趣味は謡曲であったから、当然このことが頭にあったろう。

ところで伯海の故郷には、安徳天皇が西巡して数ヶ月駐輦した所があるとの伝えがあり、伯海には「泉山覧古」、「寿永宮址二首」、「礼紫巌山寺」（紫巌山は桓武・安徳両帝の為の勅額道場で、浅口郡にある）、「壇浦懐古」等の詩がある。伯海にとっては恐らく若いころからしばしば訪れた此の地の事なども思い出しての大原行であったろう。

現在なら京都市内からバスで容易に行けるけれども、昭和七年と言えば市内からのバスはなく、京都人が叡電と呼んで親しんでいる郊外電車に乗って比叡山の麓、八瀬迄行き、そこから徒歩約二時間強という所であった。八瀬駅からバスがこのころにはもうあったかも知れぬが、一日に数本というところではなかったろうか。八瀬から大原まで往復する間、六十四歳の師と三十九歳の弟子はどんな話をしていたのであろうか。

君山は昭和七年（一九三二）四月四日付のはがき（書簡№32）で、七言絶句の詩を一首送っている。今、『君山詩草』に載せるものとは文字に若干の出入りがあり、推敲の跡も見ることができる。そして伯海には「千（壬の誤か）申晩春陪狩野君山夫子游大原寂光院奉和大作」、「陪狩野君山夫子訪寂光院」の二首の詩がある。伯海の二首は君山の詩と同じ韻を踏んでいる。その他伯海には「訪寂光院」（此の詩も同韻である）、「再訪寂光院」（此の詩の初句は「憶昔陪師訪故宮」である）等の詩があり、昭和七年の大原行はいつまでも伯海にとっては忘れられないものであった。

君山も昭和十年十一月十八日、寂光院の絵はがき（書簡№58）を使って、

今日秋色を尋ネテ此地へ来り、曾遊を追想いたし候。

と、伯海に書き送っている。

伯海が比叡山無動寺の祖賢阿闍梨といつ、どのようにして知り合われ、いたく尊敬されるようになったかは分らない。君山は伯海からの紹介もあったろうし、また『宸翰英華』編纂の委員になって、延暦寺勅封の嵯峨天皇（言うまでもなく三筆の一人）御宸翰を拝観したことなどもあって親しくなった。そして祖賢師の依頼を受けて嵯峨天皇の御製を調査したりもしている。

祖賢は戦争中に千日廻峰の行をしておられた。京都では行者さんと呼んでいるが、君山の昭和二十年五月十八日の伯海宛ての書簡（書簡№156）には、「過日祖賢行者廻峰之行として、朝赤山明神迄降られ候事あるを知り、小児（筆者の父）を従へ二度之ヲ訪ひ、二回目に始めて明神より出懸けの途にて面会し、暫時立ちながら話をなし候処云々」と記している。赤山は修学院離宮のさらに北、比叡山麓にあり、円仁が山東省赤山より赤山明神、即ち道教の泰山府君を勧請した。拙宅からは三十分は要する。そのような経緯があって、筆者の家では昭和二十二～三年のころまで誰かが無動寺に参詣することがあり、筆者も何度か訪れている。

君山が亡くなった時、正式の葬儀に先立って祖賢師は御弟子の覚範さんを伴ってお参り下さった。又十七回忌の折には、師はすでに山を下りて坂本の律院に住まわれていたが、御自坊で法要を営んで下さった。ただ伯海は御健康の都合で御出でにならなかった。『大簡詩草』には、「癸卯臘月十三日、先師狩野君山夫子十七年忌辰、臥龍庵私設壇、以祭夫子霊位、鞠躬奠藻、（先是五日、比叡山麓律院祖賢大和尚・覚照阿闍梨厳修為先師追善供養、山中諸僧与之、余以病不赴）」と題した七言絶句二首が載せられている。

比叡山と言えば、なお君山には「寄山中僧二首」と題した七言絶句があり、伯海には「奉和狩野君山夫子寄山中僧詩題二首」及び「寄山中僧」の詩がある。又別に「陪狩野君山夫子、上比叡山礼中堂、詣無動寺、奉和二首」があるところからみて、伯海と君山は同道して根本中堂に礼し、無動寺に詣ったことがあったようである。君山の十八年十一月五日の書簡（書簡№134）に、

一昨日ハ突然登山致候処、御厄介を相かけ御気之毒千万ニ存候。併上人ニ親見ハ致兼候へども、平生之所思ハ遂げ仕合に存候。

とあるのは、この時のことであろうか。ただ『君山詩草』には此の時に作った詩を見出せない。

伯海は夏季休暇・冬季休暇、或いは学年末には必ず帰郷した。そしてその往復の途次、途中下車して京都の君山の許を訪れた。君山は休暇の日が近づくと、数日内には伯海に会えるものと楽しみにしていた。時にはその思いを書簡に認めたりもしているし、伯海にしても時には岡山に或いは東京に直行する場合もある。その時の落胆の様子を認めた書簡も見える。そうした時には風邪でも引いたのではないかと心配した便りもある。これこそまさに師弟愛の権化とでもいうべきであろう。

君山が伯海に出した最後の書簡となったのは昭和二十二年（一九四七）六月二十六日付のものである（書簡№171、図版75）。勿論本人はこれが最後になるとは思ってもいなかったであろう。その書き出しの所、「御入洛之日を指折

2　君山が伯海のために揮毫した「虚白室」の扁額（浅口市教育委員会蔵）

りながら相待ち候へども、其消息に接せず、（中略）老夫も御蔭を以て次第に宜しく、病気と名くるもの無之、長く臥床にありし故、足用をなさず（下略）」とある。事実一旦は元気になったが、夏の終りごろから又臥床することになった。なお君山は細川家には臣子としての礼を一生執っていたが、世子護貞氏（元首相護熙氏の父君）が病気見舞いに来られたのはこのころではなかったろうか。祖父は掛蒲団の上に袴を置かせて御迎えしたことを記憶する。

さて、伯海には「狩野夫子八十大慶」という七律の詩がある。君山は昭和二十二年十二月十三日に七十九歳で没したのであるが、君山はいわゆる数え年八十になる所、満七十八に年齢を満で数えることになり、実は昭和二十二年から我国は逆戻りし、二月十一日の誕生日で七十九歳となっていた。

又、「奉哀　狩野君山夫子」と題する七律一首及び七絶一首は君山の死直後のものであろうし、「奉追先師狩野君山夫子二首」いずれも七絶は君山納骨直後のものであろう。

伯海の六條院の家に臥龍洞と名づけ、又、書斎に虚白室、伯海邸仮山に後凋園と名づけたのも君山であった（後凋園については、昭和二十年十一月二十七日の書簡〈№164〉参照）。

伯海の一高時代の学生に、中国文学者高木友之助、文学者清岡卓行がある。高木はあの不世出の横綱双葉山、同じく横綱羽黒山、大関名寄岩の師匠である立浪弥右衛門の長男である。東大を卒業し中央大学で中国文学を講じ、学長も勤められた。戦争直後の冬であったかと思うが、君山宅に訪れられたことがある。伯海の紹介によったものである。清岡には伯海について著した「千年も遅く」、「詩禮傳家」、「金雀花（えにしだ）の蔭に」の三篇の文があり、『詩禮傳家』（文藝春秋社刊、昭和五十年）にまとめられている。本稿を書くに当って大いに参考させて頂いた。

岡山県矢掛に建てられた「右相吉備公館址作」の碑は、伯海の五言排律百四十字を自ら清書したもので、それは臨終の半月ほど前に完成したものである。なおこの吉備真備を景仰する碑を建てる計画の中心にあったのは、京都大学支那哲学科の第一回卒業生日名静一であった。当時八十歳を越えておられたという。京大文学部は発足当時は哲学科のみであったから、日名は吉田増蔵とともに君山の大学での最初の弟子ということになる。筆者が吉川幸次郎の指導の下に君山の遺稿を整理出版した際、日名からノートをお貸し頂いたことであった。なおさらに付け加えれば、日名は卒業後、しばらく京都府立第五中学（後に京都府立京都第三中学、現山城高校）で漢文を教えていたが、君山の息子即ち筆者の父親は生徒として日名の講義を受けた。

最後に『大簡詩草』から、これまで掲げてこなかった、伯海が君山に関して詠じた詩の題名を掲げて結びとしたい。君山死後も伯海の君山に対する思いが偲ばれてくる。なお『大簡詩草』に並べられた順で、作られた順ではないことをお断りしておく。

「秋夜作奉寄狩野君山夫子」、「擬元遺山詩奉寄狩野君山夫子」、「思先師狩野君山夫子勧学訓」、「追懐先師狩野君山夫子次夫子詩韻」（三首）、「明治節感慨詩奉寄狩野君山夫子」、「奉和君山夫子塔老馬景三島大作」、「狩野君山夫子洛西別業葵園観梅恭賦奉呈」、「狩野君山夫子七十七大慶樊夫子述懐詩韻二首」。

（平成辛卯霜月二十四記）

狩野君山が阿藤伯海に与えた尺牘百七十五通との邂逅

杉村邦彦

初期の京都大学関係の中国学、当時の用語で言えば「支那学」の碩学には能書家が多かった。湖南内藤虎次郎、君山狩野直喜、豹軒鈴木虎雄、述禽武内義雄、迷陽青木正児(まさる)、蔭軒本田成之、やや時代が下がって私の先師吉川幸次郎、神田喜一郎、中田勇次郎の三先生も書をよくされた。大学に席を置くことはなかったが、大正三年の年末に上海から帰国して京都に住み、湖南・君山らとも墨縁が深かった雨山長尾槇太郎(まきたろう)も詩書画三絶の人として知られている。

さらに、宣統三年(明治四十四年・一九一一)の辛亥革命に際して、一族二十数名を率いて京都へ移住してきた雪堂羅振玉は清朝考証学のフィナーレを飾る大学者であるとともに、書学にも精通し、かつ書をよくしたことは周知の通りである。これにまた羅振玉の姻戚王国維も加わる。このように明治の末年から昭和の初期にかけての京都の学壇は、まさに書法文化の黄金時代であったと言えよう。以上の諸家のうち、能書の双璧として湖南と君山の二人を挙げるのが、在世当時からの定評であった。

湖南の書の本領は、題跋と碑碣に最もよく発揮されている。ことに晋唐を基調とする典雅な小楷の題跋は、学殖と文章と書法が渾然一体となった湖南独自の世界で、質量ともに少なくとも日本では古今独歩と言ってもよい。また題跋に比べると数はやや少ないが碑碣に見る端正な楷書も、巖谷一六・日下部鳴鶴両大家書丹の数多い碑碣に伍して、遜色のない独自の高雅な風格を備えている。

一方、狩野君山（一八六八～一九四七）の書は、湖南・雨山に比べると数は少ないが、その本領は尺牘すなわち日常往来の書簡において最もよく発揮された。その書は劉墉と翁同龢に深く私淑し、芳潤にして寛弘な風格を備えている。特にその尺牘の書は、一字一字を疎かにせず、着実に筆を運び、しかも漢学によって練り上げられた書巻の気の横溢する美しさは、明治以後の尺牘の作者としても最も秀れた一人である。

京都大学における君山の同僚惺軒高瀬武次郎も、「君山狩野直喜博士を追慕す」（『東光』第五号「狩野直喜先生永逝記念」、昭和二十三年。本書附録参照）と題する文章で、「君山翁の書は実に君山翁を思はしむるものがある。全体に翁の字は短く太くあるが、字体を見ると其のカラダの様子も思ひ出さるる。尺牘は特に巧妙にして雅味があり」云々と記し、君山の尺牘が在世当時から愛重されていたことを示している。

平成二十年八月二十四日、私の主宰する書論研究会は、第三十回書論研究会大会を京都の思文閣会館で開催し、特別展示「狩野君山とその交友」も同館にて併催した。この特別展示には、君山の令孫で元京都女子大学学長の狩野直禎氏御所蔵の君山とその交友の遺墨を多数拝借し、展示することができた。

さらにありがたかったのは、岡山県浅口市教育委員会の蔵する、君山がその門人阿藤伯海のために揮毫した書作品九点と君山が伯海に与えた尺牘約二十通も拝借展示できたことである。

阿藤伯海（一八九四～一九六五）は岡山県浅口郡（現浅口市）六條院村の人。本名は伯海、後年、簡と自称し、大簡・伯海などと号した。東京帝国大学の西洋哲学科を卒業後、京都帝国大学大学院へ進学し、藤代禎輔・朝永三十郎両教授の指導を受けたが、君山の学徳を慕って中国文学を修め、のち第一高等学校で漢文を担当した孤高の漢詩人で、著書に『大簡詩草』がある。作家の清岡卓行は第一高等学校で伯海から漢文を教わり、その高潔な人格に心酔傾倒し、その生涯を描いたのが『詩禮傳家』である。私はこの本が発売されて間もない昭和五十二年にすでに読み終えていた。

その後、上記の特別展示開催のため、君山の遺墨資料の所在を調査し、蒐集を始めた頃、ふと『詩禮傳家』のことを思い出し、浅口市の阿藤家には君山の遺墨がかなり多く遺されているのではないかという豫測を立ててみた。そこで、年来懇意にして頂いている岡山県瀬戸内市にお住まいの赤枝春夫氏に相談したところ、浅口市の市長田主智彦氏は同氏の親友の由で、早速調べて下さった。すると、伯海は生涯独身で通したので子孫はないが、その令弟の子孫の方から近年、伯海の旧宅、屋敷、遺品などを一括して浅口市に寄贈してもらったので、君山の遺墨もかなり多く収蔵している。ついては私に一度下見にお越し下さいということで、驚喜した。

そこで、私は平成二十年八月六日に赤枝氏ご夫妻と令嬢の美智子さんに案内してもらって、浅口市立中央公民館内の郷土先人研究室へ参上し、伯海旧蔵の遺墨資料の整理を指導されている岡山大学名誉教授廣常人世氏らから説明を聞き、上記の特別展示に拝借展観することができたのである。

その後しばらくして廣常氏からまた連絡を頂き、君山の伯海あて尺牘は、封書・葉書計百七十五通が見つかったという。それらのコピーが狩野直禎氏の校閲を経て私も借覧することができた。そして、これら書簡資料は、狩野家はもとより阿藤家の了解も得られたので、私の方で釈文を作成し、図版とともに公刊してもよろしいとの許可を頂いたのである。

以上のような経緯にて、私は友人の寺尾敏江さんにも協力して頂き、釈文作成を急ぎ、先ごろその作業を終えた。さらにありがたいことには、狩野直禎氏は主要な尺牘について注釈を御執筆下さった。直禎氏は君山の嫡孫であるとともに、小学校六年生のころから伯海に就いて漢文の素読を習われた。従って、この尺牘群の注釈を担当して頂くには、最適にして無上の方である。

尺牘の内容は、改めて解題を執筆するつもりなので、詳細はそれに譲ろう。師弟間の存問や往来、詩文の添削、知友の動静など、温かく細やかな交誼を目の当たりに偲ぶことができ、『詩禮傳家』では言及されなかった師弟間の別の側面も窺うことができる。

◇

現在、高等学校の書道教育では、いわゆる「漢字仮名交じり書」が脚光を浴び、重視されている。しかし、この分野では依拠するに値する「古典」がなく、またそれに準ずる手頃な手本や参考品も得にくいという悩みがある。もし、これら君山の尺牘を出版することができたならば、漢字仮名交じり書の最もよき典範にもなることは間違いあるまい。

図版には、君山の尺牘の中から、阿藤伯海氏に与えた十八通（図版16・59〜75）、宮崎市定氏あての一通（図版76）、西大次郎氏あての一通（図版77）、宮本正清氏あての一通（図版78）の計二十一通を掲載した。このうち、図版59の漢文の尺牘は、伯海の漢詩集『大簡詩草』の序として、この筆跡のままに影印・掲載されている。宮崎市定氏は京都大学教授で東洋史学の権威、私の恩師である。西大次郎氏は君山と同郷熊本の先輩、宮本正清氏は大阪市立大学教授、ロマン・ローランの研究家として知られる。

狩野君山の人と書

杉村邦彦

一　はじめに

狩野直喜（かのなおき）は、明治元年（一八六八）二月十一日狩野直恒の三男として熊本市京町に生まれ、昭和二十二年（一九四七）十二月十三日京都市左京区田中大堰町（おおいちょう）六番地の自邸にて没した。享年は数え年で言えば八十歳であるが、我が国はこの年昭和二十二年から満年齢を採用しているので、それによれば七十九歳と十ヶ月餘りということになる。

いきなり私事にわたって恐縮ながら、君山が亡くなった昭和二十二年には、私はまだ小学校二年生の学童に過ぎなかった。この世で、君山と同じ空気を数年間吸っていたわけで、君山に会おうとすれば会うことも絶対不可能ではなかったはずだが、小学二年生が君山のことを知る由もなく、またたとえ会えたとしても、それはほとんど意味のないことであろう。要するに、君山は私にとって歴史上の人物であるにとどまる。

しかし、昭和三十三年四月に私が京都大学文学部に入学し、三回生になって東洋史学を専攻することになった前後からの恩師である宮崎市定氏、中国文学の吉川幸次郎氏、さらに学外で御指導を賜って来た元京都国立博物館館長の神田喜一郎氏らは、いずれも君山の高弟であるから、私は君山の不肖の孫弟子の一人という光栄をも担っている。そして、上記の三氏から学問や書の話をうかがうたびに、いつも決って出てくるのは、「内藤・狩野両先生は」云云という言葉であった。そして、「両先生は、書も実に立派でしたが、私どもの代からはすっかり駄目になりました」という言葉であった。宮崎・吉川両氏からは、豫め申し合せたように、全く同じことをお聞きした。神田氏からも、表現はやや異なるが同様な意味のことをお聞きした。

さらに、私にとって何よりも幸運であったのは、京大のあの洋風木造の陳列館一階の東南隅にあった東洋史学研究室（建物そのものは今も遺されている）へしょっちゅう出入りするようになってからは、先輩に君山の令孫狩野直禎氏が居られ、私自身の研究上のことで色々と相談に乗って頂く以外に、君山の学問や書に関するお話を承るのが何よりも楽しみであった。その直禎氏の知遇を得るようになってから、早くも半世紀あまりが過ぎた。

去る平成二十年八月二十四日、私が会長をつとめる書論研究会は、第三十回書論研究会大会を京都市左京区田中関田町二－七の思文閣会館で開催し、特別展示「狩野君山とその交友」を併催したが、それに先だちそのことを直禎氏に相談申し上げると、二つ返事で「うちにあるものは何でも貸しますよ」と言って下さった。しかも、田中大堰町の狩野家から会場の思文閣会館までは約百米、歩いても五分とはかからぬ至近距離であるのも、まことに好都合であった。

そこで私は、君山と縁故のあった方々や本会会員、さらにその他の収蔵家からも広く蔵品を拝借してまわり、上記の特別展示を開催することができたのである。大会当日、狩野氏には「狩野君山の学風」と題して御講演を頂き、私も「狩野君山の人と書」と題して拙い講演を担当した。そしてその延長線上に、『書論』第三十八号での君山特集が実現することになったのである。かくして、君山は私にとって、学問上の偉大な祖父であるにとどまらず、幸いなことに浅からぬ墨縁によっても結ばれていたわけで、そういう意味からも、私にとって君山は畏敬の対象であるよりは、むしろ親愛の対象に近い。

さて、君山の学問についてはすでに先学による秀れた研究があり、さらに君山の交友についても、『書論』第三六号に狩野直禎氏が御執筆下さるので、私は君山の人と書に焦点をしぼり、関係の資料を援用しながら、いささか考察を加えることにしたい。

1　『東光』第５号「狩野直喜先生永逝記念」

ところで、「狩野君山の人と書」を探ろうとする私にとって、何よりもありがたい無二の資料は、『東光』第五号の「狩野直喜先生永逝記念」（弘文堂書房、昭和二十三年四月三十日発行。挿図1。本書附録所載）である。この書は、君山の没後まもなく、その知友・門人・親族らがそれぞれの立場から書きとめた追悼文を集録したものである。当時は終戦後間もない物資の乏しい時代であったから、粗悪な仙花紙に刷られたわずか百頁の小冊子にすぎない。

因みに、『東光』のこの特集号には、同時に別冊も刊行された。別冊には表紙の中央に羽田亨氏の筆で、「狩野君山博士追悼録」と題された九字を罫で囲み、その左下部に「東光編集部編」と刷られている。この別冊の口絵に君山の書一点が追加された以外は、内容も体裁も紙質も発行所も発行日も全く同じである。

学問や藝術などの様々な分野において碩学・巨匠の逝去を悼んで刊行された追悼録や雑誌の追悼特集は決して少なくはない。しかし、この『東光』第五号ほど体裁が質素で、しかも執筆者の顔ぶれが豪華であることと、偉大な碩学の逝去を惜しむ心情の満ち溢れたものはほかに例は少ないのではなかろうか。現に、本書は古書目録などにたまたま現われると法外な高値を呼んでおり、心ある人々によって今もなお読みつがれていることを心強く思う。

この『東光』第五号はA５判で、黄土色の表紙の中央に、春秋時代の栄啓奇（奇は期の宛字か）と孔子との問答をレリーフにした瓦当の拓本を置き、その上に『東光』の二字が、顔真卿風のおっとりとした楷書で墨書され、拓本の右に「狩野直喜先生」の六字、左に「永逝記念」の四字が灰色の明朝で刷られ、拓本の下に「第五号」その下に「弘文堂刊」と入れられている。なかなか趣のある古雅な装幀である。

紙を節約するためであろうか、表紙の裏には一応「目次」は印刷されてはいるが、各追悼文の表題も、それに対応する筆者名も、ページさえも刷られていない。これでは引用するのにも甚だ不便であるから、改めて目次を次に掲げ、簡単な説明を（　）の中に補っておく。

〔表紙の裏〕

東光　五号　目次

追悼の辞

（平岡武夫氏の「編集後記」によると、編集者を代表して青木（正児）博士が書かれたものという）

桃花源記序……………………………狩野直喜

（同後記によると、この訳文は君山お得意のもので、註記も自ら書かれたものという）

この次に、「目次」にはないが、君山の肖像一葉と遺墨二点を掲げる。

追慕の記

（追悼文の表題を短縮して「通儒として」から「祖父として」まで三十項目を挙げる）〈省略〉

執筆者

（小島祐馬から桑原武夫まで計十九名を列挙する）〈省略〉

右のうち「追慕の記」と執筆者とそれの掲載されているページを次に掲げておく。

以上のとおりである。

さて、この『東光』第五号所収稿の中から、以下の本稿に引用するときは、記述を簡略にするため、たとえば吉川幸次郎氏の「先師と中国文学」は単に「吉川氏稿」と略記することにしたい。ただし、狩野姓の方のみは三人いらっしゃるので、原則として姓名ともに記すこととする。

これらの追悼文は、いずれを取っても、碩学の逝去を惜しむ内容で、故人の為人、学問、行状など様々な方面にわたり、実に読みごたえのある、興味深いものになっている。それは、平岡武夫氏の「編集後記」に、

> 君山先生八十年の生涯が正史の列伝に必らず載せられるべきものであることは、何人も疑わぬであろう。その学、その行、その人を、我々はいかに大きく紀念するとも、紀念しすぎることはない。この小冊子はそうした我々の微意のあらわれである。学者としての先生と共に、人間としての先生も描きたかつた。勝手な、そしてせつかちな乞いにもかゝわらず、皆様の玉稿をお寄せ下さつたことに、我々一同は心底から感謝している。もとより、とり上げるべき題目、依頼すべき執筆者がこゝにつきているのではない。但、紙幅と時間との制約から、こういう形になつたのである。年譜の作成も、間に合わなかつた。伝記の編纂、文稿・書翰の整理もなされる日を待つている。

と記すとおりである。中でも、「学者としての先生と共に、人間としての先生も描きたかつた」という願望に、私は深い共感を覚えるとともに、それが本書によって見事に実現されたことを喜びたい。さらにこの拙稿の表題に即して言えば、君山の書についても多くの人たちによって貴重な証言として記録されたのは、ありがたいことである。

平岡氏の「後記」によると、この追悼号には当初君山の年譜も掲載する豫定であったが、果たせなかったという。吉川幸次郎氏編『東洋学の創始者たち』（講談社、昭和五十一年）の「狩野直喜」の条は、宇野哲人、倉石武四郎、吉川幸次郎、狩野直禎の四氏による座談会の筆録で、君山の為人、学問、行状などを窺う上で、上記の追悼号に次ぐ重要な資料である。その末尾に、狩野直禎氏作成の「狩野直喜年譜」が掲載されてはいるが、簡単すぎるので、もう少し詳しい年譜がほしい。

君山の伝記としてまとまった単行本はまだ出ていない。門人阿藤伯海の生涯は、その第一高等学校における受業生清岡卓行氏の『詩禮傳家』としてまとめられているのであるが……。君山の遺した漢文は、その没後吉川幸次郎・狩野直禎両氏によって『君山文』（昭和三十四年）として、またその漢詩も『君山詩草』（同三十五年）と題し、それぞれ私家版として刊行されている。君山の京都大学における講義録なども、直禎氏が吉川幸次郎、宮崎市定、島田虔次三氏の協力をも得て次々と刊行されたことは周知のとおりである。

君山は後述のとおり人一倍筆まめで、多くの尺牘を遺しているはずであるが、それらを集成したものはまだ刊行されていない。ただし、『書論』第三十八号に掲載した拙稿「狩野君山が阿藤伯海に与えた尺牘百七十五通との邂逅」（本書所収）にも記したとおり、この尺牘百七十五通は、伯海の没後、その遺族によって岡山県浅口市に寄贈されたものであり、その一部を『書論』第三十八号の口絵に掲載させて頂くことができた。

二　君山の人

「君山の人」とは言っても、偉大な碩学の全体像をまるごと捉えることは不可能なので、ここでは「字号の由来」、「風采」、「美声と謡曲」、「学者として」などの項目に分けて記述を進めることにしたい。

字号の由来

狩野直喜、幼名は百熊（ひゃくくま）、字は子温、号は君山が通行しているので、本稿でも君山を用いるが、ほかに半農生、半農人、葵園とも号した。狩野直禎氏の御教示によると、学生時代の一時期、明治二十年代には「紫海」という号を用いたこともあるという。

君山自身は自らの字号の由来については何も書きのこしておらず、人に語ることもなかったようである。そこで私は、君山の親友、上記の橋川氏稿、高瀬氏稿での言及も参照しつつ、字号の由来となった典拠を示し、私自身の解釈を示すことにしたい。

まずは字の「子温」であるが、中国人の慣例として、その人の字はその人の諱すなわち本名に因んでつけられるのが原則であるから、「子温」も当然「直喜」に因んで命名されたものである。私見によれば、「直」に因んで「温」の字が選ばれたのであろう。「子」はしばしば字に冠せられる接頭語であり、あまり意味はなく、「温」の方に意味の重点がある。字の「子温」は、恐らく『書』の「皐陶謨」に、「擾而毅、直而温」（柔順にして果敢であり、正直にて温和であること）とあるのに因んで命名されたものであろう。この条の孔伝に「行正直而気温和」、すなわち品行は正直で気性は温和という意味に解している。ここから派生して「温直」という熟語もある。

また中国の古典の中から「温」の用例を拾うと、真っ先に思い浮べるのは『論語』の「為政」に見える有名な一句、「温故而知新、可以為師矣」（古いことに習熟して新しいこともわきまえるならば、人の師となれるであろう）である。同じく『論語』の「学而」にも子貢の言葉として、「夫子温良恭倹譲以得之」（先生〈孔子〉は温で良で恭々しくて倹しく譲っておられるから、そういうことに〈どこの国でも政治上の相談を受けられることに〉なるのだ）とある。このように「温」は儒家が説く五つの徳目の一つであるとともに、「温故」と熟し、古典文化に習熟する意味をも兼ね有するので、「子温」なる字が選ばれたものと考えられる。

次に、「君山」の号については、橋川氏稿に、

> 彼れ君山はけつして膠柱の儒（注＝融通のきかぬ学者）ではない。飽学篤行、またよく山水を貪り雲煙をまき、夢の世界にも生きていたひと。英年笈をおうて禹邦にあつた。洞庭湖に浮んで湘女の眉うつろう君山に、恍として吸われてゆくをおぼえたので、それから君山の号を用いた。

とあり、君山の夢想家としての一面をその号と結びつけて解釈している。高瀬氏稿も、「君山は洞庭湖の君山から

であらう」と同様の見方である。

ここで少し説明を補うと、君山というのは、今の湖南省岳陽市西南の洞庭湖の中にある山の名で、洞庭山とも湘山ともいう。もとは湖中の島であったが、今は陸地と連なっている。君山には史跡が多いが、まっ先に想起するのはやはり湘妃（しょうひ）の伝説である。それによると、古代の聖天子堯の長女は娥皇（がこう）といい、次女は女英といった。舜が堯の禅りを受けて即位すると、娥皇はその后となり、女英がその妃となった。しかし、舜が蒼梧の野（広西省）に崩ずると、二女は悲しみのあまり江湘の間に身を投げてその後を逐ったという。娥皇を湘君、女英を湘夫人と称し、二人を合せて湘妃とよぶ。君山にはその湘妃の墓もある。

因みに、この山には珍しい竹が叢生するが、斑紋のあるものを湘竹、あるいは湘妃竹とよぶ。この斑紋は、湘妃が涙を洒いだ痕跡と伝えられている。

君山は後年、自ら「私は考証学です」と称し、清朝考証学を本格的に日本へ伝えた最初の人とされるが、若き日には浪漫的、夢想家的な要素もあって、この号を選んだのであろうか。

次に「半農生」の「半農」については、高瀬氏稿に「半農は蓋し晴耕雨読の意味か、謙遜に出づるか」というとおり、学者として読書を本業とする旁、農事にもたずさわるということで、君山の謙抑な人柄をよく現わしている。羅振玉は、君山の田中大堰町の自宅の新築を記念して扁額「半農書屋」を篆書で揮毫して寄贈し、その額は今も狩野家に遺されている（『書論』第三十二号、口絵25）。また君山は、大正十四年と同十五年の一時期漢文の日記（ごく一部漢字片仮名交りの和文をも含む）をつけ、自らこれに「半農書屋日記」と題している。これらによって、「半農」は君山の室名であり、号としても併用されたと見るべきであろう。

次に、「葵園」の号について。私はこの号を初めて目にしたとき、京都の下鴨神社と上賀茂神社には有名な葵祭があり、京大の校章にも葵の文様があるので、漠然と京都に何か関係があるのかと思っていた。しかし、その後、直禎氏からお聞きすると、君山が晩年京都府乙訓郡向日町（現向日市）に別業を営んだ際、その屋敷を葵園と号した。葵園は、「向日」の地名から「向日葵」（ひまわり）を連想し、その一字を取って葵園と名づけたとのことであった。有名な支那学者にしては、きわめて鄙近な発想から出た命名だったのである。

以前、私は直禎氏に君山の号についてお尋ねしたところ、君山が東京大学の学生時代すなわち明治二十年代に「紫海」という語を用いていたことを教えて頂いた。「紫海」の語の出典を調べてみると、唐の蘇鶚の『杜陽雑編』巻中に、南昌国にあったとされる伝説中の海の名で、水の色は爛椹の如くにして、それで衣を染めることができ、その海の龍魚亀鼈、砂石草木はみな紫色であったと記されている。しかし、これだけではあまりに突飛すぎて、君山の号の拠り所とする理由が明らかでない。

そこで再度直禎氏にお尋ねしたところ、「紫海は〈筑紫の海〉を略したもので、有明海を意味します。君山は若き日に有明海を渡って上京しました」という、いとも明快な返書を頂いた。そして、墨書された写本『後凋文集』第一輯のコピーも同送して下さった。この冊の初めに、明治二十二年十月二十三日付の「後凋文会規約」と「会員姓名及号」があり、なるほど「紫海、狩野直喜」と明記されている。「規約」によると、「後凋文会」は毎月一回自作の漢詩文を持ちよって編輯し、相互に批評添削しあう会で、会員には君山のほか香峯関野貞ら計八名の号と姓名が記されている。（因みに「規約」には「会員は拾人ヲ以テ制限トス」とある）。ただし、「紫海」の号はほぼ学生時代に限って使っていたようで、その後は再び使用することはなかったようである。

風采

狩野家には、君山の若いころの写真として熊本の同心学舎の生徒であった頃からのものが遺されているようであるが、公刊された肖像として広く知られているのは『叡山講演集』（大阪朝日新聞社、明治四十年）の口絵に掲載されているのが、比較的早いものであろう。この書は、明治四十年の夏、大阪朝日新聞社が比叡山で開催した講演会での筆録をもとにまとめたもので、君山の「清朝地方制度」も掲載されている。このほか、京都大学文学部の学史や学術雑誌の口絵などにも君山の肖像は時々見かけるが、いちいち挙げることはひかえる。上記『東光』第五号の巻首には、七十歳ころの遺影が掲げられ、平岡氏の「編集後記」に、

> 遺影は十年ほど前、即ち七十歳のころに、お気に入りの向日町の書斎で撮されたもの、しろと写真で、ピンボケのうらみがあつたが、もつとも親しみを覚えさせるおもかげだというので、あえて用いた。

と説明している。普段着の和服姿で机に向い、筆を把って何か書き物をしていて、ふと筆を休め、その筆を右手に持ったまま首を少し傾けて一息入れているところである。

しかし、私がこれまでに見てきた君山の単独の肖像写真で、最も気に入っているのは、狩野家にのこされている一枚で、直禎氏からお借りして、本書の一一頁に掲載しておいた。六十歳ころのものであろうか、その字（あざな）の「子温」そのまま、温和な中に気品をたたえたいいお顔だと思う。明治から大正のころの碩学の写真には、眼光炯炯として人を威圧するような写真もまま見かけるが、君山のこの肖像は、和光同塵とでも言うのか、見る者は温かみと親しみを感じさせられる。

さて、『東光』第五号記載の追悼文には、君山の風采についても色んな人によって色んなことが書かれている。

それらによると、君山は小柄な人で風采はあまり揚がらなかったという。風采というものは、見る人の好みや感性などによって差が生ずるので、一概に風采が揚がらないとか揚がるとかは言えまいが、君山が短軀の人であったことはまちがいない。

青木氏稿は君山に初めて会い、その講義に出席した時の印象を次のように興味深く記している。

明治四十一年九月京都大学に入学して出席した第一時間目の講義は、其時始めて講師として教壇に立たれた故富岡謙三先生の「漢書」藝文志の講読であつた。黒羽二重の紋服仙台平の袴に鼻眼鏡、颯爽たる長身の先生を案内して、風采の揚らぬ矮軀古洋服の事務員らしい人が一緒に入り来り、登壇して先生を紹介し、是は史学科の講義であるが、支那哲学文学の専攻者も聴講するやうに、と注意を附加へて退去した。あの事務員は生意気なことを云ふな、と私はいぶかりの眼を以て其れを見送つた。其次の時間は狩野先生の支那文学史であつたので、将来指導の師と頼む博士の入場を刮目して待つてゐた。すると、さつきの事務員が復た這入つて来た。今度は狩野先生を案内して来たのだな、と思つて見てゐると、外に誰も這入つて来る様子はなく、只一人つか〳〵と教壇に登つて、是から支那文学史の講義を始めると云つて、折鞄から原稿綴りを取出したのには驚いた。「肉眼神仙を識らず」と云ふが、地方の高等学校を出たばかりの私の頭に描いてゐた大学教授とは、案に相違した先生の風貌であつた。

このあと、青木氏は、君山の講義は「一言一句珍らしい事ばかり」で、ことに漢文を支那語の原音で発音されたので、「私の驚嘆と感激とはたとしへなく、胸がわく〳〵するほど狂喜した」と記している。

一般に、明治末年頃の人は、「大学教授」に対してどのようなイメージを描いていたであろうか。まずその学殖がその風貌なり、身なりなり、言動などににじみ出ていて格調高く、見るからに貫禄があり、畏敬の念を抱かせるような人、といったところではなかろうか。青木氏が豫想していた大学教授も、多分そういったところであり、それに比べて、君山はあまりにもかけ離れていて驚いたのであろう。

青木氏は君山を、「矮軀古洋服の事務員らしい人」と形容している。君山がいつも古洋服ばかりを着ていたとも思えないが、短軀で服装などには無頓着であったのは、君山ばかりでなく内藤湖南も同様であったらしい。高瀬氏稿はこのことにも触れて次のように記している。

桑原君（注＝桑原隲蔵）又た狩野翁・内藤湖南翁の脊の低く、服装の整はざるを評して、数人並んで歩くと、マルデ百鬼夜行の状態であると。両翁は五尺未満であつた。太く短かい、肥満した方であつた。或時上海で支那の友人が、日本の学者はナゼ脊が低いかと云ふたらしい。両翁は先づ以て優婆塞寒山拾得と云ふ様子であつた。狩野翁は蓬頭乱髪で、モジヤ〳〵した頭髪で、櫛は当てなかつたらしい。偶々頭髪を綺麗に分けると反つて学生が微笑する位であつた。「ネクタイ」も正しく着けて居らず、イツモ横になりか〻つて居つた。気の付く御弟子、加藤盛一博士等が、近く寄つて「先生、ネクタイが」と云ひつ〻直すのであつた。翁は服装など無頓着であつた。風采は揚らぬ方であつた。朝永三十郎君曰く、「狩野君はイナカの村長さんのやうで、或時区役所に出頭して村長さんと見られた珍話があつた」と。

ここで、もう一度青木氏稿へもどろう。富岡謙三は、名は謙蔵とも書いた。号は桃華。有名な富岡鉄斎の息である。大学では、『漢書』の講読などを担当したほか、古鏡に関する専著もあるが、中年にして早逝した。

ところで、この桃華は見上げるばかりの偉丈夫だったようである。私はかつて湖南と桃華が並んで立っている写真を見たことがあるが、湖南の頭頂は桃華の頸のつけ根に達するか達しないほどであった。また、神田喜一郎氏の「富岡桃華先生」（『敦煌学五十年』所収）には、若き日の桃華の写真が掲載されており、それを見ると、眉目秀麗な

2　羅振玉帰国送別会記念写真
大正８年（1919）６月21日　於京都・円山公園左阿弥庭園

瓜ざね顔の美男子である。君山と桃華が並んで教室へ入ってくると、その落差があまりにも大きかったので、青木氏の目には、君山が「矮軀古洋服の事務員」のように写ったのであろう。

大正八年六月二十一日、羅振玉が帰国するに当って、京都の円山公園の左阿弥で送別会が開かれた。そのとき、庭上で撮影された集合写真と、その下部に墨書されたものがのこされている（挿図2）。計三十八名は、いずれも京都学派の碩学を中心として、政界、財界、書画界など、えりすぐりの名家が顔をそろえている。それを見ると、最前列の中央、団扇を手に持ち椅子に腰かけるのが羅振玉。その向って右隣が富岡鉄斎、左隣が犬養木堂である。二列目に目を移すと、右手後方に内藤湖南、同じく左後方に狩野君山の二人が、あたかも寒山拾得のごとくほぼ左右対称の位置に立っており、背丈もほぼ同じである。この二人の頭頂部を線で結び、それを右端へ延ばすと長尾雨山の巨漢の頸部のつけ根あたりに達する。雨山は身長五尺八寸（約一七六cm）で、富岡桃華も雨山と同じくらいの背丈であったと思われる。

明治維新前後に生まれた人は、今の日本人に比べてはるかに小柄であった。君山と湖南は、当時にあってもやはり小柄であったのだろう。にもかかわらず、この二人が、支那学を中心とする学藝史の上に遺した功績は、まさに巨人中の巨人であった。

美声と謡曲

君山が美声の持主であったことは、色んな人々によって書きのこされている。当時のことだから、レコードも残されておらず、録音テープもビデオもなかった時代であるから、我々はその美声を聞くすべもないのだが……。君山は講義や講演をするときは、その美声をもって音吐朗々、蘊蓄を傾けた。高瀬氏稿には、君山の美声について次のように記す。

狩野博士は美声の持主であつた。音吐朗々、親切叮嚀に講義された。充分に蘊蓄を吐露された。（中略）近重真澄博士曰く、狩野君は美声の人である。総じて熊本県人には美声家が多いと。（中略）〔狩野〕博士は交際家で多くの友を有し、来客は絶えなかつた。話術に長じ、時には突拍子のオドケも雑へ、面白く話され、抑揚頓挫宜きを得て美声で談され、話材にも富んで居られた。鶯や迦陵頻伽も美声で聞える。曾て妙心寺の或会で狩野君が謡曲の一節を謡ふた。並み居る人は皆感心し特に大幸勇吉君は狩野さんは実に美声ですなと讃歎の声を放つた。曾て大阪の公会堂で何人か講師と一緒に講演をしたが、狩野さんの声のみ隅々まで聞えたといふ。

右の文中、近重直澄博士の「熊本県人には美声家が多い」の説には、にわかには賛同しかねるが、君山の場合は、天性の資質の上に謡曲で鍛え上げたことも、その美声に関与していると思われる。

高瀬氏は君山の謡曲についても、次のような興味深い思い出を記している。

君山翁は謡曲が上手であつた。若年の頃から熱心に稽古され、非常な美声で、声量も豊かに、節廻はしも巧妙であつた。謡曲は熊本県出身の清浦〔奎吾〕伯・井上毅翁の誘導に由りて、東京観世流を学んだらしい。小川琢治博士が神戸にて或時謡曲の会に家元連の一行の謡曲を聞きに行つた。スルト、藤代禎輔博士と君山翁が其の一座に加はつて謡ふて居つたのに驚いて、後で聞いたら、家元が一緒に謡へと言つたから謡ふたのだと云ふたと。君山翁は梅若萬三郎が愛好者であつた。京都の丸太町の観世能楽堂へは常に遊ばれた。京大にも謡曲の天狗連は相当あつた。藤代君は仕舞も鼓も上手で、謡曲では玄人のやうであつた。君の雅号は素人と云ふたけれど、謡曲会には君山翁・素人翁は主盟と云ふ程で、深田康算君も得意であつた。君は酒豪で、玉山傾く頃に謡ひ出し、極て愉快に飲んだものであつた。成瀬無極君も濱田青陵君も天狗であつた。吉澤義則博士も桑木厳翼博士も宝生流の上手で吟友であつた。君山翁は曾て私にも謡曲を勧められたこともあつた。私は声量が乏しいからと云つたら、ナニ、謡曲と云ふものは声の美悪には関係は無いと云つた。

高瀬氏は、「私が一番能く〔君山〕博士を知つて居る一人である」と自認するだけに、君山の人間像の様々な方面にわたって、談話風に流れるがごとく次から次へと話が展開するので、引用がつい長くなりがちである。

君山の謡曲については、第三高等学校教授阪倉篤太郎氏稿の表題がその名もまさに「狩野博士と謡曲」で、最も詳しい。それによると、阪倉氏は、明治の末年頃、藤代素人（独逸文学者。京大文学部教授）について謡曲の手ほどきを受け始め、毎年正月五日に藤代氏宅で催される新年謡初会に出席し、君山としばしば席を同じくしたという。昭和三年に、阪倉氏と狩野氏とは姻戚関係を結んだ。（直禎氏にお聞きすると、「昭和三年阪倉篤太郎の長女宮子が直喜の長男直方と結婚し、その間に生れたのが小生です」とのことであった）。君山は学生時代から能楽に関心を持ってはいたが、謡曲の練習を始めたのは、明治三十九年、京大文科創立委員として京都に在住し、木下廣次初代総長に教を受けたと君山から聞いたという。さらに、阪倉氏稿は君山の謡の声調や稽古ぶりについても次のように記す。

故博士の謡は、一口に言へばすみきつた美声で、幅の広い方ではなかつたが真に名調子であつて、鬘物に最も適してゐた。（中略）事を苟くもせぬ慎重な性格は、この方面にも現はれて、例へば謡会の番組の中に、まだ稽古されなかつた曲中の役が割当てられてゐる時などは、その役を辞退されるか、或は専門家に就いて謡ひ方を研究した上で謡はれた。

君山の「事を苟くもせぬ慎重な性格」は、謡曲のみならず学問研究はもとより対人関係その他日常生活の様々な局面にも及んだのであろう。

ここで私は一つの素朴な疑問を抱く。支那学を専攻し、中国の古典文化を熱愛した君山が、なぜ日本の伝統藝能である能楽や謡曲に関心を持ち、稽古に励んだかということである。一つには、京都大学文学部草創期の教官の中には、専攻のいかんを問わず謡曲を嗜む人が多く、お互いに吟友として交流を持っていたこと。さらに、君山の専門に即して言えば、謡曲の内容そのものが日本の古典文学のみならず、中国の故事や古典に取材し、或いはその一節を引用するものがきわめて多く、君山の専門とも深く関わることである。この点に関しては、狩野直禎氏稿に、

　私は、最近、謡曲を習い始めたが、私の習い始めの下手な、聞くに堪えぬ謡を聞いてくださつたのは、家では祖父だけであつた。そして謡曲に出て来る中国の伝説の話をしてきかせて下さつた。また、夏休みには、毎月曜日の朝、ラヂオで謡曲があつたので、一緒によく聞いたものであつた。或る時、「張良」が放送されたが、それが終ると、すぐ、史記で張良の御話をしてくださつた事もある。

と記している。こうなると、謡曲本は中国の歴史や故事を学ぶための教材としても活用されていたことになる。現に、上引の阪倉氏稿によると、「明治の末期に観世流謡曲本の改訂が行はれた際には、〔君山先生は〕漢文学の方面で少からぬ賛助を与へられた」とある。

　もう一つ考えるべきは、君山が中国文学史において、元曲その他の口語文学の本格的な研究を創始したことである。青木氏稿によると、君山の元曲に関する講義は、「〔明治〕四十三年私（注＝青木氏）が三回生になつた年度の講義に、先づ戯曲史の大要を講じ、併せて「漢宮秋」「竇娥寃」の二曲を講読せられたのに始まる」という。明治四十三年といえば、君山が謡曲に力を入れていた時期と重なる。元曲や後に中国で盛行する京劇と日本古来の能楽や謡曲とは密接な関係があると聞いているが、私の専門外であるからこれ以上立ち入らないこととする。

君山の風采や音声など、外に現われた特徴は以上のようであったとして、学者としての君山が知友や門下生の眼にどのように映ったかを少し見ておきたい。つまり、君山の学問そのものというよりも、むしろ学者としての君山である。

小島氏（小島祐馬氏）稿によると、君山自身開口一番、「私は考証学です」と述べ、考証学者として自認していたという。そして、君山が東京大学において教を受けた島田篁村は海保漁村の門下で、江戸時代からわずかに伝えられて来た清朝風の考証学を受け継いだ。しかし、小島氏によると、「篁村先生の教を受けた人は多数有つたであらうが、その考証学を継承して之を発展せしめたのは、狩野先生を措いて外には無かつた」という。さらに小島氏は、君山の学問の特色について次のように説明している。

殊に上海留学の時代には、同地に居た西洋の中国研究家や、同地で刊行して居た西洋人の中国研究の図書雑誌などの影響を受け、欧米支那学の藩籬をも窺ひ、その長所をも取入れられるやうになつたのである。かくて先生の学問は、従来の所謂漢学にも属せず、又支那哲学派や東洋史学派にも属せず、さうかといつて全然清朝風の考証学と同一にもあらず、それよりは遥かに広い内容を有つたものであつた。同時に、史学の方面に於いて内藤湖南先生があり、是れ亦た特出の資を以て清朝風の考証学を中心として、広い基盤の上に新たな史学を打立てた。それは西洋流の東洋史学の如く一方に偏したものではなく、むしろさういつたものをも併合したやうな学問をはじめられた。この狩野先生の学問と内藤先生との学問を中心として、こゝに一種の学風が京都の地に生れて来た。世間で京都風の支那学といつてゐるのは即ちそれを指すのであらうと思ふ。

小島氏は次いで、明治の末年から八九年ばかりの間、羅振玉・王国維の両名が京都に在住し、また董康も数年間京都に居を構え、彼らから研究資料の上では多大の恩恵を受けたが、研究方法の上では別に新たな影響があったとは思われない、とした。

小島祐馬氏（一八八一〜一九六六）は高知県の出身。京都帝国大学法学部を卒業後、新たに同文学部に入学し、君山指導のもとに中国哲学を専攻し、そのかたわら湖南の薫陶も受けた。大正九年、青木正児、本田成之の両氏らとともに雑誌『支那学』を創刊した。のちフランスに留学し、帰国後京都帝国大学教授に就任した。また、京都大学人文科学研究所の初代所長をつとめた。主著に、『古代支那研究』、『中国思想史』などがある。

小島氏は、京都帝国大学において、君山・湖南両大家の指導を受けた最も早い学生の一人であるから、京都学派の生成とその学風の特長についても、上記のような的確な証言を書きとめることができたのであろう。

ここに、君山と湖南のことが並記されているが、二人はお互いの学問を信頼しあい、さらに長尾雨山、小川如舟らも誘って、「楽羣社」という漢詩の会を結んでいた。君山と湖南が温かい友情によって結ばれていたことは、京都学派の育成にも良好な土壌となったと思われる。

吉川幸次郎氏は、『東洋学の創始者たち』所収の「狩野直喜」の中で、このことに触れて次のように述べている。

京都大学にとってたいへん幸いだったことは、もうお一人、内藤先生という大家がおられたわけです。お二人の方は、学風もある程度違う。――清朝の学問をたいへん重視されたということは同じですけれども、両先生は学風も違えば性格も違ったでしょう。しかし両先生が実に美しく尊敬し合われておったということ。あの両先生の仲が悪ければ、とても京都大学の仕事はできなかったと思うのです。これは実に美しいことだと思います。

右の吉川氏の発言の中で一つ注意を引くのは、「両先生は……性格も違ったでしょう」の箇所である。この点については、有名な考古学者で、湖南の方により親炙していた梅原末治氏稿に、

〔狩野〕先生はこの様に中外の学者の推服する深い学識を持たれてゐたのであるが、御自身の学問の外にはつとめて関与することを避けてゐられた。この点では内藤先生と餘程違つた立場に始終せられた様である。

と記している。さらに、桑原氏稿にも、君山は「世間的なことには一切関係されぬ」とある。

思うに、湖南は周知のとおり、青壮年期を操觚界で活躍し、明治四十年に京都帝国大学へ迎えられた人であるから、政治や社会の動向に対しても深い関心と見識を持ち、その交友関係は、学界のみならず、政界・財界その他にわたり実に広かった。さらに、中国で宣統三年（明治四十四年、一九一一）に辛亥革命が勃発した前後から、大量の中国書画文物が日本へ洪水のごとく流入し、財界の有力者でこの方面に趣味のある人たちが競って購入したが、湖南はそれら書画文物の収蔵家とも親交があり、その鑑識に当るとともにおびただしい題跋や題簽も揮毫している。

君山も座談の名手で社交を好み、交友も多かったが、何よりも自己の学問研究を第一義とし、直接学問とかかわりのない方面へ関与することはつとめて避けたようである。その点では、学者としてきわめて潔癖な姿勢を貫いたと言えよう。高瀬氏稿は、君山の処世態度について、「君山翁は注意深く、明哲保身に世を渡られた、上九、亢龍有悔と云ふ辞（注＝『易』の「乾」の語。高く登りつめた龍〈人〉は戒めなければ悔いることがあるの意）を能く玩味咀嚼して進退の機会を過ることはなかつた」と評したのである。

さて、学者としての君山を語るのに最適任者は、やはり吉川幸次郎氏であろう。同氏は三高の学生時代以来、生涯にわたって君山に親炙し、その学問の精髄を吸収して中国の文学・文化に関する厖大な著述を遺し、幾多の俊秀を育てた。

『東光』第五号所収の吉川氏稿「先師と中国文学」は、「文学鑑賞家」としての君山を描いたものである。吉川氏は君山に初めて謁したときの様子を次のように記している。

私が始めて先生に謁したのは、大正十二年のたしか二月の某日、田中大堰町のお宅の、のち終に易簀の室となつたあの階下東南隅、四畳半のお部屋に於いてであつた。その時の情景を、いまも私はまざまざと思ひ出すことが出来る。やや風邪気味でおありになつた先生は、炬燵を横にして、首にはハンカチーフを巻いてゐられた。かしこまる三高生を前にして、まづ「火鉢に手をかざしたまへ」といはれ、大学にはいつて支那文学をやりたいと申上げると、支那文学の研究とは、本をこまかに読むこと、ただそれだけです。支那哲学となれば、すこし違ひます、しかし文学となれば、それだけです。悠然として南山を見るがいいか、悠然として南山を望むがいいか、その一字の差を知ること、それが文学です、といはれた。

あの人生に於ける充実とは何ものであるかを身をもつて教へられるが如き vigorous な語調、さうしてそれは以後二十四年間、常に私の耳もとにあつた vigorous な語調であつた。

私はこれを読むと、吉川氏が日本の学者の中で最も敬愛した一人本居宣長と賀茂真淵との松坂における劇的な出会いの場面を想起せずにはおれない。

周知のとおり、宣長は宝暦十三年（一七六三）五月二十五日、松坂の旅宿新上屋の一室で国学者賀茂真淵に初めて謁し、『古事記』の研究についての助言を聴き、『古事記伝』の執筆に専念する決意を固めたのである。そのとき、宣長はすでに三十四歳であり、その後二人は相見えることはなく、専ら書翰によって教えを受けたのであった。吉川氏と君山との師弟間の交誼は、生涯にわたって親炙する間柄であり、かつ内容もより濃密であったように思われる。

私は、上記の吉川氏の述懐のうち、特に「あの人生に於ける充実とは何ものであるかを身をもつて教へられるが如きvigorousな語調」という一句に、学者としての君山の真面目が凝縮されているように思う。「vigorous」は、生き生きとして活気のあるさまを言い、しかもこの語が二回もくり返されている点に注意したい。「人生に於ける充実」とは、君山の場合何を意味するのであろうか。それは、中国の厖大な典籍を日夜熟読玩味し、咀嚼することの喜び、充実感とでも言えようか。

吉川氏が恩師君山について書かれた文章は数多く、それらは『吉川幸次郎全集』第十七巻にまとめられている。その中でも私が最も驚くのは、「狩野君山先生と支那の学人」と題された文章の末段に見える次の一節である。

いまや研究所の職をも退かれた先生は、恰も喜寿に達せられ、矍鑠として読書に専心していられる。「このごろは本を読むと疲れて困る」との仰せに、毎日どれくらいお読みですかと伺うと、「朝八時から晩十時まで読んでるよ」と、けろりとしていられた。

これによると、一日二十四時間のうち、読書に費やすのは実に十四時間となる。睡眠時間を八時間、食事その他の雑用を二時間としてそれらを差し引いた全ての時間を読書に当てていたことになる。ただし、いくら君山でも、どこかで会合があれば出かけなければならないし、家にいて来客があれば応対もしなければならぬので、「出かける用事がなく、来客もなくて終日家にいるときには」という条件つきでの話であろうが。それにしても、読書に専念する時間の多さには驚く。しかも、これが最晩年に近いころのことなのである。君山にとっては、まさに読書こそが生活であり、人生であり、生き甲斐でもあったのだろう。それが、吉川氏のいわれる「人生に於ける充実」の中身ではなかろうか。

吉川氏は君山のvigorousな語調を、深い感銘をもって書きとめられた。吉川氏稿のもう少し先を読むと、より具体的な説明がある。

　私がはじめて大学で師事したのは、先生五十六歳の時である。

　その頃の先生は、元気一ぱいであつた。精力は短軀に凝り、講義の一句一句、一話一話は、自信にみちあふれてゐた。健康もおそらくは、生涯を通じて最も好調であつたと思はれる。「どうも狩野先生と西田先生とは、学問的な自信が血管のすみずみにまで浸透して、健康にもいい影響を与へてるやうだな」と、当時落合太郎先生が語られたことがある。

　ここに名の挙げられた「西田先生」は、有名な哲学者の西田幾多郎教授であり、「落合太郎先生」はフランス文学の教授である。実は、西田氏も君山宅の近くに住み、二人の往来もひんぱんであった。君山には「西田幾多郎君の憶ひ出」と題する文章があり、『読書籑餘』に収録されている。

西田氏は思索を第一義とする哲学者であり、君山は読書を使命とする考証学者である。二人の学問は分野も方法も異なるが、学問に対する自信が全身に満ち溢れた講義を展開されたことに、落合氏は賛嘆の辞を呈したのであろう。実は、私はこの項を書き進めながら、学生時代に受けた吉川幸次郎氏の講義や演習も、そして宮崎市定氏のそれらも、それぞれタイプは異なるが、まさに学問的な自信が全身に満ち溢れるような素晴らしいものであったのを懐かしく思い起こしている。

　このほか、吉川氏稿には、君山の詩文や古典に対する好尚なども具体的に記されており、君山の学風を窺う上で重要な指摘がある。しかし、それらの中には、君山の書法にも当てはまりそうな部分も少なくないので、その項に譲ろう。

三　君山の書

私が君山の書を初めて見たのはいつ頃であったか、またそれが何であったかは、はっきりとは思い出せない。遅くとも学部の三回生頃には見ていたはずである。昭和四十二年一月に、神田喜一郎・田中親美両氏の監修で出版された平凡社の『書道全集』第二十五巻・明治大正篇には、君山が神田氏のために揮毫した行書七言対聯が掲載されている。豊かでたっぷりとして悠揚迫らず、書巻の気の溢れる美しさは今も目に焼きついて離れない。これが出版されたのは、私の大学院博士課程三回生の時であった。

しかし、私が君山の書として初めて目にしたのは、それよりもかなり前に、君山の揮毫した書物の題簽であったかと思う。狩野直禎氏の御教示も得て、目下判明している君山題簽本を次に列挙してみよう。

最も多いのは桑原隲蔵氏の著書で、次の五点である。

『東洋文明史論叢』、『支那法制史論叢』、『東西交通史論叢』、『蒲寿庚の事蹟』、『考史遊記』。

次に多いのが、西洋及び日本の中世史研究で知られる原勝郎氏の著書三点二冊である。

『西洋中世史概説』、『宗教改革史』（以上の二点は一冊になっている）、『日本中世史研究』。

同じく小林太市郎氏の著書二冊、

『漢唐古俗と明器土偶』、『禅月大師の生涯と藝術』。

さらに、次のようなものがある。

新村出著『新村出選集』、加藤繁著『支那経済史考証』、富岡謙蔵著『桃華盦古鏡図録』、傅芸子著『白川集』、高倉正三著『蘇州日記』、長尾尚正編『无悶室手澤』。
このほか、直禎氏によると濱田青陵著『支那古明器泥像図説』の題簽の筆者については、該書のどこにも記されていないが、君山の筆であろうという。

以上に挙げた君山題簽本は、私が三回生になって東洋史学を専攻と決めた前後から、史学科閲覧室の書庫や、京都の古書店で常々目にしており、その中の何冊かは自ら購入して架蔵している。

その後、私は『書論』第十三号から同第十七号まで（一九七八〜一九八〇年）、内藤湖南を特集するため、京都・秋田を始め各地へカメラマンを伴って取材撮影に奔走することになった。ことに京都学派の碩学の子孫や学統を継ぐ人々の家には、湖南と君山さらに雨山の書をともに愛蔵している場合が多いので、それらをも一緒に撮影させて頂いて来た。また書画店の目録に君山の書が現れると、手の届く範囲内で少しずつ買い集め、今では未表装の尺牘も含めると十点ばかりを架蔵している。

しかし、君山の書を大量にまとめて拝見できたのは、上記のとおり、平成二十年八月二十四日、第三十回書論研究会大会開催に当り、特別展示「狩野君山とその交友」を開催した時である。その時の展観品などをもとにして、『書論』第三十八号の口絵を飾ることができた。（本書の「遺墨図版」に再録）。

君山の学書と書法観

君山は、書家をもって任ずることはなかったので、自ら書論を書くことはなく、また自らの書について語ることも極めて稀であった。ここではまず、君山自身が書について語った言葉を、家族や周辺の人々の書き残した文章から拾うことにする。

その中でも、最も重要なのは狩野直方氏（君山の長男で、直禎氏の尊父）稿に見える次の語である。

何時だつたか、どうすれば字がうまく書けるのですかと問うたところ、学問が出来てくれば字は自然に書けるものだと答えられたことがある。

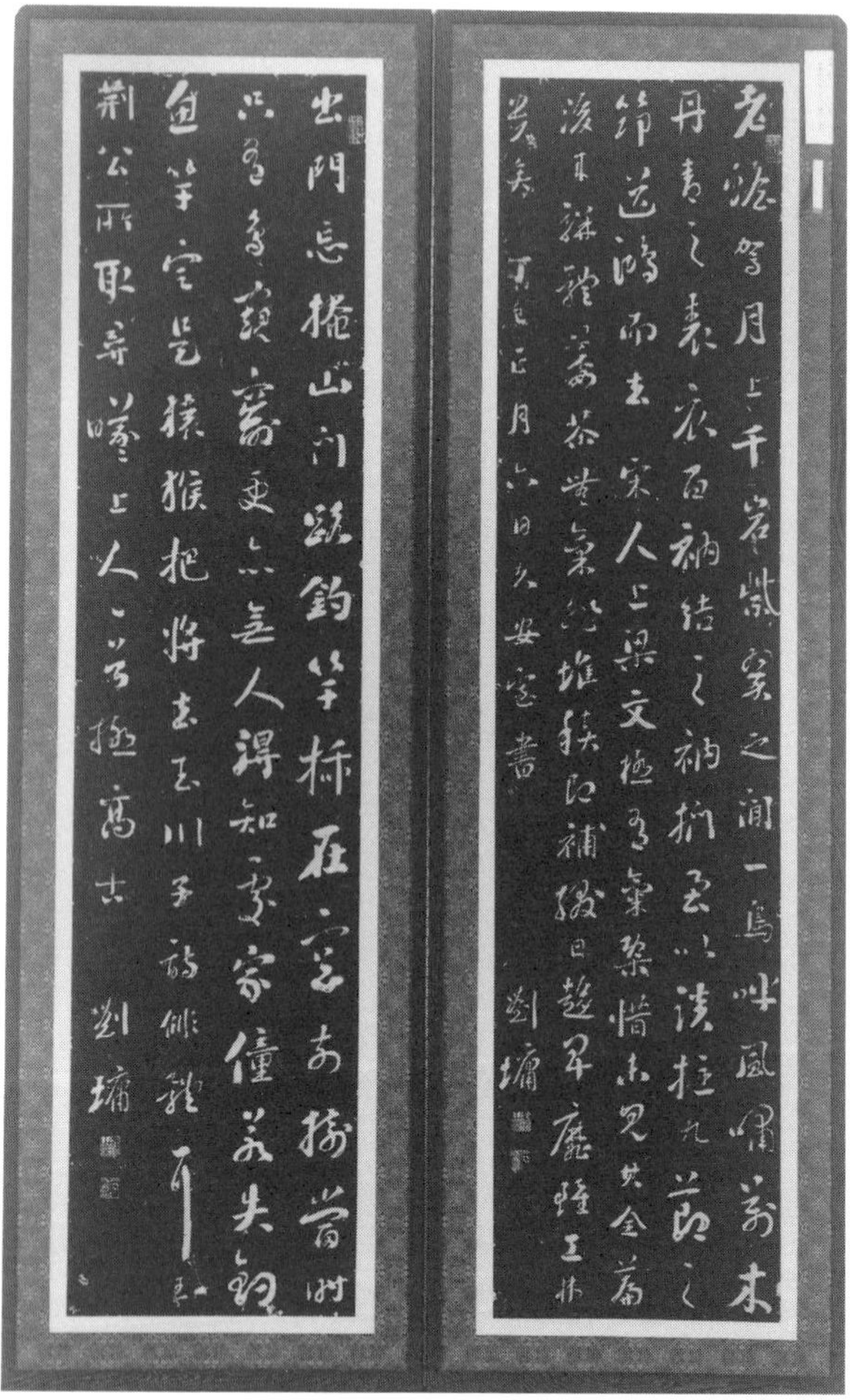

3　君山が愛した劉墉の書拓

もとは襖に貼られていたが、のち屏風に仕立て直したもの。

君山の書は、まさにそのとおりであろう。君山が、同時代の誰かについて書のほどきを受けたという話は全く伝わらない。君山は支那学、ことに清朝風の考証学を我が国へ本格的に移入した最初の学者として、ひたすら中国の典籍を精読することに努め、日常筆墨による書きものを書き続けて来た結果が、君山の書風として結晶したのである。

君山の学書課程については、平成二十年の八月、上記の大会開催を記念して私の編集した『翰墨の縁』に、狩野直禎氏が「第三十回書論研究会大会特別展示「狩野君山とその交友」展の開催に寄せて」と題して、次のように記されている。

直喜がよく口にしていた言葉に、「自分は考証学者だ」があることはよく知られている。それと同時に、「自分は書家ではない」というのもある。しかし、書は読書人として必須の教養でもある。

直喜は、若いころは字が下手で、大学は卒業したものの就職先もなく、現代風に言えばアルバイトとして、東京の某中学校（旧制）の教壇に立っていたところ、板書の文字が稚拙なので、生徒達が笑ったという話が、真偽のほどは分らぬが伝えられている。（中略）

直喜がいつどのようにして書を学んだかは聞いていないが、上海留学時代には研究一途の生活を送り、いわゆる琴棋書画については特に関心を持っていなかったのではなかろうか。しかし、晩年の直喜が劉石庵の書拓を襖に仕立て、その前に立って宙に指でその書をなぞっていたのは、よく見たことがある。今は襖からはがして屏風にしたてたものを今回陳列する（注＝挿図3）。

直喜は、他人に頼まれて書を揮毫することは好まなかったが、已むを得ず筆をとることはあった。一方、自分の楽しみとして筆をとることもあった。私は子供のころ、直喜が祖母に墨をすらせて、毛氈の上に広げた縦長の紙に書を書いていたのを一度だけ見たことがある。そしてこれは、祖母や私の母から聞いたことだが、書き損じは全部風呂の焚き口で焼かせた。もったいないので取っておこうとしても、焼いてしまうまで、傍でじっと見ていたそうである。

ここには、君山の書はもとより、君山の為人を窺う上でも、実に興味深い幾つかのことが記されている。

君山は若いころ「字が稚拙であった」というのは、意外な感じもする。直禎氏のこの話は、『東洋学の創始者たち』の「狩野直喜」の条で、吉川氏が中国からの帰途、たまたま君山が芝の正則学校で教えていた頃生徒だったという人と遇い、その人から聞いた話として紹介されたのに基づくようである。君山の若書きの筆跡は、君山の性格もあってか、狩野家にもほかのどこにも多分遺されていないので、若い頃字は決してうまくはなかったということを想像するに留めよう。

次に、「上海留学時代には、いわゆる琴棋書画については特に関心を持っていなかったのではなかろうか」については、どうであろうか。このことを如実に示す資料が狩野家に遺されており、上記の特別展示にも展観し、撮影させて頂くことができた。それは君山自身が「酒家墨痕」と題した一幅である（図版２）。この幅の由来については、上記の君山の題字の下に、呉昌碩手筆の詩書を掲げ、さらにその下に君山自身が書いた跋文の中で詳記している。この幅は、呉昌碩と君山という意外な二人の邂逅と墨縁をうかがう上でも興味深い資料なので、次にそれを写し取っておく。

君山自筆の題字「酒家墨痕、君山老人」の下に、呉昌碩手書の五律を掲げる。

野坫当門水、層陰背郭峯。罋冰狐聴老、兵気雁知凶。噉餅名何補、澆愁酒正濃。蒼涼娯薄酔、愁倚両三松。

この詩は『缶廬集』巻二に「荒店」と題して収録されており、『呉昌碩詩集』の「補遺」にも再録されている。それらには、末句の「愁」を「来」に作る。

その下に添えられた君山の跋は次のとおりである。

明治辛丑、予読書滬上。一日与友人飲於酒楼、坐有呉缶翁、共語歓甚。翁自謂甲午之役、領一隊戍山海関、未戦而和成、此詩即軍中作。借酒僮敗筆、執予所携洋帳、書以相示。予時治考拠之学、不甚留意詞章翰墨。故雖知其人、不復往来。今三十年、翁墓木已拱矣、其名播於海内外、得墨跡者、珍為至宝。而予亦深憾当時不与之納交、就而乞書画也。乃截取其所書、命工装潢為軸、且記其縁由如此。昭和八年七月、君山老人書於半農書屋南軒。

大意を記せば、こうである。明治三十四年（一九〇一、君山三十五歳）、上海留学中のある日、友人と酒楼で飲んでいるとき、たまたまその席で呉昌碩と出会い、ともに楽しく語りあった。翁が自ら言うには、甲午の役（明治二十七年の日清戦争）のとき、一隊を率いて山海関（河北省秦皇島市の東北にあり）に駐留していたが、未だ戦わずして和議が成立した。この詩はそのとき従軍中に作ったものである、と。そこで、酒楼のボーイからちび筆を借り、私（君山）の携えていたノートに書いて示されたのがこれである。私はそのころ考証学を治めており、詩文書画にはあまり関心がなかったので、呉翁のことは知ってはいたが、往き来することもなかった。

それから今や三十年、翁の墓の木は一かかえもするほど大きくなり、その名声は海の内外に知れわたり、その墨跡を手に入れたものは至宝として珍重している。そして、私は当時翁と交誼を結び書画を求めることもしなかったことを深く悔いている。そこでこの書跡を切り取って表装師に命じて軸装に仕立てさせ、その由来をここに記すことにしたのである。

この跋の中で、君山自ら「予時に考拠の学を治め、甚しくは意を詞章翰墨に留めず」と記している点に注意したい。すなわち、直禎氏の指摘のごとく、上海留学時代には研究一途の生活を送り、いわゆる琴棋書画については特に関心を持っていなかったことを、君山自身が述べているからである。そうすれば、君山が特に書に関心を深めるようになり、その腕前も上達するのは、上海から帰国し、三十代の終りに京都へ住むようになってからのこととなるであろう。

それにしても、君山が三十年も前に呉昌碩が書いてくれた一枚の紙片を失わず、後生大事に保存していたことにも驚かされる。さらに、明治三十五年に君山の親友長尾雨山が上海商務印書館に招かれ、家族を率いて上海へ移住し、ほかでもない呉昌碩の近隣に住んで深い墨縁を結んだことをも思い合せると、ますます興趣の尽きないのを覚える。

君山が劉石庵（劉墉）の書を好んだことや、その揮毫については、後に改めて取り上げることにしたい。

さて、私は最近意外な人の文章の中で、君山自らが書について語った一節を書きとめているのを読んだので、ついでながらここに記しておこう。私は平成二十三年四月に、大阪府下の茨木市へ転居して以来、茨木市立中央図書館が拙宅からも近いのでよく利用している。茨木出身の作家としては川端康成が最も有名であるが、ほかにこの地に住んで、詩人・小説家として名をなした人に富士正晴がいる。川端には当地に記念館があり、富士にも上記の図書館に隣接して記念館がある。

先ごろ、同図書館の富士正晴コーナーを何気なく眺めているとき、『富士正晴画遊録』（フィルムアート社、一九八四年）と題する一書が目にとまった。それを披いてみると、富士の書画と随筆のほか、私の恩師の一人、貝塚茂樹氏、辱知の桑原武夫氏、杉本秀太郎氏のほか、野間宏、鶴見俊輔、司馬遼太郎、田辺聖子、小田実、飯沢匡といった著名な文学者、評論家も富士に関する随筆を寄せているので、その本を借りて帰り、さっそく読んでみた。本書に寄稿はされていないが、私の先師吉川幸次郎・小川環樹両氏も富士の親友であることを後で知った。

さて、本書に掲載された富士の「書とわたし」と題する一篇に、富士が君山を訪問したときのことが記されている。

> 昭和十七年ごろ、つまりもう二十九歳にもなっていて、京都の弘文堂の編集者をしていながら、京大の支那文学の名誉教授の狩野直喜という大学者のところへ行って、もう今から書き方をやっても駄目でしょうかと、はなはだ幼稚なことを質問し、この老年の大学者を啞然とさせたことがあった。
>
> 君、それは書のことかねと大先生はたずねかえす。そうですというと、君たちみたいにペンをいつも使っている人には、筆墨はむりだと思うね。それに小学校で教える書の手本など、習って上手に書いたところで、ろくな書はかけんよ、という。わたしは小学校での書き方の成績は丙か丁かしかもらったことありません、とこっちも平気である。
>
> 大学者はニヤリとして、丙か丁か、それなら見込みがまだあるかも知れんね。
>
> 狩野さんは内藤湖南や西田幾多郎とともに天下の名筆の名が高い人であったから、書き方などときかされて、びっくりしたことであろう。

『富士正晴作品集』五（岩波書店、二〇〇〇年第三刷）所収の廣重聰編「富士正晴略年譜」によると、富士は大正二年、徳島県三好郡山城谷村信正名二百八番地に生まれ、第三高等学校を中退。在学中の昭和六年十一月、志賀直哉の紹介状を携えて京都の詩人竹内勝太郎を訪問して以後竹内に親炙し、昭和七年、野間宏、桑原武夫とともに同人誌『三人』を創刊した。そして、昭和十七年二十九歳の条には、

> 二月、弘文堂書房京都店の編集者となり、この縁で狩野君山、大山定一、上野照夫、桑原武夫など学者と親しくなる。

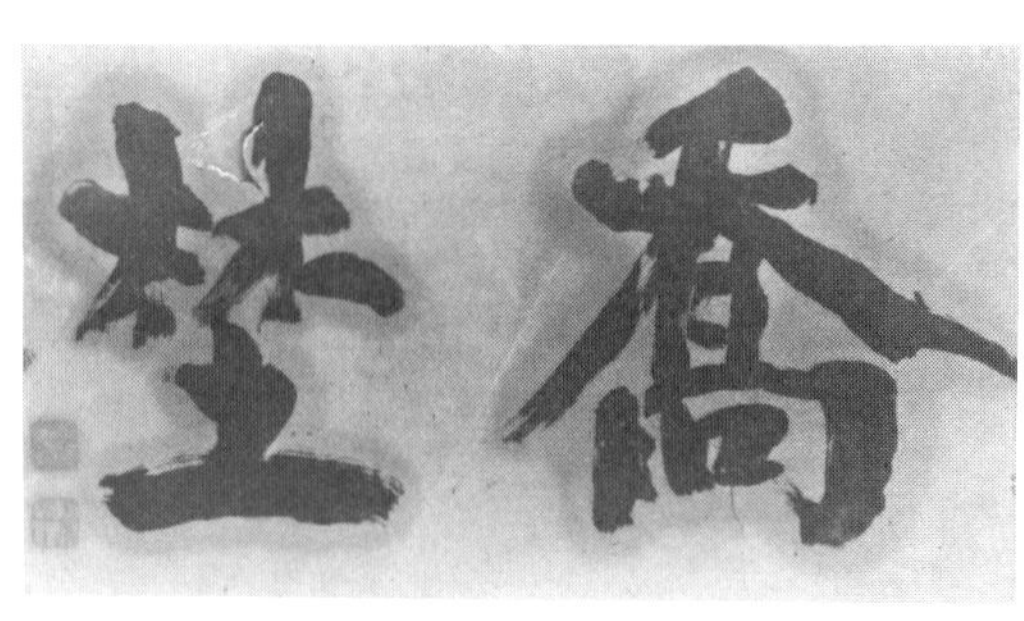

4　翁同龢楷書扁額「喬埜」

5　同上の扁額を君山が臨書したもの

とある。しかし、その翌年昭和十八年には、早くも「弘文堂書房はやめ石書房と七丈書院の関西駐在員となる」とあるから、富士の弘文堂書房在勤はわずか一年ほどであり、その間に君山との面識を持ったのである。

弘文堂書房は、京都学派の支那学者の著書を多く出版し、上記の『東光』も実は同書房が出していた雑誌である。このあと、富士は、昭和二十二年に島尾敏雄らとともに同人雑誌『VIKING』を創刊し、活発な創作活動を展開してゆく。

さて、上に引いた富士の文章の中で、君山は「ペンをいつも使っている人は、筆墨はむりだと思うね」と言ったという。君山自身、講義ノートも書簡も、平素の書きものはほとんど全て筆墨を用いていた。（当時としては決して珍しいことではなかったであろうが）。そういう立場から言えば、書というものは、筆墨を常用する生活から生まれるべきものという考え方が導かれる。君山の書はまさに平素筆墨を駆使する学究生活の中から生まれてきたものである。

さらにまた君山は、「小学校で教える書の手本など、習って上手に書いたところで、ろくな書はかけんよ」と

6　翁同龢臨王羲之「龍保帖」等扇面

言ったという。君山のような本格的な支那学者から見ると、日本の小学校で使う手習いの教科書などは、眼中になかったのであろう。

さて、『東光』第五号追悼文のうち、君山の書について最も詳しくかつ具体的に記すのが高瀬氏稿である。そこで、高瀬氏稿を飛び飛びに引用し、関連のある他の資料も援用しながら書き進めることにする。

高瀬氏はまず、君山の若年の書について、

新村出博士曰く、「狩野君は身六藝に通ず」と。狩野翁は多藝多能の人であつた。書道は最も達して居つた。翁自身も若き時から書だけは巧妙に書きたいと云ふて居られた。生れ付ての上手であつた。

という。このうち、「生れ付ての上手であつた」とするのは、前記のとおり、吉川氏も狩野直禎氏も「直喜は、若いころは字が下手で」、「某中学校の教壇に立っていたころ、板書の文字が稚拙なので、生徒達が笑ったという話」を紹介されているので、高瀬説にはにわかには与しがたい。

次いで高瀬氏稿は君山の好んだ書や習った書について記している。

翁は劉石庵の書法を尤も愛して居られた。石庵・成親王・鉄保・翁方綱は清朝の四大家であるが、君山翁は性に近きを取つて石庵を学んだ。内藤湖南翁と長尾雨山翁と三人は、近来傑出した名筆であつた。雨山翁は君山翁の書を褒めて「君山の書は高古である」と云は

> れた。心正則筆正とは柳公権の名言であるが、君山翁の書は実に君山翁を思はしむるものがある。全体に翁の字は短く太くあるが、字体を見ると其のカラダの様子も思ひ出さるる。

君山が劉石庵（劉墉）を尤も愛しかつ学んだというのは広く人々の知るところであり、上述の如く、君山が劉石庵の書拓に向って手習いをしていたという直禎氏の証言もある。また、狩野家には、趙孟頫が『易』の説卦を書いたものを劉墉が臨し、さらに君山がそれを学んだ珍しい詩牋（図版11）も遺されている。「性に近きを取つて石庵を学んだ」という指摘も納得させられる。

劉石庵の書は、羊毫に濃墨を十分含ませ、情味をたたえつつゆるやかに運筆し、豊潤にして遒勁な点が君山の嗜好に適ったにちがいない。それとともに、君山の学風とも深く関わると思う。すなわち、君山は清朝の学問、ことに乾隆・嘉慶期に著しい発達を遂げた考証学を尊敬し、それを吸収咀嚼した上で自らの学風を築いた人である。その乾嘉の風気を書の上で最もよく発揮しているのが劉石庵である。君山にあっては書と学問は一体になっていたのである。高瀬氏が列挙した成親王、鉄保、翁方綱らの書も君山の好みに近かったであろう。

しかし、高瀬氏は挙げていないが、君山が最も好んだ書家の一人に清末の翁同龢（おうどうわ）がいる。翁同龢の書も豊潤にして寛弘、ことにその尺牘の自由にして悠揚迫らぬ高い風格は古今に冠たるもので、君山の書にも大きな影響を与えている。因みに、狩野家の玄関の間には、翁同龢の楷書の扁額「喬梓」が今も掲げられており、君山がそれを臨書したまくりまで遺されている（挿図4・5）。また翁同龢が王羲之の『十七帖』中の「龍保帖」などを扇面に節臨したもの（挿図6）も遺されている。

『東洋学の創始者たち』の中で、吉川氏は、

> 先生がハイカラなところは、先生の書にいちばんよくあらわれておると思うのです。純粋に中国的な書です

ね。日本の書というものは非常にお嫌いなんで、お手本は劉石庵（墉、一七一九〜一八〇四）ですか、それから翁同龢（一八三〇〜一九〇四）、いつかうかがったら、顔真卿をやったことがあると言っておられました。（中略）、神田喜一郎さんの評によれば、日本人ばなれしている、そのへん書と学問は一体になっているんですね。と指摘している。君山が顔真卿を好みかつ習ったことは、狩野家に君山が顔真卿の「争坐位帖」を臨したものが遺っており（図版58）、また君山撰書の「顕忠府記」（図版17）は明らかに顔真卿の楷書を強く意識して揮毫されたものである。また書物の題簽の中にも、例えば高倉氏『蘇州日記』のように顔法を思わせるものが含まれている。このほか清朝の書家の中では、翁方綱や張之洞も好んだようである。

尺牘の素晴らしさ

高瀬氏稿は君山の尺牘の素晴らしさに説き及んで、次のようにいう。

尺牘は特に巧妙にして雅味があり、恩師島田篁村先生の尺牘に似て居ると思ふ。篁村先生も非常な能書で、天下の名硯を多く珍蔵されて居られた。原勝郎博士曰く、「狩野の字は狩野のカラダに能く似て居る」と。適評ならんか。書ハ心画也の楊子雲の金言より考ふれば、書ハ身画也と云ひ得るか。

君山は実に筆まめだったようで、親族や知友に多くの尺牘を書き与えた。また尺牘を認めることを自ら楽しんでもいたのであろう。例えば八木田氏稿には次のように記す。

筆まめな伯父（君山）は、何事かあれば、例の達筆で手紙を寄越した。その手紙は全部保存して置いた。重ねたら二米以上になつたろう。家庭の秘事に関係あるものを除いて、後日、表装をするつもりで居たら、戦災で焼いてしまつた。私にとつては、戦災による大きな打撃の一つである。現在手許にあるのは、その後の数通に過ぎない。

一人の親族に与えた君山の尺牘だけでも、それを積み重ねると二メートルを越したというのは、多少誇張があるかも知れないが、それにしても驚くべき数量である。戦災その他によって消滅したものも少なくないであろうが、どこかで人に知られず眠っている君山の尺牘はできる限り発掘し紹介したいと期している。

君山の尺牘は、その在世中から心ある人々によって愛重され、大切に保存されてきた。例えば、小林太市郎氏の「君山先生の垂訓」（彙文堂書店刊『冊府』第十四号、昭和三十六年七月）には次のように記す。

ときどき戴く先生のお手紙の書に私はまったく引きつけられた。それで何か書いていただきたいとせがんだ。先生は笑って、「書くのは書くが墨をするのが面倒だな。あれは男がせっかちにすったのではいかぬ。墨は女がやさしい手で、気長がに、しなやかにまんべんなく磨らぬといかぬ」と言われた。

ついでながらここに記すと、君山の「墨は女が磨るべし」の説は、話として面白いせいか、桑原氏稿、狩野直方氏稿にも同じことを記し、『富士正晴画友録』所収の杉本秀太郎氏の「無花果人参」にも紹介され、主として関西の文学者仲間に広まったようである。

君山の書は、条幅以外に詩牋や小紙片に揮毫したものがかなり多く遺されている。中でも詩稿（図版50）と尺牘（図版16、59〜78）が最も秀れている。詩稿は狩野家に、『君山詩草』の稿本冊子（図版50）が遺されているほか、漢文の草稿も書として美事であるが、一般の人々には目にする機会はほとんどないであろう。その点、尺牘は数が多く、書画店の販売目録にも時々現われるので、目にしたり手に入れることも可能である。

君山の尺牘は、もらった人がそれを大切に保存し、掛軸などに表装して愛玩されてきた例をよく見かける。自作の詩稿が詩牋などに認められ、同送されて来た場合は、尺牘の本体とともにその詩牋も一緒に表装されている例が少なくない。図版77に掲げた西大次郎氏あての尺牘並びに詩稿、図版78の宮本正清氏あての尺牘並びに詩稿は、ともに寒斎の蔵品であるが、購入時にすでに軸装されていたものである。西氏は君山と同郷熊本の先輩、宮本氏は大阪市立大学教授で、ロマン・ローランの研究家として知られる。

内藤湖南の書は、詩稿（『書論』第十六号、図版23～25）もよいが、何と言ってもその本領は数多い題跋と碑碣において最もよく発揮された。ことに晋唐を基調とする典雅な題跋の見事さは中国の識者もひとしく感服するところで、少なくとも日本においては古今独歩と言ってもよい。湖南は尺牘も多く遺しているが、一般に筆が走りすぎてやや含蓄に乏しい嫌いがある。

その点、君山の書は、詩稿を除くと尺牘が最も秀れている。一字一字をかみしめるように着実に書き進め、悠揚迫らず、馥郁として書巻の気の溢れた美しさは、明治以後の尺牘の中でもひときわ光彩を放っている。

書の揮毫

君山の書の揮毫ぶりについても、高瀬氏稿は次のように記す。

君山翁は揮毫の時には懸腕直筆で四鉤にして卵子を掌中に含めるが如く、極て鄭重に厳粛に筆を運ばれた。新町徳之君曰く、「狩野先生の筆の持ち方は満点だ。実に立派な態度である」と。翁曰く、諺に「能書は筆を択ばず」とあるも、僕は筆、紙、墨は必ず精良を望むと。翁は細字は単鉤にて筆頭を少しく右へ傾くるが宜しと曰はれた。楷書・行書が多く、草書はアマリ書かなかつた。

君山が書を揮毫する時の様子は、桑原氏稿にも詳しくかつ具体的に記されている。桑原武夫氏は、改めて記すまでもないが、桑原隲蔵氏の令息で、フランス文学の専攻、京都大学人文科学研究所の所長もつとめられた。桑原氏稿によると、昭和六年に隲蔵氏が亡くなったとき、父の遺言で君山に墓誌銘を書いてもらったという。隲蔵氏の墓は京都黒谷金戒光明寺にある。

さて、桑原氏稿によると、父隲蔵氏の一周忌の前に君山から電話があり、隲蔵氏の墓へ参った時の詩を書いたので取りに来るようにとのことで、狩野家へ参上した。その詩は、『君山詩草』の中に「桑原博士一周忌賦奠」と題して収められている。

故人墳在黒谿湄、奠罷生芻帰去遅。
微雨夜来春草遍、老鶯啼度野棠枝。

そのとき君山は桑原氏の前で箱書もしてくれたそうで、桑原氏は次のように記している。君山は、夫人にシナの古墨を磨らせたあと、

やがて墨が磨りあがると、筆箱が出る。四五寸角、長さ一尺ばかりの大きな桐の箱で、ふたには「君山筆匣」と肉太に書かれてある。大小数十本の筆が雑然と入っている中へ、まるつこい手をぐさりと突込んで、中から太いのを一本無造作に選びとり、墨をたつぷりふくませて、「弔桑原博士墓七絶」と書かれた。私の今まで見かけた箱書きは、大てい箱の中央に細字で書いてあつたが、先生のは天地なし、左右にこぼれそうなほど大きい。そういえば先生の家の標札も板一面に書かれてあつた。筆と一しよに緊張した身体全体が動いている。大きな字を書くと一日疲れるといつておられたのが、初めてわかつた。そして出来上つたものを見れば重厚なうちに水々しさがあつて、七十近くの老人の筆ということを疑いたくなる。それから私を驚かしたことがある。たとえば弔の字の第一劃のように、まず横に引いてそのまゝ下へ曲げるべきところを、先生は二筆に分けて書かれる。一つの字を書くうちに墨をつがれることさえある。そういうことは許されぬと聞いておりますがとき

くと「初めのうちはそういうこともいうがね。」なるほど先生のは、出来上りはどこで墨をつがれたのか全くわからなくなつている。大たい書は画と同じような一つの藝術だから、すべてあまり拘わるのはよくない。字の劃にしても、出来た字がちゃんと整つておれば、劃の一つや二つは違つていてもよろしい。そういつて古来の名家の字体を集めた『楷法溯源』という書物を示された。

という。君山は、書の揮毫に対してはかなり自由な態度で臨んでいたことを窺わせる。ただ文字の「劃の一つや二つは違つていてもよろしい」については、狩野直方氏稿に「父は字の上手下手は云われなかつたが、誤字だけはやかましく云われた」とあるから、「明らかな誤字はいけないが」という条件を付すべきであろう。因みに『楷法溯源』は、楊守敬がその師潘存の後を継いで編集した楷書の書体字典である。

富岡鉄斎や絵画のこと

さらに、桑原氏稿は君山の富岡鉄斎観にも言及していう。

この正月（注＝一九四三年）お伺いしたとき、鉄斎が晩年になつて俄かに画境が進んだのは、湖南先生や先生の影響があるのではないか、とかねがね思つていたことをお尋ねしてみたが、それには答えず、鉄斎は日本とシナのことしか知らぬような人ではない。排外的なところは少しもなかつた。表向きは出さなかつたが、西洋の絵のことも中々よく研究していた。

という。湖南や君山の学問が鉄斎にどのような影響を与えたかは、別の一つの興味深いテーマではあるが、ここでは立ち入らない。君山は鉄斎の藝術のよき理解者でもあった。桑原氏稿によると、狩野家の床の間には鉄斎の「化城喩品図」（挿図7）や同じく没骨の万才の画などが掛けられていることもあったという。君山が鉄斎の画集のた

7　富岡鉄斎画「化城喩品図」

めに書いた「掃心図画序」は、『君山文』巻二に収録されている。

鉄斎の画のことが出たついでに、君山と絵画についても簡単に触れておきたい。君山は中国の書のみならず画を見る機会も当然多かったはずであるが、自ら彩管を揮うということはほとんどなかったようである。この点については、狩野直方氏稿に次のように記されている。

> 字をよく書く父も、絵には全く素人であつた。子供の時、お習字はよく父に習つたが、絵は餘り描いてもらつたことはない。大正の末期頃、津田青楓先生の塾で河上先生・佐々木先生・河田先生らと翰墨会に出席していた。其の折、少し竹の絵を習つたのであるが、到底ものにならなかつたらしい。父の絵については「物の形というものが全く頭に浮んでこない人だ」と、津田先生が云つて居られる。

津田青楓は京都出身の画家で、初め洋画家として出発したが、のち日本画（文人画）に転じ、多くの随筆を書き遺した。弟の西川一草亭は花道家として知られる。前引文中の「河上先生」は経済学の河上肇、「佐々木先生」は法学の佐々木惣一、「河田先生」は経済学の河田嗣郎、いずれも京大教授として君山の同僚であり、書画翰墨の趣味を共有していた。翰墨会のことは、津田青楓の『書道と画道』中にも触れられており、後で取り上げる君山の日記『半農書屋日記』にも関係の記事が散見する。狩野家には、河田の画いた瓶花図に河上と君山が賛をした作品（図版５）があり、青楓の画いた「君山先生書屋図」なども遺されている。

君山、雨山、湖南三人のうち、雨山の画は中国文人画の伝統を継ぐ本格的なもので、多くの作例を見ることができる。湖南は明治三十九年前後から、親友富岡謙蔵らに自作の墨彩による絵葉書を数多く書き送り、時に彩管を揮うこともあった。しかし、独立した絵画作品は遂に画かなかったようで、私はこれまでに見たことがない。

一方、君山の場合はどうであろうか。中国では古くから書画一致論、書と画を密接不可分の一体のものと見る考え方があり、ことに近代の書家の多くは画家でもあるから、君山も当然書だけでなく画を見る機会も多かったにちがいない。しかし、自ら彩管を揮うような時間の餘裕はなかったのではなかろうか。

君山と志賀直哉・夏目漱石

桑原氏稿は、末段に及んで君山と小説家志賀直哉とのほほえましい逸事を紹介している。

> 先生は明治の文学は相当評価しておられたが、現代文学については殆んど知られなかつた。一度志賀直哉さんに頼まれて、先生に揮毫をお願いしたとき、先生はその人は何をやる人だねときかれた。その後、君の友達の小説家、そうそう志賀という人、などといわれた。

志賀直哉の書は、その洗練された文体に反して、かなり朴直なもので能書とは言いがたいが、それにもかかわらず、君山の書を好み、桑原氏を通じて揮毫を依頼してきたというのが面白い。それにしても、君山自身は有名な小説家志賀直哉のことを何も知らなかったというのは、実にほほえましい。話として少々できすぎているようにも思うが……。君山は漢籍を読むのに専念していて、日本の現代小説などを読んでいる暇も関心もなかったのであろうか。

ついでながら、小説家といえば夏目漱石を君山はどのように見ていたのか。吉川氏稿によると、ある時の話題に漱石を持ち出したところ、君山は「夏目ね、あれは俳句趣味の人で、本当の中国のことがわかる人ではありませんでした」といい、「私はとりつく島がなかつた」と記す。もっとも、後には君山も「そりや君、夏目ほどの人は、その後の英文学にゐませんよ」と言い、小説家としてよりも英文学者としての漱石の方を買っていたようである。

さらに、吉川氏は『東洋学の創始者たち』の中でも、このことを敷衍して、「漱石というのはあれは俳句趣味の男で、中国本来の岩のところにボタンの花が咲いたような、そういう豪華なことのわかる人間ではなかった、とおっしゃったことがある」と説明している。

乾嘉の学術の精華に深く沈浸してきた君山から見れば、日本人が好む俳句的世界やいわゆる〝東洋趣味〟は否定すべきものであった。吉川氏の趣好も君山のそれに近かったことは、多くの著述の中でくり返し記されたとおりである。もっとも、吉川氏は漱石の漢詩をその文学の一部として尊重し、日本人の作った漢詩としてはめずらしく秀れているが故に、その注釈を著したことは広く人の知るところである。

書作に用いた詩文

ここで、君山が書を揮毫する時に選んだ詩文の作者について記しておこう。このことについては、狩野直方氏稿に「自分の詩を書いて人に差上げることは滅多になかつた」という証言があり、それが実態に近いであろう。ただ

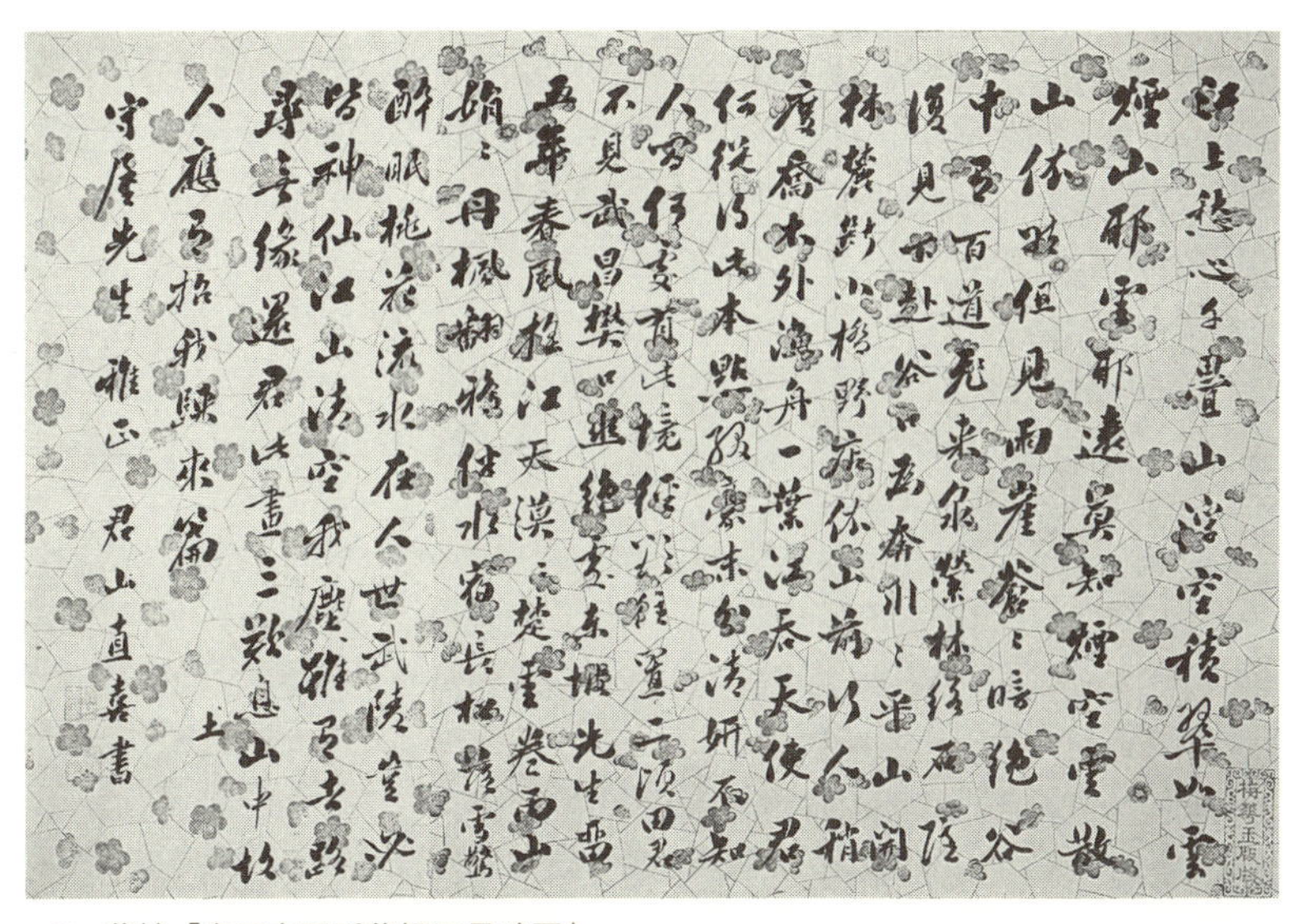

8　蘇軾「書王定国所蔵煙江畳嶂図」

し、知友にあてた尺牘に近作の詩稿を同送することは少なくなかった。君山には書の作品集も遺墨集もまだないので、便宜上挿図8及び図版1～78に掲げた書作品の詩文の作者を試みに拾ってみよう。なお、図版16と同60から76までは和文の尺牘のみなのでこの集計からは除外する。以下（ ）内の数字は図版の番号である。

最も多いのは杜甫で十一点ある（3、4、8、13、21、24、28、35、36、38、46）。ついで蘇軾の四点（挿図8、44、49、52）。諸葛亮は二点、そのうちの一点（18）は「出師表」、他の一点（53）は「誡子書」である。この二点は、令孫直禎氏のために座右銘ないしは家訓に準ずるものとして、書き与えられたものであろう。

ほかはすべて一点であるから、詩文の作者名と書名のみを図版掲載の順に列挙しておく。

元好問（7）、韋応物（8）、羅鄴（9）、劉克荘（9）、謝枋得（9）、張祜（10）、崔塗（12）、杜荀鶴（19）、岑参（20）、陸機（23・「文賦」）、「神勅」（25・『日本書紀』神代下）、王応麟（26・『困学紀聞』）、陳星瑞（27・

『談古偶録』）、高蟾（29）、『周礼』考工記・総目（30）、左琴屋（31）、楊憑（31）、朱熹（32）、顔之推（34・『顔氏家訓』勉学篇）、竇鞏（37）、鄭谷（43）、韋荘（45）、柳宗元（47）、劉禹錫（48）、林逋（54）。

このほか図版11の『易』説卦は、上記のとおり劉墉が趙孟頫を臨したものを、君山がさらに学んだもので、君山の学書を探る上で貴重な資料である。図版58は顔真卿の「争坐位帖」を臨したもので、これも珍しい。図版59の阿藤伯海に与えた漢文の尺牘は、伯海の『大簡詩草』の序としてこの筆跡のままを影印掲載している。

次に、君山自作の詩文を拾うと、門人阿藤伯海に与えたもの（1、6、14、15）、直禎氏のために、本田蔭軒作の「鍾馗像」に題したもの（22）、図版17の「顕忠府記」は勅命を奉じて撰書したもの、図版51は友人鄭孝胥の詩の後に題した跋の稿本である。図版77と78はいずれも知友にあてた尺牘に同送したもので、ともに「御他見ハ御免を蒙り度」しと但し書きしている。その他、自作の詩を詩牋や小紙片に揮毫したものがかなり多いが、いずれも人のために書いたというよりも、晩年心のやり場として自ら楽しんで認め、狩野家に遺されたものである。因って、人のために自作の詩を書作品として揮毫して与えるということはほとんどなかったと言ってよい。

親友の長尾雨山の場合は、書はもとより画賛もほとんど自作の詩文を揮毫し、内藤湖南の場合は自作がやや多く、他作も含まれる。一方、君山は、人に書を与えるとき自作の詩文はほとんど書かなかった。三者三様であるが、君山の場合は、一つにはその謙抑慎重な性格と、もう一つは、自分は学者であって、詩文も書も餘技にすぎないという意識、矜恃も強かったからではなかろうか。

『半農書屋日記』に記された翰墨会や揮毫に関すること

君山には、毎日日記を書き続けるという習慣はなかったようであるが、大正十四年（一九二五）の元旦から大晦日までと、大正十五年の八月十二日から九月二十三日までのほぼ毎日、漢文の日記（ごく一部漢字・片カナ交じりの和文を含む）を書きのこした。これらの日記は、狩野直禎氏によって翻刻され、注釈を付して、君山の遺著『春秋研究』（みすず書房、平成六年十一月）に附録として掲載された。

この日記は、君山自身によって『半農書屋日記』と題されている。（以下、本稿では『日記』と簡称する）。わずか一年餘りの短期間であるとはいえ、君山の読書、生活、交友、書法などについて窺う上で、無二の貴重な資料を提供してくれる。君山自身がこの『日記』の冒頭に記すところによると、君山と同郷の松崎慊堂の『慊堂日暦』と清の李慈銘の『越縵堂日記』の体例にならって記したという。この『日記』をつけ始めた一月から二月にかけては、『越縵堂日記』を熱心に読んでいたことが、『日記』の記事からもうかがえる。

そこで、この『日記』の中から、京都、若王子の津田青楓氏宅で開かれていた「翰墨会」の様子と、君山自身の書の揮毫に関する主な記事を拾い上げ、簡単な解説をつけることにしたい。

まずは「翰墨会」について。『日記』の大正十四年三月八日㈰の条に、

午後偕河上教授訪津田君。河田佐々木二君亦至。皆学画津田者。河田君技尤秀。河上佐々木二君次之。各揮毫写蘭竹。津田君在側指授。予亦乗興作大字。以筆非常所用。殊覚拙劣。媿何所言。但終日対山談書画。頓忘塵俗。是則近来罕有之事。

とある。すなわち、この日の午後、河上、河田、佐々木の三教授とともに津田家を訪問して一緒に書画を揮毫した。三氏はみな津田氏について画を学んでおり、このうち河田氏が技において尤も秀れているという。三氏はそれぞれ蘭と竹を画き、津田氏は脇から指導した。ただし、君山自身は画はかかず、「興に乗じて大字を作る」とあるから、書作の方に専念したようである。自分の書の拙劣を恥じつつも、「終日山に対(むか)ひて書画を談じ、頓(とみ)に塵俗を忘れた

るは、是れ則ち近来罕に有るの事なり」と記し、満足している。

同年四月五日にも、「午前津田氏を訪ね、翰墨の遊を為す」と記す。五月十日の午後も、「若王子の津田君に至り、画話偕字して（画について語りあい、ともに字を書いたの意か）、亦た浮世半日の間を得た」と記す。六月二十八日の午後も、津田青楓君を訪ねて「翰墨会を為し、夜更けて家に帰れり」と記す。九月二十七日の朝には、河上・津田両氏が狩野家を訪ねて来た。そして携えて来た三条（三条実美のことか）の書帖に題簽を書いてほしいと依頼されたので、それを書いた。このとき、「青楓君も亦た予が書斎の図を作れり」と記す。それが「君山先生書屋図」なのであろう。（『書論』第三十八号扉の挿図参照）。

次に、書の揮毫に関する主な記事のみを拾ってみよう。大正十四年六月十二日の朝、杉山というものが来て、人のために書を書いてほしいと言ったが、「叱去之」、しかって追いはらったとある。この杉山がいかなる人物で、どのような人のために書を書いてほしいと頼みに来たのか一切不明であるが、君山は立腹し、叱って追いかえしたという。

君山が書を揮毫するときは、門人の阿藤伯海氏を呼んで墨を磨らせるか、阿藤氏が狩野家へ参上したついでに墨を磨ってもらい、揮毫することが多かったようである。大正十四年八月六日の条には、

招阿藤生磨墨。終日揮毫。少適意者。可恥之甚。

とある。この日、阿藤氏を呼んで墨を磨らせ、「終日揮毫」したまではよかったが、翌七日にはきのうの疲れが出て、疲労困憊したと記す。八月八日、九月九日も、阿藤氏に墨を磨らせ、それぞれ「数紙を揮毫し」、九月二十九日には、阿藤氏が来たので、（墨を磨らせ）、その友人難波生（難波準平であろう）のために書室の額字を作ったという。同じく十一月十二日の午後、フランス人の魚田（ウオーター）と学生の吉川が来たので、揮毫にはげみ、「晩

に至りて止む」とあり、半日を揮毫に専念したのである。

君山は出先きでの席書は嫌ったようであるが、已むを得ず書かされることもあった。大正十五年の正月五日、芦屋に住んでいた旧友鳥居素川宅にて、同行した鈴木豹軒とともにどうしても揮毫をと求められたので、「勉強従事」、已むを得ず無理をして応じたと記す。

大正十五年の八月十六日、高田の細川護貞侯爵邸へ参上し、同氏夫人温子女士逝去のお悼みを述べたところ、その墓標を書くように命ぜられたが、標（板）が長く文字が少ないので、布置が難しく、その日は書かずにひき返した。そして、その翌日細川邸へ至り墓標を揮毫したという。

『日記』に見える翰墨会と揮毫に関する主な記事は、こんなところである。

君山が好んだ中国の詩文そして書法

君山は中国のどのような書を好んだのであろうか。君山の書に対する好尚、趣味を検討することによって、君山の書そのものの特性を探るよすがとしたい。

もっとも、君山がどのような書を好んだかについて、本人はほとんど何も文章に書きのこしていない。高瀬氏稿は、君山が「性に近きを取って〔劉〕石庵を学んだ」という。それでは次に、その「君山の性」、もっと具体的に言えば、君山の書に対する好尚や趣味がどのようなものであったかを探る必要があろう。この問題に答えるためのヒントは、吉川氏稿の中に隠されていると思う。吉川氏は、君山の学問や文学上の好尚についての最もよき理解者であるとともに、最もよき継承者でもあったからである。

吉川氏の「先師と中国文学」は、その冒頭で自ら記すとおり、文学鑑賞家としての君山について記した文章である。したがって、吉川氏のこの文章における主たる関心は、君山がどのような文学（詩文）を好んだかという点にある。君山にとって、書は自己の学問、具体的には文学と密接不可分に結びついた一体のものであるから、文学に対する好尚は、そのまま書に対する好尚と置きかえることができる。さらにまた、中国において文学論と書論は（画論も含めてもよいが）、その用語において相互に乗り入れする傾向が顕著である。したがって、君山の文学に対する好尚を、書に対する好尚と置きかえても、さほど不都合とは思わない。そのような見通しのもとに、吉川氏稿の中から、そのサワリになりそうな語句を摘録してみよう。

① 先生の愛される文学は、先生の細かな咀嚼に堪へ得るだけの緻密さをもつものでなければならなかつた。ことにその緻密さを外にはあらはにせずして、深くそれを内に蔵し、内に蔵する緻密によつて、緊張した色沢を呈するものを、愛せられたやうに思ふ。いひかへれば、それはつきりしたフオルムを結ぶものである。

さうしてフオルムを結ぶ原動力としては、作者の知的な教養を重視された。精神力の弛緩、乃至は学力の不足によりて、はつきりしたフオルムを結ぶに至らないもの、また感情を放恣に発散させて、フオルムを結ぶにいとまないもの、いづれも先生の好まれるところでなかつた。表現の形式としては、線の太いものを好まれたけれども、粗大なもの、すなはち先生の用語に従へば「粗獷」なものを、にくまれた。緻密なものを愛されたけれども、繊弱なものをにくまれた。

② 感情の放恣な発散を好まれない先生は、明人の詩文には甚だ冷淡であつた。先生の学風は、種種の意味で、従来の日本の漢学に対する革命であつたが、この点もその一つである。

さうして、新しく提倡されたのが、清人の知的な詩文であつたことは、あまねく人の知るところである。

③ 清朝の経学の輸入は、先生よりも前に溯り得るであらうけれども、清朝人の詩文を提倡されたのは、先生と

内藤先生に始まるのであるまいか。さうして清朝人の詩文は、その肌目（きめ）のこまかさに於いて、まさしく中国の詩文のうち、最も近代的なものである。

④　先生の好まれるものは、中国文学のうち universal な鑑賞にまで拡がり得べきものであり、好まれなかったものは、より多く provincial なもののやうに感ぜられる。

私は、これらの断片的な語句を書き写しながら、これらはもともと君山の中国文学に対する好尚について記された文章であるが、これはそのまま君山の書法に対する好尚に置きかえて読むことができ、さらには君山の書の特長や魅力そのものについて記された名言として読んでしまいたくなる。

私はもはや説明を補ったり、パラフレイズをする必要がないまでに、ここには君山の書に対する適切な評語がちりばめられていると思う。

四　おわりに

私は本稿を終えるにあたって、吉川氏が『東洋学の創始者たち』の中でふと漏らされた言葉、

先生がハイカラなところは、先生の書にいちばんよくあらわれておると思うのです。

を改めて読み返し、その真味を深くかみしめているところである。少なくとも君山の書の「ハイカラ」さを理解するためには、君山の学問を或る程度は理解できる人でないと無理なのではなかろうか。

従来も、君山や湖南の書に、その深い学殖からにじみ出た「書巻の気」を指摘する人は少なくなかった。私自身もだいたいそういう方向で理解して来た。しかし、吉川氏の発言を改めて読み返していてこの「ハイカラ」の語に

再会し、新しい衝撃を受けた。一八六八、明治元年生まれの君山の書が、二〇一二、平成の御代を生きつつある私の目になぜかくも「ハイカラ」に写るのであるか、不思議でならない。

古いところはさておき、明治維新以後日本近代の書を眺めると、様々な書風が百花繚乱と咲きほこっている。幕末の志士や明治の元勲と言われる人たちも盛んに揮毫に励んできた。彼らの人格と功業の偉大さに比例して、その遺墨も珍重されていることは、私にもよく理解できる。しかし、ごく大ざっぱに言えば、今日の私の目から見れば、彼らの書は大時代がかっていて、古色蒼然たるものが多い。元帥や大将といった武人の書も見るにたえるものはほとんどない。それ以後に現われた書家の書は、おおむね学問的背景が乏しいのを主因として、長い鑑賞にたえるものは少ない。日本には日本人の性情に根ざした書があっていいし、あまり学問的背景などを云云しない自然児のような書もあっていい。しかし、書はやはり結局のところ中国で生まれ、中国の学者・文人の間で磨かれてきた、いかにも中国らしい藝術である。したがって、一度は中国の学術の本流に深く棹さし、そこからエキスを汲みとるのが学書の本道であろう。

ことに、君山や湖南が深く沈浸した清朝考証学の中には、今日の学問レベルから見ても、たとえそのままではなくても、継承すべきものが多い。君山の書が「ハイカラ」であるのは、君山の学問が今日なお色あせず輝きを持ち続けているからである。

それにしても、明治維新以後、近現代に至るまで、著名な書家、文学者、高僧といわれる人たちの作品集、遺墨集は、ほとんど無数に出ているにもかかわらず、君山や湖南ら支那学の大道を歩んだ能書の碩学の遺墨集が何も出ていないのは、まことに不思議であり、何とさびしいことであるか。私は、『内藤湖南翰墨精華』に続いて、君山や雨山の遺墨集もまとめたいと期している。

狩野君山遺墨図版

※『書論』第三十八号「特集・狩野君山」口絵所収の全遺墨を再録した（作品番号も同じ）。

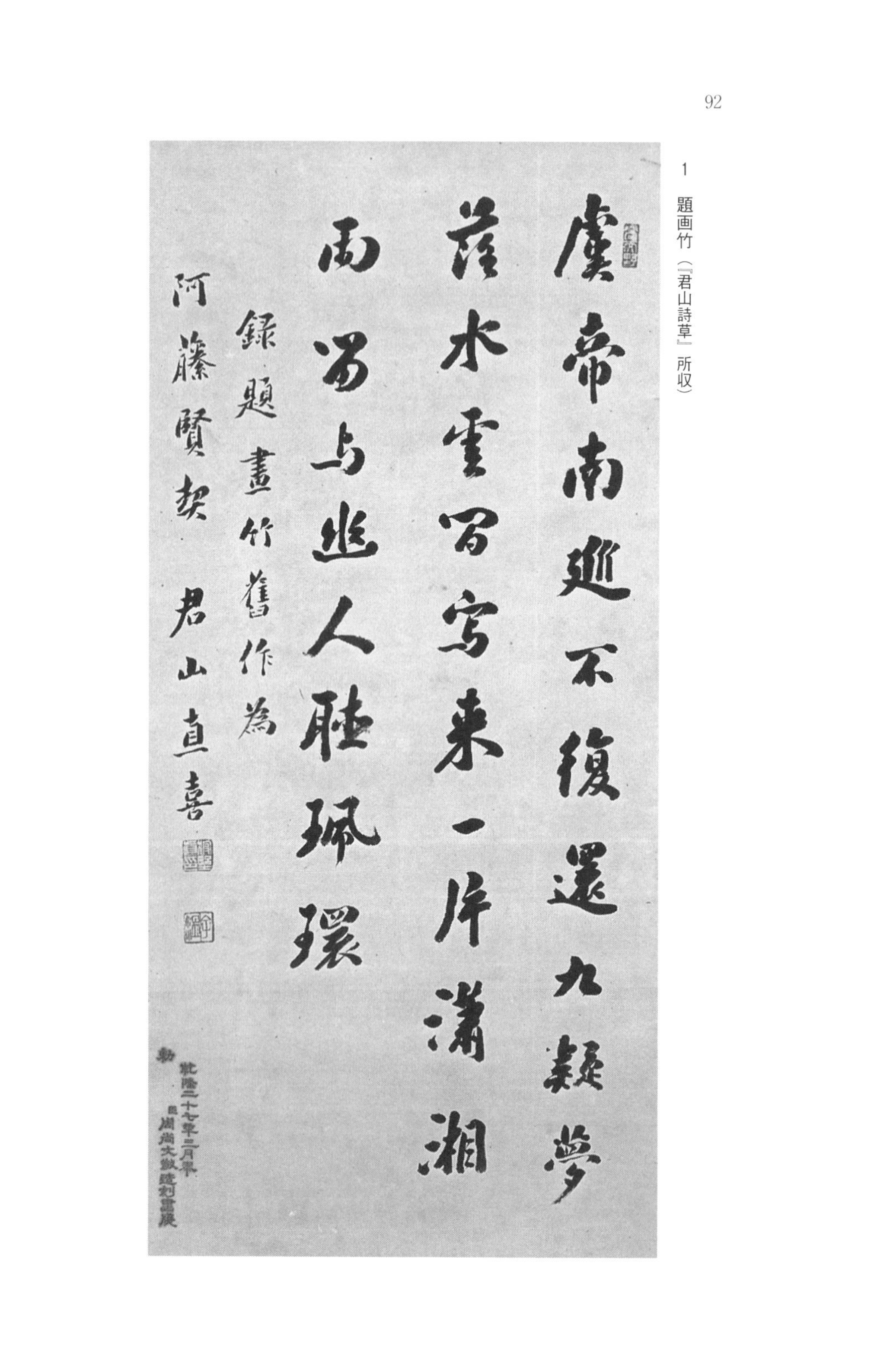

1　題画竹（『君山詩草』所収）

2
酒家墨痕

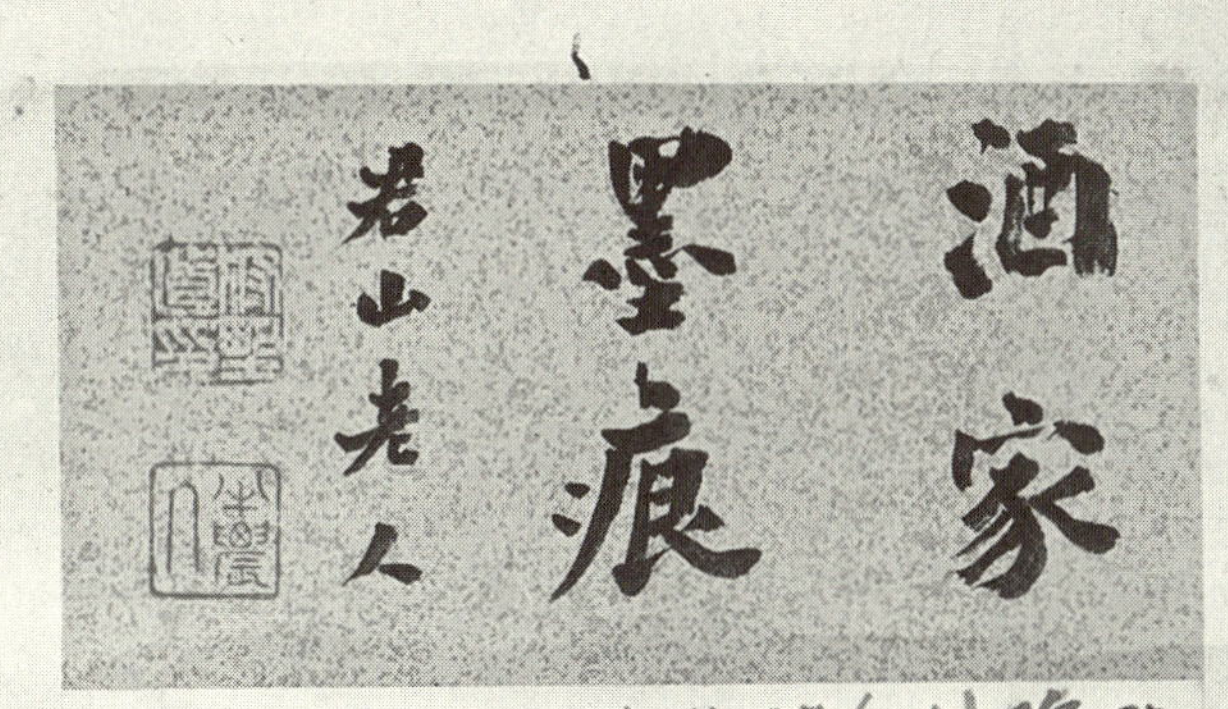

3 杜甫「羌村三首」

崢嶸赤雲西日脚下平地
柴门鳥雀噪歸客千里至
妻孥怪我在驚定還拭涙
世亂遭飄蕩生還偶然遂
隣人満墻頭感歎亦歔欷
夜闌更秉燭相對如夢寐
晩歳迫偸生還家少歡趣
嬌兒不離膝畏我復卻去憶
昔好追涼故繞池邊樹蕭〻北
風勁撫事煎百慮頼知禾黍

收已覺糟牀注如今足斟酌
且用慰遲暮

羣雞正亂叫客至雞鬬爭驅
雞上樹木始聞扣柴荊父老四五
人問我久遠行手中各有攜傾
榼濁復清苦辭酒味薄黍地
無人耕兵革既未息兒童盡東
征請為父老歌艱難愧深情歌
罷仰天歎四坐涙縱横 杜甫羌村三首
本田老兄属書 君山直喜

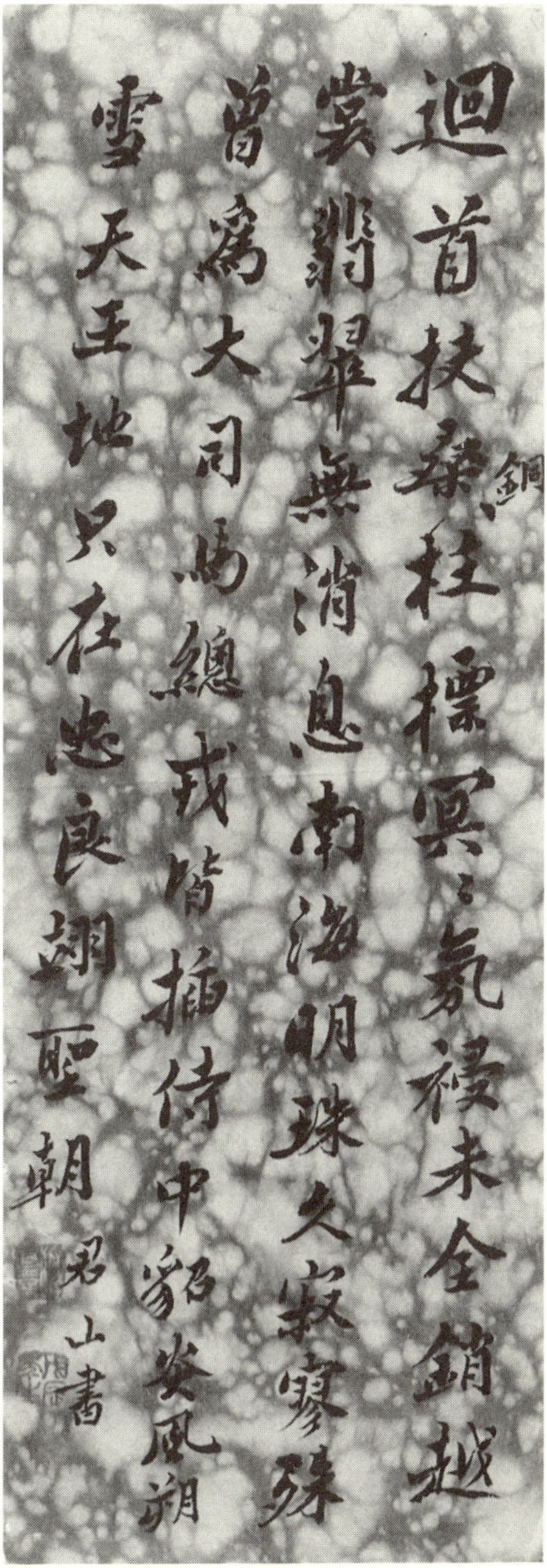

迴首扶桑銅柱標冥〻氛祲未全銷越
裳翡翠無消息南海明珠久寂寥殊
錫曾爲大司馬總戎皆插侍中貂炎風朔
雪天王地只在忠良翊聖朝　君山書

4　杜甫「諸将五首」之四

5　河上肇・狩野直喜賛河田嗣郎画瓶花図

6 「庚午晩秋。偕諸友游一乗寺。時蜀客某亦来会」（『君山詩草』所収）

7 元好問「赤壁図」

8 杜甫「玉華宮」・韋応物「幽居」

9　羅鄴「芳草」・劉克荘「記夢」・謝枋得「題慶全庵」

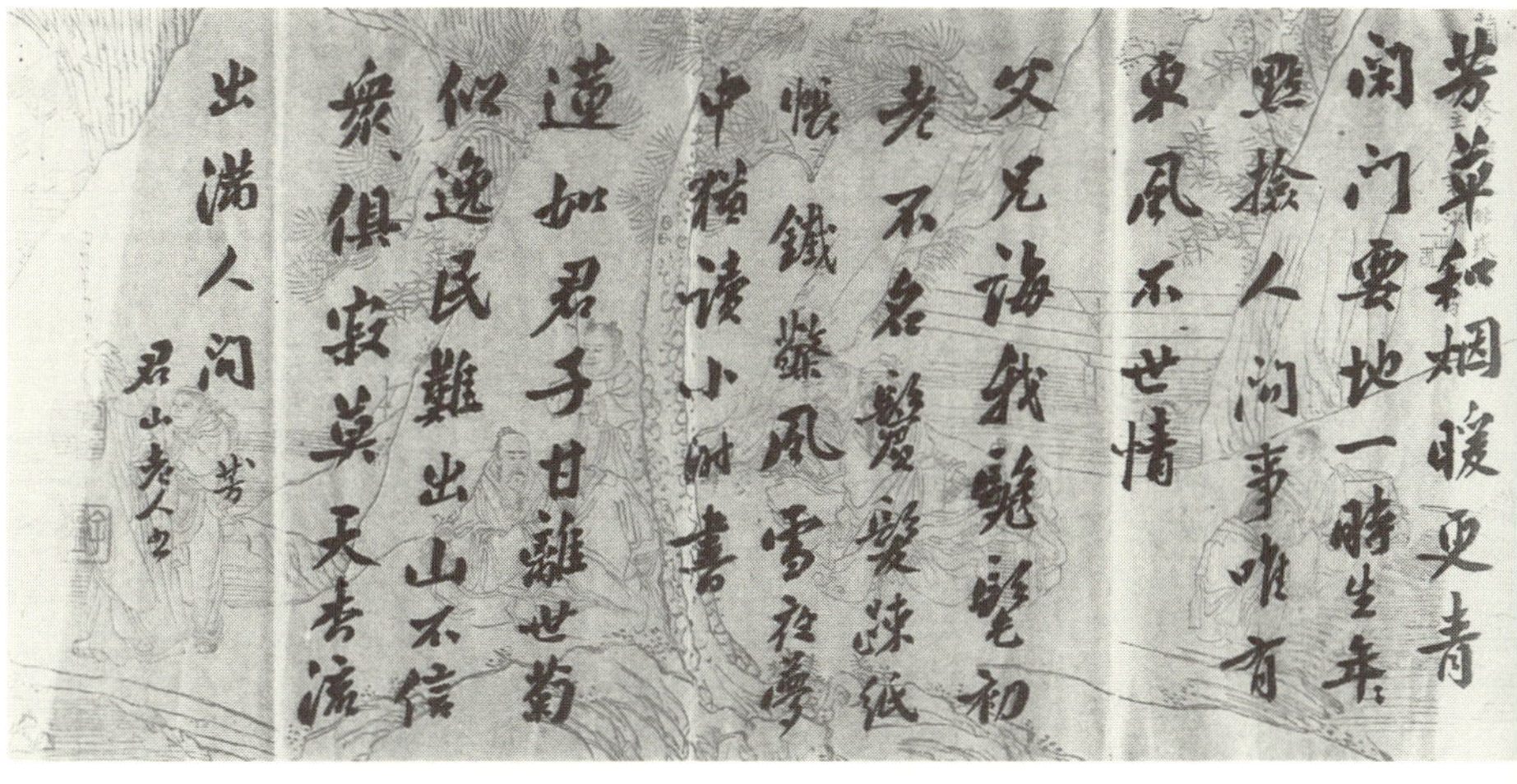

11　『易』説卦　学劉文清臨趙子昂

10　張祜「郵亭残花」

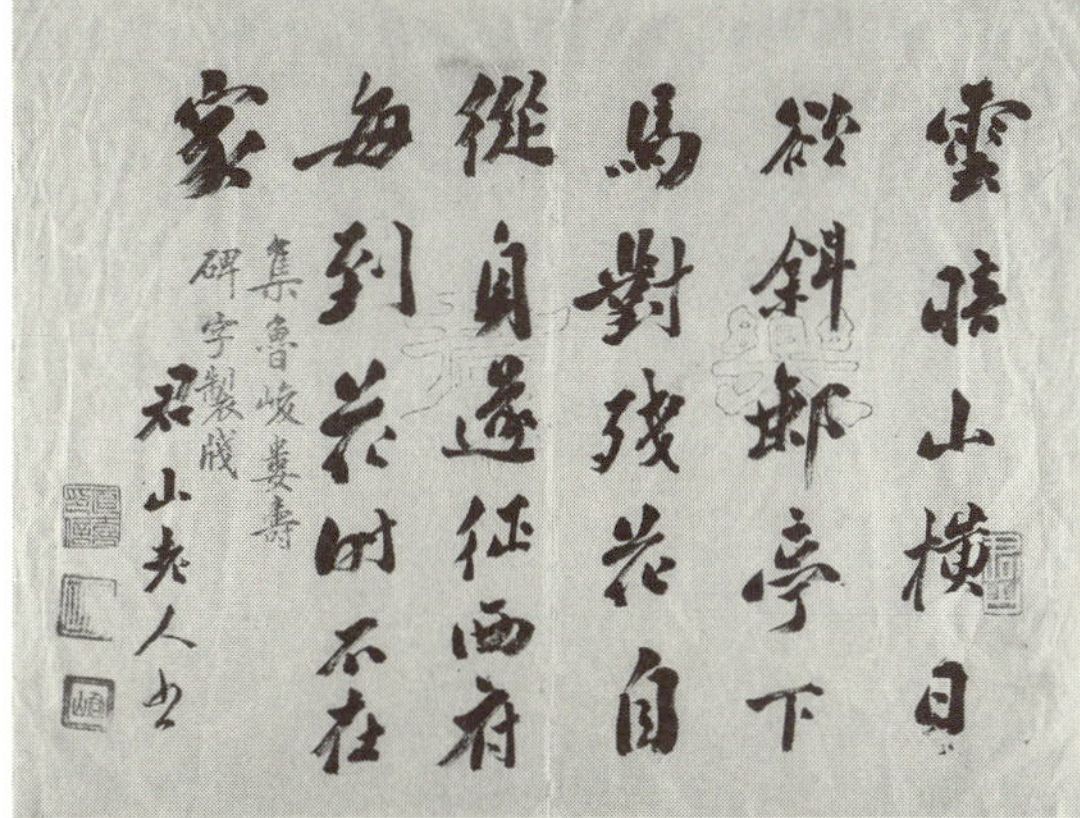

12　崔塗「巫山旅別」

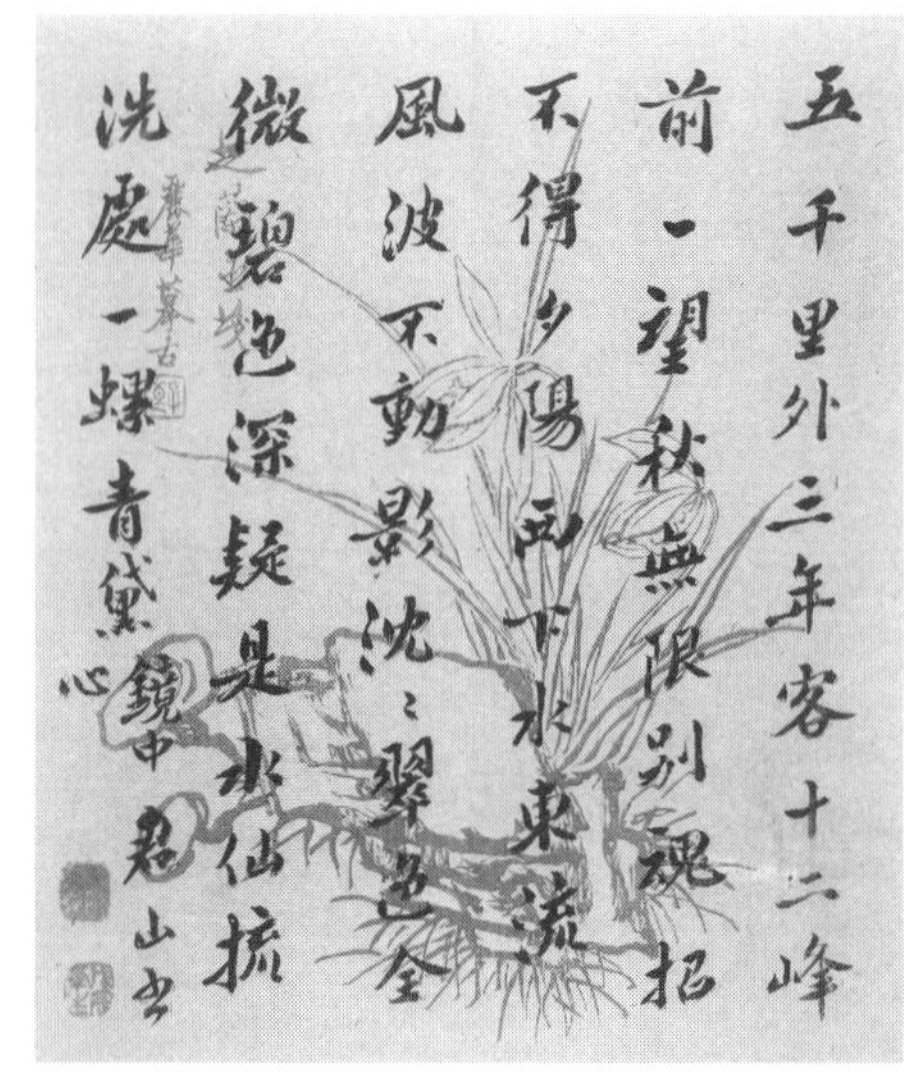

13　節録杜甫「古柏行」

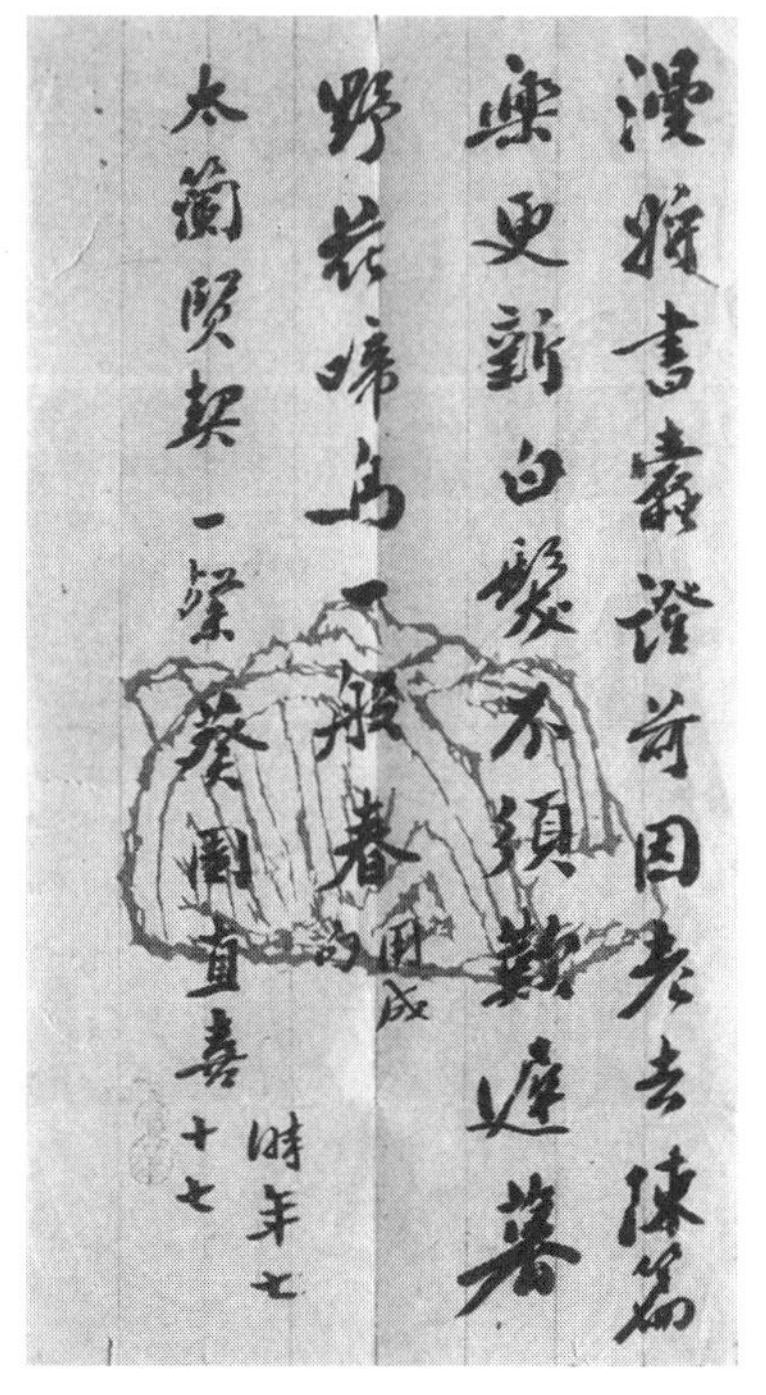

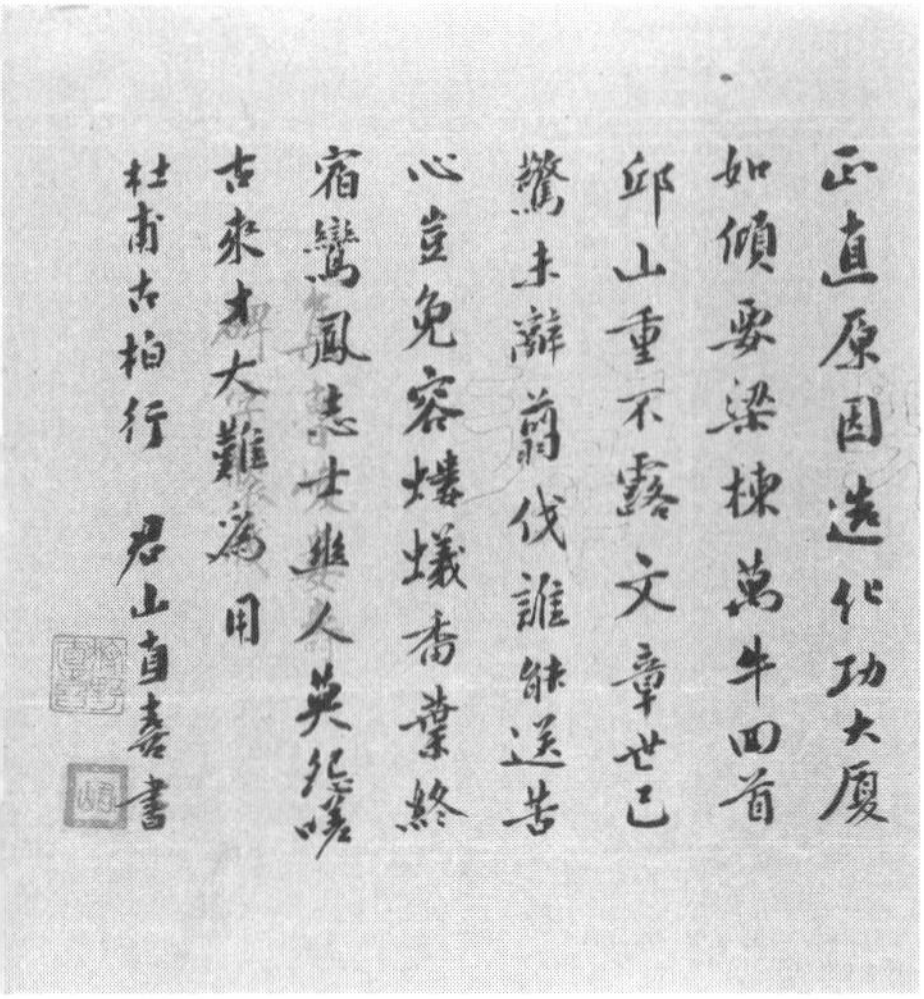

14　「昭和甲申元旦。次大里君韵」（『君山詩草』所収）

15　「与大簡」（『君山詩草』所収）

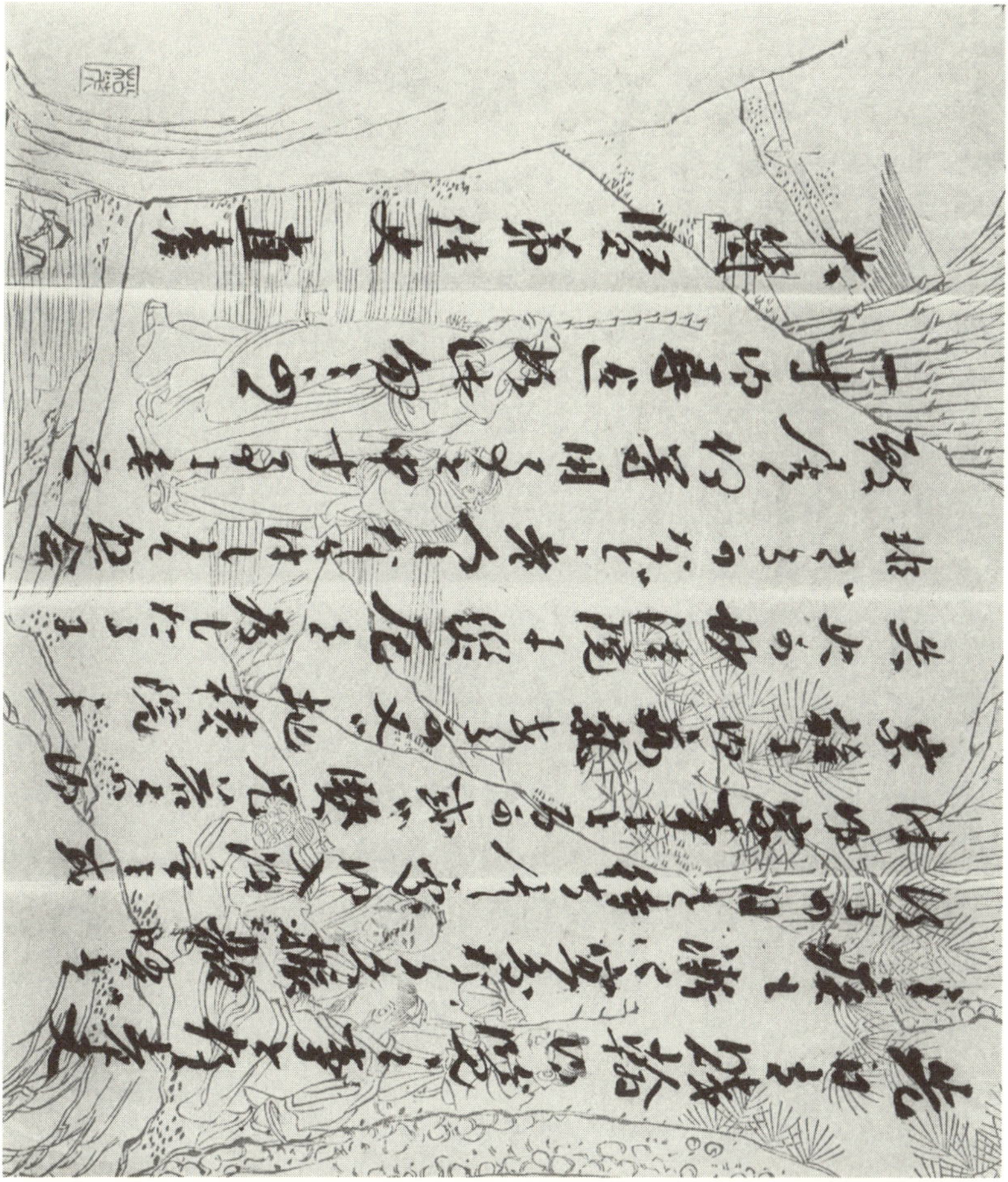

16　与阿藤伯海書　昭和二十二年五月二十三日〈消印〉

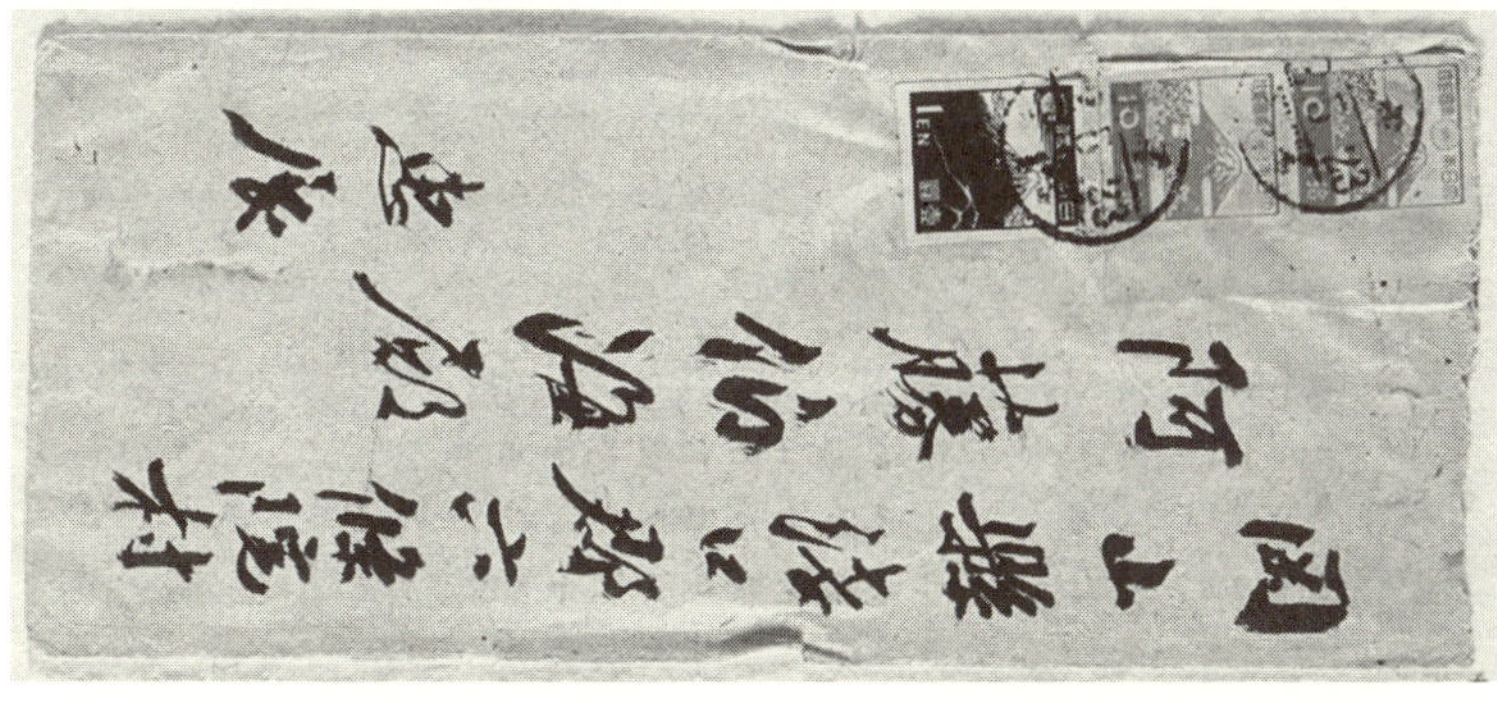

17 「顯忠府記」(『君山文』巻五所収)

顯忠府記

昭和三年我有事於濟南六年於滿洲七年於上海我將士等死乎陳乎創病者前後數千人皇上愍之使有司新營天府藏其名籍照像衣帽軍械凡足以徵忠烈者盡備名曰顯忠府敕載仁親王書額 臣聞周易垂以律之戒楚莊繹止戈之義禁殘除暴推亡固存是仁者所以無敵而邦乃其昌雖古今殊勢其揆一矣欽惟天皇陛下聖神文武好生之仁涵煦黎元善鄰之德光被寰寓苟有礙之者征伐不肆名正事順以直討曲威如雷霆戰莫不捷神功偉烈震爍一世辟諸天有肅殺萬物以成殄兇懲頑非務遠略安民保境藉求和平於是乎見矣夫我國人忠義天性勇武成俗一旦有緩急踊躍從軍視死如歸亦唯殞命鋒鏑以效臣子至誠云爾安有一毫徼報之念而皇恩優渥褒飾矜卹無所不至今又記名存像以顯厥忠可謂死有餘榮矣於戲君臣之分與天地準情如父子忠孝一本是我國體精華其卓越宇內豈不懿哉

昭和十年十一月

帝國學士院會員東京帝國大學名譽教授從三位勳二等 臣 狩野直喜 奉

敕謹撰并書

18　諸葛亮「出師表」書与孫直禎

諸葛亮出師表
先帝創業未半而中道
崩殂今天下三分益州疲
弊此誠危急存亡之秋也
然侍衛之臣不懈于內忠志
之士忘身于外者蓋追先帝
之殊遇欲報之于陛下也誠
宜開張聖聽以光先帝遺德
恢弘志士之氣不宜妄自菲
薄引喻失義以塞忠諫之路
也宮中府中俱為一體陟罰
臧否不宜異同若有作奸犯
科及為忠善者宜付有司

一

論其刑賞以昭陛下平明
之理不宜偏私使內外異
法也侍中侍郎郭攸之費褘
董允等此皆良實志慮忠
純是以先帝簡拔以遺陛
下愚以為宮中之事事無大
小悉以咨之然後施行必能裨
補闕漏有所廣益將軍向
寵性行淑均曉暢軍事試
用于昔日先帝稱之曰能是以
衆議舉寵為督愚以為營
中之事悉以咨之必能使行陣
和睦優劣得所親賢臣遠

二

小人此先漢所以興隆也
親小人遠賢臣此後漢
所以傾頹也先帝在時每
與臣論此事未嘗不歎息
痛恨于桓靈也侍中尚書
長史參軍此悉貞良死節
之臣願陛下親之信之則漢
室之隆可計日而待也臣本
布衣躬耕于南陽苟全性
命于亂世不求聞達于諸
侯先帝不以臣卑鄙猥自
枉屈三顧臣于草廬之中
諮臣以當世之事由是感

三

激遂許先帝以驅馳
後值傾覆受任于敗軍
之際奉命于危難之間爾
來二十有一年矣先帝
知臣謹慎故臨崩寄臣以
大事也受命以来夙夜
憂歎恐託付不效以傷先
帝之明故五月渡瀘深入
不毛今南方已定兵甲已
足當獎率三軍北定中
原庶竭駑鈍攘除奸
凶興復漢室還于舊都
此臣所以報先帝而忠陛下
四

之職分也至于斟酌損
益進盡忠言則攸之禕
允之任也願陛下託臣以
討賊興復之效不效則治
臣之罪以告先帝之靈責
攸之禕允等之慢以彰其
咎陛下亦宜自謀以諮諏善
道察納雅言深追先帝遺
詔臣不勝受恩感激今當
遠離臨表涕零不知所言
昭和十九年九月書與
孫禎　君山先人
五

山雨溪風捲釣絲瓦
甌篷底獨斟時醉、睡
著無人喚流下前灘
也不知
萬里清江萬里天
一村桑柘一村煙漁
醉著無人喚過午醒
來雪滿船
君山老人書

19　杜荀鶴「溪興」・韓偓「醉著」

21　杜甫「送孔巣父謝病帰游江東。兼呈李白」・「送韋十六評事充同谷防禦判官」

20　岑参「献封大夫破播仙凱歌六首」（『唐詩選』巻七）等

22 「題本田蔭軒作鍾馗像」（『君山詩草』未収）

終南進士氣豪雄
召入明皇春夢中
只願君王三尺劍
蕩平天下鬼魔空

23 陸機「文賦」

石韞玉而山輝
水懷珠而川媚
彼榛楛之勿翦
亦蒙榮於集翠
綴下里於白雪
吾亦濟夫所偉
或託言於短韻
對窮迹而孤興
俯寂寞而無友
仰寥廓而莫承

岡本雅兄正字

半農生直喜

24 杜甫「諸将五首」之五

錦江春色逐人來
巫峽清秋萬壑哀
正憶往時嚴僕射
共迎中使望鄉臺
主恩前後三持節
軍令分明數舉杯
西蜀地形天下險
安危須仗出羣材

河藤君屬書

君山直喜

25　神勅（『日本書紀』神代下）

26　王応麟『困学紀聞』（巻二）之語　与直禎

27　陳星瑞『談古偶録』之語

28 杜甫「憶昔二首」之二〈缺末尾〉

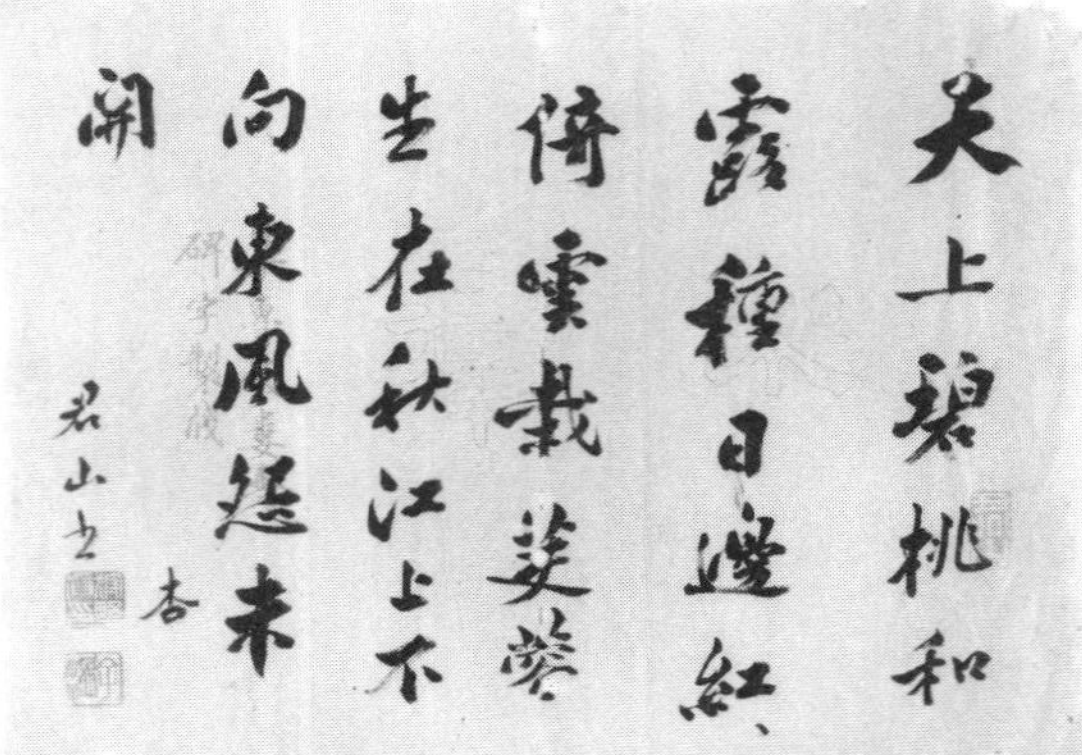

29 高蟾「下第後上永崇高侍郎」

30『周礼』考工記・総目

31 左琴屋「郵居」・楊憑「雨中怨秋」

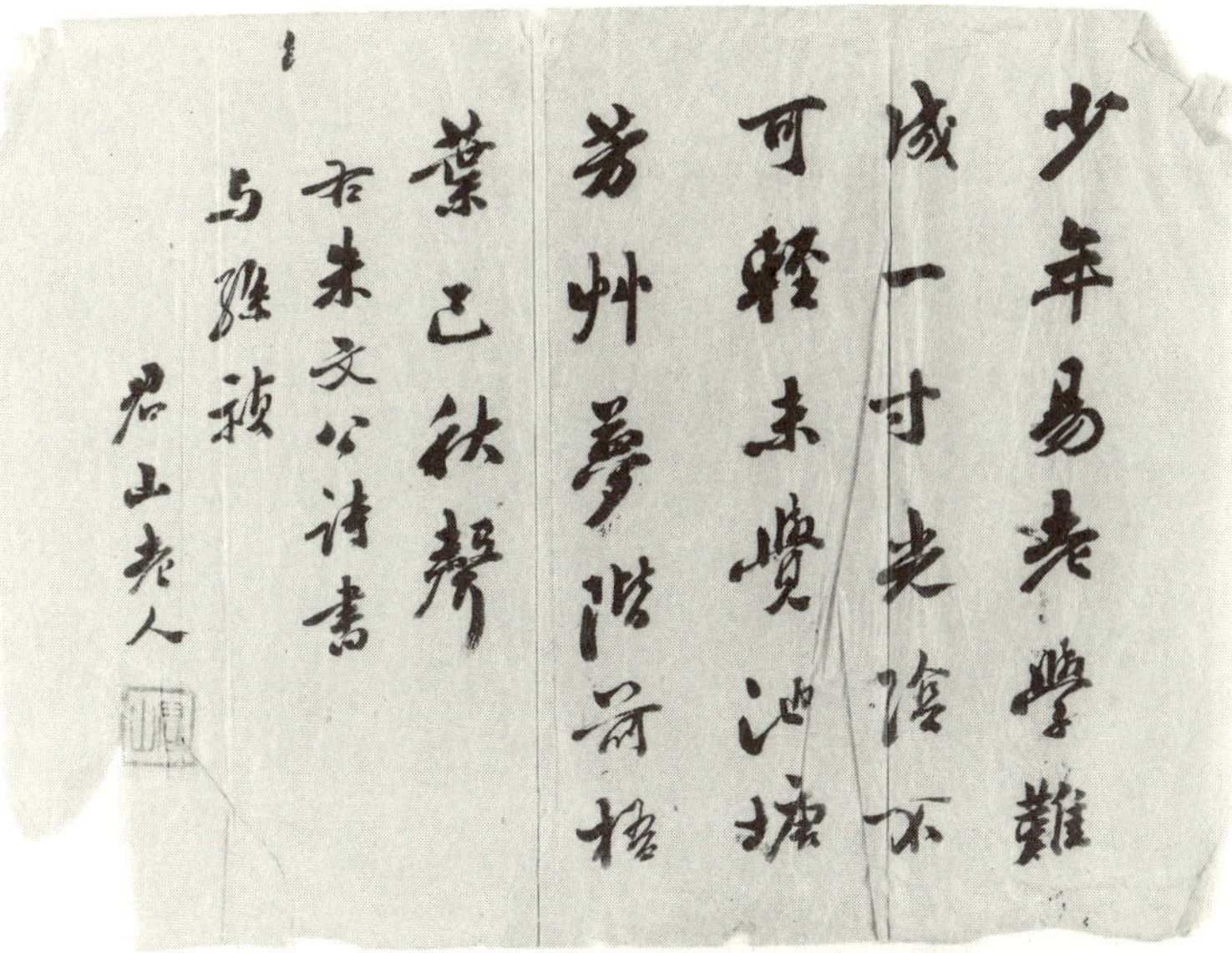

32　朱熹「偶成詩」　書与孫直禎

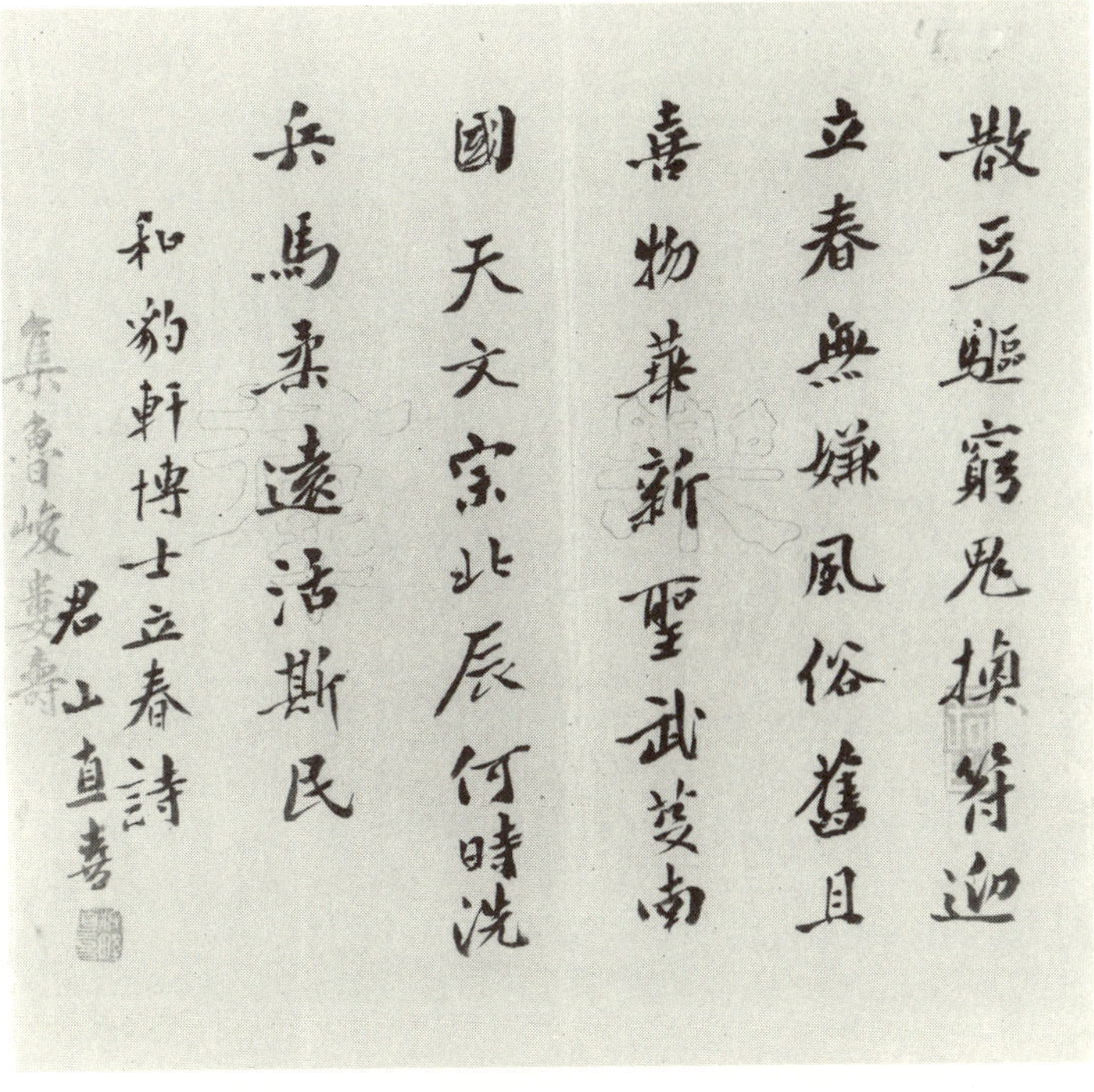

33　「和豹軒博士立春詩」（『君山詩草』所収）

34『顔氏家訓』勉学篇

夫學者所以求益耳見人讀
數十卷書便自高大淩忽長
者輕慢同列人疾之如讎敵惡
之如鴟梟如此以學自損不如無
學也
古之學者爲己以補不足也今
之學者爲人但能說之也古之
君山書顏氏家訓一節
一

學者爲人行道以利世也今
之學者爲己脩身以求進也
夫學者猶種樹也春玩其華
秋登其實講論文章春華
也脩身利行秋實也
君山老人書
二

35 杜甫「茅屋為秋風所破歌」

八月秋高風怒號卷我屋上三
重茅茅飛渡江灑江郊高者挂
罥長林梢下者飄轉沉塘坳南
邨羣童欺我老無力忍能對面
爲盜賊公然抱茅入竹去脣焦口
燥呼不得歸來倚杖自歎息俄
頃風定雲墨色秋天漠漠向昏黑
一

布衾多年冷似鐵驕兒惡臥踏
裏裂牀頭屋漏無乾處雨脚
如麻未斷絕自經喪亂少睡眠
長夜沾濕何由徹安得廣廈千
萬間大庇天下寒士俱歡顏風雨不
動安如山嗚呼何時眼前突兀見此
屋吾廬獨破受凍死亦足
杜詩茅屋爲秋風所破歌 君山書
二

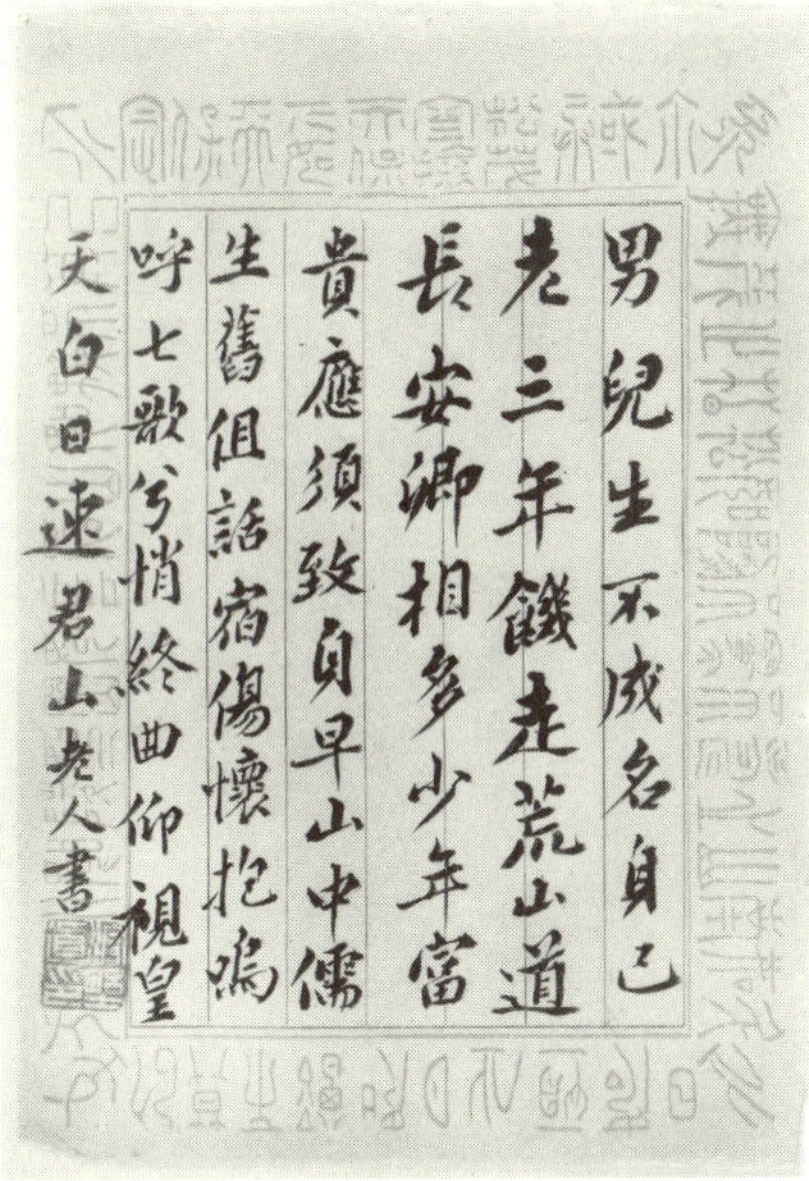

36　杜甫「乾元中寓居同谷県作歌七首」之七

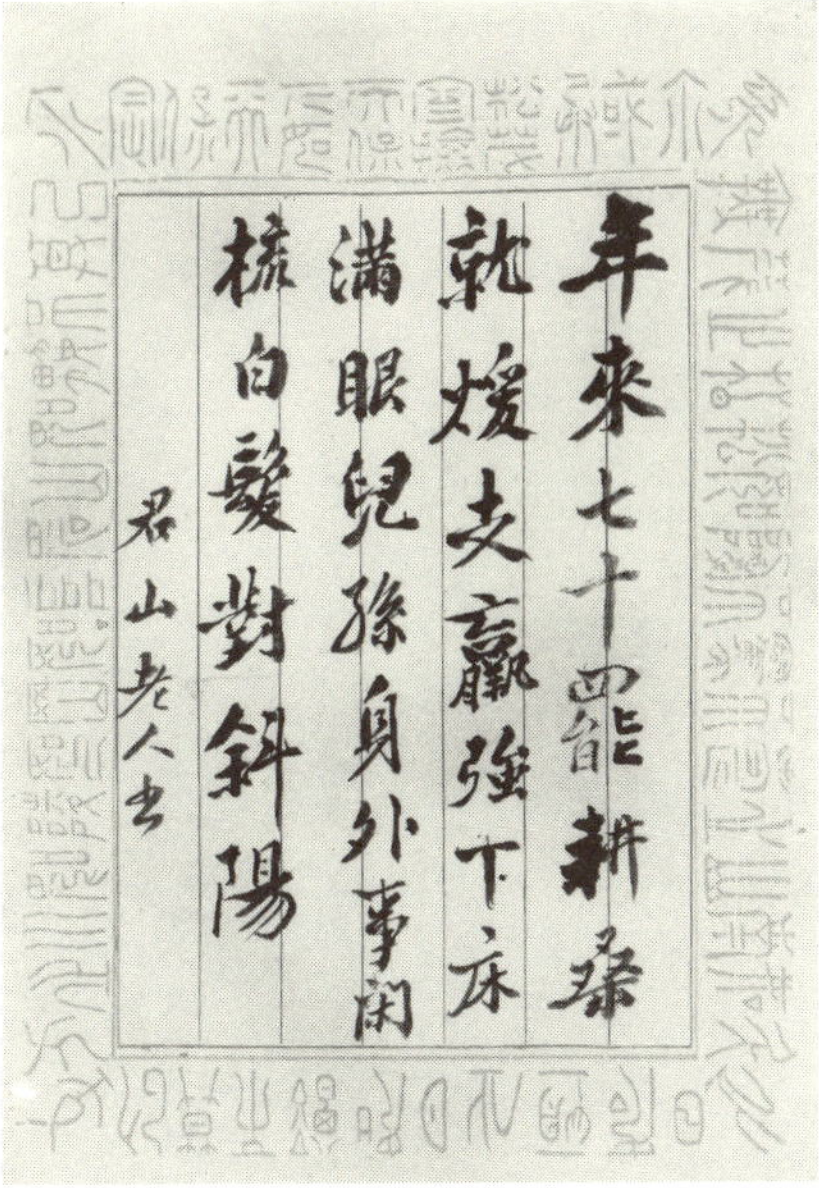

37　賓筆「代鄰叟」

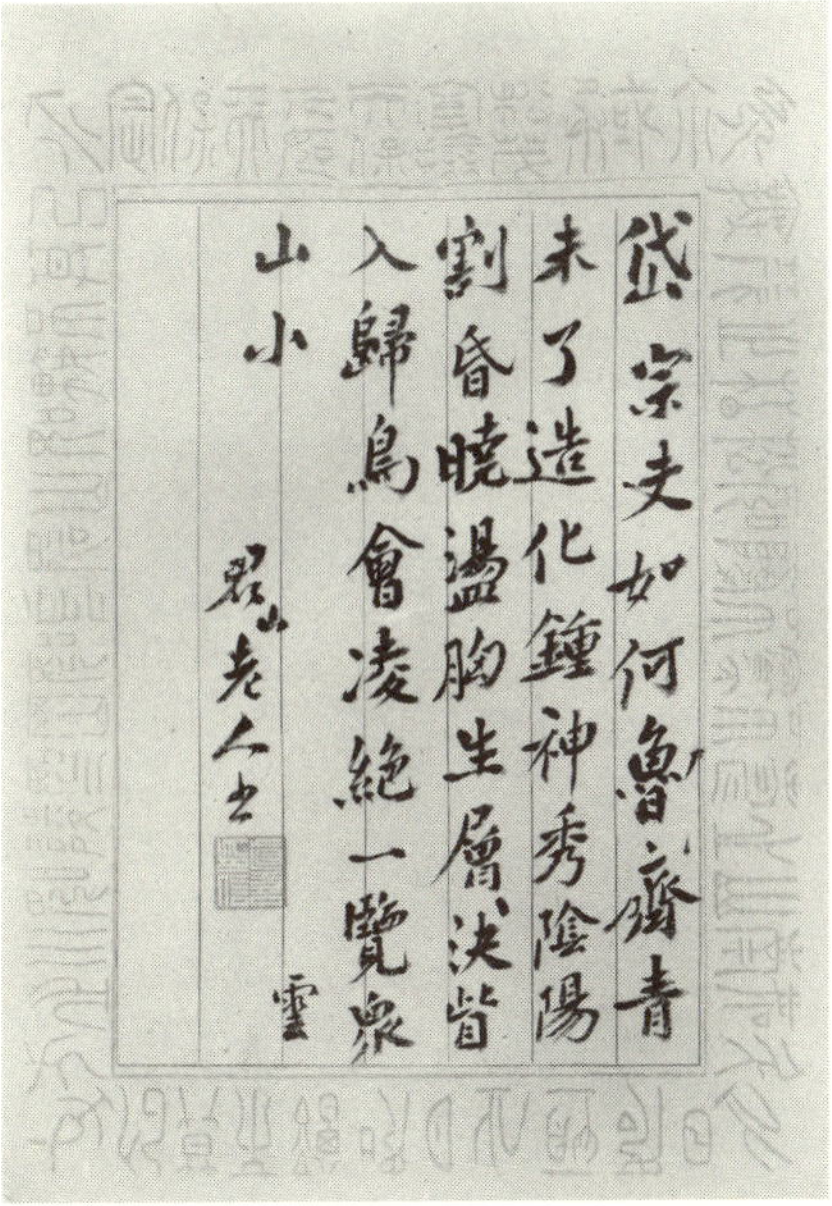

38　杜甫「望嶽」

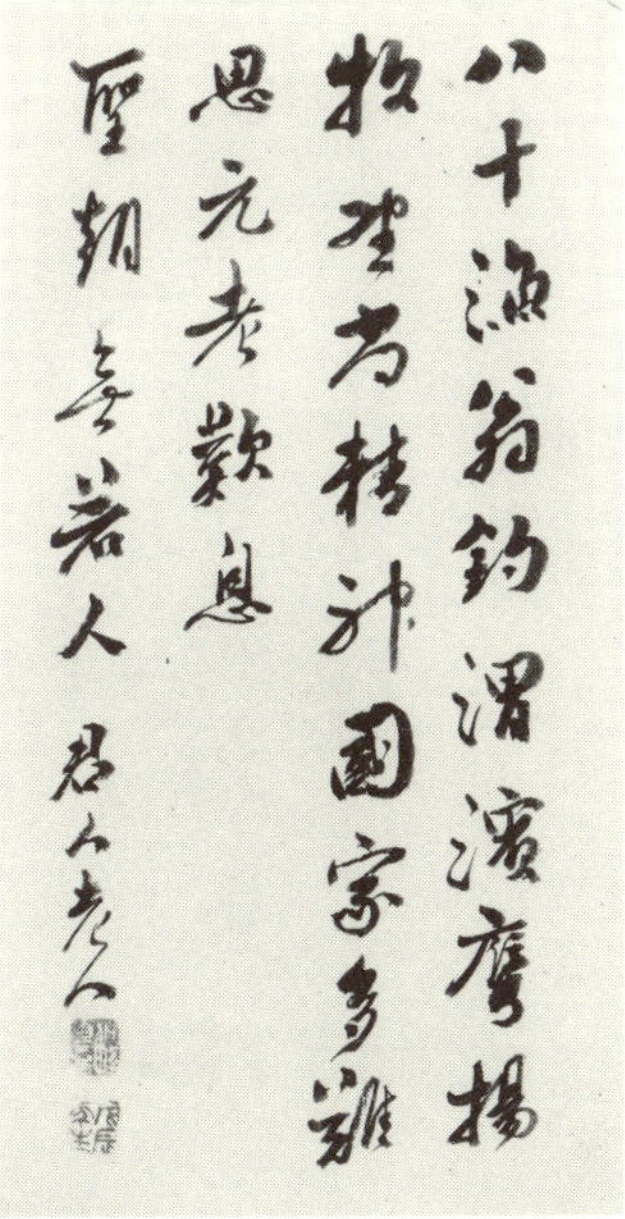

39　「雑詩六首、用豹軒哀鳳岡枢密韵」（『君山詩草』所収）

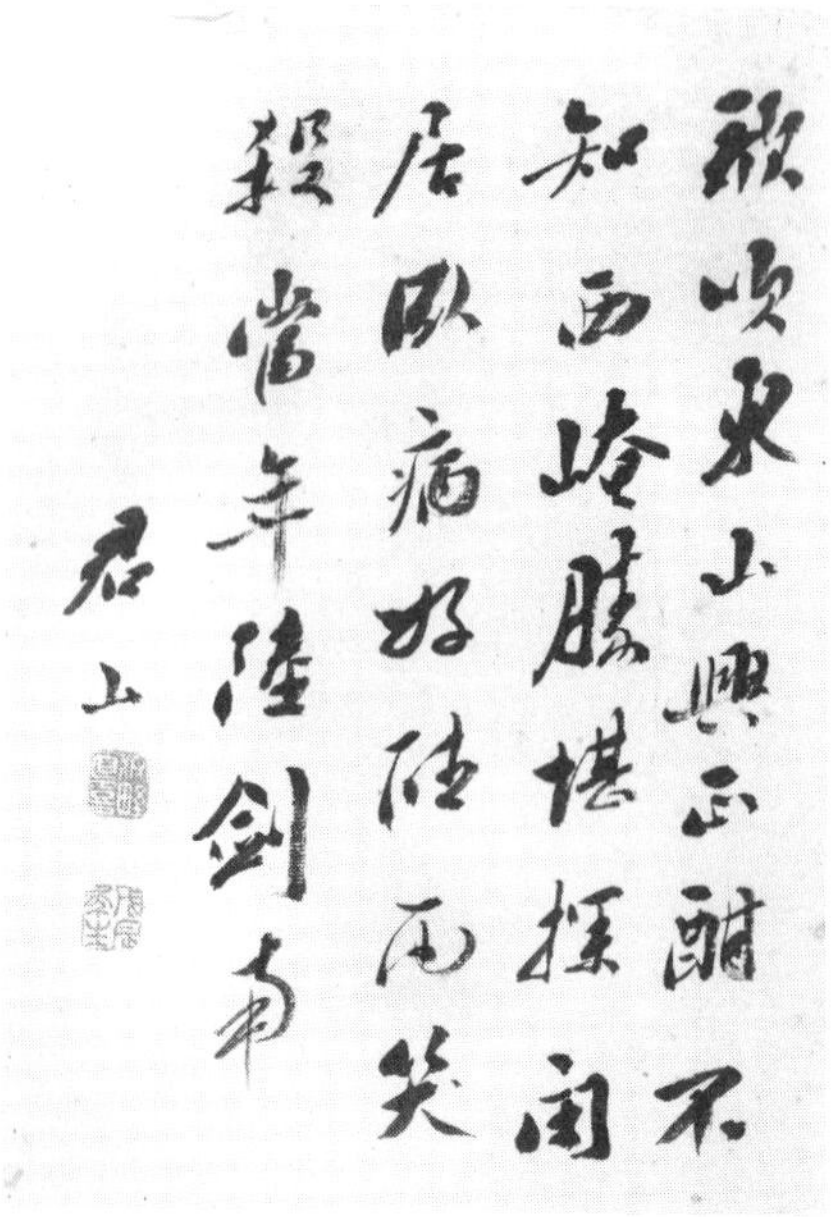

40 「郊居詩用傅芸子君遊山韻」(『君山詩草』所収)

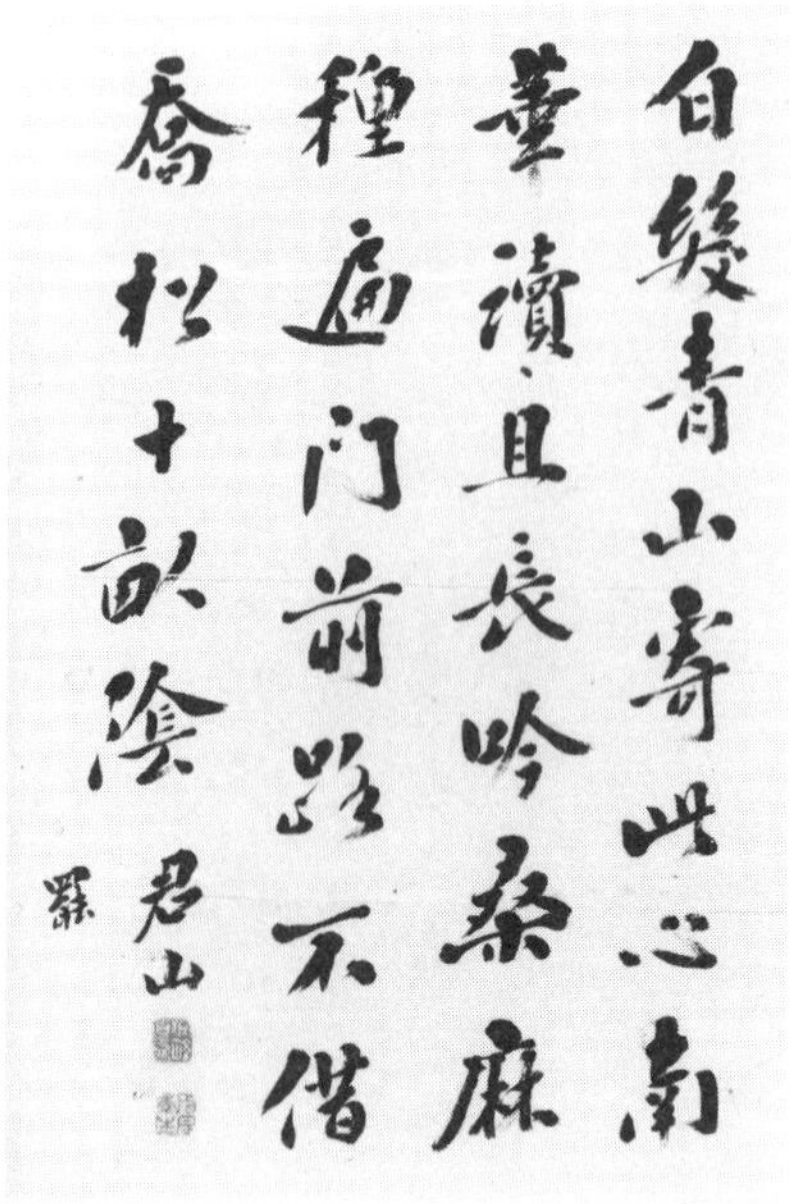

41 同右「再畳韻」(同右)

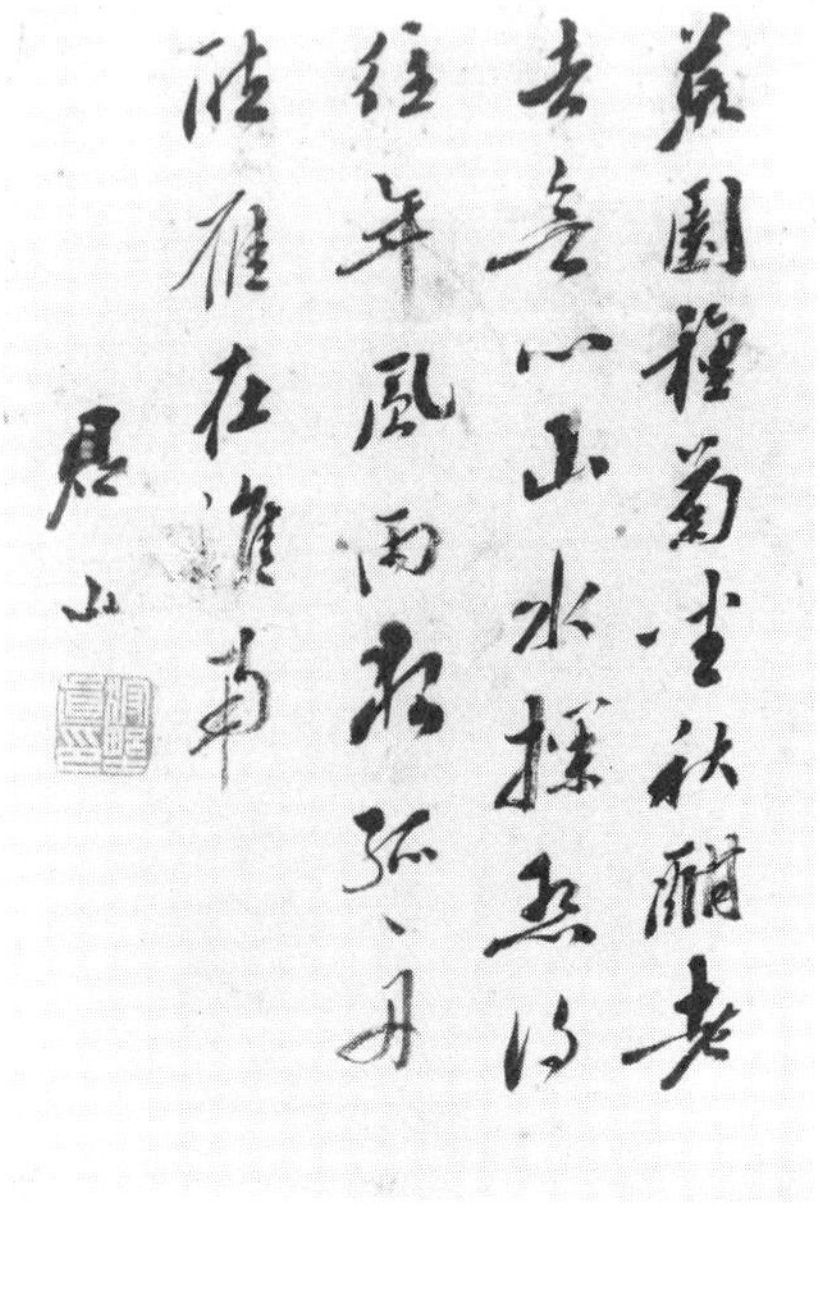

42 同右(同右)

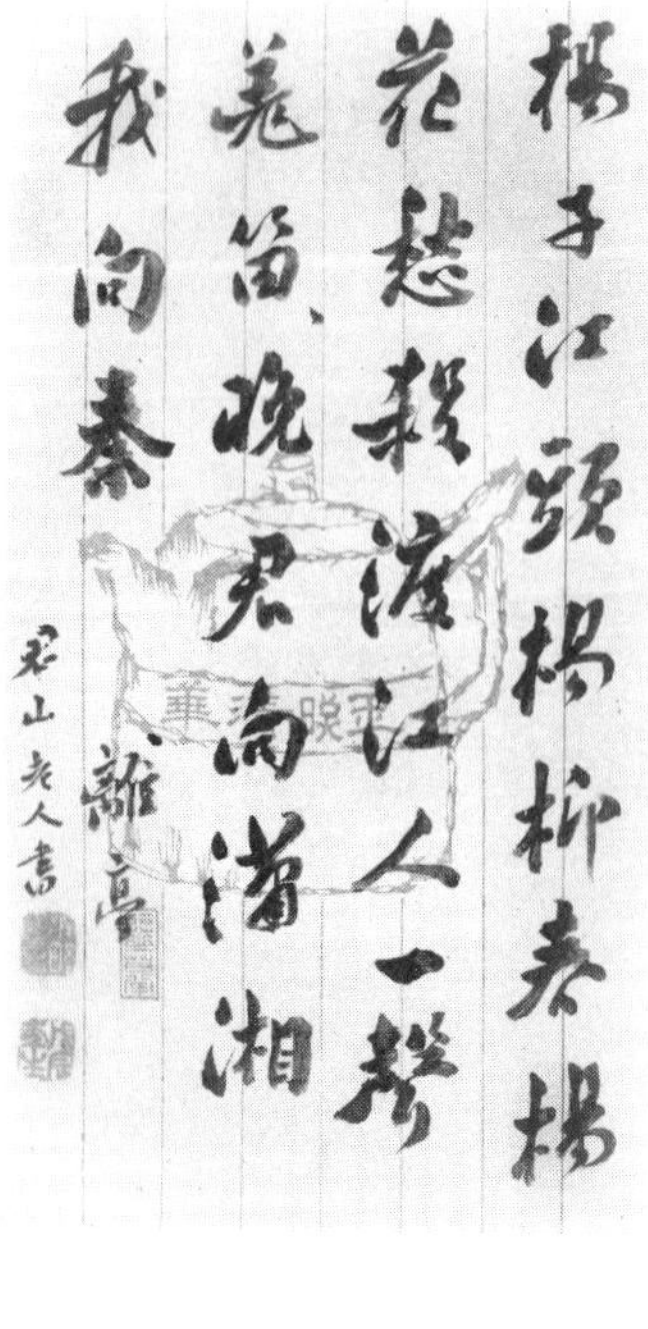

43 鄭谷「淮上与友人別」

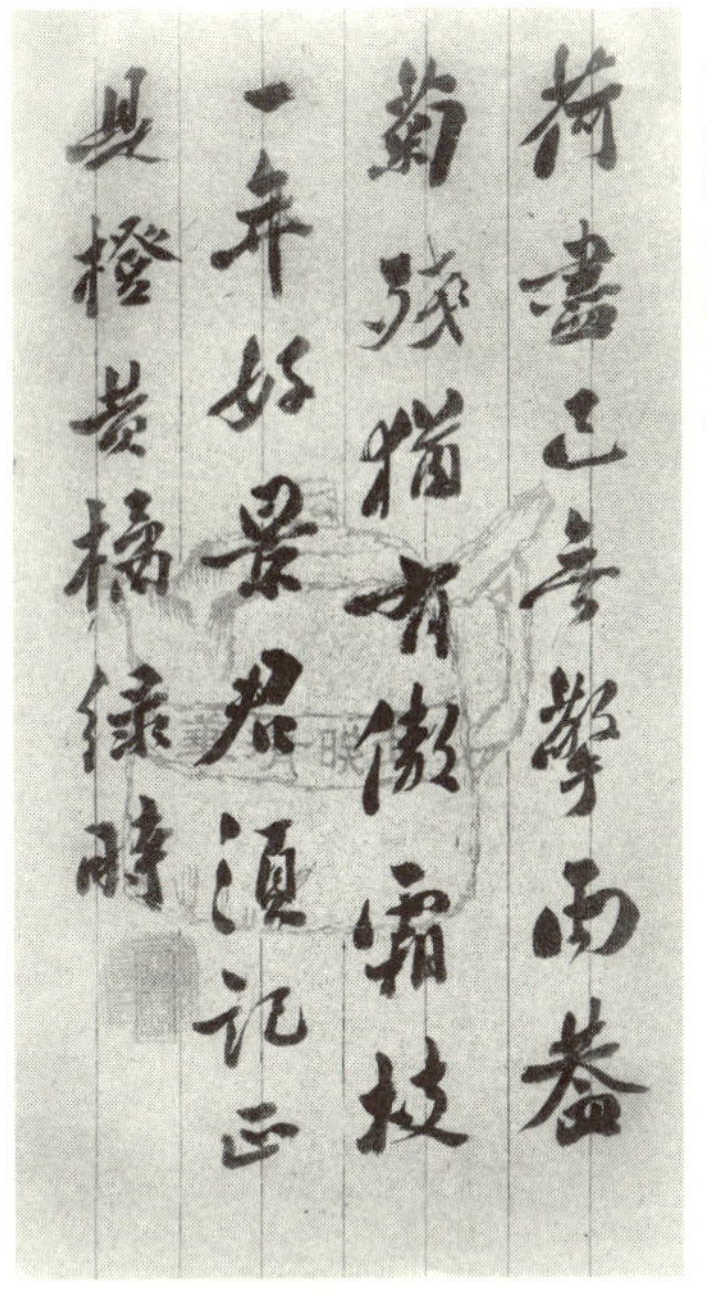

44　蘇軾「贈劉章文」

45　韋荘「春愁」

46　杜甫「秋興八首」之一

47　柳宗元「贈江華長老」

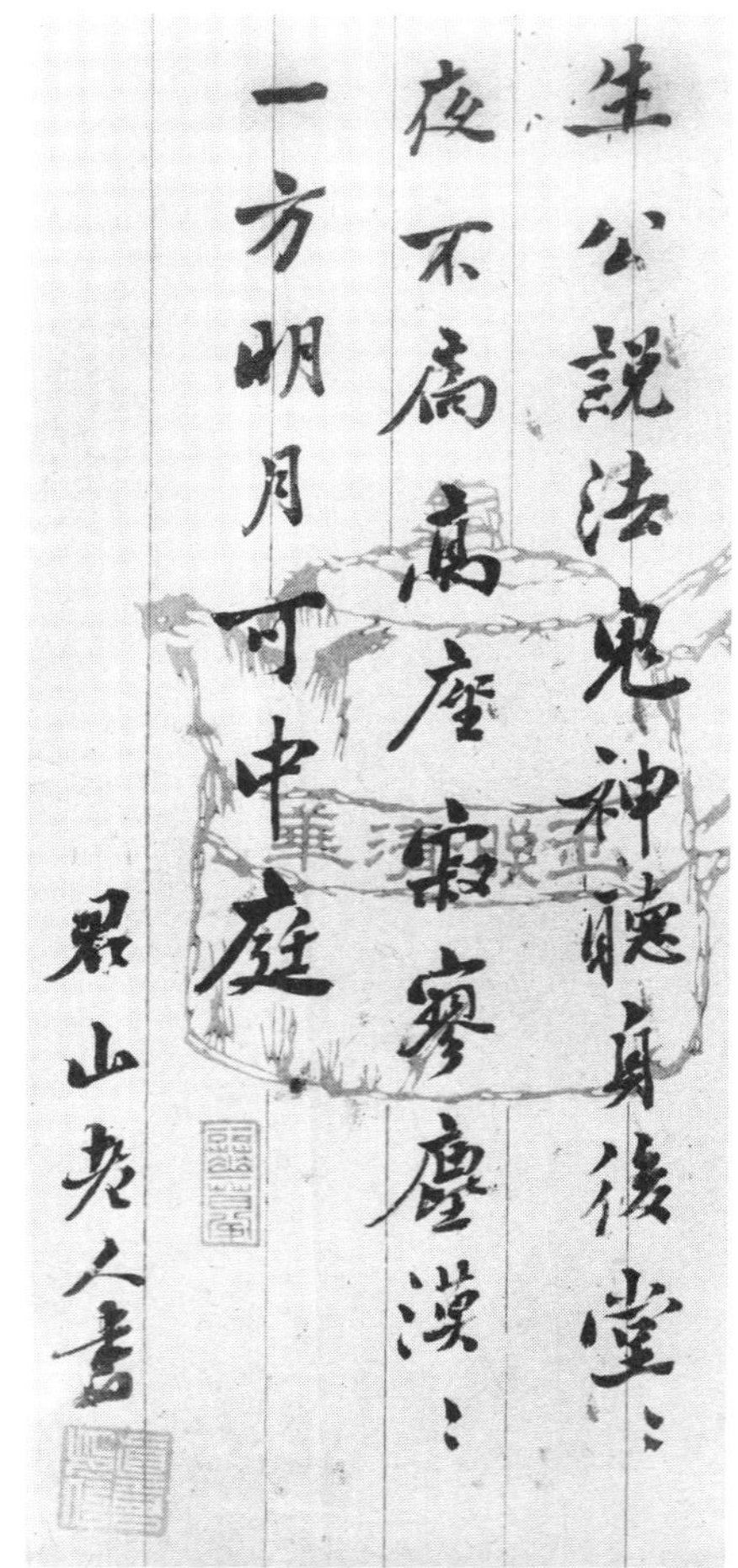

生公說法鬼神聽
身後空堂夜不扃
高座寂寥塵漠漠
一方明月可中庭
君山老人書

48 劉禹錫「金陵五題・生公講堂」

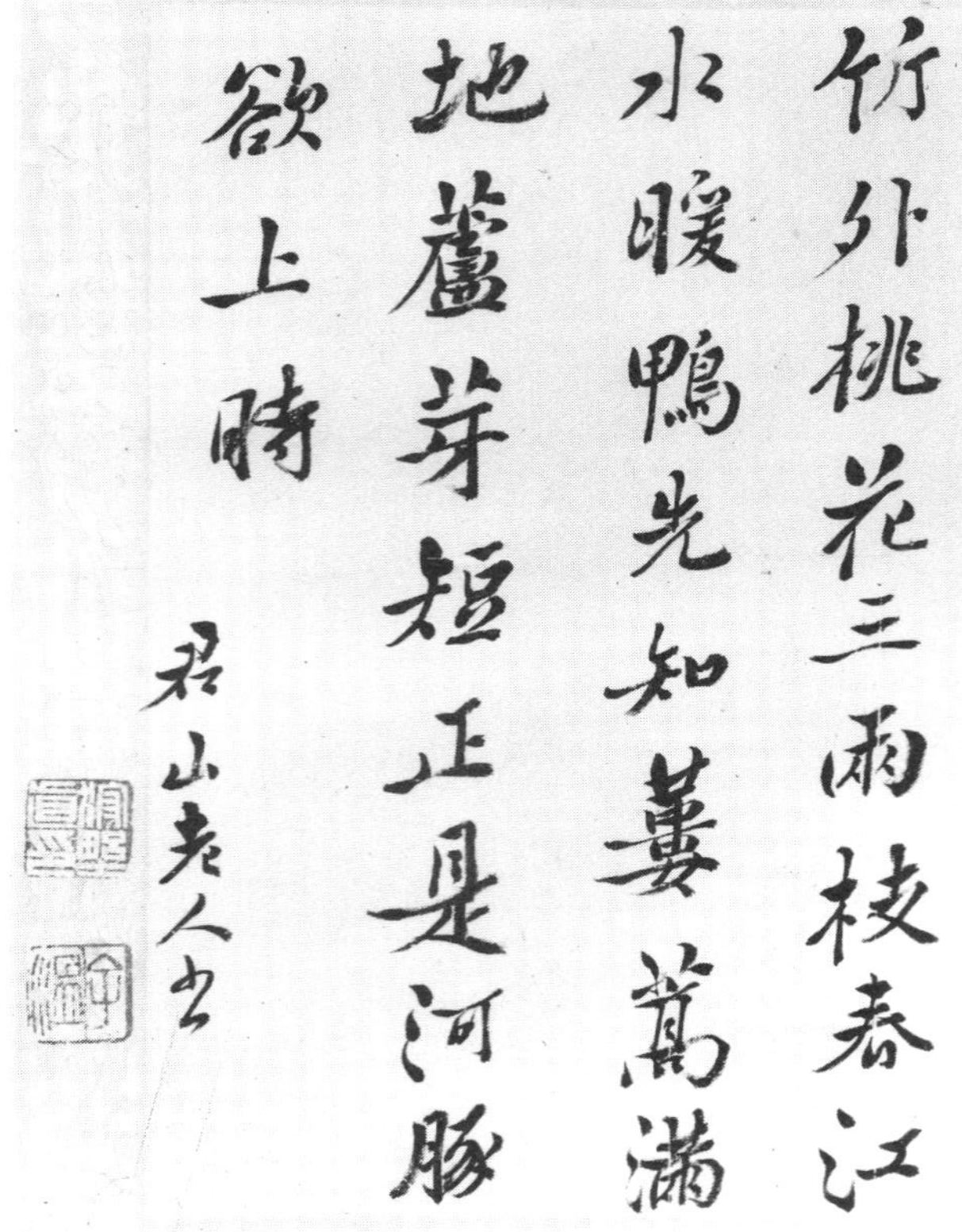

竹外桃花三兩枝
春江水暖鴨先知
蔞蒿滿地蘆芽短
正是河豚欲上時
君山老人書

49 蘇軾「恵崇春江晩景二首」之一

50『君山詩草』稿本（抄録）

聞布哇海戰有感　昭和辛巳十二月

神州男子氣如虹。決眥蒼茫煙水中。十萬艨艟飛何懼。誓攘驕虜達宸衷。

和劉軒博士哭鳳岡樞密八韻　壬午二月

國學栽多士。宸宮對至尊。盛名淹海宇。光寵照家門。清白為身則。謙由道原。文章何典雅。情性自忠敦。昔設東山會。今無北地存。

樞密平生好誦李北地詩

幽亭老泉

同

奉和襲軒先生八十八壽惠詩　昭和壬午十月

育英講學好精神。天章斯文健欲具。料得先生含笑見。滿門桃李競陽春。

學術三朝幾變遷。尚餘魯殿獨巍然。天保古人豈無意。壽如松柏不知年。

桑脚堅於金石堅。學窮今古道通玄。非關高堂來為壽。弟子白頭猶少年。

究理不知老將至。東西岸籍日相親。願斯背壽常事。仰見立言輝萬春。

十一

同

贈島田太堂二十二韻

同學少年日。氣淩鵬與鯤。嘐嘐[illegible]

[illegible]

同

思君寄事[illegible]

[illegible]

十二

同

送岡崎學士遊支那　時民國義勇兵起南北相攻
愉鄭長策竟如何　秀手難回滄海波　蔓草寒
煙清廟闕　驚沙落日漢山河　薊門孤客愁
間滿　燕市屠兒慕負戈　休向瀛臺訪遺事
先宣朝士已無多
十年志業讀書勞　壽河微摩在此行　萬域山
川餘淨滌　堯封風雨長榛荊　須徵文獻瀾
三古　便討經師到二京　別有民生念尤切
如今南北未銷兵

同

庚午晩秋樂羣社友會於一乘寺村之詩仙堂時
氏園白山丈坐以事在洛亦修簡招之句中遠客
即指山丈
寒雲寥廓雁呼羣　畱從黃花酒正醺　古寺
有人護遺像　空山無鹿到孤墳　丈山墓在堂南相傳丈山在時山多麋
鹿來食園蔬丈山憂之自製竹筒置於澗中藉水為叩處觸石發
聲麋鹿驚不敢近今器尚在■無復麋鹿之迹矣
詩韋留得千秋業　氣節傳來百代文　勝會偏
妙欣邀遠客　半林楓葉對斜曛
内藤博士恭仁山莊樂羣社友會於席上和長尾雨山
韻呈主人

十七

同

園林風日麗　魚鳥自親人　避俗非輕世　會文
聊輔仁　雲煙籠遠水　梅柳點陽春　莫怪低
回久　明朝又路塵
佳處愛洞寂　中有伍農人　裡柳■嬌元亮　看
山憶友仁　景同寧樂日　興擬永和春　常歎風
流盡　賴君洗俗塵
○○初夏樂羣社友會於細川侯南禪寺別業
賢侯清暇日　遊只看山　借問營營者　名
場幾往還

同

從軍行送某赴任哈爾賓
絶塞風塵暗鄂羅　天兵百萬度閑河　書
生自有防秋計　碧眼鬍胡奈汝何
歳晩志感　昭和戊寅
平生志業竟何如　歎息光陰似逝波　鄉園雲
山新夢少　酒家粉壁舊題多　嶺梅有信
驚春早　塞雁無書感節過　却喜餘聲歡
喧里巷　天兵今已度汾河
懷和麗澤社諸友會於百萬遍寺院席上
非撰撰撰有倫專遊東韓文字始友伴塡湄

十六

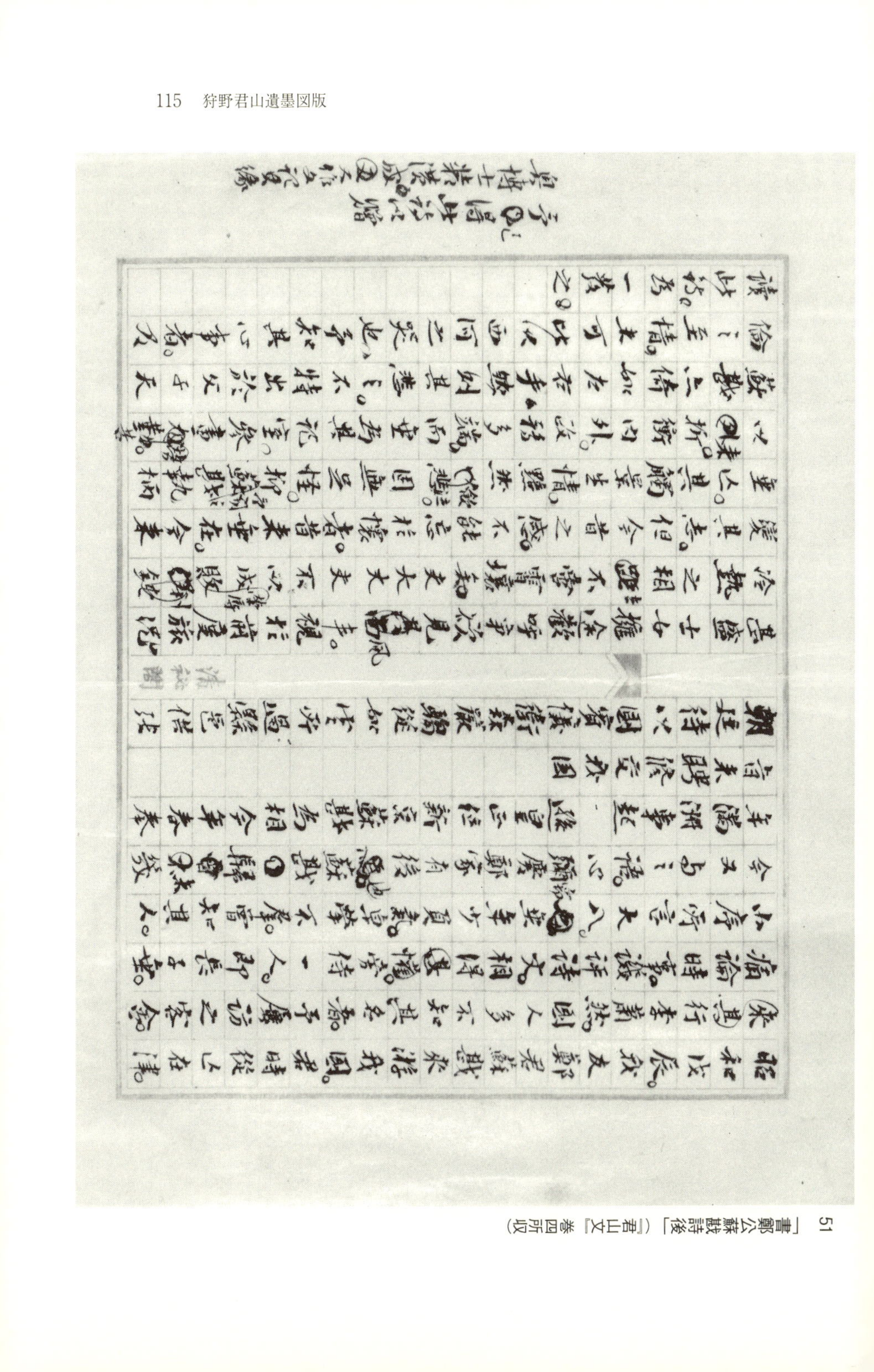

51　「書鄭公蘇戡詩後」（『君山文』巻四所収）

52　蘇軾「僕年三十九。在潤州道上。遇除夜。作此詩。又二十年。在恵州追録之。以付過二首」之一

53　諸葛亮「誡子書」 書与直禎

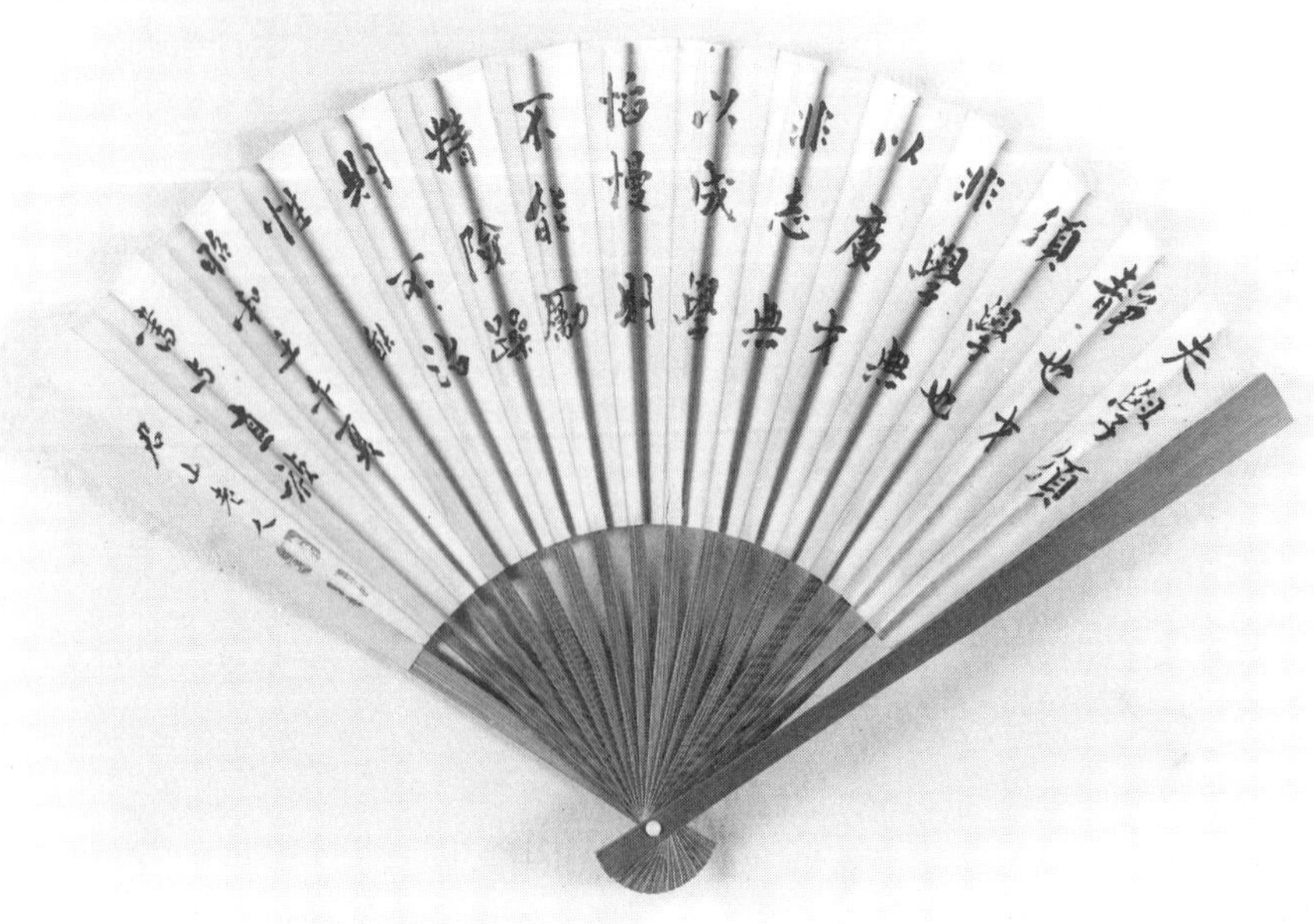

54　林逋「春日寄銭都使」

55　扁額「報本」（『礼記』郊特牲之語）

56　扁額「嘯雨山荘」

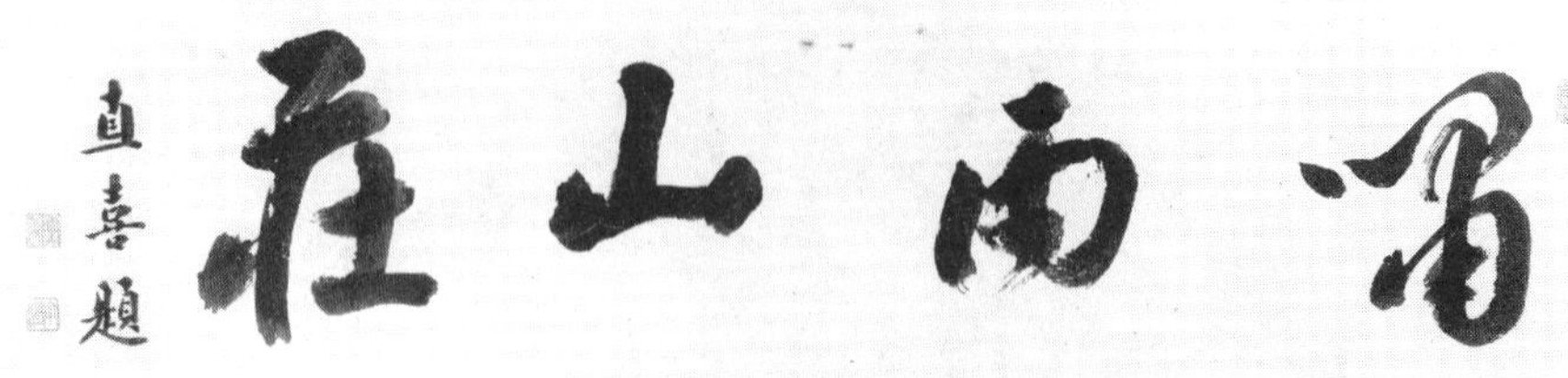

57　扁額「夢香」

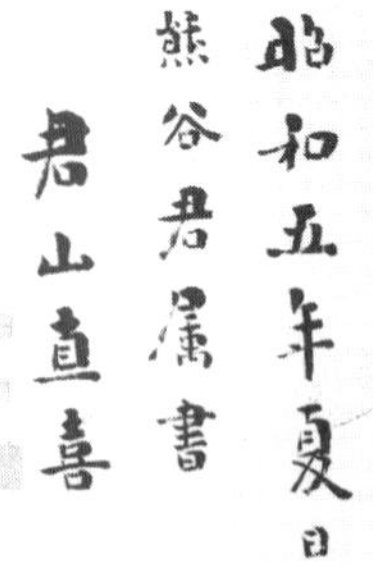

58　臨顔真卿「争坐位帖」

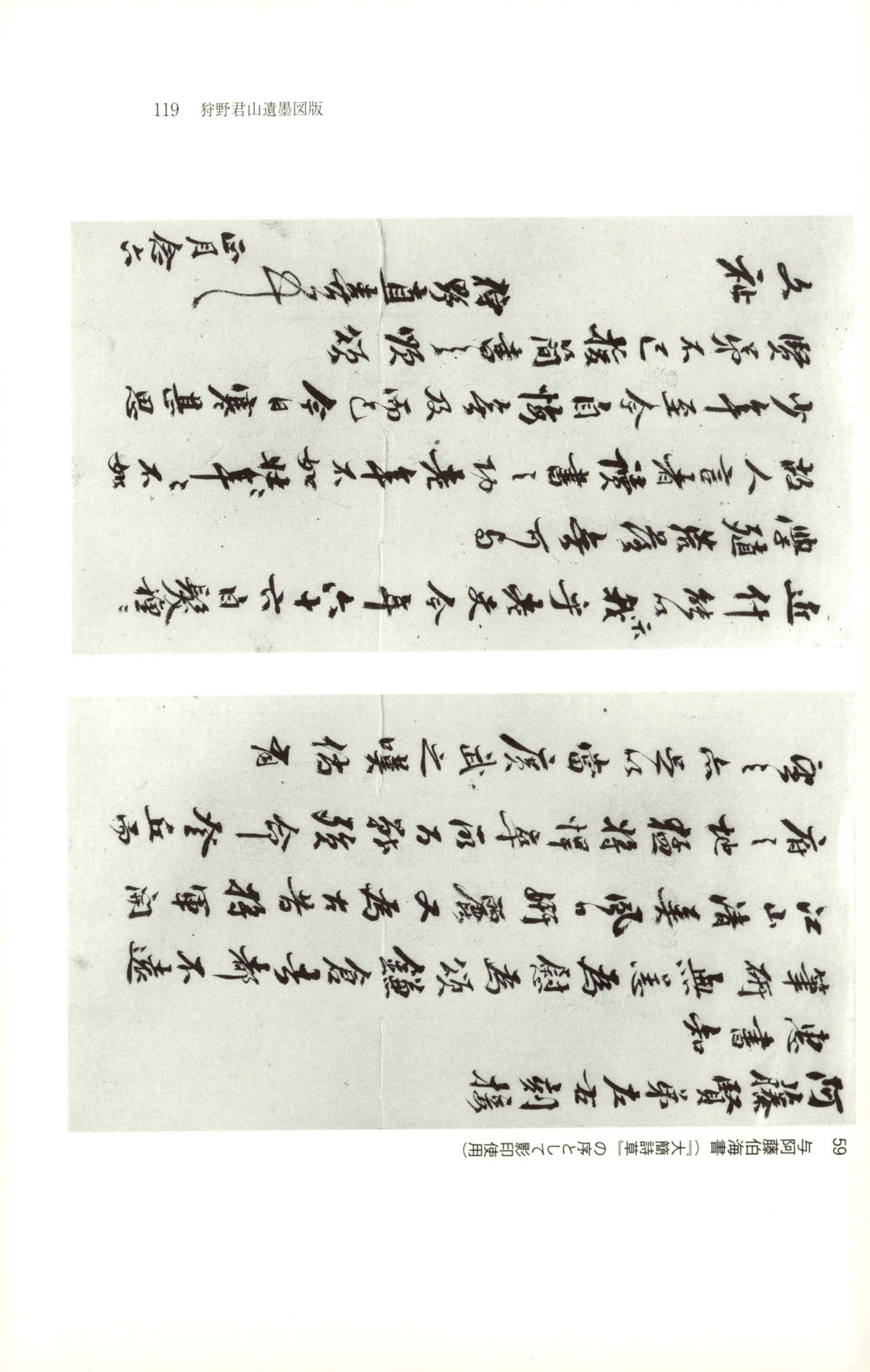

59
与阿藤伯海書
（『大簡詩草』の序として影印使用）

60　与阿藤伯海書　昭和二年二月八日　〈消印による。以下同じ〉

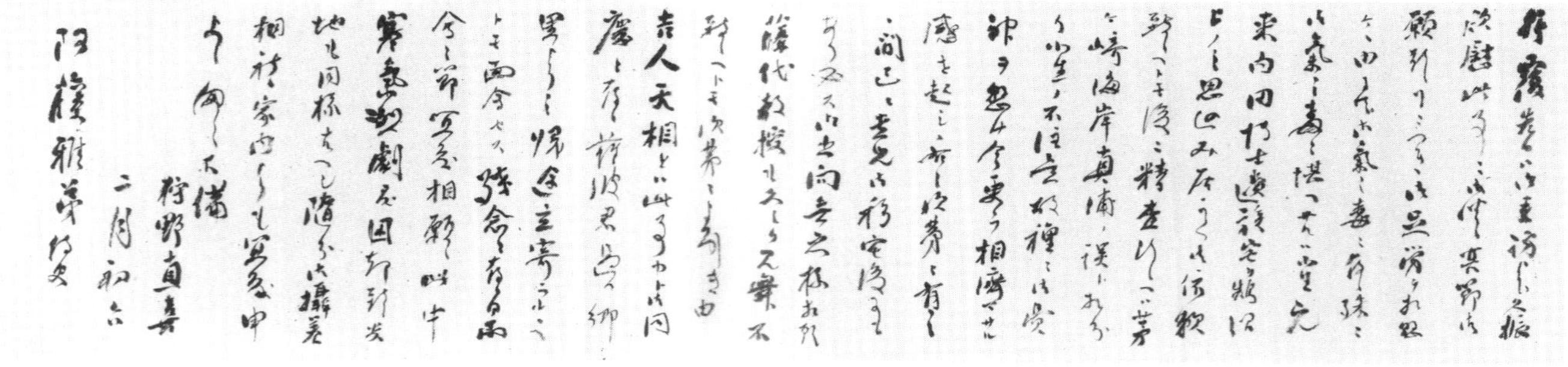

61　同　昭和三年三月六日

62　同　昭和三年六月六日

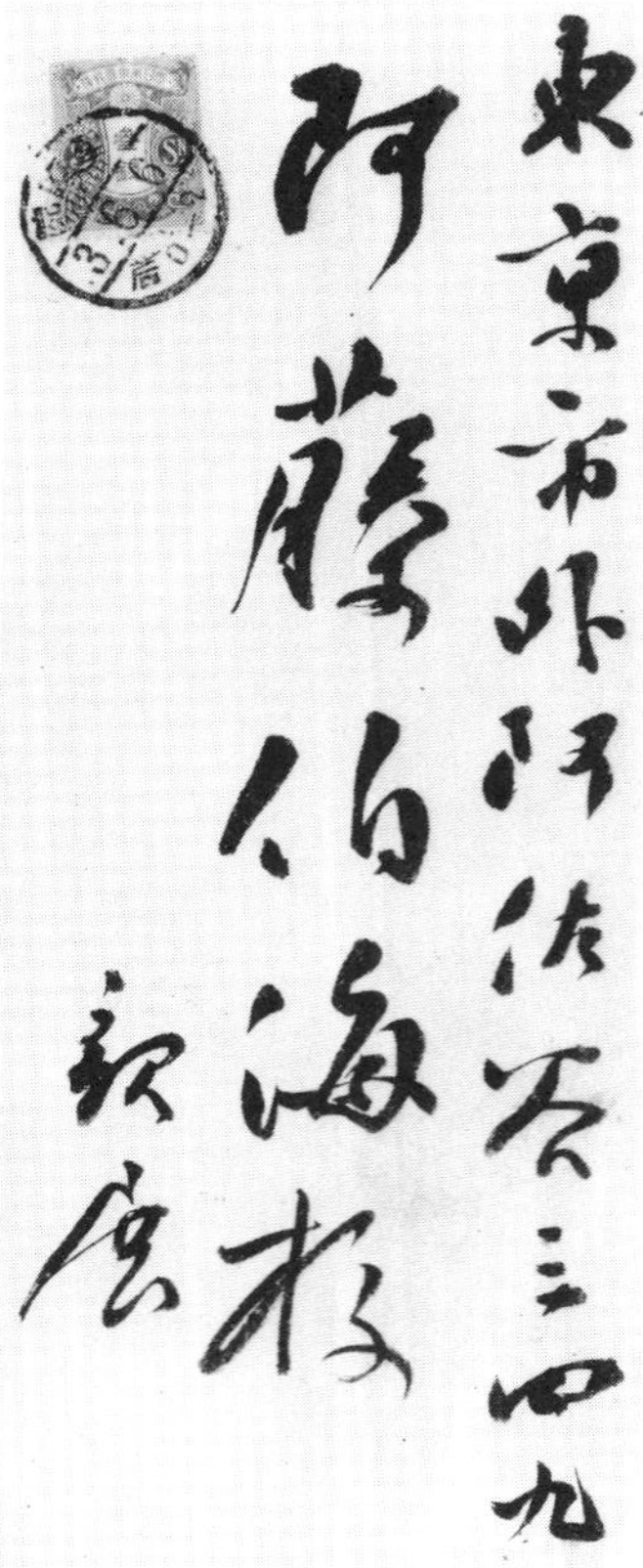

東京市外阿佐ケ谷三四九
阿藤伯海様
親展

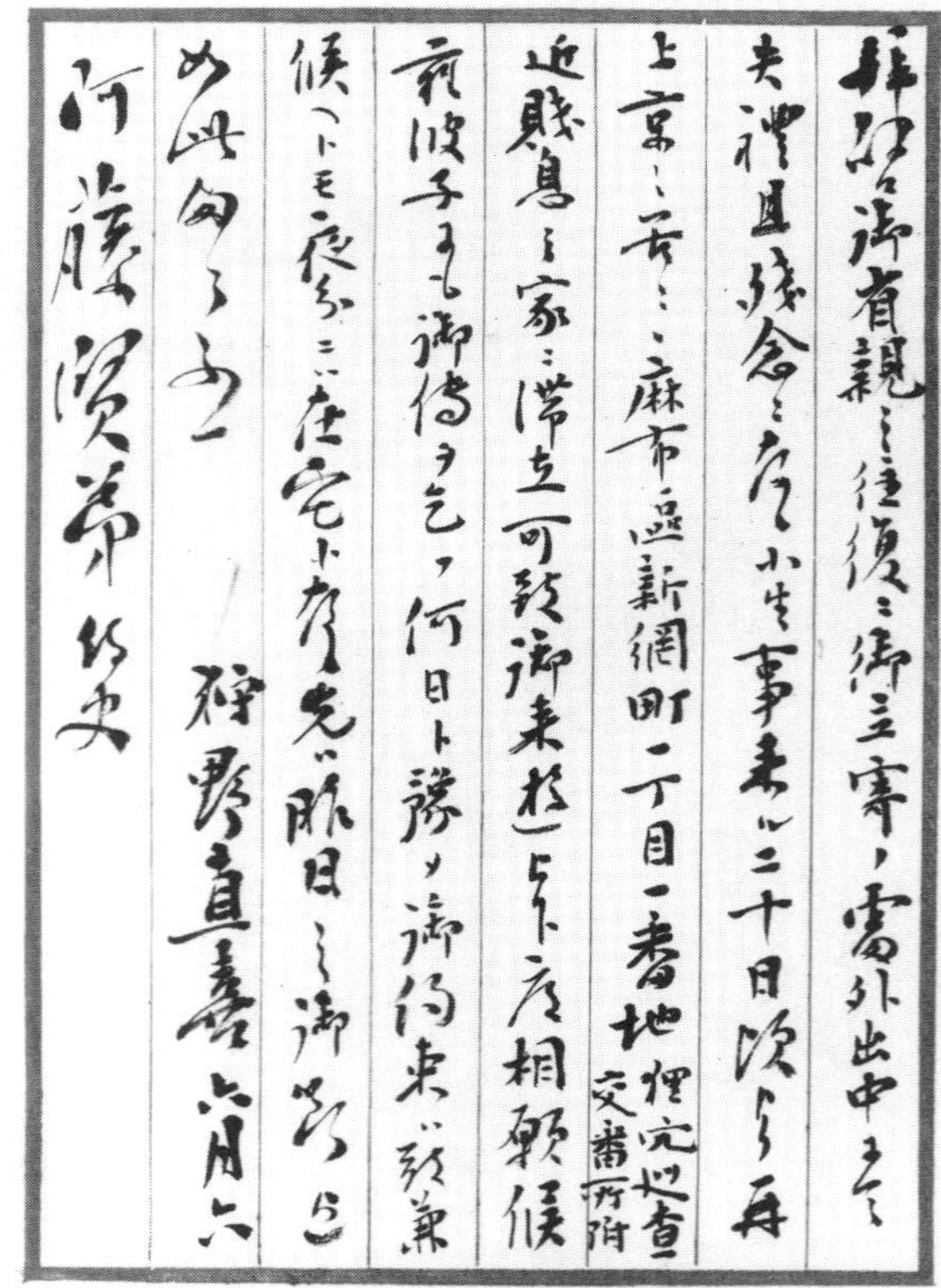

拝啓御肴親ニ往復ニ御主寧ノ處外出中ニテ
失禮且残念ニ存候小生事来ル二十日頃ヨリ再
上京ニ於ニハ麻布区新網町一丁目一番地（狸穴迎交番所附）
近賤息ノ家ニ滞在可致御来校ト存相願候
亦彼子ニモ御傳ヲ乞ヘ何日ト隣メ御約束ハ致兼
候ヘトモ夜分ニハ在宅ト存候先ハ昨日之御詫ヲ
如此御座候
狩野直喜　六月六
阿藤賢弟　侍史

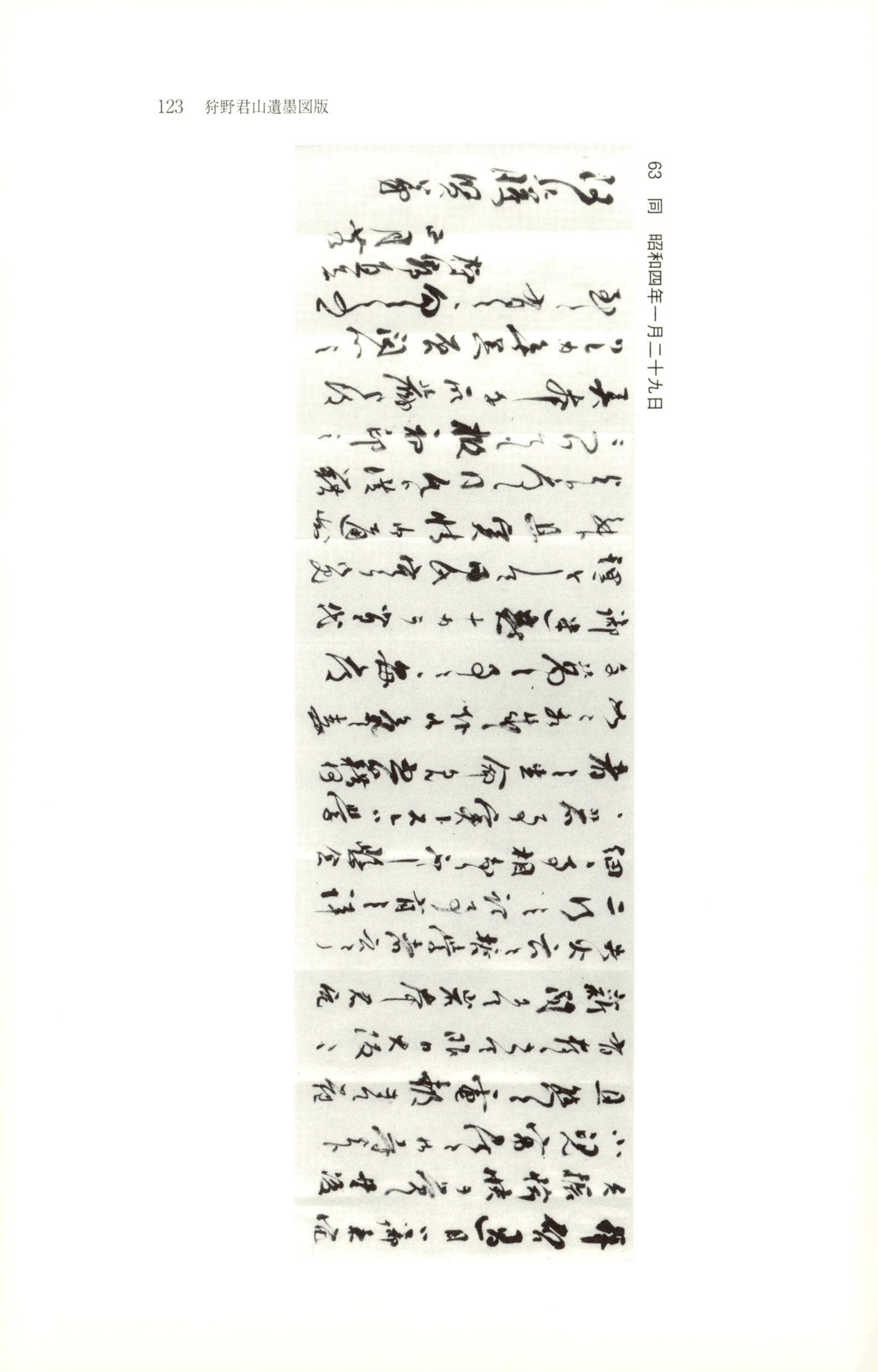

63　同　昭和四年一月二十九日

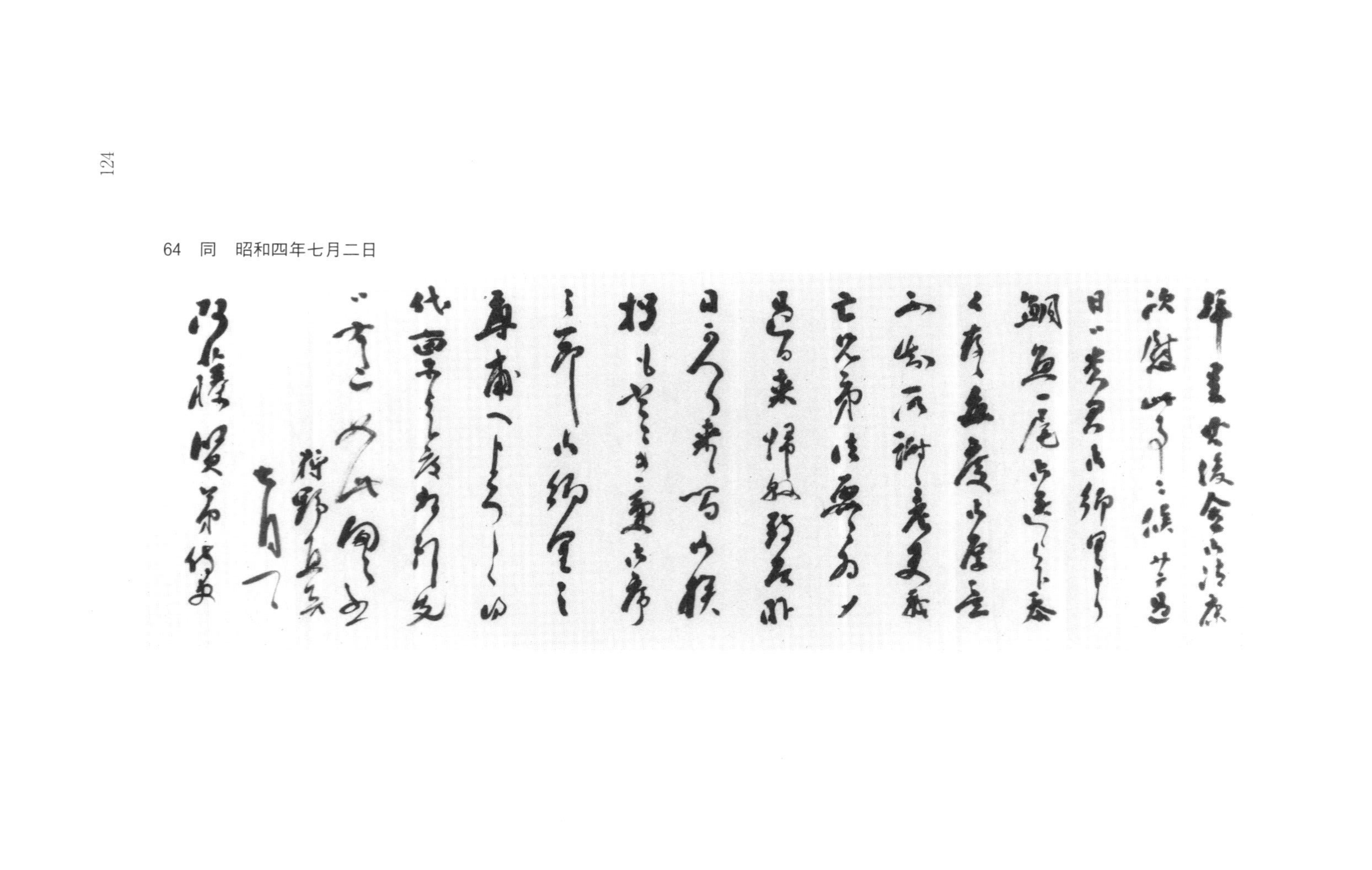

64　同　昭和四年七月二日

65　同　昭和四年十月一日

66 同 昭和五年一月十八日

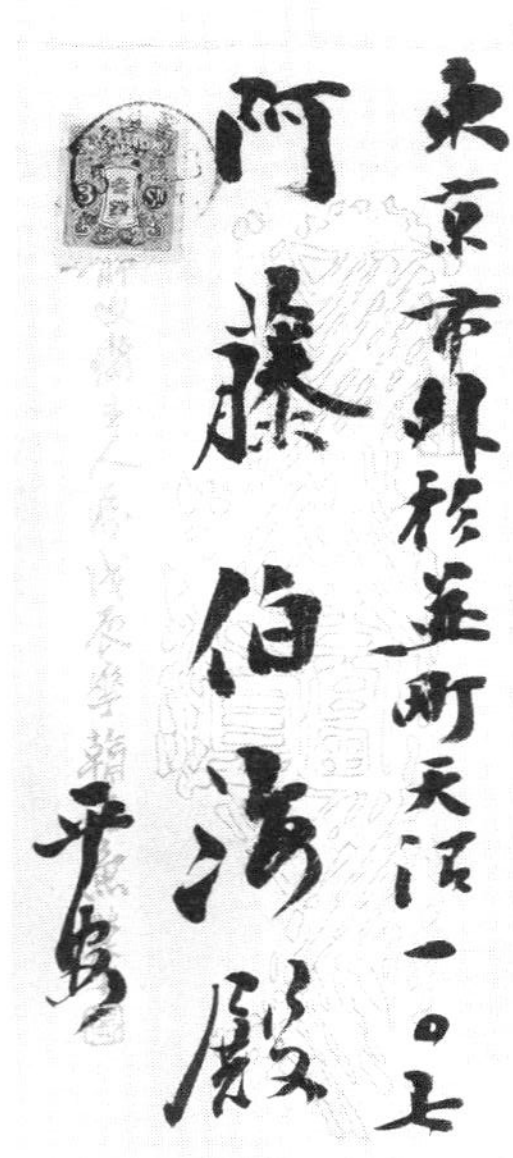

正月十七日
狩野直喜
阿藤雅契

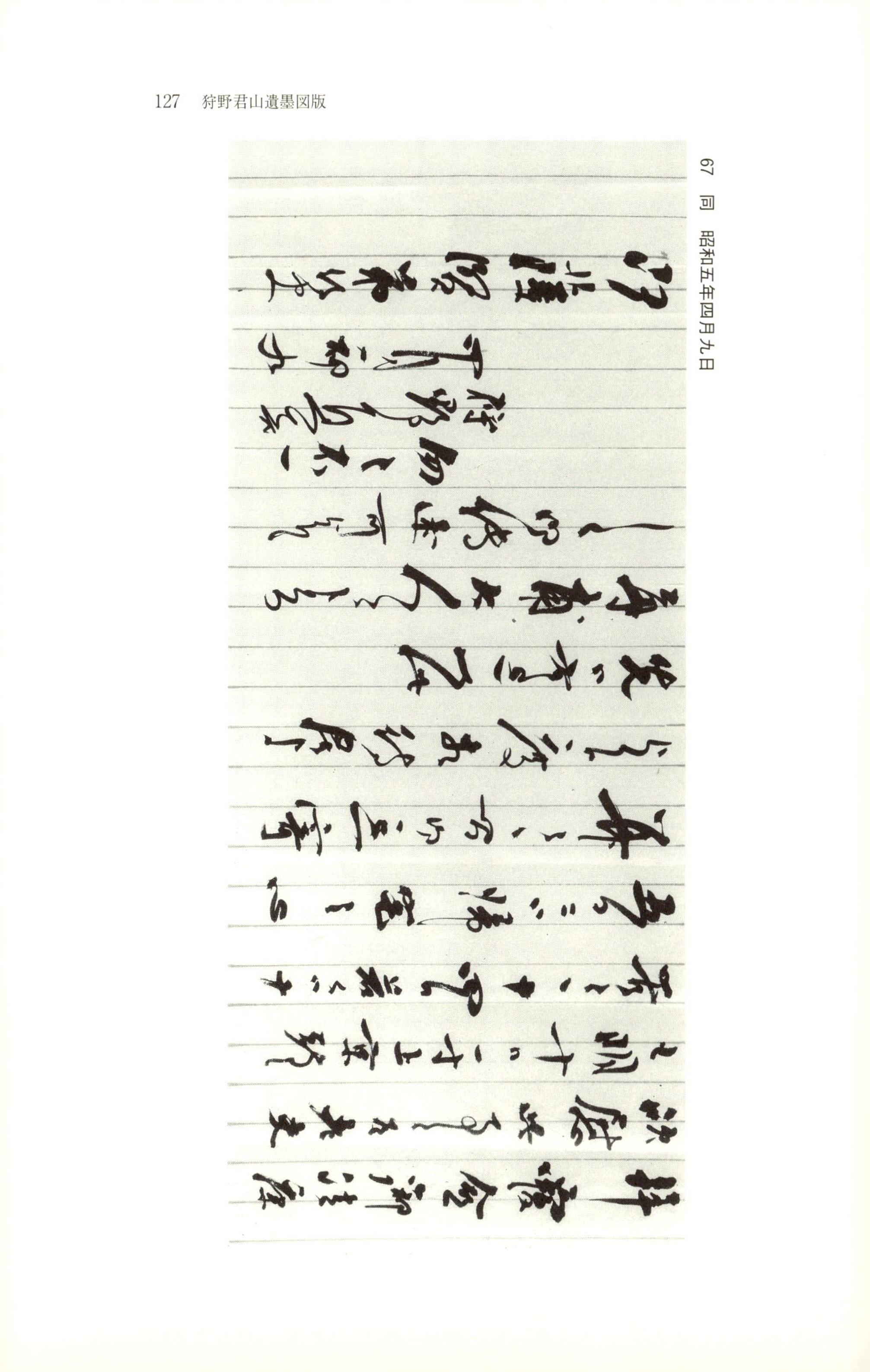

67　同　昭和五年四月九日

68　同　昭和五年六月三日

69　同　昭和六年二月二十七日

70　同　昭和六年三月二十三日　※書留

71　同　昭和十六年三月二十三日

72　同　昭和十九年九月一日　※二通在中の一通目

73　同　同日　※二通目

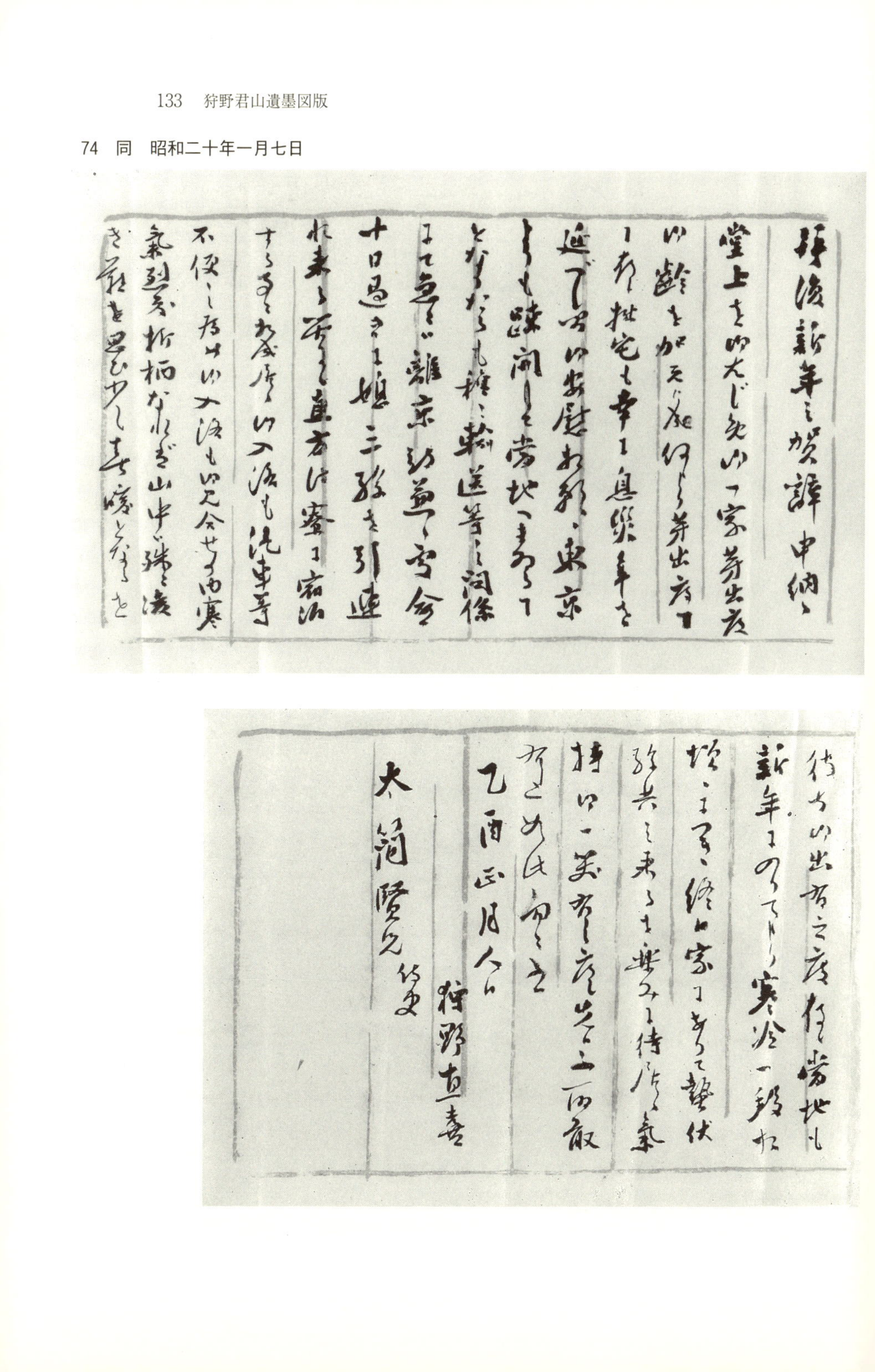

74　同　昭和二十年一月七日

75　同　昭和二十二年六月二十六日

侍入洛之日を指折りながら相待ちつゝ
其消息に接せず或は国家之制度大
變化をなすに至り佛家之整理等にて
形神共に疲労されしことの或整理未
だ全うせられざる故しばらく御見合はせ下さる事と
のと存じ居りて久しく無沙汰致し居り直方を遣は
し祖賢師を向はし先づ其節必ず近き内に
賢兄御登山之はづと申されし由申し来り直方帰宅して報告
いたしつゞ是はなにかの誤りならんと存じ居り[illegible]祖賢
師より當時大腸をうたるゝ為病床に困じ居る由
にて回復は勿論之事と存じつゝも離行之結果
も加はりしと思へば感佩と共に佛之庇護に
より回復之一日も早からん事を祈り候。老丈も御蔭を以
て次第に宜しく病気と名くるもの無之長く臥床
にありし故足用をなさず現今も二三歳の赤子
の如く室内を這まはるのみにて遠からず足も
家内[illegible]ならば立つことも出来ることゝ御安念
下され度候。先づは右とり急ぎ御尋ね[illegible]
掌を御大切に[illegible]御願ひ申上候
六月二十六日
拙堂　一日もはやく[illegible]

76　与宮崎市定書　昭和十五年四月二十八日

77　致西大次郎書　昭和十四年七月二十七日　〈封筒なし〉

同上

78　致宮本正清書　昭和十七年三月八日付　〈封筒なし〉

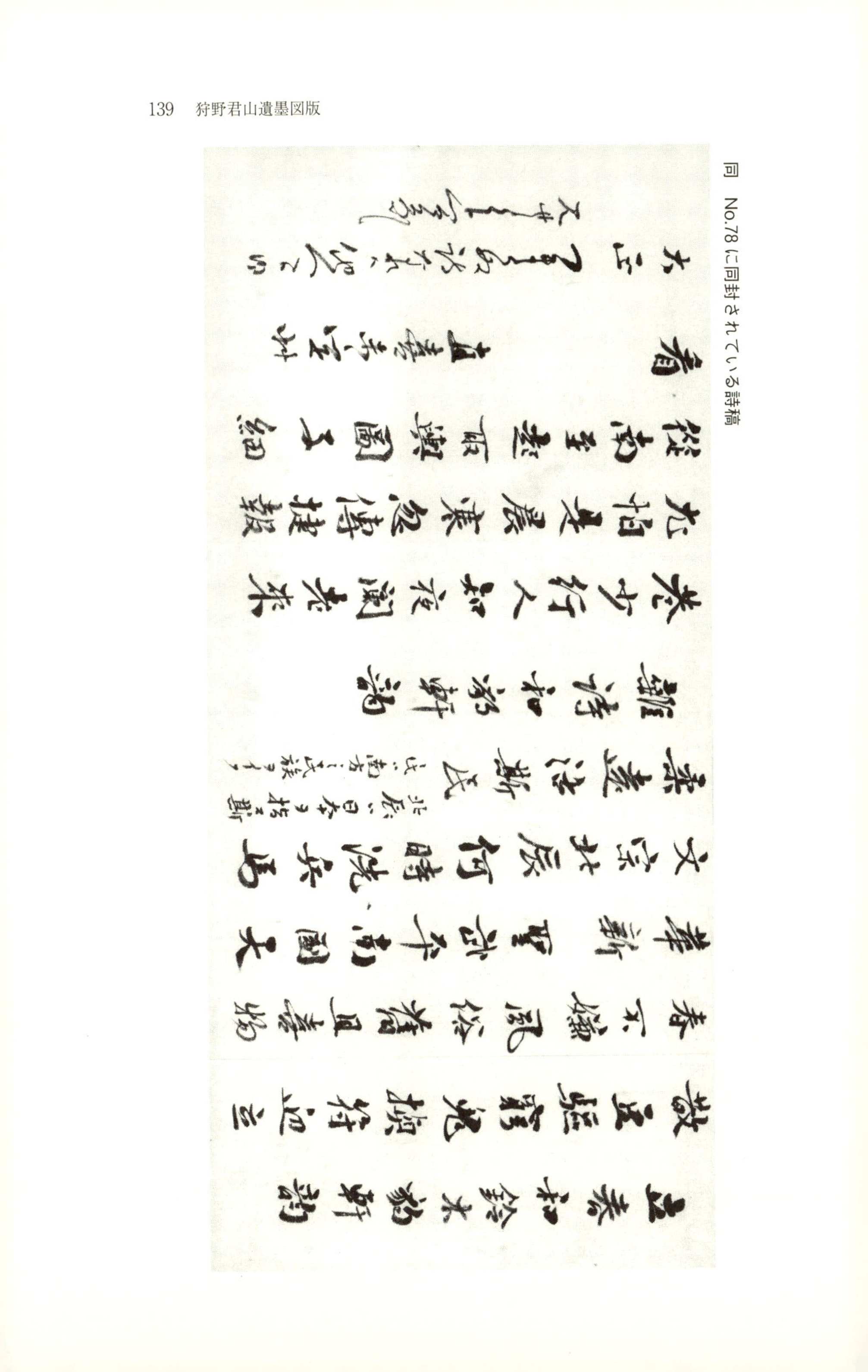

同　No.78に同封されている詩稿

図版釈文

※釈文中の［ ］は脱字、（ ）は誤字等、〈 〉は小注等を表す。

1

題画竹（『君山詩草』所収） （浅口市教育委員会蔵）

虞帝南巡不復還。九疑夢落水雲間。写来一片瀟湘雨。留与幽人聴珮環。録題画竹旧作。為阿賢契。君山直喜。

2

酒家墨痕 （個人蔵）

酒家墨痕。君山老人。

野坫当門水、層陰背郭峯。壑冰狐聴老、兵気雁知凶。啣餅名何補、澆愁酒正濃。蒼涼娯薄酔、愁倚両三松。〈野店東山海関、自説苦洗而已〉。

明治辛丑。予読書滬上。一日与友人飲於酒楼。坐有呉缶翁。共語歓甚。翁自謂甲午之役。領一隊戍山海関。未戦而和成。此詩即軍中作。借酒僮敗筆。執予所携洋帳。書以相示。予時治考拠之学。不甚留意詞章翰墨。故雖知其人。不復往来。今三十年。翁墓木已拱矣。其名播於海内外。得墨跡者。珍為至宝。而予亦深憾当時不与之納交。就而乞書画也。乃截取其所書。命工装潢為軸。且記其縁由如此。昭和八年七月。君山老人書於半農書屋南軒。

3

杜甫「羌村三首」 （個人蔵）

峥嵘赤雲西。日脚下平地。柴門鳥雀噪。帰客千里至。妻孥怪我在。驚定還拭涙。世乱遭飄蕩。生還偶然遂。隣人満墻頭。感歎亦歔欷。夜闌更秉燭。相対如夢寐。

晩歳迫偸生。還家少歓趣。嬌児不離膝。畏我復卻去。憶昔好追涼。故繞池辺樹。蕭蕭北風勁。撫事煎百慮。頼知禾黍収。已覚糟牀注。知（如の誤）今足斟酌。且用慰遅暮。

羣雞正乱叫。客至雞闘争。駆雞上樹木。始聞扣柴荊。父老四五人。問我久遠行。手中各有携。傾榼濁復清。苦辞酒味薄。黍地無人耕。兵革既未息。児童尽東征。請為父老歌。艱難愧深情。歌罷仰天歎。四坐涙縦横。杜甫羌村三首。太田老兄属書。君山直喜。

4

杜甫「諸将五首」之四 （個人蔵）

迴首扶桑銅柱標。冥冥氛祲未全銷。越裳翡翠無消息。南海明珠久寂寥。殊［錫］曾為大司馬。総戎皆挿侍中貂。炎風朔雪天王地。只在忠良翊聖朝。君山書。

5

河上肇・狩野直喜賛河田嗣郎画瓶花図 （個人蔵）

十分春色満人間。河上肇題。

亭亭寒玉並香妍。管領春風到蜀箋。物外清標誰得擬。画中姑射卉中仙。（『君山詩草』未収）。君山。大正乙丑。冰谷学人。

6

「庚午晩秋。偕諸友游一乗寺。時蜀客某亦来会」 （浅口市教育委員会蔵）

寒天寥廓雁呼羣。盃泛黄花酒正醺。古寺有僧護遺像。空山無鹿到孤墳。詩篇留得千秋業。名節伝来百代文。勝会偏欣邀遠客。半林紅葉対斜曛。庚午晩秋。偕諸友游一乗寺。時蜀客某亦来会。君山未定稿。

7

元好問「赤壁図」 （個人蔵）

馬蹄一蹴荊門空。鼓声怒与江流東。曹瞞老去不解事。悞認孫郎作阿琮。孫郎矯矯人中龍。顧盻叱咤生雲風。疾雷破山出大火。旗幟北捲天為紅。至今図画見赤壁。髣髴焼虜留餘蹤。令人長憶眉山公。載酒夜俯馮夷宮。事殊興極憂思集。天澹雲閑今古同。得意江山在眼中。凡今誰是出群雄。可憐当日周公謹（瑾の誤）。憔悴黄州一禿翁。君山老人書。

8　杜甫「玉華宮」・韋応物「幽居」　（個人蔵）

渓回松風長。蒼鼠竄古瓦。不知何王殿。遺搆終（絶の誤）壁下。陰房鬼火青。壊道哀湍瀉。万籟真笙竽。秋色正瀟灑。美人為黄土。況乃粉黛仮。当時侍金輿。故物独石馬。憂来藉草坐。浩歌涙盈把。冉冉征途間。誰是長年者。玉華宮。杜甫。

貴賤雖異等。出門皆有営。独無外物牽。遂此幽居情。微雨夜来過。不知春草生。青山忽已曙。鳥雀繞舎鳴。時与道人偶。或随樵者行。自当安蹇［劣］。誰謂薄世栄。幽居。韋応物。君山老夫書杜韋詩。

9　羅鄴「芳草」・劉克荘「記夢」・謝枋得「題慶全庵」　（個人蔵）

芳草和烟暖更青。閑門要地一時生。年年点撿人間事。唯有東風不世情。

父母誨我髫髦初。老不［成］名鬢髪疎。紙帳鉄檠風雪夜。夢中猶読小時書。

蓮如君子甘離世。菊似逸民難出山。不信衆芳倶寂莫。天香流出満人間。君山老人書。

10　張祜「郵亭残花」　（個人蔵）

雲暗山横日欲斜。郵亭下馬対残花。自従身逐征西府。毎到花時不在家。君山老人書。

11　『易』説卦　学劉文清臨趙子昂　（個人蔵）

昔者。聖人之作易也。幽賛於神明而生蓍。参天両地而倚数。観変於陰陽而立卦。発揮於剛柔而生爻。和順於道徳而理於義。窮理尽性。以至於命。学劉文清臨子昂。君山。

12　崔塗「巫山旅別」　（個人蔵）

五千里外三年客。十二峰前一望秋。無限別魂招不得。夕陽西下水東流。風波不動影沈沈。翠色全微碧色深。疑是水仙梳洗処。一螺青黛鏡中心。君山書。

13　節録杜甫「古柏行」　（個人蔵）

……正直原因造化功。大廈如傾要梁棟。万牛回首邱山重。不露文章世已驚。未辞翦伐誰能送。苦心豈免容螻蟻。香葉終［経］宿鸞鳳。志士幽人莫怨嗟。古来才大難為用。杜甫古柏行。君山直喜書。

14　「昭和甲申元旦。次大里君韵」　（個人蔵）

漫将書蠹證前因。老去陳篇楽更新。白髪不須歎遅暮。野花啼鳥一般春。用成句。太簡賢契一粲。葵園直喜時年七十七。

15　「与大簡」　（個人蔵）

盂蘭盆会幾年過。観昔灯前感慨多。須識安心求有地。早秋入洛勿蹉跎。君山老人未定草。

16　与阿藤伯海書　昭和二十二年五月二十三日　（浅口市教育委員会蔵）

17　「顕忠府記」　（個人蔵）

顕忠府記。昭和三年。我有事於済南。六年於満洲。七年於上海。我将士等死乎陣乎創病者。前後数千人。皇上愍之。使有司新営天府。蔵其名籍照像。衣帽軍械。凡足以徴忠烈者尽備。名曰顕忠府。勅載仁親王書額。臣聞周易垂以律之戒。楚荘繹止戈之義。禁残除暴。推亡固存。是仁者所以無敵。而邦乃其昌。雖古今殊勢。其揆一矣。欽惟天皇陛下。聖神文武。好生之仁。涵煦黎元。善鄰之徳。光被寰寓。苟有礙之者。征伐不肆。名正事順。以直討曲。威如雷霆。戦莫不捷。神功偉烈。震燿一世。譬諸有粛殺。万物以成。殄兇懲頑。非務遠略。安民保境。藉求和平。於是乎見矣。夫我国人。忠義天性。勇武成俗。一旦有緩急。踊躍従軍。視死如帰。亦唯殞命鋒鏑以効臣子至誠云爾。安有一毫徼報之念。而皇恩優渥。褒飾矜卹。無所不至。今又記名存像。以顕厥忠。可謂死有餘栄矣。於戯君臣之分。与天地準。情如父子。忠孝一本。是我国体精華。其卓越宇内。豈不懿哉。昭和十年十一月。帝国学士院会員京都帝国大学名誉教授従三位勲二等。臣狩野直喜奉敕謹撰幷書。

18 諸葛亮「出師表」 書与孫直禎 （個人蔵）

諸葛亮出師表。

先帝創業未半。而中道崩殂。今天下三分。益州疲弊。此誠危急存亡之秋也。然侍衛之臣。不懈于内。忠志之士。忘身于外者。蓋追先帝之殊遇。欲報之于陛下也。誠宜開張聖聴。以光先帝遺徳。恢弘志士之気。不宜妄自菲薄。引喩失義。以塞忠諫之路也。宮中府中。倶為一体。陟罰臧否。不宜異同。若有作奸犯科。及為忠善者。宜付有司。

論其刑賞。以昭陛下平明之理。不宜偏私。使内外異法也。侍中・侍郎郭攸之・費禕・董允等。此皆良実。志慮忠純。是以先帝簡抜以遺陛下。愚以為宮中之事。事無大小。悉以咨之。然後施行。必能裨補闕漏。有所広益。将軍向寵。性行淑均。暁暢軍事。試用于昔日。先帝称之曰能。是以衆議挙寵為督。愚以為営中之事。悉以咨之。必能使行陣和睦。優劣得所。親賢臣遠小人。此先漢所以興隆也。親小人遠賢臣。此後漢所以傾頽也。先帝在時。毎与臣論此事。未嘗不歎息痛恨于桓霊也。侍中・尚書・長史・参軍。此悉貞良死節之臣［也］。願陛下親之信之。則漢室之隆。可計日而待也。臣本布衣。躬耕于南陽。苟全性命于乱世。不求聞達于諸侯。先帝不以臣卑鄙。猥自枉屈。三顧臣于草廬之中。諮臣以当世之事。由是感激。遂許先帝以駆馳。後値傾覆。受任于敗軍之際。奉命于危難之間。爾来二十有一年矣。先帝知臣謹慎。故臨崩寄臣以大事也。受命以来。夙夜憂歎。恐託付不効。以傷先帝之明。故五月渡瀘。深入不毛。今南方已定。兵甲已足。当奨率三軍。北定中原。庶竭駑鈍。攘除奸凶。興復漢室。還于旧都。此臣所以報先帝而忠陛下之職分也。至于斟酌損益。進尽忠言。則攸之禕・允之任也。願陛下託臣以討賊興復之効。不効則治臣之罪。以告先帝之霊。責攸之禕・允等之慢（咎）、以彰其咎（慢）。陛下亦宜自謀。以諮諏善道。察納雅言。深追先帝遺詔。臣不勝受恩感激。今当遠離。臨表涕零。不知所言。昭和十九年九月。書与孫禎。君山老人。

19 杜荀鶴「渓興」・韓偓「酔著」 （個人蔵）

山雨渓風捲釣糸。瓦甌篷底独斟時。酔来睡著無人喚。流下前灘也不知。

万里清江万里天。一村桑柘一村煙。漁［翁］酔着無人喚。過午醒来雪満船。君山老人書。

20 岑参「献封大夫破播仙凱歌六首」 （個人蔵）

漢将承恩西破［戎］。捷書先奏未央宮。天子預開麟閣待。祗今誰数弐師功。

官軍西出過楼蘭。営幕旁臨月窟寒。蒲海暁霜凝馬尾。葱山夜雪撲旗竿。

鳴笳畳鼓擁廻軍。破国平蕃昔未聞。丈夫鵲印迎辺月。大将龍旗掣海雲。

日落轅門皷角鳴。千羣面縛出蕃城。洗兵魚海雲迎陣。秣馬龍堆月照営。
蕃軍遥見漢家営。満谷連山遍哭声。万箭千刀一夜殺。平明流血浸空城。
落雨旌旗湿未乾。胡煙白草日光寒。昨夜将軍連暁戦。軍只見馬空鞍。杉谷先生雅正。君山直喜書。

21

杜甫「送孔巣父謝病帰游江東。兼呈李白」・「送韋十六評事充同谷防禦判官」　（個人蔵）

巣父掉頭不肯住。東将入海随煙霧。詩巻長留天地間。釣竿欲払珊瑚樹。深山大沢龍蛇遠。春寒野陰風景暮。蓬莱織女回雲車。指点虚無引帰路。自是君身有仙骨。世人那得知其故。惜君只欲苦死留。富貴何如草頭露。蔡侯静者意有餘。清夜置酒臨前除。罷琴惆悵月照席。幾歳寄我空中書。南尋禹穴見李白。道甫問信（訊の誤）今何如。

昔没賊中時。潜与子同遊。今帰行在所。王事有去留。偪側兵馬間。主憂急良籌。子雖軀幹小。老気横九州。挺身艱難際。張目視寇讐。朝廷壮其節。奉（特）詔令参謀。鑾輿駐鳳翔。同谷為咽喉。西扼弱水道。南鎮抱罕陬。此邦承平日。剽劫史所羞。況乃胡未滅。控帯莽悠悠。府中韋使君。道足［示］懐柔。令姪才俊茂。二美又何求。受詞太白脚。走馬仇池頭。古色沙土裂。積雪陰雲稠。羌父豪豬鞾。羌児青兕裘。吹角向月窟。蒼山旌旆愁。鳥驚出死樹。龍怒抜老湫。古来無人境。今代横戈矛。傷哉文儒士。憤激馳林邱。中原正格闘。後会何縁由。百年賦命定。豈料沈与浮。且復恋良友。握手歩道周。論兵遠壑浄（静）。亦可縦冥捜。題詩得秀句。札翰時相投。君山直喜書。

22

「題本田藤軒作鍾馗像」　（個人蔵）

終南進士気豪雄。曽入明皇春夢中。只願［頼］君三尺剣。蕩平天下悪魔空。〈只願下脱頼字〉。・

昭和乙亥四月。長孫直禎年甫七歳。入幼稚園。予憂其善病。乞本田藤軒画鍾馗像。毎遭端午節。挂之壁間。以供辟邪用。不言病魔。言悪魔。不言禎児。言天下。乃有感時事而然。所祈此公亦不特一人之私也。君山老人。時年六十八。

23

陸機「文賦」　（個人蔵）

石韞玉而山輝。水懐珠而川媚。彼榛楛之勿翦。亦蒙栄於集翠。綴下里於白雪。吾亦済夫所偉。或託言於短韻。対窮迹而孤興。俯寂寞而無友。仰寥廓而莫承。岡本雅兄正字。半農生直喜。

24

杜甫「諸将五首」之五　（浅口市教育委員会蔵）

錦江春色逐人来。巫峡清秋万壑哀。正憶往時厳僕射。共迎中使望郷臺。主恩前後三持節。軍令分明数挙杯。西蜀地形天下険。安危須仗出羣材。阿藤君属書。君山直喜。

25

「神勅」　（個人蔵）

葦原千五百秋之瑞穂国。是神吾子孫可王之地也。宜爾皇孫就而治焉。行矣宝祚之隆。当与天壌無窮者矣。京都帝国大学名誉教授文学博士狩野直喜敬書。

26

王応麟『困学紀聞』（巻一）之語　与直禎　（個人蔵）

危者使平。易者使傾。易之道也。處憂患而求安平者。其惟危懼乎。故乾以惕无咎。与直禎。君山老人。

27

陳星瑞『談古偶録』之語　（個人蔵）

自処超然。処人藹然。無事澄然。有事斬然。得意淡然。失意泰然。方竹堂談古録中語。直喜。

28

杜甫「憶昔二首」之二〈缺末尾〉　（個人蔵）

憶昔開元全盛日。小邑猶蔵万家室。稲米流［脂］粟米白。公私倉廩俱豊実。九州道路無豺虎。遠行不労吉日出。斉紈魯縞車班班。男耕女桑不相失。宮中聖人奏［雲門］。天下朋友皆膠漆。百餘年間未災変。叔孫礼楽蕭［何律……］。

29 高蟾「下第後上永崇高侍郎」（個人蔵）
天上碧桃和露種。日辺紅杏倚雲栽。芙蓉生在秋江上。不向東風怨未開。君山書。

30 『周礼』考工記・総目（浅口市教育委員会蔵）
坐而論道。謂之王公。作而行之。謂之士大夫。審曲面埶以飭五材。以辨民器。謂之百工。通四方之珍異以資之。謂之商旅。昭和四年正月。為滕伯海属。君山。

31 左琴屋「郤居」・楊憑「雨中怨秋」（個人蔵）
独木為橋過小村。幾竿脩竹護朱門。白頭不識公侯事。閑把牛経教子孫。
辞家遠客愴秋風。千里寒雲接断篷。日暮隔山投古寺。鐘声何処雨濛濛。君山老人書。

32 朱熹「偶成詩」　書与孫直禎（個人蔵）
少年易老学難成。一寸光陰不可軽。未覚池塘芳艸夢。階前梧葉已秋声。右朱文公詩。書与孫禎。君山老人。

33 「和豹軒博士立春詩」（個人蔵）
散豆駆窮鬼。換符迎立春。無嫌風俗旧。且喜物華新。聖武芟南国。天文宗北辰。何時洗兵馬。柔遠活斯民。和豹軒博士立春詩。君山直喜。

34 『顔氏家訓』勉学篇（個人蔵）
夫学者所以求益耳。見人読数十巻書。便自高大。凌忽長者。軽慢同列。人疾之如讎敵。悪之如鴟梟。如此以学自損不無学也。古之学者為己。以補不足也。今之学者為人。但能説之也。古之学者。為人行道。以利世也。今之学者。為己脩身。以求進也。夫学者猶種樹也。春玩其華。秋登其実。講論文章。春華也。脩身利行。秋実也。君山老人書。君山書顔氏家訓一節。

35 杜甫「茅屋為秋風所破歌」（個人蔵）
八月秋高風怒号。巻我屋上三重茅。茅飛渡江灑江郊。高者挂罥長林梢。下者飄転沈塘坳。南邨羣童欺我老無力。忍能対面為盗賊。公然抱茅入竹去。唇焦口燥呼不得。帰来倚杖自歎息。俄頃風定雲黒（墨）色。秋天漠漠向昏黒。布衾多年冷似鉄。驕児悪臥踏裏裂。牀頭屋漏無乾処。雨脚如麻未断絶。自経喪乱少睡眠。長夜沾湿何由徹。安得広厦千万間。大庇天下寒士俱観（歓）顔。風雨不動安如山。嗚呼何時眼前突兀見此屋。吾廬独破受凍死亦足。杜詩茅屋為秋風所破歎（歌の誤）。君山書。

36 杜甫「乾元中寓居同谷県作歌七首」之七（個人蔵）
男児生不成名身已老。三年饑走荒山道。長安卿相多少年。富貴応須致身早。山中儒生旧［相識］。但話宿［昔］傷懐抱。嗚呼七歌兮悄終曲。仰視皇天白日速。君山老人書。

37 竇鞏「代鄰叟」（個人蔵）
年来七十罷耕桑。就煖支羸強下床。満眼児孫身外事。閑梳白髪対斜陽。君山老人書。

38 杜甫「望嶽」（個人蔵）
岱宗夫如何。斉魯青未了。造化鍾神秀。陰陽割昏暁。盪胸生層［雲］。決眥入帰鳥。会［当］凌絶［頂］。一覧衆山小。君山老人書。

39　「雑詩六首、用豹軒哀鳳岡枢密韵」（個人蔵）
八十漁翁釣渭浜。鷹揚牧野尚精神。国家多難思元老。歎息聖朝無若人。君山老人。

40　「郊居詩用傅芸子君遊山韻」（個人蔵）
歌吹東山興正酣。不知西崦勝堪探。閑居臥病好聴雨。笑殺当年陸剣南。君山。

41　同右「再畳韵」（個人蔵）
白髪青山寄此心。南華読〔罷〕且長吟。桑麻種遍門前路。不借喬松十畝陰。君山。

42　同右「再畳韵」（個人蔵）
荒園種菊坐秋酣。老去無心山水探。想得往年風雨夜。孤舟聴雁在淮南。君山。

43　鄭谷「淮上与友人別」（個人蔵）
揚子江頭楊柳春。楊花愁殺渡江人。一声羌笛〔離亭〕晩。君向瀟湘我向秦。君山老人書。

44　蘇軾「贈劉章文」（個人蔵）
荷尽已無擎雨蓋。菊残猶有傲霜枝。一年好景君須記。正是橙黄橘緑時。

45　韋荘「春愁」（個人蔵）
自有春愁正断魂。不堪芳草思王孫。落花寂寂黄昏雨。深院無人独倚門。君山書。

46　杜甫「秋興八首」之一（個人蔵）
玉露凋傷楓樹林。巫山巫峡気蕭森。江間波浪兼天湧。塞上風雲接地陰。叢菊両開他日涙。孤舟一繋故園心。寒衣処処催刀尺。白帝城高急暮砧。君山老人書。

47　柳宗元「贈江華長老」（個人蔵）
老僧道機熟。黙語心皆寂。去歳別春陵。沿流此投跡。室空無侍者。巾屨唯挂壁。一飯不願餘。跏趺便終夕。風窓疎竹響。露井寒松滴。偶地即安居。満庭芳草積。君山老人書。

48　劉禹錫「金陵五題・生公講堂」（個人蔵）
生公説法鬼神聴。身後堂堂夜不扃。高座寂寥塵漠漠。一方明月可中庭。君山老人書。

49　蘇軾「恵崇春江晩景二首」之一（個人蔵）
竹外桃花三両枝。春江水暖鴨先知。蔞蒿満地蘆芽短。正是河豚欲上時。君山老人書。

50　『君山詩草』稿本（抄録）（個人蔵）
聞布哇海戦有感。昭和辛巳十二月。
神州男子気如虹。決眥蒼茫煙水中。十万艨艟我何懼。誓攘驕虜達宸聡。
和豹軒博士哭鳳岡枢密八韻。壬午正月。
国学裁多士。宸宮対至尊。盛名淹海宇。光寵照家門。清白為身則。謀猷由道原。文章何典雅。情性自忠敦。昔設東山会。今無北地存。〈枢密平生好誦李北地詩〉。幽亭老泉……
奉和巽軒先生八十八所感詩。昭和壬午十月。
育英講学好精神。天幸斯文健厥身。料得先生含笑見。満門桃李競陽春。
学術三朝幾変遷。尚餘魯殿独巍然。天保吉人豈無意。寿如松柏不知年。
気体堅於金石堅。学窮今古道通玄。高堂此由来為寿。弟子白頭猶少年。

究理不知老将至。東西羣籍日相親。期頤鮐背尋常事。仰見立言輝万春。

贈島田太堂二十二韻

同学少年日。気凌鵬与鯤。嘐嘐思古道。夷険孰還論。此意竟蕭瑟。空看霜鬢繁。親朋多就木。独有太堂存。去年君偶至。喜極却無言。行李未遑卸。相招坐小軒。書灯明四壁。妻孥列青樽。話旧腸中熱。感時涙暗呑。告君且休去。東道敢辞煩。緑野思元老。蕭条松竹園。水清如碧玉。冷露湿荒垣。先哲祠堂旧。来尋通徳門。詩書伝世久。仰見布衣尊。又共遊嵐峡。臨流臥石根。故都尚多勝。何意遽還轅。因思君家事。喪妻未続昏。遺児頼姑養。千里夢相援。今我接君信。坐驚歳月奔。君来仍昨日。再遇暑如燔。久旱苦無雨。鬱陶神自惛。歓情無永忘。雲箋手屢翻。人生真可惜。努力且加餐。

送岡崎学士遊支那。〈時民国兵起。南北相攻。勢如乱麻〉。

恤鄰長策竟如何。隻手難回滄海波。蔓草寒煙清廟闕。驚沙落日漢山河。薊門孤客愁聞笛。燕市羣児笑負戈。休向瀛臺訪遺事。光宣朝士已無多。

十年志業読書槃。喜汝観摩在此行。禹域山川餘涕涙。堯封風雨長榛荊。須徴文献溯三古。便討経師到二京。別有民生念尤切。如今南北未銷兵。

庚午晩秋。楽羣社友会於一乗寺村之詩仙堂。時民国白山夫堅以事在洛。亦修簡招之。句中遠客即指山夫。寒雲寥廓雁呼羣。盃泛黄花酒正醺。古寺有尼護遺像。空山無鹿到孤墳。〈丈山墓在堂南。相伝丈山在時。山多麋鹿来食園葵。丈山憂之。自製竹筒。置於澗中。随水盈虚。触石発声。従此畏不敢近。今器尚存。無復麋鹿之迹矣〉。詩章留得千秋業。気節伝来百代文。勝会偏欣邀遠客。半林楓葉対斜曛。

楽羣社友会於内藤博士恭仁山荘。席上和長尾雨山韻。呈主人。

園林風日麗。魚鳥自親人。避俗非軽世。会文聊輔仁。雲煙籠遠水。梅柳点陽春。莫怪低回久。明朝又路塵。

結廬愛閒寂。巾葛伍農人。種柳学元亮。看山思友仁。景同寧楽日。興擬永和春。常歎風流尽。頼君洗俗塵。

初夏楽羣社友会於細川侯南禅寺別業。賢侯清暇日。遊息只看山。借問営営者。名場幾往還。

従軍行。送某赴任哈爾賓。絶塞風塵暗鄂羅。天兵百万度関河。書生自有防秋計。碧眼驕胡奈汝何。

歳晩志感。昭和戊（戊の誤）寅。平生志業竟何如。歎息光陰似逝波。郷園雲山新夢少。酒家粉壁旧題多。嶺梅有信驚春早。寒雁無書感節過。却喜歓声喧里巷。天兵今已度汾河。

（個人蔵）

51

「書鄭公蘇戡詩後」

昭和戊辰。我友鄭君蘇戡来游我国。君時従亡在津。其来行李蕭然。国人多不知其名者。予屢訪之客舎。痛論時事。譏評詩文。相得懽甚。旁侍一人。即長子垂。小序所言大八。垂年少負気。卓犖不羣。曾知其人。今又与之語。心窃慶鄭家有後也。蘇戡帰未幾年。満洲事起。遜皇正位新京。蘇戡為相。今年春奉旨来聘。修交我国。朝廷待以国賓。儀衛森厳。騶従如雲。所過県邑。供張甚盛。士女擁途歓呼。争欲見風丰。視於前度旅況。冷熱之相去。不啻霄壌矣。夫大丈夫不以成敗栄辱変其志。但今昔之感。不能忘於懐者。昔来垂在。今来垂亡。其触景生情。黯然飲泣。固無足怪。抑予聞之。蘇戡執柄以来。折衝内外。政務多端。而垂為其記室。参画勤苦。蘇戡亦倚如左右手。然則其悲之。不特出於父子天倫之至情。未可比以西河之哭也。予知其心事者。及読此詩。為一発之。〈予已得此詩。以贈奥博士。装潢成。又作文記其縁〉。

52　蘇軾「僕年三十九。在潤州道上。遇除夜。作此詩。又二十年。在恵州追録之。以付過二首」之一　（個人蔵）

寺官官小未朝参。紅日半窓春睡酣。為報鄰雞莫驚覚。更容残夢到江南。

右東坡詩。自序曰。僕年三十九。在潤州道上。遇除夜。作此詩。又二十年。在恵州録之。以付過。君山直喜書。

53　諸葛亮「誡子書」　書与直禎　（個人蔵）

夫学須静也。才須学也。非学無以広才。非志無以成学。慆慢則不能励精。険躁則不（能）治性。昭和壬午夏。書与直禎。君山老人。

54　林逋「春日寄銭都使」　（個人蔵）

桃花枝重肉紅垂。萱艸描苗抹緑肥。正語暖鶯風細細。著双寒燕雨稀稀。亭臺物景兼飄絮。宅院時情漸夾衣。拍背挟肩行楽事。不甘離索向芳菲。君山。

55　扁額「報本」（『礼記』郊特牲之語）　（個人蔵）

報本。直喜謹書。

56　扁額「嘯雨山荘」　（個人蔵）

嘯雨山荘。直喜題。

57　扁額「夢香」　（個人蔵）

夢香。昭和五年夏日。熊谷君属書。君山直喜。

58　臨顔真卿「争坐位帖」　（個人蔵）

蓋太上有立徳。其次有立功。是之謂不朽。抑又聞之。端揆者。百寮之師長。諸侯王者。人臣之極地。今僕射廷不朽之功業。当人臣極地。豈以才為世出。功冠一時。挫思明跋扈之師。抗廻紇無厭之請。故得身画凌煙之閣。名蔵太室之廷。吁足畏也。壬午黄梅節。君山老人。

59　与阿藤伯海書　（浅口市教育委員会蔵）

阿藤賢弟左右。刻接恵書。知筆研無恙為慰為頌。鎌倉去都不遠。江山清美。風日妍麗。又為古昔将軍開府之地。猛将悍卒。所百戦殞命。登丘而望之。亦足以当広武之嘆。倘有近什。能以示我乎。老夫今年六十六。白髪種種。学殖荒落。無可与故人言者。読書之功。老年不如壮年。壮年不如少年。至今自悔無及而已。今日寒甚。思賢弟不已。援簡書之。順頌文祉。狩野直喜頓首。正月念六。

60　与阿藤伯海書　昭和二年二月八日　（浅口市教育委員会蔵）
61　同　昭和三年三月六日　（浅口市教育委員会蔵）
62　同　昭和三年六月六日　（浅口市教育委員会蔵）
63　同　昭和四年一月二十九日　（浅口市教育委員会蔵）
64　同　昭和四年七月二日　（浅口市教育委員会蔵）
65　同　昭和四年十月一日　（浅口市教育委員会蔵）
66　同　昭和五年一月十八日　（浅口市教育委員会蔵）
67　同　昭和五年四月九日　（浅口市教育委員会蔵）
68　同　昭和五年六月三日　（浅口市教育委員会蔵）
69　同　昭和六年二月二十七日　（浅口市教育委員会蔵）
70　同　昭和六年三月二十三日　（浅口市教育委員会蔵）
71　同　昭和十六年三月二十三日　（浅口市教育委員会蔵）

72・73 同 昭和十九年九月一日 （浅口市教育委員会蔵）

74 同 昭和二十年一月七日 （浅口市教育委員会蔵）

75 同 昭和二十二年六月二十六日 （浅口市教育委員会蔵）

76 与宮崎市定書 昭和十五年四月二十八日 （個人蔵）

市内左京区浄土寺町馬場町一一四

宮崎市定殿（親展）

拝呈。過日ハ大著態々御持参御恵贈を得、千万忝く存じ上候。世人之支那を知らむとする今日、かかる書之刊行されること、洵に有意義と存じ候。題目東洋に於ける「素朴主義之民族と文明主義之社会」は、其道之人には能く分り候へども、一般読者ニハ諒解出来可申哉と、何か他ニ適当なる文字なかりしかと愚考いたし候。乍延引御挨拶迠如此。匆々不一。

四月廿八日 狩野直喜

宮崎賢兄

77 致西大次郎書 昭和十四年七月二十七日 （個人蔵）

拝覆。平素御無沙汰のみ致し恐悚罷在候処、三伏之時節御起居極免て御佳勝之御由、洵に以て慶祝之至ニ奉存候。光陰流水之譬之通り、私も何時之間にか七十二歳之老翁と相成候。身世之感に堪えざる次第に有之、況してや御大年之御事御胷中無かしと奉拝察候。郷之先輩として仰ぐ方ハ、現在ハ唯々尊台御一人ニ有之御手紙を拝誦仕候て、八十三翁之矍鑠たる御姿を想見し、乍失礼欣懐之至に奉存上候。猶此上とも愈御自愛御加餐被遊候やう奉祈候。河島翁之事拝承、翁思出記之漢文、消夏之良剤として再三御読かへし被遊候事と拝察仕候。私は翁之名ハ幼年時代より伝承致しながら、一度も御目にかゝり候事無之、御書面に於いて仍猶健在之由承知仕候。私も十年以前停年の故を以て大学之講席を去り、引続外務省之依頼にて東方文化京都研究所を創立いたし、満九年所長として世話致居候処、昨年三月任期満了仕候間、これをも辞し、現今ハ全く間散之身と相成、健康上にも宜敷様ニ奉存候。御承知之通り幼年時代には病に親しみ、自ら長生出来ざる覚悟仕候処、思懸けなくこの年迠長らえ、又差して病気と申すことも無之、この分にて参り候はゞ、今後猶支持出来候ことと奉存候。唯学問を以て世に立ちながら、壮年時代の如く力を用ひ候事出来兼、追々学殖荒落仕候事残念ニ候へども、致方無之次第ニ奉存候。先ハ不取敢右御返事まで申述度、暑も峠と相成り候へども、乍憚折角御厭ひ被遊度奉願上候。猶家内よりも宜敷申上呉候やう申出候。恐惶頓首。

七月廿七日 狩野直喜再拝

西大次郎様 御侍史

夏日之御睡気さましに、近作拙句別紙ニうつし、奉供尊覧候。詩ハ全く素人にて久しく作り不申、又人にも示し不申候次第に有之候間、御他見ハ御免を蒙り度奉願候。又白。

［同封別紙］

昭和戊寅歳暮書感

平生志業竟如何。歎息光陰似逝波。郷国雲山新夢少。酒家粉壁旧題多。嶺梅有信知春早。塞雁無書驚節過。却喜鈴声喧里巷。天兵今已度汾河。（『君山詩草』所収）

従軍行。送某博士赴任哈爾賓

絶塞風塵暗鄂羅。王師百万度山河。書生自有防秋計。碧眼驕胡奈汝何。（『君山詩草』所収）

京都知恩寺麗沢社席上賦示同人

招提接槐市。猶喜遠車轔。文字好為伴。漁樵未卜隣。親朋傷落寞。天地正風塵。草檄諸公在。愧吾似廃人。（『君山詩草』未収）

次民国某君遊山詩。〈予時築室西郊。乃用其韵。節四〉。

歌吹東山興正酣。不知西崦勝堪探。卜居臥病好聴雨。笑殺当年陸劔南。（『君山詩草』所収）

荒園種菊云云（既出、図版42。『君山詩草』所収）

家郷秋色想方酣。水態山容夢裏探。憐我白頭未帰得。結茅空向鳳城南。（『君山詩草』所収）

来去無心雲在岫。高低有影月臨壇。漁樵多楽山中是。酒熟不知衣褐寒。（『君山詩草』所収）

狩野直喜未定稾

78

大正

致宮本正清書　昭和十七年三月八日付（個人蔵）

拝復。久しく御無沙汰致候処、愈御清適奉賀候。さて私病気之こと御伝聞之由にて御掛念を労し、態々御見舞之尊墨をいただき、有りがたく同時ニ恐入候。実ハ旧冬極免て軽微感冒に可かり静養仕候結果全快仕候へども、元気之回復甚遅緩に有之、寒気も老人ニハこたへ候のみならず、世用なき身に候間、室内ニ引籠り長く門外に出でず候間ニつき、重病之やうに御耳に達したるものと被存候。近頃ハ天晴れ日暖ニ相成候間、多分ハ起出て読書も少しづゝ致候やうに相成候間、乍憚御安神被下候やう奉願候。先ハ不取敢御厚意ニ対し御礼迠如此御座候。匆々不一。

三月八日　狩野直喜頓首

宮本先生侍史

病中之拙作御笑艸ニ御一見奉願候。

立春和鈴木豹軒韵

散豆駆窮鬼。換符迎立春。不嫌風俗旧。且喜物華新。聖武平南国。天文宗北辰。何時洗兵馬。柔遠活斯民。（『君山詩草』所収）

〈北辰ハ日本ヲ指ス。斯民ハ南方之民族ヲイフ〉。

雑詩和豹軒韵

巷少行人知夜闌。老来尤怕是晨寒。忽伝捷報従南至。起取輿図子細看。（『君山詩草』所収）

直喜未定艸

大正〈つまらぬ詩なれバ、他人ヘハ御見せ被下間敷候〉

狩野君山の阿藤伯海あて尺牘集

翻刻・注釈

凡例

一、釈文は原文に忠実であることを期した。漢字は原則として常用体を用いた。ただし、常用体と原文の用字とで意味の異なるものは、原文に従った。

二、缺字・改行（敬意表現）の場合も、間隔をあけないで記した。

三、歴史的仮名遣いはそのままとした。

四、原文にはほとんど句読点は打たれていないが、読み易さを考慮して、これを補い、濁点も同様に補った。

五、踊り字（漢字のゝ）は、々とした。

六、誤字と思われるものには、その右に「ママ」を附した。

七、明らかな脱字で、前後の文脈から推定し得るものは、［　］を附して補った。

八、難読の文字で推定によるものは、その右に△を附した。

九、見出しの年月日は、書簡中の月日ではなく、消印の日付を採用した。

十、狩野直禎が必要に応じて注釈を加えた。

十一、書簡は整理番号順で配列した。ただし、繋年の妥当性を缺くものは注釈にて妥当な年次を示した。

十二、阿藤伯海の字は「大簡」が正しいが、書簡には「太簡」と記す例が少なくない。初出においてのみ注記し、以下はいちいち「ママ」と記さないこととした。

十三、君山の尺牘のほとんどは毛筆で墨書されているが、中に数通ペン書きのものが含まれ、また印刷された年賀状などもあるので、それぞれの条の始めに「ペン書き」「印刷」などと注記しておいた。

尺牘目次

1　大正十四年八月二十九日

市内吉田神楽岡町(1)　阿藤伯海殿

京都市上京区田中大堰町六番地　狩野直喜

※はがき

拝啓。又々作字致候筈ニツキ、御間暇ニ候ハヾ、何時でも御出被下度、右御依頼迄如此。匆々不一。

廿九日

（1）此の一連の書簡の中で、唯一、伯海が京都在住中のものである。直喜は大正十四年のみ、日記『半農書屋日記』をつけていた。その全文は『春秋研究』（みすず書房、平成六年）に附録として掲載したが、その日記中に、此の「はがき」に対応するものとして次のような記事がある。

九月五日阿藤生求其磨墨一升揮毫数枚

又、この「はがき」に、「又々作字致候筈」とあるように、日記中、八月六日、八月八日にも「阿藤生磨墨」云々とある。

なお、吉田神楽岡町と田中大堰町の間は、京都大学を挟んで、徒歩約十五分位か。

2　大正十五年六月二日

相州鵠沼海岸　阿藤伯海殿（恵展）

京都市上京区田中大堰町六番地　狩野直喜

華翰拝誦。其後愈御清康之由、欣慰此事に候。過日ハ内海之鯛一尾御送被下、難有存候。東京にて之御動静何如と存居候処、難波子(1)来訪、詳々相分り安心致候。難波子も過日之不幸気之毒に候へドモ、逝者致方無之、将来之心懸肝要と存候。此地別ニ変化無之、支那亡命之士あり。詩文も出来、書画ニ明ラニ、又古琴ヲ弾ジ申候。切ニ日本人ニ其法ヲ伝へ度と申候間、吉川子(2)ヲ紹介致候。此レモ小生支那癖ヨリ出タル事ト、御一笑可有之候。先ハ右迄如此。匆々。

六月二日　　狩野直喜

阿藤賢弟

（1）難波子　難波準平。大正十四年、京都帝国大学文学部独逸文学科卒。伯海とは矢掛中、第一高等学校を通しての友人であった。当時の独逸文学科教授は藤代禎輔である。藤代のことは昭和二年二月六日付の書簡に見える。
　なお、『大簡詩草』に「聞吾友難波隼水準養病于東京賦呈代柬」と題する、七言絶句三首がある。

（2）吉川子　吉川幸次郎。明治三十七年（一九〇四）～昭和五十五年（一九八〇）。大正十五年京都帝国大学文学部支那文学科卒。東方文化研究所々員。京都大学文学部教授。この時、吉川は京都大学を卒業したばかりであった。

3　大正十五年九月十二日

相州鵠沼海岸　阿藤伯海殿（親展）
京都市上京区田中大榎町六番地　狩野直喜

前日御来過忝く存候。令弟之事、実ニ御気之毒千万ニ候。神経衰弱之結果トセバ其点ヲ明ニシ、疑惑ヲ除ク事肝要ナルベク、辯護士得其人候事肝要ト存候。右申述候迄も無之候ヘドモ、餘り御気之毒ニつき、書中如此御坐候。匆々。

九月十二日　　　直喜

阿藤君

4　昭和二年二月八日

東京市外阿佐谷三四九　阿藤伯海殿（台展）
京都市上京区田中大榎町六番地　狩野直喜

拝覆。先日ハ御来訪被下、久振欣慰此事ニ御坐候。其節御願致候事ニつき、御足労ヲ相懸ケ候由にて、御気之毒ニ存候。殊ニ御気之毒ニ堪ヘザルハ、小生元来内田博士[1]遺族宅ヲ鵠沼とノミ思込み居、かく御依頼致候ヘドモ、後ニ精査致候ヘバ、茅ケ崎海岸真浦ノ誤ト相分り、小生ノ不注意故、種々御費神ヲ懸ケ、今更ラ相済マザル感を起シ候。右之次第ニ有之候間、已ニ遺児御移宅後にもあり、必ズ御出向無之様相願候。藤代教授[2]も久シク見舞不致候へドモ、次第ニよろしき由、吉人天相[3]とハ此事カト御同慶ニ存候。難波君過日郷里より之帰途立寄ラレ候へドモ面会セズ、残念ニ存候。御面会之節宜敷相願候。此中寒気劇敷困却致候。貴地も同様ナルベシ。随分御摂養相祈候。家内よりも宜敷申上候。匆々不備。

狩野直喜

二月初六

阿藤雅弟　侍史

（1）内田博士　内田銀蔵のことか。内田は東京の人。明治五年（一八七二）～大正八年（一九一九）。直喜とは東京帝国大学の同級生であり、また京都帝国大学の同僚であった。日本史特に日本経済史の開拓者。著書に『日本近世史』『日本経済史の研究』等がある。

直喜には「内田君を憶う」（『支那学文藪』所収）がある。

（2）藤代教授　藤代禎輔。明治元年（一八六八）～昭和二年（一九二七）。千葉の人。直喜とは同年の生まれであるが、第一高等学校、東京帝国大学では直喜の先輩であった。東京高等師範学校（現筑波大）の教授を経て、明治四十年五月京都帝国大学文科大学西洋文学第一講座（独逸文学科）の教授となる。而して定年を一年後に控えて昭和二年（一九二七）四月二十八日に病没した。此の書簡が書かれて二ヶ月餘り後のことである。

著書に『文藝と人生』『文化環境と自然環境』等があり、又『万葉集』の独語訳を企てた。その外に随筆集『鵝筆餘滴』がある。直喜はその書に序文（『支那学文藪』所収）を書いているが、それによると藤代は原稿を出版社に渡し、その三日後に亡くなったとある。

なお藤代と直喜は謡曲仲間でもあった。

（3）吉人天相　「天が善人を佑ける」の意。『左伝』宣公三年に「石癸曰、吾聞、姫姞耦、其子孫必蕃。姞、吉人也」、同じく昭公四年に「晋楚唯天所相。不可与争」とあるによる。

5　昭和三年三月六日

東京市外阿佐谷三四九　阿藤伯海殿（親展）

京都市上京区田中大堰町六番地　狩野直喜

拝覆。過日御病気之事ハ吉川君より聞き候へドモ[1]、御尋も不致打過ぎ居候。已ニ御全快之由安心致候。令弟ノ事モ無事落着、乍蔭安心致候。今後之御処置緊要カト存候。先般還暦之際ハ、態々東京より御参会之御心算ナリシ由、御厚意忝く存候。知友より手厚き事ヲサレテ、唯々慙愧之至ニ候。本月中旬ハ一寸東上之筈ナレドモ、若二十日前後ニ当地御通過あらば、拙宅ニテ寛くり可得相見候。先ハ右迄如此。匆々不一。

直喜

三月六日

阿藤雅弟

（1）此の年の二月十一日、直喜は還暦を迎えた。此の日の祝宴に出席の筈であった阿藤が病気の為め出席できぬことを、当日の幹事であった吉川幸次郎より、直喜は聞いていたのであったろう。

6　昭和三年六月六日

東京市外阿佐谷三四九　阿藤伯海様（親展）

京都市上京区田中大椻町六番地　狩野直喜

拝啓。御省親之往復ニ御立寄ノ処、外出中にて失礼且残念ニ存候。小生事来ル二十日頃より、再上京之筈ニ候。麻布区新網町一丁目一番地狸穴巡査交番所附近、賤息之家ニ滞在可致、御来遊被下度相願候。難波子にも御伝ヲ乞フ。何日ト豫メ御約束ハ致兼候ヘドモ、夜分ニハ在宅ト存候。先ハ昨日之御断迄如此。匆々不一。

狩野直喜

六月六

阿藤賢弟　侍史

7　昭和三年六月十八日

東京市外阿佐谷三四九　阿藤伯海様

京都市上京区田中大椻町六番地　狩野直喜

※はがき（ペン書き）

拝啓。過日之通信に上京之日限申上候処、都合により変更、廿五日に上京之都合に相成候。両三日ハ滞京之豫定に御座候間、一寸右御通知申上候。

六月十八日

8　昭和三年六月十九日

東京市外阿佐谷八七五　阿藤伯海様

京都市上京区田中大堰町六番地　狩野直喜

※はがき

拝啓。老夫二十日頃より上京之心算ナリシガ、都合ニより延期、二十四日出発之筈ニ候。小児寓居ハ、麻布狸穴停留所ヨリ阪ヲ下リ候処ニ巡査交番所あり、これニ御尋あらば相分り可申候。右迄如此。匆々。

六月十九日

御手紙唯今落手候。

9　昭和四年一月二十九日

東京市外阿佐谷八七五　阿藤伯海殿（親展）

京都市上京区田中大堰町六番地　狩野直喜

拝啓。過日ハ御来宅、久振愉快ヲ覚候。其後小児寓居ニ御尋被下、且態々電報まで難有存候。さて昨日、大阪之新聞にて岩本君宅失火（ママ）[1]云々、哲学者云々ノ二行之記事有之、詳細ノ事相分り不申懸念候。若事実トスレバ、学者之生命タル書籍何如ニ相成候哉。御気之毒千万之事ニ候。毎度御迷惑ナガラ、小生代理として同氏宅ヲ御見舞、且実情御通知被下度候。同氏ハ漢籍ニついても概初印之美本を所蔵被致、ソレガ無恙否、関心之至ニ有之候。匆々不一。

正月廿九

狩野直喜

阿藤賢弟

（1）岩本君宅失火云々　岩本は岩元の誤り。昭和四年一月二十七日付の新聞に、「二十六日午後九時五十八分。第一高等学校教授、岩元禎氏方勝手口から発火。はめ板半坪を燃やす。放火の疑ひあり。」といった旨の記事が載っている。

　岩元禎。鹿児島の人。明治二年（一八六九）～昭和十六年（一九四一）。哲学者。直喜とは一高・東大時代の友人。明治二十七年（一八九四）、東京帝国大学卒業。高等師範学校教授を経て明治三十二年（一八九九）より、一高においてドイツ語教授。昭和七年（一九三二）定年退官後も講師をつとめる。阿藤の一高時代の師にあたる。夏目漱石とも一高・東大を通しての学友であった。漱石の『三四郎』に偉大なる暗闇と仇名された広田先生は岩元をモデルとしていると言われている。岩元の旧蔵書は現在鹿児島大学が所蔵。

10　昭和四年二月四日

東京市外阿佐ヵ谷八七五　阿藤伯海殿

京都市上京区田中大堰町六　狩野直喜

※はがき

拝覆。種々御足労ト御通信ヲ受ケ難有存候。生義来ル六日ニ上京、九日頃帰宅之筈ニ候。八日晩ハ在寓ニ有之候間、御暇あらば御来談何如。併シ唯御都合之何如ニ由ルノミ。今月ハ又再び上京可致候。匆々。

二月四日

11　昭和四年七月二日

東京市外阿佐谷八七五　阿藤伯海殿（平安）

京都市上京区田中大堰町六番地　狩野直喜

拝呈。其後愈御清康欣慰此事ニ候。サテ過日ハ貴君御郷里より、鯛魚一尾御送被下忝く存候。毎度御厚意不知所謝候。老夫義亡兄弟法要之為メ、過日来帰県致居、昨日かへり来候間、御挨拶もとゞき兼、御序之節御郷里之尊甫へ、よろしく御代稟被下度、相願候。先ハ右迄如此。匆々不一。

狩野直喜

七月一日

阿藤賢弟　侍史

12　昭和四年十月一日

東京市外阿佐谷八七五　阿藤伯海殿（恵展）

京都市左京区田中大榧町六　狩野直喜

拝啓。其後尊甫大人様ノ御病気何如。嘸々御心配之事ナラムト拝察致候。申迄も無之候、万遺漏ナキヲ期シテ、御侍養有之度相禱候。老夫事過般来、微熱之為メ上京モ延引致候処、已ニ殆ンド全愈致候間、医之許ヲ得テ、明朝上京致候筈ニ御坐候。今度ハ賢弟ニ逢ふことも出来兼、心淋敷存候。大概都合ニヨリテハ四五日滞在ノ筈ニ候。家内も久シク上京セズ、又老夫病後ノ事ニ候得バ、世話ヲシテ貰ふ為メ同伴仕候。先ハ御見舞迄如此。家内よりも宜敷申出候。匆々不備。

狩野直喜寄

阿藤伯海様　侍安

13　昭和五年一月十八日

東京市外杉並町天沼一〇七　阿藤伯海殿（平安）

京都市上京区田中大榧町六番地　狩野直喜

拝啓。其後久シク御便無之、掛念致候。去年正月ハ岡山より之途次、拙宅御立寄被成候間、この正月も或ハ御出カト存候。或ハ御病気ニハ無之哉ト被存候間、御尋致候。拙宅にも家内元旦より発熱、数日低下不致候間、多少心配いたし候処、目下ハ追々快方ニ赴き候。必ズ御心ニかけられ間敷候。先ハ御近況御尋迄如此。難波君より新年之御祝ヲ受ケ候ヘドモ、同君宿所ヲ記したる帳面紛失いたし候間、御返事もいたし不申、御逢之節よろしく御伝被下度候。匆々不一。

狩野直喜

正月十七日

阿藤雅契

14　昭和五年四月九日

岡山県備中六條院村　阿藤伯海殿（親展）

京都市左京区田中大椻町六　狩野直喜

拝覆。愈御清康、欣慰此事ニ候。老夫も明十日一寸上京致候筈ニ候。十四日若くハ十五日ニハ帰宅之心算ニ候間、御立寄被下度、相待居申候。先ハ右迄如此。尊甫大人ニよろしく御伝述可被下候。匆々不一。

狩野直喜

四月初九

阿藤賢弟　侍史

15　昭和五年六月三日

東京市外杉並町天沼一〇七　阿藤伯海様（恵展）

京都市上京区田中大椻町六番地　狩野直喜

拝覆。愈御清康欣慰此事ニ候。過日ハ上京致候筈ニ有之候処、病気之故ヲ以テ中止致候モ、之ヲ賤息ニ通知不致、其為東京駅迄御無駄足ヲ労候由、後ニ承知、御気之毒千万ニ存候。失礼御原諒被下度候。尊甫御病気も御回郷後次第ニ御軽快之由、実ニ大慶至極ニ候。過日ハ貴地之名産内海鯛御送被下、難有存候。家内より礼状ハ直ニ発送致置候へドモ、御序ニよろしく御申上被下度相願候。先ハ御返事迄如此。本月ハ上京可致、必良覿ヲ得度存候。匆々不一。

狩野直喜

六月初二

阿藤賢弟　侍史

16　昭和五年八月十七日

東京府杉並町天沼一〇七　阿藤伯海殿（恵展）

京都市左京区田中大堰町六　狩野直喜

拝啓。先日御晋京之途次、寒斎ニ御立寄被下候処、取込み中ニテ不得尽款曲、残念ニ存候。孫之事御気ニかけ被下、態々貴電にて平安を御知ラセ被下、御厚意難有、山妻よりも御礼申上候様申出候。先ハ右御礼迄如此御坐候。匆々不一。

狩野直喜

八月十七日

阿藤賢弟　侍史

17　昭和五年八月二十七日

東京市外杉並町天沼一〇七　阿藤伯海様（恵展）

京都　狩野（緘）

拝啓。愈御清適欣慰此事ニ候。今日貴地小児より之通信ニ拠レバ、先般移居之節ハ、態々御加勢ニ御出被下候由にて、本人等ハ勿論、当方両人共御親切難有、感佩いたし候。移居之事何如と存候処、御蔭にて無事相済、安心致候。此度之借家ハ二階も有之候由にて、上京滞在にも都合よろしからむと楽み居候。多分来月中旬には上京いたし候べく、其節寛くり御目ニ懸り度存候。京都ハ残暑殊ニ劇敷候処、一昨日来、庭前草虫之韻をきゝ、多少秋らしく相成候。匆々。

狩野直喜

八月念七

阿藤賢弟　侍史

荊妻よりもよろしく申上候。

18　昭和五年九月十八日

東京市外杉並町天沼一〇七　阿藤伯海様（平安）

京都市左京区田中大堰町六番地　狩野直喜

※封筒のみ

19　昭和五年九月二十三日

東京市外杉並町天沼一〇七　阿藤伯海殿（親展）
　京都市上京区田中大梘町六番地　狩野直喜

拝啓。過日御約束之朱墨、以小包送致候処、御受取被成候哉。其事ハ瑣細ナレバ御返事無之候間、或ハ病気ニハ無之ト懸念ニ不任、一寸御報知相煩はし度如此。朱墨及書状相送り候ハ、帰宅之翌日十八日ニ御坐候。先ハ右迄如此。匆々。

　九月廿三日　　狩野直喜

阿藤賢弟

20　昭和五年十一月十七日

東京府杉並町天沼百七　阿藤伯海様（台展）
京都市上京区田中大梘町六番地　狩野直喜

拝啓。今日朝郷里より帰へり申候。孫病気錦懐ヲ労シ、小児宅及病院迄御見舞被下［候］由、毎度御親切感謝之至ニ御坐候。言倫次ヲ失ヒ候得共、尊甫大人御病気、稍御起色有之候由、実ニ以て大慶不是過。漢薬決シテ軽視スベカラズ、人子タルモノ百方力ヲ尽クシテ、其回復サヘ得候事ナラバ、漢洋何レニテモ択ブベキ処無之。況ンヤ方今西洋医学必ズシモ研究無遺トイフ程度ニ至ラザルニ於テヲヤ。今後之御養生、至盼至嘱之至ニ御坐候。老夫義例之開所式[1]之翌晩、旧主[2]ニ随ひ郷里ニ還へり、応酬多端ニ有之候処、大シタ疲労モ無之、乍他事御安神被下度候。匆々不一。

　十一月十六日　　狩野直喜

阿藤賢弟　侍史

（1）　例之開所式　昭和五年十一月九日に東方文化学院京都研究所の開所式が行われた。『読書簒餘』にその際の祝辞が載せられている。

（2）　旧主　細川護立。

21　昭和五年十二月一日

東京市外杉並町天沼一〇七　阿藤伯海殿（親展）

京都市上京区田中大榧町六番地　狩野直喜

拝啓。其後尊甫大人御病状何如。漢薬奏効候ハヾ大慶至極ニ存候処、御近況承度候。学校休み次第直ニ御帰省ト存候が、大抵何時頃御発程被成候哉。老夫事十二月十日前後晋京可致候得共、或ハ行違ニ相成候哉ト存候。猶其時ハ小児ヲ以テ御報知可致候。此地三四日以来寒気劇ニ加はり候。貴地何如。御自愛是祈り候。匆々不備。

狩野直喜

十一月卅日

阿藤賢弟

22　昭和五年十二月十九日

東京市外杉並町天沼一〇七　阿藤伯海様（平安）

京都市上京区田中大榧町六番地　狩野直喜

拝啓。過日晋京之時ハワざ〱御迎被下、読書之功を妨候事、御気之毒ニ存候。十三日にハ御待申居候へども、貴電ニ接し残念ニ存候。差支カ、或ハ尊甫大人之御病気ニより候事ニハ無之と懸念いたし候。トモ角学校休業ニ相成候ハヾ、急ギテ御帰省可然、かゝる知れきつた事を申述候も、小生年老候結果と御笑ありても致方無之、唯心づき候事ヲ申述候次第、不悪御諒察可有之候。匆々不一。

狩野直喜

十二月十九日

阿藤賢弟　研北

23　昭和六年一月二日

備中浅口郡六條院村　阿藤暦太様

京都市左京区田中大極町六　電話上二四一　狩野直喜

※はがき（印刷）

恭賀新年

昭和六年一月元旦

24　昭和六年一月十七日

東京市外杉並町天沼一〇七　阿藤伯海殿（恵展）

京都市上京区田中大極町六番地　狩野直喜

拝覆。過日ハ得良覯、欣慰此事ニ候。御回京後早速小児を御尋被下、電報及書箋ヲ以て委細御通信被下候事、感佩之至ニ候。尊甫大人其後之御容態御宜敷由、何より結構之御事ニ存候。内人所言、稍渉神怪、不可必信。然父母有病、医薬不足以治、則禱神求救、亦人情令然(1)モノト存候間、老夫モ強イテ内人之賢弟之為メニ云々致ス事ヲ禁ジ不申候。過日卅日頃上京之心算ニ有之候由、申述候得共、折角東上風邪ニ犯サレテモト存ジ、未ダ決定致兼候。即月底ニ晋京致さずば、来月上旬ハ必ズ東上之筈ニ候。先ハ過日之御礼迄如此。猶内人よりもよろしく申出候。匆々。

正月十七日　　狩野直喜

阿藤賢契

(1)　内人所言……亦人情令然　直喜の妻はそのころ、いわゆる新興宗教を信じていたようである。

25　昭和六年二月二十七日

岡山県浅口郡六條院村東　阿藤伯海殿（親展急）

京都市左京区田中大極町六　狩野直喜

拝覆。東京より之御書状及電報ニ据り、尊甫大人様、黄疸病御併発之由、憮々御心配之御事ナラムト乍失礼御同情ニ不任候。家内早速例之所ニ詣り御願致候処、一寸様子を見るとて、岡山迄御出あり、帰へり告げて申さるゝには、左迄心配にも及間敷、今後毎日午後壱時至二時之間に見舞可申云々との事ニ有之、人子親病ニ遭ひ、至誠ヲ以て神明ニ祈り候時ハ、自然感格(1)之道理無之カト存候。併シ世ノ中ニハ表面人心之弱点ニ乗り、神明ヲ藉りて愚夫愚婦ヲ煽惑し、利ヲ貪ルモノ有之候間、知ラザルモノハ或ハ之レト同一視スルモノモ可有之、又読書人士タル小生之家庭ヨリ、カヽル事ヲ御勧申シタトアリテハ、嫌疑モ虞ラザル可カラズ候間、此事ハ御父子之間之事トシ、外間ニハ拡ガリ不申様致度相願候。老夫も去十六日少々風邪ニかゝり、今猶外出不致、熱ハ無之候ヘドモ、大事ヲとり七八日東京之会合ハ延期致候。来月六日頃上京之筈ニ御坐候。老夫之事ハ本之事前豫防ニ不過、御安神有之度相願候。先ハ右迄如此。猶尊甫大人様ニよろしく御請安可被下、猶申迄モ無之候得共、御看護湯薬ニ精々御注意、万遺漏ナキ様御骨折相願候也。家内よりも同様申出候。匆々不一。

狩野直喜

二月廿七日

阿藤賢弟　侍右

(1) 感格　感悟（感じ悟る）ならん。

26　昭和六年三月二十三日

岡山県浅口郡六條院村　阿藤伯海殿（親展）

京都市左京区田中大榎町六　狩野直喜

※書留

拝啓。尊甫大人様御事、御病状ニ遽カニ御葦(1)ク被遊、去廿日御棄養(2)之由驚承、終天(3)之恨事ニ有之申迄も無之、賢弟及御一家之御哀傷何如計リカト想像致候。併シ天寿ニハ限アリ、人力之能ク左右スベキモノニアラズ。先般御手術後今日迄之御介抱出来候事ガ、セメテモノ御慰藉ニ有之、必ズ御哀毀之極、身体ヲ傷メ、負荷之[4]重ヲ御忘レ無之ヤウ、希望此事ニ候。老夫事去十六日上京致居、昨夜帰宅、御哀訃ヲ読み候次第にて、今日迄弔意ヲ表スル事ヲ不得、抱歉[5]之至ニ御坐候。先ハ不取敢右迄申述度、如此御坐候。匆々。

狩野直喜

三月廿三日

阿藤賢弟　苫次[6]

尚々家内よりも爰ニ御悔み申上候ヤウ申出候。

(1)　御葦く　御悪しく。
(2)　棄養　父母の死を言う。
(3)　終天　とこしえ。永久。
(4)　負荷　ここは先祖の事業を受け継ぐの意。
(5)　抱歉　歉は不満の意、申し訳ない。
(6)　苫次　親の喪に服していること。

27　昭和六年五月十八日

東京市外杉並町天沼一〇七　阿藤伯海殿（恵展）
京都市左京区田中大堰町六　狩野直喜

拝啓。今日三越より御仏事御志之品送到、忝く拝受致候。日月之立つに従ひ、昊天罔極之歎、御胸次ニ来往致候もの可有之候得共、将負荷任重くナラレ候御身ナレバ、哀毀ニ過ぎて健康ヲ害セラレヌ事を祈居候処、過日之御手紙ニより御病気之由ヲ知り、懸念罷在候。其後之御模様何如に候哉。実ハ老夫も去十一日晋京致居候処、昨夜帰宅。此次ハ良覿ヲ不得、残念且気懸り候。御病気之何如によりてハ、暫時転地保養も一策と存候。トモ角御近況御報知相願候。当地も乍暖乍冷、時候不順ニて閉口致候。先ハ御礼方如此御坐候。匆々不一。

尚家内よりもよろしく申上候。実ハ昨日小児方にて児婦女子を分娩いたし候間(1)、家内も家之世話之為メ、近々上京致候豫定ニ御坐候。

五月十七日　直喜

阿藤賢契

(1) 分娩いたし候間　筆者の妹「高子」が、五月十七日誕生した。

28　昭和六年六月二十日

東京市外杉並町天沼一〇七　阿藤伯海様（平安）

京都市左京区田中大堰町六　狩野直喜

拝覆。先般来(ママ)先般晋京之節ハ、敝寓迄御尋被下、且又東京駅へ御見送被下候由にて、御気之毒千万ニ存候。御大役後健康ヲ害サレ候事、常ニ気ニかゝり居候処、山妻之話にてハ、御心配致候程にも無之との事にて、少しハ慰懐候。此夏之休暇にハ、山林カ若クハ海浜にて、悠々御静養ありてハ何如。七月御西下之節ハ、必ズ御出被下度、尤七月モ十二日学士院例会ニハ、或ハ上京致候哉も知レズ、行違なきやう豫メ御うち合セ可致候。先ハ右迄如此。匆々。

狩野直喜

六月廿日

阿藤賢弟　侍史

29　昭和六年七月十三日

東京市外杉並町天沼一〇七　阿藤伯海様（台展）

牛込区喜久井町三四　狩野直喜

拝啓。老夫事昨夜上京仕候。十五日若クハ十六日迄ニ帰宅之筈ニ候。其時分京都にてゆつくり御話可致候。是非拝晤したき要件も有之。明夜ハ在宅之筈也。先ハ右迄如此。匆々。

七月十三日
狩野直喜
阿藤賢契

30　昭和六年十二月十五日

東京市外杉並町阿佐ヶ谷天沼百七番地　阿藤伯海殿（親展）
東京市牛込区喜久井町三四[1]　狩野直喜

拝啓。久敷御便り無之、何如ニ御起居被成候カト懸念致候。老夫も本年夏より絶えて晋京せず、十一月晋京之筈ニ有之［候］処、神経痛之為久シク臥床ニあり、今全く回復いたし候間上京、今日小児ニ命ジ、以電話大学へ問合候処、御上学なき由にて御通知出来ず残念ニ存候。明後日帰洛之筈ナレバ、今度ハ良覿を不得と存候。久振御便り無之、或ハ御転居カト存ジ手紙ハ差出不申候。或ハ先般賢弟結婚問題ニ関シ鄙見を述候間、ソレヲ気ニ致され候ニハアラズヤト存候。併シ老夫之考ヲ採用サル、ト否トニ関セズ、老夫ガ賢契ニ対スル衷情ハ、毫モ変更無之候。本月若御帰郷あらば、必ズ御立寄有之度、拝晤之節万可申述候。匆々不宣。

狩野直喜

辛未十二月十四日夜
阿藤賢弟　研北

此夏難波君京都へ来り候。老夫が同君へ申候事、或ハ賢弟ニ誤り伝はりハいたし不申哉ナド、心配いたし候。コレモ面晤セバ相分可申候。

（1）牛込区喜久井町三四　現新宿区牛込喜久井町。筆者の両親が当時住んでいた所。上京中に此の書簡は書かれた。

31　昭和七年一月二十一日

岡山県備中六條院村　阿藤伯海殿
京都左京区田中大榎町六　狩野直喜

※はがき

拝覆。来ル廿三・廿四両日ハ差支有之、寛くり御話モ出来兼候。其餘之日ヲ御択被成候ハヾ、小生ニハ好都合ニ候也。先ハ右迄如此。

二十一日

32　昭和七年四月四日

相州鎌倉町阪之下卅番地　阿藤伯海

狩野直喜

※はがき　※日付・差出人など推定による

寂光院外夕陽紅、水態山容望不窮。欲向樵夫尋故事、桃花無語笑春風。

壬申春日遊寂光院。賦示阿藤伯海。君山未定稿(1)。

（1）寂光院外夕陽紅……君山未定稿　読み下しておく。

寂光院外夕陽紅なり。水態山容望めども窮まらず。樵夫に向かい故事を尋ねんと欲す、桃花語無く春風に笑う。

壬申春の日、寂光院に遊ぶ。賦して阿藤伯海に示す。君山未定稿。

此の寂光院行きは、直喜が伯海を伴ってなされたものである。『君山詩草』には、「晩春偕阿藤大簡遊大原寂光院有感寿永旧事賦示大簡」と題して載せられている。ただし、第三句「樵夫に向かい」を「居民に向かい」に改めている。所で、直喜は此のはがきを書いた後、追いかけるようにもう一葉のはがきを送った。それによると第二句を「万古傷心在此中（万古の傷心、此の中に在り）」と改め、第三句も「向樵夫」を「向行人」に改めている。そして『君山詩草』では第二句を旧に戻し、行人を居民に代えたのである。一首の詩の推敲の跡が窺える。

大原寂光院は寿永四年（一一八五）、平氏一門が壇ノ浦で源氏の軍勢に敗れ、一族入水し、安徳天皇も母親の建礼門院（平清盛の娘徳子）と海中に投じた。しかし建礼門院は救われて都に戻り、尼となって此の地に隠棲した。翌文治二年、四月後白河法皇が寂光院に建礼門院を訪れた。『平家物語』や『謡曲』で有名な大原御幸である。寿永の旧事とはこの事を指す。

寂光院は現在でこそ京都市左京区に編入されているが、

当時は市外（京都府愛宕郡）であった。交通も今のように京都駅より十五分間隔でバスが出ている訳でなく、叡山電鉄出町柳駅より八瀬駅終点まで行き、そこからバスに乗るか（バスは一日数本しか運行していなかった）、徒歩で約二時間程かけて赴かねばならなかった。

なお、伯海には此の時作った詩が二首ある。一は、「千（壬の誤りならん）申晩春陪狩野君山夫子游大原寂光院奉和大作」、

雲鬟翠黛夕曛紅、渓水杳然去不窮。何処千年后魂葬、野花黄蝶領春風。用成句

一は、「陪狩野君山夫子訪寂光院」、

山銜翠黛水流東、古寺風煙一夢中。何事杜鵑啼不止、夕陽影裏蹴残紅。

である。

33　昭和七年四月四日

相州鎌倉町坂之下卅番地　阿藤伯海殿

狩野直喜

※はがき　※差出人は推定による

寂光院外夕陽紅、万古傷心在此中。欲向行人尋故事、桃花無語笑春風。

昨夜、枕上ニテ改作致候間、録送致候。今後モ又改作スルヤモ難計候。

34　昭和七年五月二十九日

神奈川県鎌倉町阪ノ下三〇　阿藤伯海殿（台展）

京都市上京区田中大堰町六番地　狩野直喜

拝呈。其後ハ御無沙汰致候。昨日ハ思懸けなく、貴郷之塩蒸鯛一尾御送被下忝く存候。当地ハ新緑之好時節、何カト俗事ニ没頭し、寂光院之風景が慕は［し］く相成候。先日之詩ハ其後推敲いたし候へども、思はしく改竄も出来兼候也。先ハ御礼迄如此。匆々。

狩野直喜

五月廿九日

阿藤雅契

35　昭和七年六月十八日

神奈川県鎌倉阪之下三〇　阿藤伯海殿（恵展）
京都市上京区田中大榎町六番地　狩野直喜

拝覆。先夜ハ御留め申候得共、何等之御待遇出来兼、御気之毒ニ存候。其翌［朝］ハ停車場迄御送被下候ニつき、大学功課ニ遅刻ハ無之哉ト懸念致候。帰宅後俗事蝟集いたし居、今日迄忙碌甚敷、東京之児子寓居にて、読書ニ倦みたるとき孫を抱いて其相手となる方、却つて愉快ヲ覚え候。御一笑可被下候。先ハ御礼迄如此。匆々。

狩野直喜

六月十八日

阿藤雅契

36　昭和七年九月十二日

相州鎌倉坂之下三〇　阿藤伯海殿（台展）
京都市左京区田中大榎町六　狩野直喜

拝復。愈御清康欣慰之至ニ候。老夫病気ニつき御掛念被下忝じ［けな］く候。病気も大した事ハ無之、追々回復、今日よりハ昼丈白飯を用ひることを許され申候。病気之性質も平凡ナル胃腸ニ有之、決して御心配被成候ものニハ無之候。唯体力之回復ハ、少壮時代之如くハまゐらず、医師之勧めも有之、九月一パイ位ハ呑気に致居候筈ニ候。貴地之秋色もよろしき事と存候。老夫も已ニ世事ニ益なく、山林ニ猿鶴を友として差支［ナキ］身ナガラ、俗縁未だ全く尽きず、色々無理な事をして身体ヲ害すること有之、困つたものニ候。先ハ御礼迄如此。内子よりもよろしく申上候。匆々不一。

狩野直喜

九月十二日

阿藤賢契

37　昭和七年十月二十六日

相州鎌倉坂之下三〇　阿藤伯海殿（親展）
京都市左京区田中大堰町六　狩野直喜

秋晴之時節、筆研愈御清康、欣慰此事ニ候。老夫も自来病後之元気を挽回し、今ハ則眠食平常ニ殊ナラズ候間、幸ニ御安心被下度候。本月初児婦二孫を伴ひ帰省し、三日前やつと帰京致候次第にて、其為め大騒ぎいたし候。一日孫を抱き書架之書を示し、汝も生長したら此書を読むぞよといへバ、目を丸くして唯と答へ候。老夫之痴態に一同大笑いたし候。御一笑被下度候。来月ハ或ハ晋京可致、其節ハ拝晤を得度存候。先ハ右迄如此。匆々不一。

十月廿五日　　狩野直喜

阿藤賢契

38　昭和八年一月一日

相州鎌倉町阪ノ下三〇　阿藤伯海様
京都市左京区田中大堰町六　狩野直喜
※はがき（印刷）

恭賀新年。

昭和八年元旦

39　昭和八年一月十七日

相州鎌倉坂之下三〇　阿藤伯海様
京都市左京区田中大堰町六　狩野直喜
※はがき

拝復。御葉書忝く拝見いたし候。小生病気ハ決して貴君と長談之故ニ無之、ソレモ已ニ平愈致候間、御心配なき様相願候。態々厄介物を小児会社まで御届被下、御厚意難有、小児よりも早速御報知有之候。此地ハ昨夜より大雪、寒冷ヲ覚え候。終日書斎ニ兀坐(1)致候。匆々。

内子よりもよろしく申出候。

(1) 兀坐　こつざ。動かずじっと坐るの意。蘇軾の詩に「兀坐如枯株」と見える。

40　昭和八年一月二十六日

相州鎌倉阪ノ下三〇　阿藤伯海殿（恵展）

京都　狩野（緘）

拝啓。今日は御東上之途次御立寄之処、綾悪北京より来客有之、二三同人と昼飯之為め外出致居、失礼且残念ニ存候。内子より承はり候へバ、御元気之御様子之由、大慶に候。老夫も旧臘用向之為め上京以後、現在迄風も引かず、昨年之正月よりも成績良好之方に候へバ、乍憚御安神可被下候。先ハ右迄如此。匆々不一。

狩野直喜

正月廿三日

大簡雅契

昨年王師蘇州ヲ陥レ候(1)節、寒山寺之事親間(ママ)(2)へ写真出で、又除夜ニハ其鐘声をラヂオ放送(3)ナド有之。端なく三十餘年前(4)之秋ニ、楓橋に夜泊セシ時之詩ヲ想起し、感慨ニ任えず。此に録して一粲を博す(5)。

家在扶桑路万重、呉頭楚尾渺萍蹤。
江楓漁火今猶昔、愁聴寒山半夜鐘(6)。

君山時年三十五。

(1) 昨年王師蘇州ヲ陥レ候節　昭和七年一月に始まった上海事変を指すのであろう。

(2) 親間　新聞ならん。

（3）ラヂオ放送　当時はＮＨＫだけであったが、すでにこの頃から除夜には寒山寺の鐘声を中継していたようである。

（4）三十餘年前　明治三十四年（一九〇一）八月より二年間、文部省の命により上海に留学したことを指すが、時年三十五とあるから、寒山寺を訪れたのは明治三十五年（一九〇二）にあたる。

（5）一粲を博す　自作の詩文を人に贈る時の謙譲語。お笑い草までに。

（6）家在扶桑……半夜鐘　この詩は『君山詩草』には載せていない。読み下せば、

家は扶桑にあり路万重、呉頭楚尾渺萍として蹤（したが）う。江楓漁火は今なお昔の如く、愁い聴く寒山半夜の鐘。

「扶桑」は日本を指す。「呉」は長江の下流、「楚」は長江の中流。「江楓漁火」「寒山半夜鐘」は共に張継の「楓橋夜泊」の第三句・四句「姑蘇城外寒山寺・夜半鐘声到客船」を受けている。「渺萍」は果てしない。「蹤」は従う。

41　昭和八年四月十七日

相州鎌倉町阪ノ下三〇　阿藤伯海様（台展）

京都市左京区田中大堰町六　狩野直喜

拝啓。愈御清康欣慰いたし候。さて先日老夫晋京之節、態々遠路御尋被下、御蔭にて旧友之家を訪ひ、快談日之晩ルヽヲ不覚候。又出発之時ハ、車站まで御送り被下、重畳難有、且御気之毒に存候。東京にてハ門に来客少なく、日々二孫を弄して呑気に相暮居候処、帰宅後は又々俗事ニ纏はれ閉口致候。昨日閑を得、親眷を携え、宇治ニ桜狩にまゐり黄檗[1]に至り、仏殿方丈之制、支那に（ママ）寺院に[2]似たるを思ひ、曾遊を追憶いたし候。春寒頗る劇敷候処、貴地何如。千万御自重祈上候。匆々不一。

四月十七日　狩野直喜

阿藤大雅　侍史

（1）黄檗　黄檗山万福寺。明僧隠元が京都府宇治に建立した中国式寺院。禅宗。

（2）支那に寺院に　「支那の寺院に」ならん。

42　昭和八年五月五日

相州鎌倉坂之下三拾番地　阿藤伯海殿（恵展）
京都市左京区田中大榎町六　狩野直喜

拝復。初夏之時節、愈御清康欣慰無已。今日貴郷之塩鯛一尾御送被下忝く候。早速膳に上せ賞味致候。老夫事多分今月も十日前後より上京可致、倘其節大学ニ御功課ありて、御上京被成候ば、小児宅迄御出被下間敷(1)、尤行違ひにならぬやう豫め御打合致度、若又功課なくば其為めワざ〱御上京ハ御断申候。先は右迄如此。匆々不一。

直喜頓首

五月初六

阿藤賢契

（1）御出被下間敷　「御出被下間敷や」ならん。

43　昭和八年六月二十八日

相州鎌倉阪之下三〇　阿藤伯海殿（平安）
京都市左京区田中大榎町六　狩野直喜

拝復。過日は近状御訊被下難有、健康とは申されず候得ども、神経痛以外別申分無之候。本年は何処ぞ林下に優遊、暑を避け人を避け度存候。さればといふて、適当な場処もなく思案致居候。老契は鎌倉にてこの夏を過ごされ候御心算之由、是亦好き御分別と存候。老夫も七月には孫之近状を見、又多少之俗事を果たす為め、晋京するやも知れず、其時ハ御通知可致候。併し是れも暑気何如を視るのみ、必ず決行するや否相分り不申候。先ハ右迄如此。御返事延引失礼致候。匆々。

直喜

六月念八

阿藤雅契

44　昭和八年八月九日

相州鎌倉阪ノ下三〇　阿藤伯海殿
比叡山釈迦堂[1]　狩野直喜
※はがき

天風吹不断、巌下水淙々。暮靄埋樵径、一声佇処鐘。
山花開又落、与世不相関。何事西谿水、送将到俗寰[2]。
八月八日

其後御変り無之候哉。小生先般来暑ヲ山中ニ避ケ、暫ラク滞在之筈ニ候。

（1）比叡山釈迦堂　比叡山延暦寺は中塔・東塔・西塔と大きく三つに分かれるが、釈迦堂は西塔に在る。
（2）天風吹不断……送将到俗寰　此の詩は『君山詩草』に見えない。読み下せば、
天風吹きて断えず、巌下には水淙々たり。暮靄は樵径を埋み、一声は処鐘を佇ます。山花開き又落ち、世と相関わらず。何事ぞ西谿の水、送りてまさに俗寰に到らんとするを。
「淙々」は水の音の擬音語。ソウソウ。「樵径」は、きこりみち。「俗寰」は俗世間。

45　昭和八年十月三日

相州鎌倉阪之下卅　阿藤伯海様（台展）
京都市左京区北白川小倉町五〇
東方文化学院京都研究所　狩野直喜

拝啓。先日は児孫大勢引連れ、御尋致候処、午飯之御饗応を受け候のみならず、名勝古蹟御与道之労を蒙り、御気之毒千万に存候。御蔭を以て浮世半日之閑ヲ得、快適此事ニ候。先は御礼迄申述度如此。匆々不一。

直喜
十月三日
阿藤雅契

46　昭和八年十一月九日

鎌倉坂之下三〇　阿藤伯海様
京都左京区田中大堰町六　狩野直喜
※はがき

拝復。過日ハ久振会晤快心之至ニ御坐候。鄙恙御尋被下、御厚意忝く存候。実ハ其翌日頃より少々風気ニ有之、咳出候得ども熱も無之、用心いたし候間、不日平愈可致、必ズ御心懸ナキヤウ相願候。御報知する迄之事ニ無之候得共、御尋之儘如此。匆々。

47　昭和八年十一月十三日

相州鎌倉町阪ノ下三〇　阿藤伯海殿
京都市左京区田中大堰町六　狩野直喜
※はがき

拝啓。愈御佳勝之事と存候。老夫明十三日上京、此度は廾日頃迄滞在之筈ニつき、御間暇アラバ御尋被下度哉。尤外出勝ナレバ豫め電話をかけて（喜久井町阪本哲夫取次）御出被下度、先ハ右迄如此。匆々。

十二日夜

48　昭和八年十二月十一日

相州鎌倉阪之下三十　阿藤伯海殿（恵展）
京都　狩野（緘）

拝覆。先般上京之節御遠路御尋被下、忝く存候へども、何等御待遇出来兼、抱歉[1]之至に候。其後少々健康を害し候間、廾五日迄滞在、帰宅いたし候。既ニ全愈仕候儘、御安神可被下候。昨夜は尊書、次いで貴地之魚御送り被下、難有御礼申上候。小生を始め家人共迄、大ニ喜び賞味罷在候。歳末及び明年正月、御郷里御往還之途次、御立寄有之度、其節ハ、乍憚御葉書にて御通知被下度候。或はこの休みに二三日海岸へ出懸候哉、相分らざる故ニ候。先は御礼方如此。匆々不一。

狩野直喜

十二月九日

阿藤雅契

（1）抱歉　申し訳ないの意。

49　昭和九年二月七日

相州鎌倉阪之下卅　阿藤伯海様（台展）
京都市左京区田中大椻町六　狩野直喜

拝復。其後御元気之由、祝着致候。学校騒動之由は新聞にて見候得ども、門外のものにハ何やら相分り不申、とも角かゝる件には、賢弟として餘り関係されぬと思ひ、安心致居候。已に平常ニ復し候由にて結構に候。老夫も一月末より、軽微之風邪にて打臥居候処、大した事にも無之、已ニ全愈いたし候間御安心可被下候。先ハ右迄如此。匆々。

直喜頓首

二月七日

阿藤賢弟　侍史

50　昭和九年四月二十二日

鎌倉坂之下卅　阿藤伯海様（平安）
京都市左京区田中大堰[1]町六　狩野直喜

拝復。愈御清康大慶之至ニ存上候。老夫事も托福健康ニ候間、御安意被下度相願候。先日御話いたし候西郊之蝸廬[2]も、本月末迄には出来上り可申、暇日客を謝して遊息いたし度と存候。夏ニ御帰郷之節、御立寄被下候ハゞ御案内可致候。老夫も一週間之豫定を以て、墓参ノ為め九州へまゐり候筈にて、俗事取込み、右御返事迄如此御坐候。匆々不一。

狩野直喜

四月廿二日

阿藤雅兄　侍史

（1）大堰町　従来の住居表示、大榎町が大堰町にかわった。

（2）西郊の蝸廬　直喜は京都府乙訓郡西向日（現在向日市）に、新京阪電鉄（現阪急電鉄京都線）が開いた住宅地に土地を購入し、隠居所を建てた。「蝸廬」は蝸牛廬とも言う。蝸牛の殻のような狭い家を言う。

51　昭和九年五月十二日

鎌倉坂之下卅　阿藤伯海殿（平安）

京都市左京区田中大堰町六　狩野直喜

拝復。初夏之節愈御清康之由、大賀いたし候。さて先日は水島鯛一尾御送り被下、毎度早速寒士之膳となし、賞味いたし候。岡山之方は早速御礼出し候へども、貴方へハ今日迄延引失礼いたし候。老夫事四月末より五月初ニかけ回郷、少々疲労いたし候間、本月ハ上京を見合はせ候。六月には御目ニかゝり度存候。過日申上候西郊之茅屋既ニ成り、数日後は往いて泊り候事も出来申候。夏ニ御帰郷あらば、必ズ御来遊被下度候。先ハ右御返事方御礼迄如此。匆々。

狩野直喜

五月十三日

阿藤賢友　侍史

52　昭和九年七月二十五日

相州鎌倉阪之下卅　阿藤伯海様（台展）

京都市左京区田中大堰町六　狩野直喜

拝復。時下愈御清康欣慰無已。尊作乍失礼感服いたし候。但文字之間猶二三商量すべきもの有之。近日拝晤(1)之節可申述候。大抵何日御西下に候［哉］。当地にて寛くり御滞留有之度、西郊之茅屋にも一度往遊いたし度存候也。

直喜拝覆

七月念五

阿藤賢兄　侍史

（1）晤　面会するの意。

53　昭和九年十一月二十六日

神奈川県鎌倉阪之下卅　阿藤伯海様（平安）

京都西郊葵園[1]　狩野直喜

拝覆。爾来筆研愈御清適之由、欣慰無已。僕先般軽微之感冒にかゝり引籠居、其後又腰痛之為め困臥、現在ハ全愈致候間、御安神被下度、其故を以て久敷上京も不致候。年内に一度はまゐり申さむかと存候へども、甚敷寒かりせば、又延引中止と相成候哉に難計、老嬾[2]之態御一笑被下度候。昨日日曜につき来客を避けて此に来り、半日西山[3]之秋色を探ぐり候。先般之暴風[4]にかゝはらず、楓葉丹之如く、古寺之青苔と互に相点綴する様は、何とも言はれず、此時足下と行を偕にせざるを憾み候耳。先ハ右迄如此。匆々。

直喜

十一月念六

阿藤雅契

（1）葵園　直喜は西向日に建てた隠居所を、向日葵に因んで葵園と名づけた。葵園は君山の別号ともなる。

（2）嬾　ラン。怠ける。

（3）西山　にしやま。向日市西方にある連峰。

（4）先般之暴風　昭和九年九月二十一日に大阪湾に上陸し、京都を襲った室戸台風（第一次）を指す。

54　昭和十年一月一日

相州鎌倉阪之下町卅　阿藤伯海殿

京都市左京区田中大堰町六　狩野直喜
※はがき（自書を木版とする）

恭賀新禧。
昭和十年元旦

55　昭和十年二月二十日

相州鎌倉町阪之下三〇　阿藤伯海殿（台啓）
京都市左京区田中大堰町六　狩野直喜

拝啓。先日は折角御来訪之処、東上之為家門を出んとする際ニ有之、洵に残念且失礼致候。御不快にて御郷里へ静養被致たる由ナルガ、已ニ御全愈ニ候哉案じ候。精々御自重有之度、相禱り候。老夫も東京時候不順、且西帰汽車中之温度高かりし為咽喉を害し、一寸閉口致候処、已ニよろしく相成り、冬之旅行ハ禁物と存候。先ハ過日之御断り方御尋迄如此。匆々。

狩野直喜
二月廿日
阿藤伯海様

56　昭和十年七月二日

神奈川県鎌倉町阪之下卅　阿藤伯海殿（恵展）
京都市左京区田中大堰町六　狩野直喜

拝復。京洛水害[1]につき御掛念ワざ〳〵御問合被下忝なく存候。一夜之風雨に、附近谿谷之水、鴨川、高野川[2]へ流れ込、濁流天を呑む之勢にて、橋梁殆んど流失、河畔之住民家と土地とを併せて之ヲ失ふものあるに至る。実ニ悲惨事ニ有之。幸敝屋ハ何等損害無之、西郊之葵園ハ御承知之通り、高地に有之候間、平常に異なること無之候。乍憚御安神被下度、先ハ右御礼方如此。山妻よりもよろしく申出候。先ハ右迄如此。匆々。
此夏ハ何時頃より御帰省之御豫定なりや、承知致度存候。

七月二日　　　　狩野直喜

阿藤賢契

（1）京洛水害　昭和十年六月二十九日の豪雨により、賀茂川筋一帯の水害甚だしく、二条大橋は流失し、市の浸水家屋は六百有餘戸に及んだ。その被害は前年の室戸台風より甚だしかった。

（2）高野川　出町柳にて賀茂川に合流する支流。因みに君山の宅は出町柳より東北方に徒歩約七分位のところにあった。

57　昭和十年十月三十日

神奈川県鎌倉阪之下卅　阿藤伯海殿（恵展）

京都市左京区田中大堰町六　狩野直喜

拝復。久敷御無音致候処、七月下旬より御違例なりし由驚入候。已ニ御全快之事何より結構ニ候。老夫事夏ハ極めて元気ニ有之候処、本月中頃より風を引き、熱ハ無之も気管支カタルとか申候由にて、医師之忠告により二週間伏枕いたし、今朝始めて沐浴、客ニ接し申候。大した事にも無之候間、幸ニ御安神被下度候。東京之賤息も当地へ転任致候事と相成り、先月中旬より一家此地にまゐり候間、西向日町之茅屋に住はせ[1]、時々二孫と遊び候為め出懸申候。御一笑被下度相願候。十二月ニハ一寸上京致候心算ニ有之、其節ハ姪之八木田方[2]へ宿泊致候筈ニ有之、其時分ニ拝晤致度存候。先ハ右迄如此。猶身体之御保重肝要に存上候。匆々不一。

十月念九　三十日　　狩野直喜

阿藤雅契

（1）西向日町之茅屋に住はせ　父親（直方）の転勤により筆者の一家は向日町の隠居所に住むことになった。

（2）姪之八木田方　直喜の末弟は八木田家に養子に行き、その長男政雄は裁判官として東京に住んでいた。

58　昭和十年十一月十八日

神奈川県鎌倉阪之下町三〇　阿藤伯海様
半農生
※はがき

今日秋色を尋ネテ此地[1]へ来り、曾遊を追想いたし候。
半農生

（1）寂光院の絵ハガキを使用しているから、大原へ赴いたのであろう。

59　昭和十一年一月十三日

鎌倉阪ノ下卅　阿藤伯海殿
熱海客舎　狩野直喜　正月十二日
※はがき（ペン書き）

尊書京都より転送し来り、拝誦いたし候。貴恙の為め御帰省もなく、貴寓にて守歳なされ［候］由、懸念之至りに候。一日も早く復元の程相祈り候。老夫俗用を以て晋京致居、用済み候間、此地へ再来り、二泊之後帰洛之筈なり。去歳十月に風邪をひき候以来、健康に候間御安神被下度候。今年六十又九ヲ加え、読書の功邇々衰え候ハ、残念之至なり。御憫笑被下度候。匆々。

十二日

60　昭和十一年三月十二日

神奈川県鎌倉阪ノ下廾（ママ）　阿藤伯海殿（恵展）
京都市左京区田中大堰町六　狩野直喜

拝啓。久敷御便り無之候処、御変りハ無之候哉。昨年末より例になき寒さにて、大ニ閉口致候へども、御蔭にて無事ニ候間、御安神可被下候。二月ニハ外務省ニ会議有之、出席之為め廾五日上京、翌廾六日[1]ニ大臣官邸へ至らむと用意いたし候処、省より中止之電話ありて、大事変ありしを知り、戒厳令布カレ候以前ニ離京せよと［の］姪之勧ニ任シ、午後一時ニやつと汽車に乗り、帰洛致し候。別ニ要事も無之候得共、賢兄之健康気にかゝり候間、一寸御尋迄如此。本月ハ或は休暇にて御帰郷有之候哉。是亦御尋迄。匆々。

狩野直喜

三月十二日

阿藤雅契　浄几下

(1) 翌廿六日　二・二六事件の折に、君山は外務省の会議のため上京していた。此の時君山の取った行動は八木田政雄「伯父の思い出」（『東光』第五号）にも見える。

61　昭和十一年五月五日

相州鎌倉坂之下卅　阿藤伯海様（恵展）

京都市左京区田中大堰町六　狩野直喜

※書留

拝復。春陽之時節、愈御佳勝忻慰之至に候。さて先般御依頼致置候、恵沢尚敬子観音大士尊象出来上り候由にて、御送り被下忝く存候。早速披いて之ヲ拝するに、同子信仰之上より画かれ候故、凡手と同じからず、人をして覚えず襟を正さしむるもの有之。末世にかゝる人有之候事ハ、誠ニ珍敷事ト存候。老夫ハ原来之ヲ以、単ナル美術品となす考ニあらず。仏間ニて香火を供へ候やうニ致度存候間、其内ニ老夫三十年来之友人にて、夙ニ其道行ニ傾倒致居候大島徹水僧正(1)に、観音経を誦してもらひ候筈に候。右同氏にも御伝へ被下度相願候。潤筆ハ餘り廉に過ぎ候と存候得共、多少価を加へて差出候も、却つて失礼と存候間、御申越し通りニ致候。寂光院之七律(2)結構に候。一二商榷を要し候点も有之候へども、老夫両三日前より少々感冒之気味あり、熱ナシ御心配ニ及ばず、又長孫(3)中耳炎ニて、京都大学病院ニ入院致居、これも昨日来熱下り医師も安心ナリト申居候。か、る次第にて、唯今ごた〱致居候間、暫時御猶豫相願候。先ハ不取敢右御礼迄如此御坐候。京都は入春以来雨多く不愉快ニ有之。世間之陰鬱ナル時ハ、天候も之ニ従ふやうに思はれ申候。匆々。

狩野直喜

五月二日

阿藤雅契　侍史

観世音尊像ニ落款無之は、故実ニ据られ候ものと存候が、老夫事其辺智識無之、御序ニ御尋被下度、尤も箱之裏ニ識語を認め置候間、同氏之作タル事ハ永遠ニ明ニ致候筈に候。喜又白。

（1）　大島徹水僧正　浄土宗大僧正。愛知の人。明治四年（一八七一）～昭和二十年（一九四五）。知恩院が設けていた高等家政女学校（現京都家政学園）の主幹をされていた。君山とは親交があった。

（2）　寂光院之七律　『大簡詩草』には見えない。七絶の誤りか。

（3）　長孫　筆者（直禎）。筆者はこの年四月小学校に入学したが、入学直後、中耳炎を患い京大病院に入院していた。

62　昭和十一年五月十六日

相州鎌倉阪之下卅　阿藤伯海様（台展）

京都市左京区田中大堰町六　狩野直喜

拝復。初夏之時節、愈御清祥欣慰之至に候。承問弱孫も御蔭にて病気全快、已ニ退院いたし候間、幸ニ御安神被下度相願候。貴地水島塩蒸鯛一尾御送り被下、難々有々。早速饌ニ上ぼし老饞を飽カシメ候。先ハ不取敢右迄如此。恵沢子に御面会之節、よろしく相願候。謝礼モ菲薄ニ過ギ、中心安カラズ存居候。何レ其内ニ御相談可致候。匆々不一。

狩野直喜

五月十六日

阿藤雅契

63　昭和十一年九月二十八日

相州鎌倉大町名越六法井　阿藤伯海殿（恵展）
京都市左京区田中大堰町六　狩野直喜

拝呈。過日ハワざ〲御来訪被下、忝く存候。西郊茅屋まで御案内致さゞりしこと残念ニ存候。京洛之地も追々秋色を見、爽快を覚申候得ども、御承知之神経痛之為め、つい老人之状態なる可、登高賦詩之逸興も無之、御憫察可被下候。先ハ右御返事迄如此。時下務めて御摂養有之度候。匆々不一。

狩野直喜

九月念九日

伯海雅兄

過日御語之大名(1)ハ、寛よりも簡之方が雅ナルやう、老夫ハ感じ申候。

阿藤簡。字大簡。一字伯海としてハ何如。御承知之通り支那にても、字と号との区別ヲ立テズ、号も一字又別字となし候。貴兄も之ニ倣ひ、字大簡一字伯海となされ候てハ何如。大簡ハ申迄もなく、論語ニとり候(2)。

（1）大名　高名に同じ。相手の名を尊んで言う。
（2）大簡……論語ニとり候　「大簡」は『論語』雍也に見える。子曰、雍也可使南面。仲弓問子桑伯子。子曰、可也簡。仲弓曰、居敬而行簡、以臨其民、不亦可乎。居簡而行簡、無乃大簡乎。子曰、雍之言然。

64　昭和十二年一月二日

相模鎌倉名越六法井　阿藤伯海殿
京都市左京区田中大堰町六　狩野直喜
※はがき（印刷）

恭賀新禧。

昭和十二年元旦

65　昭和十二年二月十四日

相州鎌倉名越　阿藤伯海様（台展）

京都市左京区田中大堰町六　狩野直喜

拝復。其後久敷御便り無之、労心いたし候処、尊書ニ接し、欣慰此事ニ存候。先般顔面神経痛之為め御苦み被成候由、同病相憐之情ニ任へ不申候。併し已ニ御全治之由にて、何より之御事と存候。老夫神経痛之方ハ大した事も無之候処、先月末より極軽微之感冒ニかゝり候処、中々急ニ治らず臥床致居、今朝やつと起上り薬も廃し申候間、御安神被下度、三月御法要之為め御西下之節ハ、必ズ御立寄有之度、今より御待致居候。敝屋一同何之変ることも無之、孫も目下小学一年生にて、来る四月ニハ二年へ進み申候。七十之老翁読書以外にハ、孫を相手にいたし［候］事、尤楽敷候。御一笑可被下候。匆々不一。

二月十四日　　狩野直喜

大簡賢兄　侍史

66　昭和十二年九月二十四日

神奈川県鎌倉大町名越六法井　阿藤伯海様（親展）

京都市左京区田中大堰町　狩野直喜

拝呈。先日ハ久振拝晤、欣懐之至に候。其日は三千院[1]に至り、方丈ニ御面会之由、又得浮生半日閑之趣有之候事と存候。昨日ハ御留守宅より秋梨御送被下忝く、早速賞味いたし候。九月も已に半を過ぎ、西山も秋気深く候得ども、世之中之さはがしく毎日何かとそは〳〵致居候。先ハ御礼方如此。家内より宜敷申出候。匆々不一。

九月廿三日　　狩野直喜

大簡賢契

（1）三千院　天台宗。寂光院の東にある大寺院。

67　昭和十三年一月二十四日

※日付は目録による

※目録の備考として『大簡詩草』の序に充つと記載あり（1）

（1）『大簡詩草』の序に充てられたものなら、昭和八年一月二十六日に書かれたのではなかろうか。

68　昭和十三年三月二十五日

鎌倉名越六法井東　阿藤伯海様

京都市左京区田中大堰町六　狩野直喜

※はがき

尊書忝く存候。四月初御帰宅之由、老夫も要用有之、月初三四日頃より、上京いたし候存念にて、行違致さぬかと心配致候。御上京之時なら会面具合も都合宜敷かと存じ、一寸得貴意候。春寒乞小心。匆々。

二十五日

69　昭和十三年十一月三十日

相模鎌倉名越六法井東　阿藤伯海様

京都市左京区田中大堰丁六　狩野直喜

※封筒のみ

70　昭和十四年五月十三日

神奈［川］県鎌倉名越六法井東　阿藤伯海様（恵展）

京都市左京区田中大堰町六　狩野直喜

拝呈。先般御帰京之節ハ、久振拝晤致度、楽みて御待致候処、他出之為め其儘御上車之由にて、残念千万ニ存候。老夫事二月末より一週間、広島文理科大学[1]へ講義にまゐり、十年振之講義にて少々疲労を覚え、一月餘元気回復致し兼候処、已ニ常態ニ帰へり候間、御安神被下度候。さて今日ハ御郷里より鯛一尾御贈り被下、難々有々、早速饌ニ上ぼし、老饞を慰め可申候。老境何之申述候事無之、人を相手とせず、書を相手［と］する癖益相つのり、是レも自家之短処と存候へども、性癖何とも致兼候。御一笑有之度候。

　平生志業竟何如、歎息光陰似逝波。郷国雲山新夢少、酒家粉壁旧題多。嶺梅有信驚時早、塞雁無書驚節過。却喜鈴声喧里巷、天兵[2]今已度汾河[3][4]。

右歳暮之偶成、嶺梅は広東をさし、塞雁ハ山西を申すなる積也。どうせ老人之詩に候へば、中々元気が足り不申候。御一笑有之度、先ハいろ〱取まぜ御礼方如此。匆々。

　　　　直喜再拝

　　五月十三日

大簡賢兄　侍史

（1）広島文理科大学　現在の広島大学。直喜が京都大学退職後行った、唯一の講義ではなかろうか。此の事はこの書簡で、筆者も始めて知った。又、直喜は京都大学在職中は他大学に出講しないのを主義としていたと聞くから、広島文理科大学の講義は珍しいことである。残念ながら講義題目は不明。
　なお、当時広島文理科大学では加藤盛一（大正五年京都大学支那哲学卒）、斯波六郎（大正十五年京都大学支那文学卒）氏らが教鞭を取っていられたのではなかろうか。

（2）天兵　日本軍を指すか。

（3）汾河　山西を北から南に流れる黄河の支流。五月十一日、日本軍は五台山を占領している。

（4）平生志業……度汾河　此の詩は『君山詩草』には見えない。読み下せば、
　平生の志業竟にいかん、歎息す、光陰は逝く波に似たるを。郷国の雲山には新夢少なく、酒家の粉壁には旧題多し。嶺梅信有り、時の早きに驚き、塞雁書なきも節の過ぎたるに驚く。却って喜ぶ、鈴声は里巷に喧しく、天兵今すでに汾河をわたる。

71　昭和十四年五月二十三日

神奈川県鎌倉名越六法井東　阿藤伯海様（親展）

京都市左京区田中大堰町六番地　狩野直喜

拝啓。其後筆硯愈御清康之事と存候。過日ハ又貴地之塩蒸鯛一尾御恵贈被下、難々有々。早速饌ニ上ぼし老饞を充たし候。老夫事も其後変はり無之、一週に三四日ハ向日町へまゐり、閒居を楽み申候。唯京都地方ハ此節陰晴常ならず、寒暖互ニ異なり困却いたし候。先ハ右御礼迄如此。匆々不一。

直喜

五月廿三日

大簡老契

72　昭和十四年六月十二日(1)

相州鎌倉名越六法井東　阿藤伯海様（恵展）

京都市左京区田中大堰町六　狩野直喜

拝復。愈御清康奉賀候。さて去九日小児社用を帯び大阪へまゐり候序、京都へ立寄候ての話ニ西荻窪(2)ニ目下新築中之家屋有之。瓦斯もなく水道も無之候へども、土地閒静につき、猶取調らべ之上取きめ可申と申候。何れ賢兄へハ小児より申上候事と存候へども、常々御関心被下候につき、不取敢右迄得貴意候。京都ハ目下新緑にて、景色ハよろしく候へども朝夕之温度変化多ニ用心罷在候。先ハ不取敢右迄如此。匆々。

直喜頓首

六月十二日

大簡賢兄

（1）昭和十四年六月十二日　此れは内容から見て、昭和十五年六月十二日付けの書簡である。昭和十五年四月、父直方は東京に転勤を命ぜられ、単身にて赴任し、一家六人（両親と筆者と妹と弟そして女中）は京都に留まっていた。

（2）　西荻窪　国電（当時は省線電車）中央線の駅名。結局、私達家族はここに住むことになる。

73　昭和十四年六月二十四日

神奈川県鎌倉名越六法井東　阿藤伯海殿
京都市左京区田中大堰町六　狩野直喜
※封筒のみ

74　昭和十四年九月二十五日

神奈川県鎌倉名越六法井東　阿藤伯海殿
京都市田中大堰町六　狩野直喜
※はがき

拝呈。久しく御便り無之候処、御近況何如。今夏ハ時候不順にて困り候へども、別ニ障りハ無之候間、御安神被下度、病気でハないかと思ひ、一寸御尋致候也。匆々。

九月廿五日

75　昭和十四年十一月十四日

神奈川県鎌倉名越六法井東　阿藤伯海様
京都市田中大堰町六　狩野直喜出
※封筒のみ

76　昭和十四年十二月十九日

神奈〔川〕県鎌倉名越六法井東　阿藤伯海殿
京都市左京区田中大堰町六　狩野直喜
※はがき

拝呈。本月初旬ニハ、或者御入洛カト思ひ心待ち致居候処、御出無之、若御病気デハナキカト懸念致候。老夫無已用向有、一寸晋京致候ヘドモ、三泊ノ後帰宅致候。此間寒気烈敷候ヘドモ、幸ニ無事御安神可被下、先ハ御尋迄如此。匆々不一。

臘月十九日

77　昭和十五年一月二日

鎌倉市名越六法井　阿藤伯海殿

京都　狩野直喜

※はがき（「謹賀新年　一月一日」は印刷、署名と「京都」は自書）

謹賀新年。

一月一日

狩野直喜

京都

78　昭和十五年二月六日

岡山県浅口郡六條院村　阿藤伯海殿（平安）

京都市左京区田中大堰町六　狩野直喜

拝復。寒気烈敷候処、愈御佳勝欣慰之至に候。老夫も先般久振り軽微之感冒にかゝり、大事をとり今猶静養中ニ御坐候。壮年之人ならば、此儘平常通り推通す位之程度之ものに候間、御掛念御無用に候。御上京之節御立寄り之由、楽みて挂榻御待ち致居候。向日町之茅斎(1)御気に入り候やうなれば、此度ハ御一泊願度存居候。先ハ右迄如此。書不尽意。匆々不宣。

病中鈴木豹軒君(2)より、姪之江南ニ従軍せるものニ贈りたる詩を、郵送示され候につき、次韻之作一首、御目に懸け候。

田野荒涼凍雀飢、江南征戍夢相馳。廻風急雪擁炉火、恍想少陵愁坐詩(3)。

狩野直喜頓首

節分後一日

大簡雅兄

（1）　向日町之茅斎　『大簡詩草』に、「狩野君山夫子洛西別業葵園観梅恭賦奉呈」。

草堂移種嶺南梅、何事階前風雪廻。欲就先生問消息、
向陽已有一枚開。

とあるのは、此の時の事であろうか。なお、向陽というのは向日町の別称であり、筆者の入学した小学校は、向陽尋常小学校（現向陽第一小学校）と言った。

（2）　鈴木豹軒君　京都帝国大学名誉教授鈴木虎雄。明治十一（一八七八）年〜昭和三十八（一九六三）年。新潟の人。中国文学者。漢詩人。歌人。文学部教授として君山の同僚であった。著に『支那詩論史』等。伯海とも深い交誼があり『大簡詩草』には、豹軒の漢詩「別後寄懐伯海」「投宿龍洞藤氏館」「龍洞留宿雑詠」の三首が序文の代りとして用いられている。

（3）　田野荒涼……愁坐詩　読み下せば、

田野は荒涼として凍雀飢え、江南の征戍に夢相馳す。
廻風と急雪に炉火を擁し、恍想す、少陵愁坐の詩を。

此の詩『君山詩草』には「和豹軒得姪陣中書詩韵昭和十六年三首」の第二首として載せられている。『君山詩草』では首句の「田野」を「四野（四方の野原）」に、第三句「擁炉火」を「対炉火（炉火に対し）」、第四句「恍想」を「恍思」、同じく「少陵」を「杜陵」に作っている。

大詩人杜甫は杜陵（長安の郊外）に居たので、自ら杜陵の布衣、少陵の野老と称した。なお、杜陵は秦代には杜県といったが、漢の宣帝の陵がここに造られたので杜陵と改名した。

79　昭和十五年二月七日

岡山県浅口郡六條院村　阿藤伯海様（恵展）

京都市左京区田中大堰町六　狩野直喜

拝呈。其後御清康之御事と存候。御依頼之尊稿拝見、数字を改削致候間、不日御上洛と存候へども托郵御還へし申候。五律二首(1)、唐賢之定石を守り、殊ニ結構に候。唯文字上ニ聊か商搉を要するもの有之。無遠慮ニ改め候段、御諒照有之度、拝晤之上、説明可致候。匆々。

直喜頓首

二月七日

大簡雅契

（1）　五律二首　内容は不詳。

80　昭和十五年四月八日

鎌倉名越六法井東　阿藤伯海様（親展）

京都市左京区田中大堰町六　狩野直喜

拝呈。其後筆研御清適之御事と存候。老夫も幸ニ無事消遣罷在候間、御安慰被下度候。さて俗事につき奉愬いたし、不相済候へども、賤息義此度本店之命により、東京へ転任致候事と相成り、姪及他之知人ニ托し、住宅をさがし候へども、中々見つからず困却之末、多分初メハ独り晋京、アパート住居でも致候事と存候。老夫之考にハ、鎌倉ハ空気も清み又温暖にも有之候間、児孫等之健康にも宜敷、若し彼等之住むべき借家有之候ハゞ、好都合と存候が、御間暇に御探がし被下間敷哉。東京召租之家寡くば、貴地ハ更に甚敷かも存ぜられ、家賃も価貴く可有之と存候が、とも角御探願上候。間数ハ五位ハある所望ましく存候。賤息も十四日頃迄にハ上京し、十五日より出勤致候筈ニ有之候。先ハ不取敢右御願迄如此。匆々不一。

狩野直喜頓首

四月七日

大簡雅兄

老来読書以外、何之楽む所も無之、時々孫を膝下ニ招き、桑楡之暮景を慰め居候処、賤息職務之都合ハ、致方無之と自寛[1]罷在。御一笑々々。

（1）　自寛　自覚か。

81　昭和十五年四月十四日

相州鎌倉名越六法井東　阿藤伯海様（恵展）
京都市左京区田中大堰町六番地　狩野直喜

拝復。愈御清康奉賀候。過日俗事を以て御高配を乞ひ候処、御親切之御返事忝く存候。借家ハ何処も少なき由にて、御貴地へ(ママ)も同様と存候。東京方面も多く人ニ依頼有之、小児も一昨夜東上致し、会社之餘暇に探がし(ママ)積に候へども、一寸見つかり不申と存候。同人も家之あり迄(ママ)ハ、中野電車駅之辺ニアパト住居と致すとて申居候。右之次第にて、当分之住所ハ御懸念なきやう相願候。家之所在地ハ本人のみならず、孫之学校を能く考え、適当なる地に致すべき旨申置候。老夫も孫が従来近くニあり、老境を慰め居候処、遠離致候てハ聊か寂寞之感なきに非ざるも、これハ致方なしと自慰いたし候。御一笑被下度候。近来あまり外出も致し不申、今日日曜に一寸人を訪ひ候処、桜花時開看花人雑遝にハ、驚入り候。先日、木下周南[1]思懸けなく来訪、久振歓晤いたし候。齢と共ニ才気を内に斂むる修養出来候事を祈り候。先ハ御礼方如此。山妻よりも宜敷申出候。匆々不一。

狩野直喜頓首

四月十四日

大簡雅兄

小児之住居候所ハ中野区上ノ原二一、吉地(キチヂ)昌一方に候。出勤いたし候会社ハ、御承知之丸ビルニ有之候。

（1）木下周南　木下彪か。当時は宮内省大臣官房事務嘱託であった。岡山大学名誉教授。

82　昭和十五年五月二十九日

神奈川県鎌倉名越六法井東　阿藤伯海様（台展）
京都市左京区田中大堰町六　狩野直喜

拝復。愈御佳勝欣慰之至に御坐候。さて先般来賤息之住宅につき、色々御配慮を荷ひ候由ハ、毎度報じ来る御厚誼感銘之至に候。今後とも宜敷御願致候。老夫も不得已用向之為め、明日朝或ハ晩晋京之筈にて、宿所もきまり不申、また此次ハ用済み候ハゞ、直ちに帰洛いたし候間、歓晤を得ざるべく、残念千万ニ存候。先ハ不取敢御礼方如此。匆々。

狩野直喜頓首

五月念九

大簡賢兄

83　昭和十五年六月四日

岡山県浅口郡六條院村　阿藤伯海様

京都市左京区田中大堰町六　狩野直喜

※はがき

拝呈。愈御清康奉賀候。さて貴地之名産塩蒸鯛一尾御恵贈被下、毎度之御厚意忝く存上候。不取敢右御礼方如此。匆々不一。

六月四日

84　昭和十五年六月五日

神奈川県鎌倉名越六法井東　阿藤伯海殿（親展）

京都市左京区田中大堰町六番地　狩野直喜

拝呈。先般ハ高斎を御尋致候処、以御蔭浮生半日之間を得候のみならず、色々御手厚き御待遇を受け、感佩致候と同時ニ、御気之毒千万ニ存候。又出発之節ハ、横浜迄態々御出懸御送くりいたゞき、是亦忝く御礼申述候。さて小児借家之件ニ、先般来一方ならぬ御照払(1)をいたゞき、難々有々御礼申上候。鎌倉之家として洵ニ申分無之候へども、家内及び媳等之意見にハ、瓦斯なきこと、静寂ニ過ぎ夜間下女を使ニ出すこと困難なる等、色々之事情を考え、矢張先ニ御世話ニ相成り候荻窪辺ニ、適当なる処を御物色願はれ間敷［候哉］と申出候。先般来候補住宅と致居候ものも、此度現住者ニ逢ひ話を聞き候処、借り得候や否確定せず、甚心細く被思候。間適之生活を致され候貴君ニ、かゝる俗事を御願致候事、洵ニ心外ニ候へども、何とぞ今後も御注意被下度相願候。先ハ御挨拶方右迄如此。猶昨日ハ岡山より塩蒸鯛御恵贈をいたゞき、難々有々。早速食饌ニ上ぼし老饞を充たし候。御留守へ御礼申述候へども、茲ニ坿陳致候。匆々不一。

六月五日　　　　　　　　狩野直喜頓首

大簡賢契

内子よりも属筆宜敷御礼申上候やう申出、過日御尋致候記念として、先年来寒斎ニ蔵し居候、当地、秦蔵六(2)作之文鎮御送くり候間、御哂存可被下候。又白。

（1）照払　世話になる。世話をする。
（2）秦蔵六　篆刻家。鋳金家。

85　昭和十五年七月二日

岡山県浅口郡六條院村　阿藤伯海様（恵展）
京都市左京区田中大堰町六　狩野直喜

拝呈。其後愈御清康、目下御帰郷中之由、御帰途には必ず御立寄被下度、御待致候。猶御出発以前御葉書いたゞき、忝く好都合に候。例之草堂へ御案内いたし、寛くり歓晤御話いたし度存候。賤息も一寸私用にて東京より帰へり、明晩より東上致候筈にて、御帰郷之由ハ同人より承知いたし候。御高配をかけたる借家につき、他にも知らせ呉候もの有之候へども、多分西荻窪之方ニ落着致候事と存候。老夫も従来之やうには、上京も致兼候間、孫を遣はし候後ハ、多少寂寞を感じ候事と存候。御一笑可被下候。先ハ右迄如此。匆々。

七月朔

狩野直喜頓首

大簡賢兄　侍史

86　昭和十五年八月六日

相州鎌倉名越六法井東　阿藤伯海様（恵展）

京都市左京区田中大堰町六番地　狩野直喜

拝復。過日ハ久振拝晤、欣慰之至に候。殊ニ其節ハ御心尽く［し］の米難有、これハ詩之典故になり候かと存じ候。向日町之賤息及び孫共も去二十九日(1)ニ出発いたし候。従来上京も怠り勝ニ相成候処、已ニ家出来候間、秋ニハ出懸度存候。尊兄も荻窪之御友人訪問之節ハ、賤息の蝸廬へも御尋被下度相願候。近頃ハあつさに苦しみ、読書いたしても忽ち酔魔(2)に妨げられ、衰老之晩景口惜敷事ニ存候。時下御自愛之程相祈り候。匆々。

八月朔

狩野直喜

大簡賢兄

独抱寒疝神気凋、休言高臥事矜驕。退官幸免督郵至、不是淵明不折腰(3)。

先般腰痛にて困臥致候節之拙筆也。御一笑可被下候。

君山頓首

(1) 向日町之賤息……二十九日　私達一家は七月二十九日に東京へ転宅した。西荻窪の駅から徒歩約十分、東京市の外れで、東京女子大学や井の頭公園のある吉祥寺市に近かった。ガスはあったが、水道は無かった。

(2) 酔魔　睡魔ならん。

(3) 独抱寒疝……不折腰　此の詩は『君山詩草』には「臥病二首」の一首として、載せられている。読み下せば、

独り寒疝を抱き神気凋む、言うを休めよ、高臥して矜驕を事とすると。退官して幸いに免る、督郵の至るを、是れ淵明ならざるも腰を折らず。

「疝」はせんき。「神気」は気力。「高臥」は枕を高くし

て寝る、世俗を避けて隠れ住む。「督郵」は太守の下役。「折腰」は人に頭を下げる。陶淵明の「吾不能為五斗米折腰、拳拳事郷里小人」をふまえている。なお、『君山詩草』には、起句を「偶抱寒疝神気凋」に、第三句を「棲遅幸免督郵至」に作っている。「棲遅」は憩う、気楽な生活をする。『詩経』陳風・衡門に「衡門之下、可以棲遅」とある。

87　昭和十五年八月二十八日

相州鎌倉名越六法井東　阿藤伯海様（恵展）

京都市左京区田中大堰町六　狩野直喜

拝呈。秋冷之時節ニ近づき、大分暮らしよく相成候処、筆研愈御清適と存候。老夫事先般旧主細川氏ニ不幸(1)有之候間、去十五日上京、廿日迄滞在致候。毎日外出致居候間、ワざと御通知もいたし不申候。小児之借宅土地不便にて、間数も少なく、不自由に候へども、彼等之住居と（ママ）ハ致方無之、唯小学校が何如ニ有之候哉、相分り不申、懸念仕居候。彼地方へ御出之節ハ、時々御立寄り被下度相願候。老夫も従来上京を怠り候処、賤息之家も出来候間、秋冷を趁ひて屢上京可致と存居候。先右迄如此。匆々不備。

狩野直喜頓首

八月念八

大簡賢兄　研北

（1）旧主細川氏ニ不幸　細川護貞夫人温子の御逝去を言う。温子夫人は近衛文麿の二女。護熙（元首相）・輝熙（現姓近衛、日本赤十字社長）の母。なお、君山には「細川侯世子夫人近衛氏供養塔背記代」なる一文があり、『君山文』巻七に載せる。

88　昭和十五年九月四日

相州鎌倉六法井東　阿藤伯海様（恵展）

京都市左京区田中大堰町六番地　狩野直喜

拝復。両次之尊書忝く存候。残暑猶烈敷候処、不相変、

筆研御清康之由安慰致候。さて先般ハ小児家を挙げて参上、種々御款待を蒙むり候由、さぞ〳〵御迷惑之御事なりけんと御気之毒千万ニ存候。又此度ハワざ〳〵荻窪迄御往訪、彼等之近状御報知被下、御親切謝する処を知らず候。児婦より之書にも賢兄之前にて、大学を誦読(1)致したる由、御遠方之事なれバ、無理ニ御願し、又日を定めて御出懸を願ふ訳にハ参らず候へども、近地之御友人を御尋被下候時ニ、便ニ御立寄被下度、老夫よりも宜敷相願候。小学校之方も、児婦之通信によれバ、級友等との折合も宜敷様子ニ有之、仕合ニ存候。老牛犢を舐るの愛より、聊か懸念致居候へども、左様な事も無きやうに被思、安心致候。猶此上とも宜敷御願致候。老夫も別ニ病気とてハ無之候へども、あまり残暑烈敷候間、外出もいたさず、碌々日を暮らし居候。書ヲ読みても忽ち疲を生じ、残念千万なれども致方無之候。万事御憫察可被下候。先ハ右迄如此。内子よりも嘱筆宜敷申出候。匆々不一。

狩野直喜頓首

九月四日

大簡賢兄　侍史

(1) 賢兄之前にて、大学を誦読　筆者は此の時から阿藤先生に素読を授かる事になった。すでに昭和十三年ごろより京都で素読の真似事のようなものはしていたが、改めて『大学』から始めたのである。『経典餘師』版を使用した。

89 昭和十五年九月十七日

相州鎌倉名越六法井東　阿藤伯海様（恵展）

京都市左京区田中大堰町六番地　狩野直喜

拝啓。秋晴之時節、愈御清康奉賀候。老夫事も其後極めて元気よく相暮らし居候間、御安神被下度候。昨夜ハ鈴木豹軒氏西郊之宅(1)にて、中秋観月之雅会有之、文学部支那文学出身之もの十人以上集まり、久振興尽くることなく、十一時頃辞去、近頃希れニ遘ひ候快心を覚申候。賤息より之報知によれバ、先般来度々御来過、孫へ大学之素読御授け被下候由、感謝之至に候へども、御遠路といひ且又小孩に授読を御願致ことは、牛刀鶏を割く之類にて御気之毒千万とハ存候得共、枉げ［て］老夫之衷情を御酌取りて、御面倒相願候。現今之時局といひ、将来之子孫が何如ニ相成候哉、見極めつき兼候へども、出来るなら読書人たらしめ度、これにハ幼時より書香に親ましめ候事、肝要かと存候。先般在燕之友人より、比較的旧るき詩箋送来候間、少計り分ちて御贈くり致候間、御笑納被下度、該地も古雅なる文房具ハ追々跡をけし候様子にて、残念之事ニ御坐候。先ハ右取つかね御礼方如此。匆々。

狩野直喜再拝

九月十六日

大簡賢兄　侍史

（1）　鈴木豹軒氏西郊之宅　鈴木豹軒先生は右京区の等持院の近くに住んでおられた。

90　昭和十五年九月十七日

相州鎌倉六法井東　阿藤伯海殿

京都市左京区田中大堰町六　狩野直喜

阿藤賢弟左右、都門見送、感甚謝甚。所約朱墨、附郵奉致、即請察入。前清乾嘉之際、運属升平、人文炳蔚、即至紙墨之細、精雅如此、是可貴已。我弟好古不染流俗、得之未必不楽文房儲有此物也。専此順問文祺、不備。

直喜頓首

九月十八（ママ）日

91　昭和十五年十二月十二日

相州鎌倉名越六法井東　阿藤伯海様（恵展）

京都市左京区田中大堰町六　狩野直喜

拝復。今年も餘す所少なく相成、歎老之感自禁ずる能はず候。賢兄にハ相変らず筆硯御清適之趣、安慰之至に候。西荻窪之弱孫常に御提撕(ていせい)(1)被下、忝なく存候。已ニ里仁篇(2)を終り候由、孫よりも報告致来り候。尊兄之御教を蒙む[る]こと楽と致候やうに思はれ、満足之至に候。将来何如ニ相成り候哉、小児之事にて相分り不申候得共、四書ハ是非読ませ度存候。幸にしてこれニ興味を持ち、祖父が遺書を読むやうな事有之候ハゞと存候へども、是れハ老人之妄想ニ過ぎず、御一笑被下度候。古墨につき御挨拶を蒙むり恥入候。御礼之品を考へ候へども、然るべきものを発見せず、不得已かゝる軽微之物を差出候次第、あしからず御亮照被下度候。旧正月に御帰郷之由、其節ハ寛くり歓晤を得度候。あまり寒く相成候間、当分ハ上京も差控候。先ハ右迄如此。山妻よりも宜敷申出候。匆々。

直喜頓首

臘月十一日

大簡賢兄　侍史

（1）提撕　ひっぱって教え導く。『顔氏家訓』に「提撕子孫」とある。

（2）里仁篇　『論語』里仁。『大学』を了えて『論語』に入っていた。『中庸』は祖父の意向で素読をしていない。

92　昭和十五年十二月二十七日

神奈川県鎌倉名越六法井東　阿藤伯海様（親展）

京都市左京区田中大堰町六　狩野直喜

拝呈。節迫歳除候処、御起居何如、不相変筆研御佳勝之御事と存候。老夫従来極めて元気ニ相暮らし居候処、過日来軽微之感冒にかゝり、猶今引籠居申候。尤熱も無之、数日にて平愈可致候間、御安神被下度候。さて毎度御厄介を相懸け候が、昨日之新聞にて、岩元禎氏病気之由、又門人達も心配致され居候やうな記事有之、懸念仕候。尤も新聞之記事などは、当にならざるものに候へども、年齢之上より注意ハ必要に候へども、氏之事なれバ、其注意ナド果して何如に候哉と存候。老夫より直接見舞状を出さむかと存候へども、かくてハ返信を要望スル事と相成、氏も迷惑に候間、或ハ貴兄近状御承知かと存候間、一寸御尋いたし候。又明年となりて宜敷候が、御上京之序に一度御見舞、様子を御知らせ被下候ハヾ幸甚に候。四十餘年之老友気にかゝり御願致候段、御亮察被下度候。又先年同氏より、明板集十家注杜工部集を贈られ、自来寒斎ニ蔵し居候が、送くられ［し］とき風呂敷を以て丁寧ニつゝみ有之、老夫訪問之節返還致さむとながら、ツイ今日ニ至り候。右御出之節御持参、老夫之意を御伝へ被下度奉願候。荻窪之弱孫義、明年も宜敷御願申候。過日手紙まゐり候が、御蔭にて少々づゝ確かり致候やうに有之、難有存候。家内よりも宜敷申出候。匆々不一。

直喜頓首

臘月廿七日

大簡賢兄　侍史

93　昭和十六年一月四日

相州鎌倉名越六法井東　阿藤伯海様（恵展）

京都市左京区田中大堰町六　狩野直喜

拝復。新年之御慶芽出度申納候。邇来筆硯愈御清適、御越年之由、安慰之至りニ候。老夫も先月ハ極軽微之風気にて引籠居候処、已ニ全愈、元朝にハ屠蘇を飲み恭しく東天を拝し神気宜敷を覚候間、御安慰可被下候。岩元氏之様子委細御報示被下、御苦労難々有々、これにて大に安心致候。同氏之如きハ、老夫大学に学びしき（ママ）(1)時、類多く見ず、況現在及将来に出で候も思ひ不申、其健康につき関心を有し［し］ハ、啻友人之私情による耳にハ無之、枕上ニ杜集と希臘書数冊を置かれ候様子、老夫としてハ実ニ光景見るが如き感有之、今年気候宜敷相成［候］ハヾ、上京之折必ず往訪可致と存候。近きうちに荻窪へ御出懸け被下候由、御苦労心痛にたへず候得共、宜敷相願候。先ハ御礼迄如此。匆々不一。

直喜

昭和十六年正月四日

大簡賢兄

老去詩情薄、只為驢馬鳴。推敲歎才尽、不寐到天明。何日乾坤転、和風偏万邦。燈前読周易、春意在梅窓(2)。

年老い候てハ、詩之調子まで低く相成候。御一笑々［々々］。

（1） 学びしき時　学びし時ならん。

（2） 老去詩情……在梅窓　此の詩は『君山詩草』に「庚辰（昭和十五年）歳暮次豹軒韻二首」と題して載せられている。読み下しは、

老い去りて詩情薄く、只だ驢馬の鳴を為す。推敲するも才の尽きたるを歎き、寐(い)ねずして天明に到る。何れの日か、乾坤転じ、和風万邦に偏(あまね)からん。燈前に周易を読む、春意梅窓に在り。

「驢馬の鳴」はつまらぬ文章。なお『君山詩草』では、第三句を「欲和歎才尽」に作る。「梅窓」について、此のころ、祖父が居間として使っていた部屋の窓から、一本の梅樹が見えていた。

94　昭和十六年一月十七日

岡山県浅口郡六條院村　阿藤伯海様（恵展）

京都市左京区田中大堰町六　狩野直喜

拝呈。愈御清康安慰之至に候。承聞令従弟之尊訃ニ接し、急遽御帰郷之由、御哀傷拝察致候。老夫も多くの従兄弟ありしが、今従弟一人を餘し居候処、久しく音信なきを以て、手紙を以て問合せしに、去年来中風にかゝり候由申来り、身世之寂寞を感じ居候。御上京之節若御都合つき候はゞ、御立寄り被下度、久振歓晤を得度存候。近来寒気烈敷、又陰天多き為め、空斎ニ引籠読書のみ致候へども、老嬾新得なく、慙愧之至に候。先ハ御悔方如此。匆々不一。

大簡賢兄　侍史

狩野直喜頓首

95　昭和十六年三月十二日

神奈川県鎌倉名越六法井東　阿藤伯海様（親展）

京都市左京区田中大堰町六　狩野直喜

拝復。過日ハ久振歓晤快心之至に候。但草堂何之御待遇も致兼、又遠路御携帯之糧、洵に有りがたくハ候へども、重ね〴〵慙愧いたし候。この時局に際し、何も未曾見ごとのみに有之候が、この御厚誼を杜甫之如き人が詩中に入れたら、定めて不朽之名作出来候事と存候。御一笑可被下候。井荻之方へも、早速御出懸被下候由、忝く存候。孩孫読経ノ事、宜敷可願候。御示の件に遠慮なく朱筆を加へ、御還へし致候間、御一覧被下度、詩ハ老夫不得手に有之、改めた方が却つて悪き哉も知れず、勝手ニ御取舎可有之候。感慨二首ハ文字以外多少意をも改め候。此点御注意被下度候。現今ハ好んで人之非を声らす所謂告訐之薄俗有之候間、妄りに人ニハ御示しある間敷候。東坡の詩獄(1)之例も有之、殊ニ今人ハ詩が分らぬ故、思はざる誤解を招く虞あり し（ママ）、餘計な事迄申述候。先ハ右迄如此。匆々不一。

直喜

三月十二日

大簡賢兄　侍史

（1）東坡の詩獄　旧法党の指導的立場にあった蘇軾（東坡）は、新法党の政治を批判した為めに地方官に転出した。元豊二年（一〇七九）、湖州知事に任命され、着任後五ヶ月にして、彼の作った上奏文や詩に、時の政治を諷諭するものありとして告発された。都に送られ投獄、死刑の判決を受けたが、皇帝神宗の恩寵によって死刑は免れ、黄州の地への流刑に処せられた。

因みに、伯海の詩がいかなるものであったかは、知ることが出来ぬが、戦時色濃き当時の風潮を、批判すると取れるような言があったのであろう。

96　昭和十六年三月二十三日

神奈川県鎌倉名越六法井東　阿藤伯海様（親展）

京都市左京区田中大堰町六　狩野直喜

拝復。愈御安祥大慶ニ存候。さて第一高等学校講師之聘ニ応ずべきかの御疑惑御相談之件、熟慮致候処、貴兄としてハ応諾被致候事可然と存候。貴兄平生之心事はよく承知致居候へども、友人之推挙又岩元君之口添もあり、又母校之事に候へバ受け候方が至当と存候。又読書力云々ハ貴兄一片之御謙遜ニ無之、自省之御言葉なるべきも、左程御心配ハ入らず、老夫之考にてハ、支那文学（博キ意味）之精神をよく理解する点よりいへバ、今日之高校先生中、貴兄之如きものハ多くハ無かるべしと存候。又講釈についてハ能ク其書を精読準備され、若御疑滞之処有之候ハヾ、御申送くりあらば、分り得ることハ御相談ニ与かるべく候。老夫先日来軽微之感冒にて静臥致候間、故紙を切りて匆々相認め候。先ハ右迄如此。熱も朝ハ殆んどなくなり候間、御心配なきやう相願候。匆々。

直喜頓首

二十三日

大簡賢兄

枕頭ニよき紙無之、故紙片を用ひ失礼御許可有之。

97　昭和十六年四月十日

岡山県浅口郡六條院町　阿藤伯海様

京都市左京区田中大堰町六　狩野直喜

※はがき

拝呈。愈御清康安慰致候。東京小児より之通信によれバ、先日一寸御下県之由、御帰へり御急ぎ之事と存候へども、御立寄り何如。別ニ用事とてハ無之も、右迄申述候。匆々。

老夫病気も意外ニ長引き、三四日以来やつと本復致候。

四月十日

98　昭和十六年四月二十六日

岡山県浅口郡一（ママ）條院村　阿藤伯海殿（御留守宅御中）

京都市左京区田中大堰町六　狩野直喜

※はがき

拝呈。愈御清康安慰候。さて今日ハ貴地塩焼鯛一尾御恵贈被下、毎度之御厚意深く感謝仕候。先ハ不取敢右御礼迄如此。匆々。

四月十六日

99　昭和十六年五月十七日

神奈川県鎌倉市名越六法井東　阿藤伯海様（台展）

京都市左京区田中大堰町六番地　狩野直喜

拝呈。先日晋京之節ハ、駅迄御出迎被下忝く存候。滞京一週間、昨日帰宅致候。井荻小児之寓居、御承知之通狭隘に候へども、久振児孫等と共ニ居、快心之至に候。御憫察被下度候。直禎も当地ニ居候時ニ比してハ、稍しつかりと相成満足に存候。御面倒千万ニ候へども、此上とも御提撕相願候。過日大東書道新誌ニ、老夫拝見致したる賢兄之詩[1]を見、再び吟誦愉快ニ存候。御世辞を申すにハ万々無之候が、中々能ク出来、殊ニ瀧山寺五律[2]、賢兄其人を想望し、矢張詩ハ人なり之歎を発し候。所謂現代之詩人と称するものハ俗物多く、且学識なく、之ニ伍するハ不可なり。已ニ詩ニ於いて天分を有する賢[3]読書之餘、断へず作られてハ何如と存候。御承知之通り、老夫ハ詩ハ得意ニ無之候へども、他山之石にて、御相談相手ニハ相成可申候。先ハ取まぜ過日之御礼迄如此。匆々不一。

君山喜頓首

五月十七日

大簡賢兄　侍史

（1）大東書道新誌ニ……賢兄之詩　「大東」は泰東書道院の誤記。「書道新誌」は同書道院発行の雑誌『書道』をさす。その第十巻第五号に伯海は「山居詩鈔」と題して五律三首、七律一首を寄せている。

杉村邦彦「泰東の『書道』を繙きながら西川先生を偲ぶ」（『書苑彷徨』第三集、二玄社、平成五年、二七四頁）参照。

（2）瀧山寺五律　瀧山は青龍山か。『大簡詩草』中に「登青龍山」「青龍覧古」の二首がある。青龍山は鎌倉にある山の名。元弘三年（一三三三）、北条氏一族九百人が自刃した。

（3）天分を有する賢　天分を有する賢兄ならん。

100　昭和十六年六月二十一日

神奈川県鎌倉名越六法井東　阿藤伯海様（恵展）

京都市左京区田中大堰町六番地　狩野直喜

拝復。其後筆研愈御清適、安慰之至に候。老夫も別ニ変はり無之、初夏となり三冬之時ニ比すれバ元気も宜敷候間、御掛念被下間敷候。岩元氏之近状御通知被下忝く存候。旧門人が其健康を虞かり、学校之授業を諌止したる衷情ハ、敬佩之至りなれど、或ハ其為めに唯一之慰安を失ひたる為め、遽かに衰老之状を現はしたるにハ無之哉とも存候。医師之意見ハ、容易ならざる事体（ママ）に立到りたるやうに見て居る様子なれども、精神力之強き氏之事なれバ、回春之望なきに非ざるかと存候。とも角氏之如き人こそ、長生させ度事ニ有之、亦唯一人之私情より申す次第にも無之候。老夫も先般上京して電車パス（ママ）に乗ることが甚不愉快ニ相成、これでハ東京行も、従来之通りにハ出来ぬと考え居候へども、七月にハ他に用向も有之候間、上京之意あり。其節ハ見舞致さむと存候へども、其間ニ病気之経過何如と危惧致候。其後御問及有之候ハゞ、御報知相願候。弱孫相変はらず御厄介ニ相成り、感謝無之候。子供之事に候へバ、今日之小学教育がぐら〳〵致候場合、其性情に変化を致さぬかと心配罷在候。何もよろ［し］く御誘導奉祈候。匆々不一。

狩野直喜頓首

六月念一

大簡賢兄

101　昭和十六年七月十八日

神奈川県鎌倉名越六法井東　阿藤伯海様（親展）

京都市左京区田中大堰町六番地　狩野直喜

拝呈。先日上京之節、種々遠路御案内をいた［ゞ］き忝く存候。御蔭を以て、岩元氏之生前ニ面会するを得、せめてもの慰籍と相成り候。其後危篤之報に接し、十二日夜まゐり永訣之つもりにて引取り候。十四日朝新聞にて逝去之事を知り候ひしも、悔にまゐる元気も無之、十六日ニ西下仕候。児婦之手紙ニよれバ、葬式之節ワざ〳〵井荻迄御出被下候由、失礼致候。少々御不加減め精々御加餐可被下候。御帰郷之御往復にハ、御立寄之事と楽み居候。先ハ御礼方如此。匆々不一。

直喜頓首

十八日

大簡賢兄

四十餘年歎索居、屋梁落月夢相如。我来問病総無語、腸断牀頭老杜書。(1)

老夫之感懐、御推察可被下候。

(1) 四十餘年……老杜書　読み下せば、

四十餘年、索居を歎ず、屋梁の落月夢相如く。我れ来り病を問うに、総て語無く、腸は断ず、牀頭老杜の書に。

この詩は『君山詩草』には「哭老友岩元君」と題している。なお、第二句「夢相如」を「夢如如（如如は変わらぬさま）」に、第四句「老杜書」を「老杜詩」に作っている（老杜は杜甫を指す）。さらに、老杜詩に割註して「君愛杜詩、至歿不釈巻（君は杜詩を愛し、歿するに至るまで巻を釈てず）を附す。

「索居」は友を持たないで寂しく生活する。『礼記』檀弓に見える。なお、伯海にも「奉哀岩元老師」と題する七言絶句がある。

102　昭和十六年七月二十五日

相州鎌倉名越六法井東　阿藤伯海様
京都市左京区田中大堰町六　狩野直喜
※はがき

拝呈。其後御便り無之、或ハ先般遠路之御往復、及び其他之雑事にて御障りハ無之哉と存候。老夫も帰宅後両三日、疲労之為め静養致居候処、既ニ回復仕候。一寸御尋迄如此。匆々。

七月廿五日

103　昭和十六年九月九日

岡山県浅口郡六條院村　阿藤伯海様（恵展）
京都市左京区田中大堰町六番地　狩野直喜

拝覆。尊書忝く存候。老夫も初秋之時節となり、元気も宜敷候間、御安神被下度、今月中旬にハ御上京之由にて、遠からず歓晤を得るを楽み御待致居候。若豫め御入洛之日、御葉書をいたゞき候ハゞ幸甚に候。京都にて別ニ宿をとられ候要なし。御かもひ（ママ）なくば、拙宅へ直ちに御出被下度候。時刻によりてハ、向迄如此。匆々不一。

九月初八　　狩野直喜頓首

大簡雅兄

104　昭和十六年九月十七日(1)

相州鎌倉名越六法井東　阿藤伯海様（恵展）
京都市左京区田中大堰町六番地　狩野直喜

拝復。本日寸楮及詩箋御送致候処、行違ニ尊書に接し候。御申聞け之大学に次ぐ書ハ、御見込に任せ申候。大学すみ候後、中庸でも宜敷候へども、論語にしてハ何如、又どうせ児童之読み候ものなれバ、朱子流之読方にて結構に候。孫へ授置候経典餘師中ニ、論語有之候事と存候。また仮名つき之本が宜敷かるべきかと存候が、何如に候哉。先ハ右迄如此。匆々。

直喜

九月十七日

大簡賢兄

孝経も宜敷かるべく候へども、孫之経典餘師にハ缺け居候間、別に送り可申。

(1) 此の書簡は内容からみて、昭和十五年九月十七日の書簡である。筆者が阿藤先生から『大学』の素読を受けたのは、昭和十五年九月の初めであり、『大学』が終り、次に何をするか、先生が祖父の意見を問われたことに対する祖父の返書である。結局『孝経』『論語』の順に素読を受けた。

105　昭和十六年九月二十四日

神奈川県鎌倉名越六法井東　阿藤伯海様（恵展）

京都市左京区田中大堰町六番地　狩野直喜

拝復。過日御晋京之節ハ歓晤を得、久振愉快ニ御坐候。又其時ハ御郷里より、老蒲(ママ)萄酒双瓶御持参被下難有、酒中之趣を解せざる老夫、一杯を傾けて南欧之風味をしのび申候。承けれバ(1)家事ニつき小児輩へ御伝言御依頼いたし候処、御遠路ワざ〳〵御枉顧被下候由、御気之毒千万ニ存候。大阪にて診察(2)を受けしむる為め、昨日宅へ媳伴れてまゐり候。先ハ御礼迄如此。匆々。

狩野直喜

九月二十四日

大簡賢兄

(1) 承けれバ　承けたまわれバならん。

（2） 大阪にて診察　これは筆者の弟、直禔（ナオヤス）のことを指している。祖父がこの名前にしてよいかと、筆者にも聞いてくれたことを思い出します。

106　昭和十六年十月九日(1)

神奈川県鎌倉名越六法井東　阿藤伯海様（台展）
京都市左京区田中大堰町六番地　狩野直喜

拝復。秋晴之時節、筆研愈御佳適之由、欣慰之至ニ存候。老夫も托(2)福別ニ障りとてハ無之、起居平常に変り無之候間、御休神被下候。其後引続き御遠路東京へ御枉駕、弱孫へ素読御授被下候由、忝く存候。已ニ大学を了り孝経へ移りし由、大慶ニ存候。現今之如き時勢ニ、漢籍之素読をやらするなど、頑冥迂腐(3)之者と笑ふもの多かるべしと存候へども、本人成長之後、或ハ精神上に何等か助を与へ候事と存候。御苦労様ながら宜敷相願候。時局も愈容易ならぬ勢ニ相成り、憂慮之至ニ有之、これにハ先づ国内より堅固に致し候事、第一之要諦と存候。何々如々。先ハ右迄如此。匆々。

狩野直喜頓首

十月九日

大簡賢兄　侍史

（1） 此の書簡も内容からみて、昭和十五年十月九日である。
（2） 托（託）　たのむの意。お陰でといった所か。
（3） 迂腐　おろかで、物の役に立たない。

107　昭和十六年十一月五日

神奈川県鎌倉市名越六法井東　阿藤伯海様（台展）
京都市左京区田中大堰町六番地　狩野直喜

拝呈。菊花之時節と相成候処、御近況何如。定めて御清康之御事と存候。先般来帝国学士院に於いて、宸翰英華編纂之計画有之候為め、京都寺院を取調之為め、東京より多人数まゐり、老夫も委員に列し居候故、参加して列聖之御筆を敬観いたし候が、殊に延暦寺勅封之珍宝[1]たる嵯峨帝[2]之御宸翰ハ、実ニ御立派なるものにて、唐之帝王も遜色ありと可申、恭しく御宸翰之下に拝伏して、感激言ふ所を知らず候。賢兄にハこの気持御分りと存候間、一寸申上候。荻窪之弱孫も相変らず御厄介と相成候由、御面倒御気之毒に候が、御提撕[3]よろしく相願候。無知之小児に候へども、将来度用之種子をまき置度存候。末孫も目下病院にありて手術を受け居候由、宿命致方なく候へども、少しでも宜敷相成候ハヾ、仕合せニ有之と念願致居候。久しく音問を絶ち候間、書中右迄如此。匆々。

直喜

十一月四日

大簡賢兄　侍史

（1）　延暦寺勅封之珍宝　「光定戒牒」を指すのであろう。

（2）　嵯峨帝　第五十二代天皇。七八六～八四二年（在位八〇九～八二三年）。弘法大師空海、橘逸勢と共に三筆の一人に数えられる。

（3）　提撕　ひっぱって教え導く。『顔氏家訓』に見える「提撕子孫」。

108　昭和十六年十二月三日

神奈川県鎌倉市名越六法井東　阿藤伯海様

京都市左京区田中大堰町六　狩野直喜

※はがき

拝復。唯今御手紙まゐり忝く存候。老夫も先日来感冒にて養生致候処、已ニ全快、猶臥床にて用心致候。御心配なきやう祈上候。井荻之孫不相変御厄介御高義不相忘候。今月中旬之歓晤を今より楽み御待致候。匆々不一。

十二月三

109　昭和十七年一月八日

神奈川県鎌倉市名越六法井東　阿藤伯海様（恵展）

京都市左京区田中大堰町六　狩野直喜

拝復。新年御芽出度御祝申上候。老夫も七十有五之馬齢を重ね、歳月流水遅暮之歎[1]、胸中ニ切なるもの有之候へども、これ計りハ致方無之事に候が、御蔭にて弱体ながら読書はまだ出来候儘、これのみハ先づ仕合せと存じ候。御一笑相願候。孫之事に関し常ニ御厄介を相懸け、感佩無已。御面倒ながら将来も何とぞ宜敷奉願候。御承知之通、末孫病気之為め、媳平素之注意足らざりし故、第二期之成績降り候間、若し府立中学へ進学出来ざる場合ハ、何如ニ致すべきかと申来り、尊台之御意見も報知致し候。暁星中学は昔時之暁星学校とハ、組織も改まり世間一般之中学と同じかるべきも、長き伝統を有する故、普通之営利学校と違ひ、又生徒之種も良きかと存候。但児子が若し転任して、孫も従つて転学する場合も考慮之必要ありと存じ、其辺之事をも注意致すやう、児子共へ申遣はし置候。何分（ママ）も東京之学校につきて何も承知致さず、何分宜敷御指導致（ママ）上げ候。孫ハ御覧之通り神経質之ものにて、同時ニボンヤリ致居、競争心など全く無之、学科についても其好む所はやれども、好まざる処ニ努力せぬ風あり。これも老夫之遺伝かと存じ候。又身体も虚弱之方ニ有之候へバ、却つて文部省現今之方針を墨守する府立よりも、暁星之方が宜敷かとも想像致候へども、是亦老夫之想像ニ過ぎ不申候。要するに孫之性質ニ適したる所が宜敷かるべきかと存候。何分可然御配慮を願上候。老夫も先般来之感冒、やつと全愈致候へども、元気ハ未だ回復致（ママ）たさず、殊ニ寒き折に候間、家ニ引籠りて養生罷在候。乍憚御安心被下度相願候。先ハ御返事迄如此。匆々不一。

狩野直喜

正月七日

大簡賢兄

山妻よりもよろしく申出候。

（1）遅暮　段々、年を取る。『楚辞』離騒に「恐美人之遅暮」とある。

110　昭和十七年三月二日

神奈川県鎌倉名越六法井東　阿藤伯海様（恵展）
京都市左京区田中大堰町六番地　狩野直喜

拝復。其後愈御清適安慰之至に御坐候。先般東京之児婦より、御帰郷之由を通報いたし、御往還にハ或ハ御立寄有之候かと御待申居候処、御用之都合にて、均しく御直行なりし由にて残念ニ存候。先般来一方ならぬ御費神を荷ひ候、長孫中学之件につき、尊説之如く暁星中学にいたすべきか、或ハ府立中学に致すべきかにつき、老夫に於いても、又東京児子及媳共も考慮致候結果、何分児子現在之境遇にてハ、遠からぬうちニ転任を命じられ候場合、長孫転学之問題自ら起るべく、地方にはよき私立中学も無之候間、矢張平凡ながら府立ニ志願いたさせ度存じたる趣に有之、決定以前尊台にも御相談可致義に候処、御帰郷後之事にて、独断致したる事、尊台平素之御厚意ニ対しても、相済まざる由申来り候。右之次第あしからず御亮照被下度、老夫よりも千万願上候。尤府立を志願いたしたりとて入学を許され候哉否ハ、勿論相分り不申、若不合格之節ハ他之方法をとらざるべからず、其節ハ何とぞ御見捨てなく、児子及媳を御指導被下度相願候。老夫も風邪ハ旧冬全愈いたし候へども、長く引籠居たる為め、元気未だ旧ニ復せず、一ハ寒気と老嬾之為め、今猶杜門[1]勝手之振舞致居候。追々春暖と相成候へバ、不遠平常之通ニ相成可申、乍他事御安神被下度奉願候。先ハ右迄如此。匆々不一。

三月二日　狩野直喜

大簡賢兄

（1）杜門　門を閉じる。

111　昭和十七年三月二十六日

神奈川県鎌倉市名越六法井東　阿藤伯海様（恵展）

京都市左京区田中大堰町六　狩野直喜

拝復。其後風邪も全く御克復之由、安慰致候。老夫も別ニ障りハ無之、偸生(1)罷在候間、御安神可被下候。本月之御帰京ハ来月迄御延期之由、近来之旅行ハ中々混雑いたし候。殊ニ四月より煩瑣之規則出来候様子にて、面倒と相成候間、申迄も無之候へども、能ク其時を御択びある事肝要と存候。御豫定之通りにて歓晤を得候事を、今より楽みて御待致居候。先日所用ありて細川公子(2)入洛被致候節、色々之話の中に、先般鎌倉へ居を求めて住はられ候事ニ有之、一度御尋可申とて賢兄之御住処を記るされ候。若来られ候ハゞ、御面会被下度御願致候。先ハ不取敢右迄如此。匆々。

直喜頓首

三月廾六日

（1）偸生　命を惜しんで、いたずらに生きながらえる。李陵の蘇武に答えるの書に見える。

（2）細川公子　細川護貞氏。

112　昭和十七年三月三十日

岡山県浅口郡六條院町　阿藤伯海様

京都市左京区田中大堰町六　狩野直喜

※はがき

拝呈。月末御東上之由承はり、昨今御待致居候処、御出無之、或ハ御病気にてハなきかと案じ候。直禎入学(1)につき、拝晤御礼申述べ又色々御話も承はり度と存候。直禎ハ固より双親も大喜びに候。先ハ御尋迄如此。匆々。

三月卅日

（1）筆者は東京府立の某中学校の受験に失敗し、阿藤先生の御助言もあり、京華中学校（現京華学園高等部）に入学した。通学には省線電車（現国鉄）と市電（都電）を利用し、一時間三十分強を要した。此の学校の教育方針は、その当時には珍しく、軍国主義的教育色が薄かったように思われた。

113　昭和十七年四月八日

神奈川県鎌倉市名越六法井東　阿藤伯海様（平安）
京都市左京区田中大堰町六番地　狩野直喜

拝復。先日御東上之途次、敝廬御尋被下、久振慰老懐候。又其節ハ御郷里之物資御頒ち被下、毎度御厚意忝く存候。御帰寓之日、井荻之宅御尋被下候由、児輩こそ此度之御奔走御礼として罷出べき処ニ、賢兄に先だゝれ恐縮致候事と存候。直禎より受験之時の様子を報告し候中ニ、一年級元亨利貞[1]ノ四に分ラれ、孫ハ利組に編入され候由、今之世ニ、元亨利貞ニ分けるなど面白く存候。早速返書を遣はし、正義にてハ無之候へども、卜筮ノ上より、子供ニ分るやう説明を与へ、阿藤先生へハ御見せしても宜敷と諭し置候。御一見御笑ひ被下度候。此度之入学ハ全く賢兄御先容[2]之御蔭に有之、本人ハ勿論、双親より老夫等両人に至る迄、感謝之至ニ有之、今後も御面倒ながら御訓導被下度、宜敷相願候。先ハ右迄如此。山妻よりも同様申出候。匆々不一。

四月七日　狩野直喜頓首

大簡賢兄　研北

（1）元亨利貞　『易経』の乾の卦の四徳をいう語。
（2）先容　紹介し推薦する。蘇東坡「上梅直講書」に見える。

114　昭和十七年五月十二日

神奈川県鎌倉市名越六法井東　阿藤伯海様（恵展）

京都市左京区田中大堰町六　狩野直喜

拝呈。初夏之時節、筆硯愈御多羊[1]安慰致候。老夫も近来元気も宜敷相成り、昨日より久振りニ向日町之茅屋ニ二泊し、京都市内[2]之稍幽静を覚え申候。先日ハ御郷里より、塩蒸鯛一尾御送くり、早速御厚意之品を以、老饞を充たし候。幾重にも御礼申上候。井荻之孫も御蔭にて元気よク通学罷在候由、安神致候。小児よりハ何とも申送らず候へども、或ハ学校課業之都合より、従来之通り孟子之御授読を承け居候否と存候[3]。若学校之事情にて今までの如く奉教出来ぬとしても、御都合つき候節ハ、御立寄之上御話丈でも拝聴させ候バ、前途向学之為めに、非常之力を得候事と存候。御面倒ながら御指導被下度相願候。先ハ御礼方右迄如此。匆々不一。

五月十二日　　狩野直喜

大簡賢兄

近頃、御作詩何如。若あらば御示し被下度。念々。

（1）御多羊　「羊」は、ここでは祥の意。多羊は多祥。
（2）京都市内　京都市外ならん。
（3）居候否と存候　居候や否と存候ならん。

115　昭和十七年六月九日

神奈川県鎌倉市名越六法井東　阿藤伯海様（恵展）

京都市左京区田中大堰町六番地　狩野直喜

拝復。愈御清康奉賀候。老夫義も近頃元気極めて旺ニ候間、御安神相願候。承はれバ、本月末ニ御帰郷之由、久振歓晤を得度存候。御近什二首(1)拝見致候。均しく金石之音あり、唐賢を学ばれ度迹(ママ)著しく候。第二首之内容につき、会面之節商権可致存候。劣孫相変はらず御厄介ニ相成り、難有存候。過日漢文の先生から誉められ［し］とか申送くり候。本人も中学に入りてより、学科に興味を持つやうニ相成り候様子にて、嬉敷事ニ存候。猶此上とも御鞭撻被下度相願候。さて一事御願度存候ハ、御承知之旧主細川侯之世子護貞君、近衛内閣変り候以後、企画院ニ入り勤務いたされ居候処、近頃身体とかく勝ぐれず、時々図子(2)之別邸へ至り、静養致候処、豫而より賢兄之事を老夫より聞かけ(3)、一度拝芝(4)致度、小生より御紹介いたし呉れと申来り候。御迷惑ながら、同君貴地へまゐられ候節、御尋申さるべく、御逢ひ被下候ハヾ忝く存候。若く(5)賢兄以て近づく可しと思はれ候ハヾ、御交遊被下度御願致候。長者へ対する礼は能く辨まへ居られ、元来読書を嗜む性質に有之、孟子之所謂挾貴(6)之臭気ハ無之と、慾目かも知れぬが思ひ候事ニ存候。右宜敷願候。士相礼として、将来ハともも角、其初ハ必ず同君より賢兄を訪けるやうに(7)致し度と存候。先ハ御返事方右御願迄如此。匆々不一。

狩野直喜頓首

六月九日

大簡雅兄

（1）近什二首　『大簡詩草』中の、どの詩かは不明。
（2）図子　逗子ならん。
（3）聞かけ　聞かれならん。
（4）拝芝　拝顔のこと。
（5）若く　若しならん。
（6）挾貴　身分の高いのを鼻にかける。『孟子』万章に見える。
（7）訪ける　訪れるならん。

116　昭和十七年六月十八日

神奈川県鎌倉名越六法井東　阿藤伯海様（台啓）

京都市左京区田中大堰町六番地　狩野直喜

黄梅時節、筆研愈御佳勝、安慰いたし候。老夫も其後、身体之具合も漸く快よク相成候間、御懸念被下間敷候。先日御願いたし候、細川侯世子にハ、貴君宛之紹介名刺を送くり置候。近来健康を損じ、夏期にハ図子に於いて静養され候考之由、承はり候間、貴兄ニ御願い［し］たる次第也。先年失耦(1)以来健康すぐれず、読書以外ニ趣味も少なく、御気之毒に存候事に候。御送くり之詩拝見、存寄り之点、添削返璧(2)いたし候。岩元師を哀む七絶(3)、合作(4)にて非難之点無之、七律(5)之方亦格調文字均しく宜敷候へども、督学其人之人柄及職務相分り不申、或ハ其人其職とつりあはぬかと疑ひ候。吐鳳気ハ何之典故を用ひられ候哉、相分り申さゞれども、三字皆仄なるを以て、揚雄之典を用ひ、吐鳳空憐文字美と改め置候。過日一高寮之紀念会(6)に孫共御案内被下候由、申来り候。中学入学後、学科が一層面白く相成候様子にて、仕合ニ存候。今後も御面倒ながら御訓育願上候。月末御帰郷之途次にハ、必ず歓晤を得度御待致候。匆々不一。

六月十八日　　　　直喜

太簡(7)賢兄

（1）失耦　失偶に同じ。配偶者を失くす事。昭和十五年八月二十八日付け書簡の注（1）を参照のこと。
（2）返璧　返還の意。
（3）岩元師を哀む七絶　前出（昭和十六年七月十八日付け書簡）。
（4）合作　佳作。詩や文章が法式にかなっている。
（5）七律　『大簡詩草』中の、どの詩を指すか不明。
（6）一高寮之紀念会　筆者も此の時の事は覚えている。元来、一高の紀念会は二月に行われるものであったが、此の年は何故か五月にも行われたようである。なお、清岡卓行『詩礼伝家』には、昭和十八年の五月に紀念会が行われたと記しておられ、一年の差がある。
（7）太簡　大簡でなく太簡と表記する例が、この後の書簡中にも見られるが、何故かは不明。

117　昭和十七年八月三日

神奈川県鎌倉市名越六法井東　阿藤伯海様（台啓）
京都市左京区田中大堰町六番地　狩野直喜

拝呈。上月ハ東京に於いて御来訪を得、歓晤愉快之至に有之、御礼申述候。帰宅して見れバ、京洛之炎暑ハ東京よりも更ニ烈敷、閉口いたし候。然れども八月中旬にも相成り候ハゞ、秋気も幾分か人意を快くするもの可有之かと存候。高等学校も已ニ休暇に入り、近頃ハ御閑適かと存候。御郷里へハ何時御出発に候哉、御往復にハ必ず御立寄奉待候。孫共も明後日当地へまゐる由、報知有之、久振賑やかニ相成り候と存候。過日市内之一僧院に遊び、終日暑を避け候へども、涼気はあれども未だ塵俗を免れず、矢張り山寺が宜敷と存候。先ハ右迄如此。匆々不一。(1)

狩野直喜

大簡賢兄　侍史

内人よりも宜敷申出也。

（1）此の書簡が書かれて間もなく、筆者は当時小学五年の妹と二人京都に行き、約三週間祖父のもとに滞在した。

118　昭和十七年九月十七日

神奈川県鎌倉名越六法井東　阿藤伯海様（親展）
京都市左京区田中大堰町六番地　狩野直喜

拝啓。秋気相催候時節、筆研愈御佳勝と存候。次ニ老夫義も、以御蔭無事消光罷在候間、御安神被下度候。昨日ハ麓君(1)金陵(2)へ赴任之途次立寄られ、久振面晤、支那ニ於ける文化事業ニ関する愚見も申述べ候。尊翰之通、同君之此行、考やうによりてハ重大なる役目に有之、教授を辞して訳官となられし決心が、幾分でも報られ候事を祈り候。大使と、彼国政府之要人梁衆異氏(3)

へ紹介致置候。直禎義不相変御世話ニ相成、忝く存候。学校之功課ニ対し御多忙之折角、甚以て御気之毒に存候。拙宅も先月末、婢突然暇を乞ふて還家、代りを物色しても中々傭人無之、山妻が婢之役に充たり、老夫山妻ニ代りて、つまらぬ家事をいたし居候。御一笑被下度候。先ハ右迄如此。匆々。

狩野直喜頓首

九月十七日

大簡賢兄

(1) 麓君　麓保孝氏か。
(2) 金陵　南京。当時南京には汪兆銘の政権があった。
(3) 梁衆異氏　梁鴻志（一八八二〜一九四六年）のこと。中華民国の政治家。北京政府安徽派の有力政治家で、後に中華民国維新政府の首脳に就任した。字は衆異。晩号は遇叟。

119　昭和十七年十月十一日

神奈川県鎌倉市名越六法井東　阿藤伯海殿（恵展）
京都市左京区田中大堰町六番地　狩野直喜

拝啓。秋冷之時節、筆研愈御佳適安慰致候。老夫も其後息災ニ有之候間、乍憚御掛念なき様相願候。さて無動寺[1]之稲田師[2]にハ、是非登山親しく礼を申さむと思ひながら、過日申上候下婢還家以後、家ニ留守番無之上、陰晴常ならず、突然まゐりても山輿[3]を得ること困難なるべしなど言ふもの有之、遅延いたし中心不安に存居たる所、幸ニ東京八木田方之姪[4]、家事之助けにまゐり候間、不取敢荊妻と共ニ不取敢(ママ)老夫之代理として参詣為致候処、師も快よく面会し、長時間歓待を受けて帰へり候とて、委細之事を聞き安神いたし候。老夫も其内に登山致候筈に候。老妻之話にハ、下湖水を望み、風景之美、不可言程宜敷処ニ有之、師も是非一泊がけニ来て呉れるやう候由(ママ)に候。婦女之観察ハ当になららざれと共、実ニ快活無礙之人にて、片苦敷点なきよき清（ママ）僧と申居候。直禎も不相変御授読之御労苦を蒙むり、忝く存候。孟子も完了致候段階ニ進み候由にて、欣悦之至に御坐候。孟子之後ハ何が宜敷かるべきか、御見込に任かせ度、課本定まりて家より通知致来り候はゞ、当方より送くり可申候。十八史略之如きは名臣良将之事蹟なども有之、歴史之参考とも相成り宜敷かと存候。然れども決してこれに限りたる事ハ無之、本人之理解力をも御考被下、御申聞け被下度候。先ハ雑用とりまぜ如此。老妻よりも呉々可然申上呉候申出候。匆々不一。

十月十一日　　狩野直喜

大簡賢兄

（1）無動寺　比叡山東塔にある寺。

（2）稲田師　稲田祖賢阿闍梨。戦争中に千日回峰行をなし、此の行を中興した。

伯海が何時、どのような由縁があって知り合われたかは詳かでないが、いたく心服していた。なお、無動寺は京都の修学院にある赤山禅院から登れば（きらら坂という）、最初に無動寺に至る。ケーブルカーなどまだない時、京都の人は叡山に登る道としてよく使った（漱石の『虞美人草』にも描かれている）。ただ途中、九十九折の急坂がある。

狩野の家では、叡電とケーブルカーを使って四明ヶ嶽の山頂に至り、そこから一時間以上をかけて歩いて行ったものである。今ではバスも運行しているが、当時は無動寺に行くのは大変なことであった。我が家では叡山に行くという事は、無動寺に行く事と、ほぼ同義語であった。

（3）山輿　ケーブルの終点から輿を雇ったものか。

（4）八木田方の姪　政雄には三人の姉妹があった。その中の一人が来たのであろう。

120　**昭和十七年十二月七日**

神奈川県鎌倉市名越六法井東　阿藤伯海様（侍史）

京都市左京区田中大堰町六番地　狩野直喜

拝啓。寒冷相加はり候処、筆研愈御佳勝之御事と存候。

老夫も至極元気に有之候処、数日前軽微之風引をなし候。固より熱も無之候へども、餘り寒く候故、静養いたし居候。必ず〳〵御掛念被下間敷候。さて祖賢師依頼之嵯峨天皇御製につき、取調らべ候処、老夫拝読いたしたるものにハ三種あり。一ハ粟田青蓮院(1)にて宸翰と称し宝蔵せるもの、二ハ園城寺(2)蔵大師像(3)之上にあるもの、是れが祖賢氏之蔵なるべしと存候。又其外に叡山専修学院にて出版之大師伝記、大師全集中に入るに載せたる三種、互ニ異同あり、大ニ困まり候。祖賢氏よりハ老夫に勝手ニ取舎し呉れとの事なれど、御製に対し奉つり、我々の輩が独断取舎するも恐多く候間、大体ハ園城寺蔵に据り、其内二三字ハ粟田御蔵によりて、之を改め候事ニ致し候。唯前述之如く、目下不気分に候間、天気晴朗神気稍好き時、祖賢師之送くられたる沈香を焼き、拙字謹写いたし度存候。先ハ右迄如此。匆々不一。

狩野直喜

十二月七日

大簡賢兄　侍史

(1) 粟田青蓮院　京都市東山区粟田口にある。天台宗門跡寺院。
(2) 園城寺　大津市にある天台寺門宗の総本山。御井寺、三井寺の名で知られる。
(3) 大師像　伝教大師像。以下、この書簡の詳細なことは不明。嵯峨天皇の哭澄上人御製詩のことを言っているようだ。

121　昭和十七年十二月十七日

神奈川県鎌倉名越六法井東　阿藤伯海様（台展）

京都市左京区田中大堰町六番地　狩野直喜

拝啓。其後御起居何如、寒気烈敷時節、御清康之事と存候。老夫も幸ニ無事に候間、御安慰被下度候。例之哭澄上人御製詩(1)、一応相認め稲田氏へ送くり候処、何ぞ計らむ、弘仁ノ月数を誤まり候間、書直し候筈に有之、稲田氏之書状に、何れ「阿藤氏を通し御礼申上ぐべし」云々の語有之も、御承知之通し（ママ）、同師先般来之御厚意に対し、御寺に奉納之心持ちにて拙筆を弄した る次第ニ有之、已ニ御礼之返事を受け、却つて恥敷存候事にて、此以上之礼ハ断じて当らず、賢兄ハ老夫之心を能く御承知と存候が、先方より何とか申来り候ハゞ、乍憚よきやうに御取つくろひ、かかる事なきやうに御返答被下度候。先ハ右用迄如此。匆々不一。

十二月十七日

大簡賢兄　侍史

（1）哭澄上人御製詩　澄上人は伝教大師最澄。天台宗の開祖。嵯峨天皇の弘仁十三年（八二二）に遷化。嵯峨天皇が最澄の死を悼んで作られた詩。

122　昭和十八年一月八日

岡山県浅口郡六條院町　阿藤伯海殿（台展）

京都市田中大堰町　狩野（寄）

拝啓。新年御芽出度候。老夫も本年ハ成績よろしく、風も引かず雑煮を祝ひ候間、御安慰可被下候。旧冬ハ周南子之親切にて、天厨御用と同一之ものを戴くことを得、物体なく存候。小児より申聞け候にハ、賢兄もワざ〳〵周南と同行、寒天ニ小児宅迄御持参被下［候］由、御厚意ハ忝く候へども、御気之毒慚愧之至に候。御上京之節ハ御立寄之由、屈指御待致居候。先ハ先日之御礼迄如此。餘ハ歓晤可申述候。匆々不一。

狩野直喜

昭和癸未正月八日

大簡賢兄

旧冬御送くり之詩ハ拝見[1]致候。御来宅之節鄙意を述べ、御還へす（ママ）可致候。

（1）詩ハ拝見　此の詩は『大簡詩草』のどの詩を指すかは不明。

123　昭和十八年一月二十一日

神奈川県鎌倉名越六法井東　阿藤伯海様（台展）
京都市左京区田中大堰町六　狩野直喜（寄）

拝復。先般御上京之途次、御立寄り被下、久振歓晤老懐を慰め候。其節御心入れの赤飯及胡麻御持参、恵贈を荷ひたるのみならず、其後御留守宅より鶏卵沢山御郵送被下、物資之缺乏ニ苦しみ候現今、誠ニ忝く存候と同時に、御気之毒千万に存候。祖賢師麓氏之御伝言、正ニ承はり候。過日申上候弘仁之月、園城寺御影ノ上にハ、確然十月とあり、叡山にて刊行せる大師伝ノ別巻にハ、別伝ヲ引き十一月とあり、孰が正しきか老人にハ相分り不申候故、一度問合はせ候存念に候。又右弘仁年月日ハ、青蓮院之宝蔵せる御製之後にハ無之、これハ何ニ本づきたるか、老夫にハ是亦不明に候。愚考にてハ、右之年月日ハ、一切題之処ニ嵯峨天皇御製哭澄上人詩となし、相認めてハ何如と存候。右につき賢兄之御考何如と存候。孰れ其内老夫よりも、祖賢師に相談致度存候。尊作ハ過日申上候通り、誠に申訳なき事をなし候。乍御迷惑、再写御使はし被下度、又御手数ながら此詩はかゝる事を言ふつもりと、肝要之点を御小書被下候ハゞ忝く候。詩ハ性情を述ぶるが第一義にて、文字之雅俗等により、作者之気持を無視すべからざる故ニ御坐候。来月ハ又御西帰之途次、御取寄之由、今より屈指御待致候。山妻よりも宜敷申出候。匆々不一。

正月二十日　狩野直喜

太簡賢兄　侍史

124　昭和十八年一月二十五日

神奈川県鎌倉名越六法井東　阿藤伯海様（台展）
京都市左京区田中大堰町六　狩野直喜

拝啓。其後愈御佳勝、安慰之至に候。老夫も不相変元気にいたし居候間、御掛［念］被下間敷候。さて先日御話申候「経机」、寒斎ニ置くより賢兄読書之御用に立つこと、机も其所を得たりと喜ぶべく存候間、今日御送くりいたし候。御笑納被下候ハヾ幸甚に候。草々荷造を命じたる為め、熨斗もつけず失礼候。先ハ右迄。匆々不一。

狩野直喜

正月廿四日

太簡賢兄

125　昭和十八年二月十八日

神奈［川］県鎌倉名越六法井東　阿藤伯海様（親展）

京都市左京区田中大堰町六　狩野直喜

拝啓。寒気尚烈敷候処、筆研愈御佳勝大慶ニ存候。老夫も以御蔭感冒ニも犯されず、支持罷在候間、御安慰被下度候。さて先般御送くり之尊稿再び拝見、遠慮なく所見により、文字を損益し御還へし致候。詩之体にても絶句ハ尤六か敷、起承転合之法則[1]ハありても、中々具合よくまゐらず、殊ニ老夫が如き素人之筆を入れ候てハ、却つて原作に劣る虞なしとせず、別紙に改竄の理由を記し置候間、篤と御一覧、御取舍可被下候。御承知之通り、賤息も此度大阪へ転勤致すこと丶なり、先日より帰宅致候。普通ならば一家相集るべき所、孫共之教育、殊ニ季孫之教育につき、今東京を去るに忍びざる事情も有之、少なくとも当分ハ直方一人のみ来り、其餘ハ留ることに決定致候。就いてハ直禎も今後猶更御掖導を荷ふこと多かるべく、御面倒ハ平素御気之毒に存候へども、宜敷相願候。老境人事之蕭条たるを歎じ居候処、賤息まゐり、寒屋も賑かに相成り候段ハ仕合と存候。御一笑被下度候。匆々不一。

狩野直喜頓首

二月十八日

大簡賢兄　侍者

※別紙

宮闕(2)

唯抽象的ニ宮闕ヲ詠ジタルモノナラバ、此ニテ可ナレドモ、本朝ノ宮闕ナラバ、其文字ニツキ猶考慮シ、実ニ近カラシムル要アリ。霓裳一曲(3)ハ、唐明皇ノ故事ナレド、用ヒヌ方ガ宜シカルベク、昆明池(4)畔モ或作ノ中ニ列ベラレタル御溝(5)春日位ガ宜敷カト存候。

旧京(6)

王気(7)千年モ、過去ノ事ヲ言フニハ何如カト思ハレタルヲ以テ改メタリ。野人家ノ句ト重ナル嫌アリシモ、適当ノ字ヲ考得ザリシヲ以テ、市人家トナセリ。

巴津二(8)

此詩ハ巧ニ文字ヲ使用セバ、今古ノ感ヲ述ベテ面白ク聞ユルト思ヒ候ヘドモ、老夫ノ力ニテハ出来兼候。之レヲ改タル点ハ、神后ノ首句「跡茫渺」ニテ悠久ノ昔ヲイヒ、第二句ニテ三韓ノ我版図ニ入リ、共ニ国難ニ当ル現状トヲ相対セシメ、第三句ノ風波穏ニテ互ヒニ相和セルサマヲ言ヒ、第四句ニテ初メニ還ヘリ、出師古跡ノ風景ヲ写シ出シ、全詩ノ結ヲナシタリ。

第三(9)

結句、聴管絃ノ三字アレドモ、現在ノ酒楼ニツイテ用フルハ当ヲ得ズ。空以竹枝当管絃トセリ。当ハ代用ノ意、昔シ韓使来朝シ、時ハ、管絃ヲ奏シテ賓ヲ楽マシメシガ、今ハ竹枝ガソレニ代ツタト、懐古ノ情ヲ述ベタル也。

第四(10)

一二句ハ原作宜シキヤウニ思ハル、但清詩ハ新詩ト改メタラ何如。

第五(11)

題ヲ西山処士館址トアル故、水戸ノ西山荘(12)ナリト思ヒ筆ヲ加ヘ候。西山公ナラバ賢侯トシ、公ノ事ニアラズバ先生トシタラバト存候。第二句ト首句トノ聯絡乏シク、承句ノ役ヲセヌ感アリシヲ以テ、憶昔云々ト改メタリ。第三句、黄鳥綿蛮(13)云々ハ杜詩ナドニ経語ヲ用ヒタル例アレド、経語ヲ入レテ経語ノヤウニ見エズ、他ノ句ト好ク調和混一スル事ハ非常ニ困難ナレバ、一切之レヲ改メタリ。此詩、処士ノ風節ヲ露骨ニ述ベズ、梅ヲ以テ之レヲアラハシタル点、味アリ。故ニ梅ヲ主トシ、好与賢侯象高節(14)（氷節(15)モ可ナラム）トナシタリ。与ハ助辞ニシ、「為ニ」トカ「対シ」トカノ意ナリ。与即チ相与ノ与ト読ミテハ誤ナリ。

帰園除夜作(16)

惆悵二字、重ニ過グ、故ニ之レヲ省ケリ。是一春ノ是ハ助辞トシテ力ナシ、又ヲ以テ之レニ代ユ。古人之ニ似タル句アリテモ差支ナシ。

（1）起承転合　起承転結に同じ。

（2）宮闕　『大簡詩草』には次のように見える。

九重宮闕鎖煙霞、双柱金茎承露華。天上今応奏絃管、御溝春日動龍蛇。

「金茎承露」は漢の武帝の故事。武帝が天から降る露を不老長寿の薬と信じ、承露盤を作って之を受け、盤を銅の柱、即ち金茎と呼ぶ柱に掲げた。

（3）霓裳一曲　霓裳羽衣の曲。玄宗皇帝（唐明皇）が仙人と天に上り、月宮で聞いて覚えて帰り、楽人に作らせたと伝えられる天女を歌った曲。「驚破霓裳羽衣曲」と白楽天の長恨歌に見える。

（4）昆明池　昆明池は雲南省昆明にある湖。滇池とも言う。漢の武帝がこの池になぞらえて、長安に作らせた池。

（5）御溝　宮城のほり。

（6）旧京　『大簡詩草』には次のように見える。

応天門外御楊斜、如画東山映碧霞。無奈春風吹不止、落英飛入市人家。

（7）王気　王者が出る兆しの気。

（8）巴津二　『大簡詩草』には次のように見える。

神后出師跡茫渺、如今韓族是同舟。雞林西望風波穏、月照蘆花浅水秋。

「神后」は神功皇后。

（9）第三　『大簡詩草』には次のように見える。

玉帛来朝東海天、登楼揮筆作雲煙。偏憐人去風流尽、空以竹枝当管絃。

（10）第四　『大簡詩草』には次のように見える。

万里乗槎勒孝碑、千秋儒雅正堪思。即今物変非疇昔、只有春風吹柳枝。

これにてもわかるように「清詩」、「新詩」の句は見る事ができない。

（11）第五　『大簡詩草』には「過西山処士館址」と題して見える。

山陰雪後野梅風、憶昔棲遅老此中。好与先生象高節、
一林清痩旧時同。

「棲遅」は気楽な生活をする、隠退する、『詩経』に見える。「清痩」は痩せてすらりとしている。

(12) 水戸ノ西山荘　徳川（水戸）光圀の号の一つに西山があり、晩年、西山荘に隠棲した。それで君山は西山の文字を見て、光圀の事を思い浮かべたのであろう。しかし、伯海はこの詩で、郷土の偉大な先輩である西山拙斎（一七三五～九八年）の晩年隠棲の地を詠んでいたのである。従ってこの詩中にも君山の教示により、「先生」という句を使っている。

なお、現在浅口市には西山拙斎顕彰会があり、毎年記念講演会を開く等、活発な事業を行っておられる。

(13) 黄鳥綿蛮　綿蛮は『詩経』小雅の篇名であり「綿蛮黄鳥、止於丘阿」の句が見える。この句は『大学』では「詩云、綿蛮黄鳥、止於丘隅」とある。

(14) 好与賢侯象高節　此の詩は光圀の事でなく、西山拙斎を詠んだものであるから、伯海は、此の句は当然の事として用いていない。

(15) 氷節　氷雪のことであろうか。氷雪ならば潔白のたとえ、頭脳のすぐれているたとえとして使われる。「高節」「氷雪」ともに『荘子』に見える。

(16) 帰園除夜作　『大簡詩草』には「還家除夜」と題して載せられている。

轟掩石欄松抱壁、十年荒館月相親。把琴欲払蜘蛛網、
郷国明朝又一春。

以上の詩、伯海が最初君山に送った際は、どのような表現になっていたか不明な事が残念である。

126　昭和十八年四月四日

岡山県浅口郡六條院町　阿藤伯海様（親展）
京都市左京区田中大堰町六　狩野直喜

拝啓仕候。先般ハ久振歓晤、空谷跫音を聞くの感を起し候。御東上之節ハ再び御立寄りかと存居候処、学校功課之始まる故、御帰寓ならば宜敷く候へども、万一ハ御郷里にて風引などにて、於今猶御滞留にてハ無之哉と、気にかゝり御尋申候。老夫事も其後元気と申す程も無之候へども、先づ無病にて日を送くり居候間、御安慰被下度候。乍失礼、令慈様(1)に宜敷御申上被下度相願候。先ハ右迄如此。匆々。

四月三日　　　　狩野直喜

大簡賢兄

（1）令慈　他人の母親に対する敬称。

127　昭和十八年四月二十一日(1)

相州鎌倉名越六法井東　阿藤伯海様（台展）

京都市左京区田中大堰町六　狩野直喜

拝啓。先般晋京之節ハ、遠路都門之駅迄御足労を相かけ、忝く且御気［之毒］ニ存上候。又昨日ハ西郊之茅屋へまゐり居候処、御東上之途次御立寄被下候由、不得会晤残念千万ニ存候。老夫も研究所を辞し(2)候後、気持も寛くつりと相成、桑楡(3)之暮景ながら、読書老を忘れ度存候。

　愧我済時経術疎、善隣長策竟何如。老来堪向空山隠、欲読人間無用書。(4)

老夫目下之心境如此。御一笑被下度、詩ハ他人へハ御示被下間敷相願候也。匆々。

四月十七日　　　　狩野直喜

大簡賢契

尚々、時下気候不順にして、病を得易く候間、千万御注意有之度、相祈り候也。

（1）昭和十八年四月二十一日　此の書簡は四銭切手が貼ってある事、また書簡の内容の面から考えても、昭和十三年四月二十一日の発信である。

（2）研究所を辞し　君山は昭和十三年三月をもって研究所長を辞した。

（3）桑楡　老年の意。『後漢書』孟嘗伝に見える。

（4）愧我済時……無用書　此の詩は『君山詩草』には「偶成昭和戊寅作」と題して載せられている。戊寅は昭和十三年。
　愧ずらくは、我の時を済（すく）うに経術の疎なるを、善隣の長策、竟（つい）にいかん。老来り堪えて向う空山の隠、読まんと欲す、人間無用の書を。

なお『君山詩草』には、第一句の「済時」を「応時（時候にうまく応じる）」に作っている。

128　昭和十八年四月二十六日(1)

鎌倉市名越六法井東　阿藤伯海様（台展）

京都市左京区田中大堰町六　狩野直喜

拝啓。春陽之候、愈御清適安慰仕候。老夫義も鄙恙全く復元致候得共、長く引籠居た為め、行歩蹣跚、即ち国語之よち〳〵致候につき、毎日務めて外出足ならしを致候。御一笑可被下候。其後学校之御感想何如。(2)従来之私立大学よりは生徒之質も宜敷、教甲斐有之候事と存候。然れども高等学校も往昔と同じからず、教職員及び生徒之訓練矢釜しき由にて、昨日老夫知人に第五高等学校教授にて、(3)生徒報国団主事を兼たるもの、上文部省之命により東京に於いて訓練を受くる為め、上京之途次立寄り候。尊台は講師之任ニ居られ候へバ、此の如き面倒之御事もなかるべく、これハ御仕合と存候。今日ハ岡山御留守宅より、又々塩焼鯛御送くり被下、御厚意忝く存候。早速岡山へハ葉書を以て御礼申述べ置き候へども、茲ニ拝謝仕候。中荻(4)之弱孫之為め、相変らず御立寄り御教読被下難有、牛刀鶏を割くの類御迷惑千万と存候。何とぞ此上も宜敷願上候。来年ハ中学校受験(5)させ候年齢と相成候へども、身体もあまり堅固ならず、果して中式可致候やう心配致候。先般御来過之翌朝、御留守宅より長距離電話をいたゞき、一高より速達郵便を以て、履歴書を徴し来り候間、尊台へ御報告せんと電話をかけたる処、旅館へ御泊りなき由にて、御宿を御尋に相成候につき、下婢を大学前之御宿へ走らせ候処、既に御出発後にて其儘ニ致候。又木下彪君より、尊台岡山之御住址を問合せ来候間、已ニ鎌倉へ御帰へり之由申送くり置候。已に用済み候事ながら、書中取交ぜ如此御坐候。匆々不一。

狩野直喜頓首

四月廿六日

大簡賢兄　侍史

連日春寒不出門、薬炉火滅伴黄昏。此生好似梅花瘦、細雨斜陽又断魂[6]。

右病中之作、御一読後火中ニ御投入可被下。

（1）昭和十八年四月二十六日　此は内容より見て、昭和十六年四月二十六日の書簡である。

（2）学校之御感想何如　伯海は法政大学を辞して、昭和十六年四月に第一高等学校（後の東京大学教養学部）に奉職した。

（3）第五高等学校　現在の熊本大学。

（4）中荻　井荻の誤記。

（5）来年ハ中学校受験　筆者は昭和十六年四月に国民学校（昭和十六年四月から、尋常小学校は国民学校と変わった）六年生に進学し、中学校を受験する年になった。

（6）連日春寒……又断魂　此の詩『君山詩草』には「臥病」二首の中、第二首として載せられている。なお第一首は昭和十五年八月朔日付の書簡に記して伯海に送っている。読み下せば、

連日春寒にして門を出でず、薬炉の火滅し黄昏に伴う。此の生好く似たり、梅花の瘦せたるに、細雨と斜陽に又魂を断ず。

なお『君山詩草』では第二句を「火炉煙滅伴黄昏」、第四句は「細雨斜風正断魂」に作っている。

129

昭和十八年五月十一日

神奈川県鎌倉名越六法井東　阿藤伯海様（恵展）

京都市左京区田中大堰町六　狩野直喜

拝復。先日御帰寓之途次、久振歓晤、健康御回復之御様子を見、安慰之至に候。其後汽車之御疲労もなかりし由、何より結構ニ存候。一昨日ハ御留守宅より、名産塩蒸鯛御送くり被下、毎年御厚意を荷ひ忝く存候。世の中ニ無用之老人、この時節にかゝる物をいたゞき、口腹之慾を充たすこと物体なき次第と、賤内とも話し申候。既ニ学校之御授業も御始めと存候。聞く所ニよれバ、昨日より当地第三高校へ、高等学校之教

師を招集し、文部省より派遣之役人が授業ニ関する指導をなす由にて、老夫旧知之先生、東京私立大学等にて漢文を教候ものがまゐりたりとて、拙宅を訪問いたし候。世の中も変りたるものと存候。先ハ御礼方如此。孫之功課、御気之毒に候へども、相変らず宜敷奉願候。匆々不一。

五月十一日　向日町に於いて　狩野直喜頓首

大簡賢友　侍曹

130　昭和十八年六月十八日

神奈川県鎌倉名越六法井東　阿藤伯海様（恵展）
京都市左京区田中大堰町六番地　狩野直喜

拝啓。先日上京之節ハ、御病餘に関せず御訪問被下、忝く存候。御病気につき懸念致候処、御平愈之状を見、安慰致たる次第に候。併しこれより梅雨期に入り候間、御自重を祈り候。老夫も帰宅後別に甚しき疲労も感ぜず候間、御掛［念］被下間敷候。周南子にハ老夫より書状を送くり、委細之事問合はせ候。出来るならば子と老夫との個人関係に致し、晴がましく賤名を出すことは差控え度、個人関係ならば出来る丈之尽力ハ致しても差支なき所存に有之候。先ハ右迄。猶直禎が事ハ呉れ〴〵も宜敷、御承知之如く家にハ母のみ残り候始末にて、監督も心に任かせ［ぬ］事も可有之、気懸ニ存候。匆々。

六月十七日　狩野直喜頓首

大簡賢兄

131　昭和十八年七月七日

神奈川県鎌倉市名越六法井東　阿藤伯海様（恵展）
京都市左京区田中大堰町六番地　狩野直喜

拝呈。其後既ニ健康御回復之事と存候。京都も気候甚不順にて、陰晴無常、老人ニハ之ニ順応する事六つか敷存候。幸に無事消光いたし居候間、御安慰被下度候。已ニ七月と相成り、御帰郷之日も遠からざるべく、御立寄りを楽みて御待致居候。直禎も追々成長すると共ニ、之を善導し世之悪習ニ染まざらしめる事、甚大切ニ有之候処、御承知之通り、豚児も相離れ居、家ニハ母親のみに有之候間、乍憚御注意御教誨被下度御願致候。先ハ右迄如此。匆々不一。

狩野直喜頓首

七月六日

大簡賢兄

132　昭和十八年八月十九日

岡山県浅口郡六條院村　阿藤伯海殿（親展）

京都市左京区田中大堰町六番地　狩野直喜

拝啓。先日ハ失礼致候。盆も過ぎ候間、登山せむと思ひ候処、連日之残暑にて、少々疲労を覚え、以電話中止之御断を致候て、其日御下山之由承知致候。大阪へ御立寄りとの事なるニ、或ハ令弟御病気にてハ無之哉と存候。今日ハ又祖賢師より書状まゐり、尊兄之御努力により首尾よく相運び、天台座主上京之事と相成り候由、非常なる喜び之様子に有之、老夫までも善き事を致されたりと、洵に嬉敷存候。併しかゝる事ハ、誰れが骨折りたりなど成るべく外間には分らぬが宜敷、独り賢兄のみならず、周南子ハ宮廷奉仕之身なれば、猶更之事に御坐候。右御承知万々に候へども、老婆心にて申述候段、御亮察可有之候。何れ御上京之節、御立寄りと存じ、今より楽み御待致居候。

狩野直喜頓首

八月十九日

大簡賢兄

133　昭和十八年九月十六日

神奈川県鎌倉名越六法井東　阿藤伯海様（台啓）
京都市左京区田中大堰町六　狩野直喜

拝復。先般ハ歓晤、御蔭にて老懐を慰め候。御帰東後愈御佳勝、又一高之方も御授業時間之組合はせ都合よく相成り候由、何より結構に候。叡山之事も、一寸新聞にハ掲載され候へども、老夫が懸念いたしたる点ハ毫も無之、安心いたし候。過日ハ御疲労之処、荻窪迄御立寄之上、老夫之言を御伝被下、又直禎教育ニ関する御意見を御申聞かせ之由、御厚志忝く存候。過日も申述候通り、五六年以前なりせば、膝下に呼寄せ可申も、今ハ到底其元気無之、要するに両親はじめ一同が京都へ来るか否之問題ニ帰着仕候。時局之関係にて、会社にも色々機構之変化有之らしく、或ハ来年まで一家相集まり候事となる可かとも存候事に候。これハとも角、直禎之事ハ宜敷、万事御願致候。先ハ右迄如此。匆々。

九月十六日　　　　狩野直喜頓首
大簡賢兄　史席

134　昭和十八年十一月五日

岡山県浅口郡六條院村　阿藤伯海様（親展）
京都市左京区田中大堰町六　狩野直喜

拝呈。一昨日ハ突然登山致候処、御厄介を相かけ御気之毒千万ニ存候。併上人ニ親見ハ致兼候へども、平生之所思ハ遂げ仕合に存候。御蔭にて其後疲労も豫期之如くならず、足力にも聊か自信を得候間、其内に師之都合をきゝ、再び登山可致候。一昨日ハ少々御風気之由なりしが、其後何如と存候。折角御自愛相祈り候。尊教氏(1)より手紙まゐり候間、返事を出し候。過日御話致候通り、洵によき人柄之やうに被思、其大成を祈り候事ニ候。先ハ右迄如此。匆々。

別便にて御送致候、漢法風邪之煎薬（これハ、昔之医者家伝のものにてよくきゝ申候）二服御送くり申上候。熱なくとも宜敷、風引かぬ薬とも相成り候。一服ハ二三度ハ煎じ直してもきゝめ有之候。

直喜頓首

十一月四日

太簡賢兄

賤内及び小児よりも、宜敷申出候。

（1）尊教氏　不明。

135　昭和十八年十一月六日

岡山県浅口郡六條院村　阿藤伯海様

京都市左京区田中大堰町六　狩野直喜

※封筒のみ（通信文なし、中味は漢方薬か？）

136　昭和十八年十一月十二日

神奈川県鎌倉名越六法井東　阿藤伯海殿（親展）

京都市左京区田中大堰町六　狩野直喜

拝啓。唯今貴電に接し、学校試験之為急遽御上京之由、残念ニ存候。風邪ハ已ニ御全愈と存候へども、折角御用心相祈り候。過日御依頼之詩拝見、例之如く心に任かせ、朱を加え申候。歓晤之時、老夫之考を説明いたさむと、存居たる処ニ有之候へども、とも角付郵御届け致候。先ハ右迄如此。匆々不一。

狩野直喜頓首

十一月十二日

大簡賢兄

137　昭和十九年一月十五日

神奈［川］県鎌倉名越六法井東　阿藤伯海殿（台展）

京都市左京区田中大堰町六　狩野直喜

拝復。新年之御祝申述候。過日ハ御手紙いたゞき候処、老夫事旧臘より脳貧血を起し、程なく平愈いたし候へども、軽微之感冒にかゝり、静養いた［し］候為め、御返事も延引申訳無之候。併し風引きも治まり候間、乍憚御安神被下度相願候。旧臘ハ御帰郷之途次、御立寄り之事と楽み居候へども、交通不便之為め、御中止に相成り、残念に存候へども、来月賤降之日(1)に、態々御入洛など慙愧之至りニ有之、右ハ御厚意は忝く候へども御断申上候。この時局に対し、仮令知友之間に祝賀等之計画ありても、辞退致す考ニ有之、又かゝる事は聞きもいたし不申候。井荻之方にてハ、弱孫も不相変御厄介ニ相成り、忝く存候。過日東洋史とかの試験に、先生より褒められたる由申来り候が、全く御授読之御蔭かと存候。愚息も此般住友社内之火災保険会社と、大阪保険と合併之結果、近々又東京へ転任致候事と相成り、老夫としてハ心さむしく有之候へども、致方無之候へども、此度ハ左程長きことにハ無之、結局ハ再たび家族と共に関西へまゐり候事と存候。先ハ乍延引御返事迄如此御坐候。

狩野直喜

太簡賢兄

新年に入り、郷友之詩ニ和したる俚句(2)、御笑草に御示(ママ)にかけ候(3)。此之時局かゝる呑気之詩を作ること、世之譏も何如と存候間、他人ニハ決して御示し無之、御火中相願候。

※別紙

漫将書蠹證前因、老去陳篇楽更新。白髪不須歎遅暮、野花啼鳥一般春。用成句。

葵園直喜　時年七十七

太簡賢契　一粲

（1）来月賤降之日　直喜は此の年、喜寿を迎えた。

（2）郷友之詩ニ和したる俚句　同封の別紙に記された「漫将書蠹證前因」云々の七言絶句を指す。『君山詩草』には「昭和甲申元旦、次大里君韵」として載せられている。甲申は昭和十九年である。なお、大里君は熊本の人であろう。君山に「郷友大里君喪子詩以慰之」と題した七言絶句があり、『君山詩草』に収められている。次に読み下しておく。

　漫りに書蠹を将(も)って前因を證し、老い去りて陳篇、更新を楽しむ。白髪須らく遅暮するを歎くべからず、野花啼鳥は一般の春。成句を用う。

　なお此の詩、『君山詩草』には、第二句を「堆室青編楽更新（室に堆(うずたか)き青編は）」に作り、第三句を「七十七年未言老（七十七年未だ老と言わず）」に作る。また「用成句」の三字はない。

（3）御示にかけ候　御目にかけ候ならん。

138　昭和十九年一月三十日

神奈［川］県鎌倉名越六法井東　阿藤伯海様

京都市左京区田中大堰町六　狩野直喜（寄）

※はがき

拝呈。其後愈御佳適と存候。老夫も感冒全治し、外出を遠慮いたし候外、何等常ニ変はる事無之候間、乍憚御安慰相願候。過日麓氏帰任之途次立寄られ候処、病気之あとを見ず、元気之様子にて何より結構ニ存候。乍失礼以葉書近況御報知迄如此。匆々不一。

正月卅日

139　昭和十九年二月十七日

神奈川県鎌倉市名越六法井六(ママ)　阿藤伯海様（恵展）

京都市左京区田中大堰町六　狩野直喜

拝復。愈御佳勝安慰之至ニ存上候。老夫も近頃ハ元気宜敷候間、御懸念被下間敷、尤近き山々に白雪あり、寒気烈敷候につき、何之責任なき身なれば、楼上にて静養、外出せず相暮らし居候。御一笑可被下候。老夫之述懐詩に、次韻[1]被成候寿詩拝見、忝く存候。寿詩ハ中々六か敷ものに有之、要するに一種之装飾品にて、有華無実でも宜敷ものに有之候へども、これを受くる老夫として、之ニ文字を添削する事ハ変なれども、仮りに他人ニ与へられ候ものと見、一種之装飾品と見、又文字丈につき愚見を以て筆を入れ候間、左様御承知被下度候。尤も此詩ハ賤降七十七回の紀念として家ニ蔵し度［候］間、一通御送くり被下度相願候。来月ハ御上洛之由、先日申上候通り、唯其為め之御出ハ不敢当候へども、実は久しく歓晤不致、相逢ひいたし度、御待致候事に候。直禎も不相変御授読をうけ候由、御迷惑ながら宜敷相願候。先日孫共之写真を送くり来候間、時々取出し老懐を慰め候。七十七にもこの位之事ハ、馬鹿らしくも無之と自慰致候。御一笑可被下候。匆々不一。

二月十六日　　直喜

太簡賢兄

尊教君ハ便り有之候哉。已ニ出陣いたし候哉。無事なりや。唯一回相見之人なれど、此人ハ後ハ立派な善知識になるべきかと、何となく思ひ候事なれバ、一寸御尋致候。

直喜附啓

（1）老夫之述懐詩に次韻　先ず老夫の述懐詩は『君山詩草』の次の四首に対応するであろう。

述懐一　用前韵

唯伝滅敵戦方酣、不想艨艟沈海南。千秋仰見尼山訓、兵食為軽信重三。

唯伝う敵を滅ぼし戦い方に酣と、想わざりき艨艟の海南に沈むを。千秋仰ぎ見る尼山の訓、兵食軽きと為し、信重きこと三。

最初の二句は、当時の大本営発表のでたらめさを挙げ、後半の二句は『論語』顔淵に見える孔子と子貢の問答をふまえている。子貢が兵と食と信の中、どうしても已むを得ず外すとすればどれから外すかと聞いた時、孔子は兵ついで食を去ってもよいが、信を捨ててはならぬ「信無くんば立たず」と答えた。

二

戦終善後雑論酣、安得俊英車指南。休因命運語興廃、天地之間人列三。

戦い終りて善後雑論酣なり、安んぞ俊英を得て車南に指すを得ん。命運によりて興廃を語るを休めよ、天地の間、人列は三。

三

甲論乙駁議方酣、忽見敵機従北南。遺憾不得百年忘、濫代以暮四朝三。

甲論乙駁議方に酣なり、忽ち見る敵機の北南従り来るを。遺憾なり百年忘れんとしても得ず、みだりに暮四をもって朝三に代う。

これは『荘子』に見える朝三暮四の話にかこつけて、大本営発表が被害を少し相手に与えた損害を多く見せようとしていることを暗に示したものであろう。

四

擁腰舞踏興方酣、謂侍米軍駐自南。聞道大街多盗賊、勿留不去至更三。

腰を擁き舞踏し興まさに酣なり、米軍の南自り駐するに侍す。聞くならく大街に盗賊多しと、留まりて去らざるなければ更三に至らん。

なおこの四作の中、一と三は戦争中、二と四は戦後の作ではなかろうか。とするとこの時阿藤が見たのは一と三ということになろう。なお又前韵を用うとあるのは『君山詩草』の「述懐」の一つ前に「次郷友某明治節感懐韵」なる七絶を載せているからである。

菊花不見坐秋酣、蔬菜種園東又南。白髪老人多感慨、自生明治改元三。

菊花は見ず秋酣に坐す、蔬菜園に種えること東また南。白髪老人感慨多し、自らは明治に生まれ改元すること三。

明治節は十一月三日で、もとは明治天皇の天長節であったが、大正時代から明治節と呼ばれ、戦後は文化の日となった。そして伯海の次韵した詩は『大簡詩草』に次のように見える。

狩野君山夫子七十七大慶窃攀夫子述懐詩韻二首

皐比講礼道相因、経業千秋老逾新。欲上高堂献嘉寿、觴船二月洛都春。

斉魯雅言成勝因、方瀛風教逐年新。寿山仰見千年雪、福海遥望万里春。

140

昭和十九年三月十三日

神奈川県鎌倉市名越六法井東　阿藤伯海殿（恵展）

京都市左京区田中大堰町六　狩野直喜

拝啓。先日ハ久しく御便り無之候間、或は寒中風邪に御罹りにハなきかと存じ、手紙をかき候処、投函前ニ御手紙まゐり、果して御療養中なりしこと、又殆んど御全快之由を聞き、安慰致候。風邪は決して軽視すべきものに無之、其後全愈され候と存候へども、御注意可被成候。老夫も変り無之候へども、京都之気候ハ三月中旬即チ彼岸前が不順につき、室内に雌伏して外出もせず用心致居候。追々陽春之候となり候間、其時を待つのみに候。衰老之体裁、御一笑可被下候。過日祖賢氏より、又御祈禱之御札、及び食物を贈くり来り、感謝と共に慙愧之至に候。賢兄よりも若御手紙でも送くられ候事有之候ハヾ、御挨拶被下度相願候。過日寒斎読書に疲れ候節、寄山中僧といふ題にて拙句を作り候。二通り出来候。これハ祖賢氏に対する詩に候が、二通之中孰れが比較的に宜敷か、其中御目にかゝり候節、御意見を問ひ度存候。

上界鐘声次第聞、寒谿蘭若落紅曛。偏憐未遂訪
　師約、空倚高楼礼白雲。[1]

上界ハ明王堂[2]ノ谷間ニ在ルニ対シ、根本中堂及ビ其他山中ノ寺院ノ事。之レニ対シテ寒谿ノ語ヲ用ヒタリ。

樵径無人鳥語聞、山中古寺落紅曛。偏憐未遂訪
　師約、空上高楼礼白雲。[3]

コレハ他之寺院ト対セズ、明王堂及其中に住ム僧丈に限リタリ。

寄郷友在蘆屋五古十韻[4]

其齢僕より一年ノ長タリ。冬トナリ互ヒニ風引ヲシ、電話ニテ問合セ、一喜一憂スル間柄ナリ。

厳寒猛於虎[5]、同病殊相憐[6]。譬諸上山嶽、号呼後与先。密林磴石滑[7]、自戒莫傾顚。岸下臨深谷、小心須転旋。一居蘆屋側、一住鴨河辺。電話訊消息、両情毎貫連。翻思干戈起、於今歳月遷。西土未平定[8]、南洋又爆煙。空愧老無用、憂時失夜眠。前途猶可見、勉共完天年。

格調及文字ノ雅俗ヲ重シトセズ、其言ハントスル所ヲ韻語トスル目的ニテ、作リタルモノ也。

三月十二日

君山老人喜

太簡賢兄　粲正

（1）上界鐘声……礼白雲　「寄山中僧」二首のうち、この上界鐘声……の方が『君山詩草』に載せられている。読み下せば、

上界の鐘声、次第に聞こゆ、寒谿の蘭若、落紅の曛。偏えに憐れむ、いまだ師を訪うの約を遂げざるを、空しく高楼に倚りて、白雲に礼す。

「欄若」は寺院。「曛」は夕景。なお『君山詩草』に「未遂」を「未逐」に作るは誤植ならん。

（2）明王堂　みょうおうどうは無動寺にある。

（3）樵径人無……礼白雲　読み下せば、

樵径人無く鳥語聞こゆ、山中の古寺落紅の曛。偏えに憐れむ、いまだ師を訪うの約を遂げざるを、空しく高楼に上りて、白雲に礼す。

（4）寄郷友在蘆屋五古十韻　此の詩は『君山詩草』には「寄林一茶五古十韵甲申二月」として載せられている。甲申は昭和十九年。なお、林一茶は林市蔵氏であろう。林市蔵氏は熊本の人。君山より一歳の年長、済々黌時代からの友人。内務官僚となり大阪府知事を勤められ（大正六年十二月〜九年三月）、特に民生方面に力を入れた。官界引退後は日本信託銀行頭取、堂島米穀取引所理事長などを勤める。

その令嬢は、重光葵（マモル）夫人である。重光は大分の人。外交官、政治家として活躍。昭和七年上海で爆弾を投げられ隻脚となる。駐ソ大使。戦後はミズリー号艦上で降伏文書に調印、外相さらに副総理をつとめられた。読み下せば、

厳寒は虎より猛し、同病殊に相憐れむ。これを山嶽に上るに譬うれば、号呼すること後と先となり。密林、磴石に滑り、自ら戒む傾顚する莫れと。岸下は深谷に臨む、小心して須らく転旋すべし。一は蘆屋の側に居り、一は鴨河の辺に住す。電話もて消息を訊ね、両情毎に貫連す。翻って思う、干戈の起るを、今にいて歳月遷る。西土未だ平定せざるに、南洋又爆煙あり。空しく愧ず、老いて用いらる無きを、時を憂えて夜の眠りを失す。前途猶見る可し、勉めて共に天年を完うせん。

（5）厳寒猛於虎　苛政は虎より猛し（『礼記』檀弓）をうけている。

（6）同病殊相憐　同病相憐れむは、『呉越春秋』に見える。

（7）磴石　『君山詩草』には石磴に作る。

（8）平定『君山詩草』には戡定に作る。

141　**昭和十九年四月八日**

神奈川県鎌倉市名越六法井六（ママ）　阿藤伯海様（恵展）

京都市左京区田中大堰町六　狩野直喜

拝覆。其後愈御清康之由、大慶至極ニ御坐候。老夫義も日によりて出来不出来ハありながら、無事消光致居候間、御懸念被下間敷候。さて此度ハ老夫が今年邦俗之所謂喜寿之域ニ達し候為め、御祝として高麗焼之花瓶一箇、家直便にて御郵送被下、正ニ相達し候。誠ニ思懸けなき事にて、何如に相互懇意之間柄なりといひ、老夫之如きものが殊にこの時局に際［し］、馬歯丈を増したりとて、かゝる貴重之物を御受いたすは、於心不安次第なれども、雅意に従ひ敢へて辞謝せず、長く家に珍蔵し、子孫まで此事ありしことを知らしむべく存候。陶器につき老夫も何等知識なきも、流石ハ世之喧伝する古高麗焼、読書人之室にハ此上なきものと存候。其内京都へ御立寄之由に候へバ、拝晤之節、御礼申述べく候へども、不取敢書中迄如此御坐候。匆々。

狩野直喜頓首

四月八日

太簡賢兄

142　**昭和十九年五月十七日**

岡山県浅口郡六條院町　阿藤伯海様（恵展）

京都市左京区田中大堰町六　狩野直喜

拝啓。周南子への尊電によれば、感冒に御かゝり之由、気候不順之節、御小心を祈り候。老夫も別ニ障り無之、毎日相集り商権之結果、一渡り相済み申候。唯賢兄之此地に居られぬことを残念に存候。何れ皇都にて会見可有之、当地之様子も御聞きの事と存候。折角御自愛可有之、内子よりも宜敷申出候。匆々。

五月十七日

狩野直喜頓首

太簡賢兄

143　昭和十九年六月五日

岡山県浅口郡六條院町　阿藤伯海様（恵展）

京都市左京区田中大堰町六　狩野直喜

拝啓。其後貴恙何如。或は未だ鎌倉へ御還へりなきかと存じ、鄙懐を労し候間御尋申上候。過日之御手紙によりバ（ママ）、感冒より神経痛リヨウマチス之如きものを併発されたるものに非ざるかと存候。折角御無理なく静かに御療養可有之、医薬ハ病を治する一切のものにハ無之も、決して軽視すべきにあらず、御珍重を祈り候。匆々。

山妻より同様御見舞申出候。

狩野直喜

六月四日

太簡賢兄　侍史

144　昭和十九年六月二十六日

岡山県浅口郡六條院村　阿藤伯海様（平安）

京都市左京区田中大堰町六　狩野直喜

拝啓。其後尊体何如、次第ニ御回復とは存候へども、気懸りニ御坐候。祖賢氏は之を知り、祈禱之事と存候が、若然らずば老夫より頼みてハ何如と存候。老夫も別ニ病ハ無之候も、時々疲労いたし候間、昨日より久振り西郊之草廬に一泊して帰へり候。身心ハ互ニ関聯いたし候ものと見え、間静之地にて塵慮を一掃し、快適を覚え、賢兄あらばと残念ニ存候。今日東京より媳之手紙まゐり候処、来七月より一年間、直禎も学校之先生引つれられて、工場へまゐり候由、手不器用に候、且又身体も虚弱につき、果して勤労之御役に立ち可申哉と懸念仕候(1)。別ニ用事ハ無之候へども、御近状御尋迄如此。匆々不一。

狩野直喜

六月廿六日

太簡賢兄　侍史

尊慈様ニよろしく、内子よりも同様申出候。

(1) 筆者は中学三年生になって勤労動員された。この時から一年二ヶ月餘り、戦争が終るまで、教室で授業を受ける事はほとんどなかった。それと同時に素読を受ける時間が作れなくなり、阿藤先生も鎌倉から六條院に御帰りになり、素読をする事はなくなってしまった。

145 昭和十九年七月十日

神奈川県鎌倉名越六法井東　阿藤伯海様（平安）

京都市左京区田中大堰町六　狩野直喜

拝復。今朝尊書至り、千万忝く存候。賢兄にも其後御元気之由、何よりも嬉敷存候。老夫腸胃之患ハ大した事ニ無之、過日人より粽団子を送り来候につき、其少量を喫し、又当日暑気甚しく渇したる為め、冷牛乳を飲みたる故、腸を害したるものニ有之、口腹之欲之為め、不体裁を起し、洵ニ慙愧之至に有之、今後ハ堅く過を再びせざるやう注意可致候。時局も中々困難と相成、憂慮に不任次第に候。不取敢御返事迄如此。匆々不一。

過日ハ小児宅へ御尋被下候由、忝く存候。皆元気之由にて安心致候。

狩野直喜

七月十日

太簡賢兄　侍史

146 昭和十九年八月三十一日

神奈［川］県鎌倉市名越六法井東　阿藤伯海殿（平安）

京都市左京区田中大堰町六　狩野直喜

拝啓。朝夕は秋之気持いたし候へども、昼内ハ残暑猶烈敷候処、筆研御佳勝に候哉。老夫も幸ニ無事偸生致居候間、御安慰可被下候。さて今日ハ御郷里より、名産水蜜桃御送くり被下、誠ニ忝く、早速口に入れ、其味を賞し、身中之熱を洗ひ候。猶毎日山妻と共ニいたゞき［候］筈に候。老夫も幸ニ無事日を送くり候間、御安神被下度、唯衰老致し方なけれども、読書度を過ぎ候時ハ、疲労忽ち之ニ従ひ、又記性も薄くなり、残念之至に候。この秋には御帰郷もなきかと存候が、久しく歓晤を不得、惆悵之至に候。先ハ御礼迄如此。匆々。

狩野直喜

八月卅日

太簡賢兄

147　昭和十九年九月一日

岡山県浅口郡六條院村　阿藤伯海様（恵展）

京都市左京区田中大堰町六　狩野直喜

※二通在中

〈一通目〉

拝復。度々御手紙難有存候。老夫も次第に回復し、時には近所を廻り候事も有之候間、御安心可有之、九月中旬にハ御入洛之由、今より楽み御待申候。別紙心頭に出候間、書して御送くり申候。読方など申上るハ失礼なれど、老夫の感より出たるものなれば、之を顧みず下の如く説明いたし候。幾年カ過グ、家に今まで、幾十年つゞきしか幾百年つゞきしかと昔をしのぶ心持をのぶ、観昔は昔を観ずればと、邦語にてハ読むつもり也。「燈前感慨多」は賢兄の心持をのべたるつもり也。須識（これハ老夫が賢兄へ述る語ナリ）、安心ハ感慨ニ対する文字也。求バ安心を求めさへすれば地はあるはず。
猶つまらぬ説明御許るし被下度候。匆々。

直喜頓首

九月一日

大間賢兄（ママ）

盂蘭盆会幾年過、観昔燈前感慨多。須識安心求有地、早秋入洛勿蹉跎(1)。　君山老人未定草

〈二通目〉

拝啓。先日東上之節ハ、御遠路御尋被下、且又小児家婢之件(2)ニつき御費神、此程会社まで御出被下候由申来り、山妻と共々御親切感佩致候。下婢之事ニつき、当方にても相探がし居候処、やつと一人見出シ、年齢も相応ト存候間、これを貴地へ遣はし候事ニ決定仕候間、乍憚賢契之方ハ御中止被下度奉願、色々御心づかひニ相成、難有御礼申述候。秋雨一過、京都山川も殊之外宜敷相成、郊外散策之好時季と相成候得ども、閑中多忙にて閉口致候。小生も今月か若くハ来月まで之うちニハ、必ズ上京又々良覯ヲ獲度存候。先ハ右御礼迄如此。山妻よりもよろしく申出候。匆々不一。

狩野直喜

九月朔

阿藤賢弟　坐右

(1) 盂蘭盆会……勿蹉跎　此の詩は『君山詩草』に、「与大簡」と題して載せてある。読み下せば、
盂蘭盆会幾年か過ぐ、昔を観ずれば燈前感慨多し。須らく識るべし、安心は求むるに地有り、早秋の入洛、蹉跎する勿れ。

(2) 小児家婢之件　昭和十九年の秋となり、戦争も長期化したころ、新しい女中が来た覚えはない。

148

昭和十九年九月十日

神奈川県鎌倉名越六法井東　阿藤伯海様（恵展）

京都市左京区田中大堰町六　狩野直喜

拝復。其後御便りなく、或ハ御病気にてハなき哉と存候処、御佳勝之由安慰此事ニ候。さて此度一高之様子も、戦事学徒之勤労之為め、従来之如く授業之教師も、用をなさざるに至り候につき、御退職之御決心之由拝承、御無理なき事に候。唐僧霊徹が其知人ニ与へたる七絶に、「年老心閑無外事、麻衣草坐亦安身。相逢尽道休官去、林下何曾有一人」といへり。仲々官を休めて林下に逍遥することは、口に申しても実行出来ぬことハ、古今東西同様と被思候が、此度之御勇退ハ、誠ニ出処之宜しきを得たるものと感佩致候。老夫一身之私情よりいへば、孫が長々御世話を蒙むりたる良師を失ふことは、残念至極なれども、一方より考ふれバ、御帰郷之後京都へ御出之機会も多かるべく、これは老夫に取りて誠に嬉敷存候。時局も愈多難となり、鎌倉も危険区域と定められたる由に、其地を避けられてハ何如と存候処、是亦其要なき事と相成り候。先ハ不取敢、右御返事迄如此。匆々不一。

九月十日　　　　　　　　　　　　狩野直喜

大簡賢兄

家内よりも宜敷申述候やう申出候也。

149　昭和十九年十月五日

岡山県浅口郡六條院村　阿藤伯海殿（恵展）

京都市左京区田中大堰町六　狩野直喜

拝啓。過日東京之小児、孫を引率、奉別之為め鎌倉之御寓居御尋申候処、御帰宅後なりし由申来り候処、先月末東京より、周南子及び加藤御用掛入洛、例之件につき商榷之上、去二日御用一通り相済み申候。周南之話によれバ、賢兄御帰郷之後、少し御不例之由懸念致候。消化を傷める事ハ全身之健康に関する事大なれバ、精々御自愛可有之候。来る二十日にハ、必御入洛との御手紙なりし由なるも、油断ハ大切なり(ママ)(1)、御無理なきやう相願候。過日も申進し候通り、孫が良師と離れ候事ハ遺憾なれども、今後御目に懸る機会あること、老夫としてハ快愉之ニ不過所ニ有之候。周南子ハ今日あたり帰京致候事と存候。前陣之如き次第にて、老夫ハ登山も致し不申候。先ハ御尋迄如此。山妻よりも宜敷申述呉候やう申出候。匆々。

狩野直喜

十月五日

大簡賢兄

（1）油断ハ大切なり　油断は大敵なりか。

150　昭和二十年一月七日

岡山県浅口郡六條院町　阿藤伯海様（恵展）

京都市左京区田中大堰町　狩野直喜

拝復。新年之賀辞申納候。堂上を御はじめ、御一家芽出度御齢を加え被成、何より芽出度事に存候。拙宅も幸に息災年を延べ候間、御安慰相願候。東京よりも、疎開して当地へまゐる事となりたるも、種々輸送等之関係にて急ニハ離京致兼候処、愈十日過ぎに(1)媳三孫を引連れ来る筈に候。直方は寮に宿泊する事ニ相成居候。御入洛も汽車等不便之為め、御入洛も御見合せの由、寒気烈敷折柄なれば、山中ハ殊ニ凌ぎ難を思ひ、少し春暖となるを待ち御出有之度存候。当地も新年に入りてより、寒冷一段相増候につき、終日家にありて蟄伏、孫共之来るを楽みに待居候気持、御一笑有之度候。先ハ不取敢右迄如此。匆々不一。

狩野直喜

乙酉正月八日

太簡賢兄　侍史

（1）十日過ぎに　母と筆者ら弟妹四人が京都に帰ったのは、十六日の事であったように記憶する。

151　昭和二十年二月二十八日

岡山県浅口郡六條院町　阿藤伯海様（恵展）

京都市左京区田中大堰町六　狩野直喜

拝呈。久しく御消息を審にせず候処、御変はり無之哉。老夫も幸ニ感冒にも犯されず偸生致居候間、御安慰被下度候。新聞を見れバ、近頃ハ岡山県へも敵機来襲之由、戦局如此御自愛相祈り候。汽車も交通も往時に比し不容易となり候へば、当地へ御来遊之期も少なきかと残念に存候。春分以後とならば、天台も暖に可相成、御一遊何如に候哉。過日曾田玄陽といふ男、知人之紹介もなく突然来り談話之後帰へり候が、途中六條院町発信の手紙まゐり、怪しみて開封致候処、尊兄を訪問致したる様子にて不思議に存候。元来右之男は直接又ハ間接に、其姓名承知致され候哉。悪しき人物にハ無之と見候が、何如に候哉。別ニ用事ハなく、一寸御尋

迄如此。匆々不一。

狩野直喜寄

二月七日

大簡雅兄

152　昭和二十年三月二十二日

岡山県浅口郡六條院村　阿藤伯海殿（平信）

京都市左京区田中大堰町六　狩野直喜

拝復。周南子入洛につき、我兄亦御出懸と思ひ居候処、貴電に接し失望いたし候。尤其入洛ハ公用之為なれども、三四回之会合を要せず相済み可申、或ハ其時を見計らひ御出かと存候。当地も近来平安にして不平安、貴地も新聞に拠れバ、同様に存ぜられ、折角御自重を念じ候。周南子より東京之様子も聞き度楽みて待居候。過日御報告いたしたるやう記臆致候。媳三孫を連れて疎開いたし来り候処、賤息も一昨日来りて大阪へ転任

之由を伝へ候。尤此度ハ二三日之休暇之為め来りしもの、転任ハ出発之日知りたる故、今日再帰京、事務を整理して、本月之末迄に膝下へまゐる事と相成候。先ハ右迄如此。匆々不一。

直喜

三月廿一日

大簡賢兄

先般尊宅破損之御手紙に接し、拙句を作り御慰問せんと考候処、出来兼残念ニ候、御一笑可被下候。其後御修繕出［来］候哉、何如と存候。

又白喜

153　昭和二十年四月一日

岡山県浅口郡六條院村　阿藤伯海様（恵展）

京都市左京区田中大堰町六　狩野直喜

拝啓。其後御変はりなき事と存候。先般ハ歓晤之日を待候処、汽車交通之路絶たる為め、其期を失ひ、失望致候へども、不得已事ニて明らめ（ママ）[1]候。貴地にも敵機来襲頻りなる由、半夜警報を聞き懸念之至に候。洛下も御同様なれども、一家無事に候間、御安慰有之度、又東京より児婦三孫を連れて膝下へまゐり、直方も大阪へ転任となり、四月上旬にハ此地へ参る筈に候。直禎ハ到着之翌日より学徒勤労奉仕之為め、終日外にあり、疲労之為め健康を思ひ、家庭之課読ハ不致是亦不得已事と明らめ候。先ハ右迄。尊作[2]と共ニ御送くり致候。匆々。

直喜

三月卅一日

大簡賢兄

(1)　明らめ　諦めの意ならん。

(2)　尊作　内容は未詳。

154

昭和二十年四月二十四日

岡山県浅口郡六條院村　阿藤伯海様
京都市左京区田中大堰町六　狩野直喜
※はがき

拝呈。其後御変はりなき事と存候。先日周南子より郵書あり、本月末若くハ下月初ニ、公事を以て入洛するを以て、賢兄へも通報せりと申来り候。幸ニ聚首歓晤を得バ、楽何如と存候。京大第一回之卒業生、貴県吉備郡呉妹村之日名静一[1]と申す人ハ、樸茂之士に候。先日遼東より帰田致たる報知有之候につき、賢兄と交はり候やう申伝置候。里程も不甚遠と存候故に候。時下務めて御自重を祈り候。匆々。

四月念二

（1）日名静一　昭和三十八年末、吉備真備を景仰する碑を立てる計画の中心人物となる。伯海の五言排律「右相吉備公館址作」が碑陰に勒されている。なお日名は若い頃京都府立三中（現山城高校）で教鞭を執り、筆者の父（直方）はその学生であった。京都大学文学部支那哲学科の第一回卒業生。

京都大学文学部は最初哲学科のみで出発したから、日名は吉田増蔵氏とともに京都大学の最初の弟子である。

155

昭和二十年四月二十四日

岡山県浅口郡六條院村　阿藤伯海様
京都市左京区田中大堰町六　狩野直喜
※はがき

別紙さし出候処、豹軒君より郷里仏事之為め帰郷する故、来月七日以後十四五日ならば至便なる由返事したりと申来候。或ハ周南之入洛遅くなるやも難計、若し賢兄と逢はぬなら残念と存候間、確たる入洛の日分り候後、御出発有之度、初之葉書を訂正致候。匆々。

四月念三

156　昭和二十年五月十八日

岡山県浅口郡六條院村　阿藤伯海様（台展）

京都市左京区田中大堰町六　狩野直喜

拝呈。其後御変はり無之候哉。戦局も愈容易ならぬ形をなし、毎日昼夜之空襲ありて、御地へもまゐり［候］処、御息災とは思ひながら掛念致候。此許も無事偸生いたし居［候］間、御安神可被下候。さて周南子より之報によれバ、来る廿一日頃例之御用にて、入洛之由申来り候。恐らく賢兄へも知らせ有之候と存じながら、一寸申述候。過日祖賢行者廻峰之行として、朝赤山明神迄降られ候事あるを知り、小児を従へ二度之ヲ訪ひ、二回目に始めて明神より出懸けの途にて面会し、暫時立ちながら話をなし候処、賢兄及び周南子と共に登山を勧められ候。右迄如此。匆々。

序ニ老妻よりの申出により、甚御耻敷なれども、目下配給之食糧中に「メリコンコ（ママ）」(1)ありしならばと思ふもの有之候が、万一少量にて之を得度存［候］が、其御世話を願ふ事ハ出来間敷［候］哉、御尋呉れと申出、か丶る事を御伝へするも何如と存じながら、右申添れ（ママ）もこれも戦時之一現象と御一笑有之度候。

国家多難慙無益、老耋餘生何所惜。今夜空斎絶爆音、残燈影裏繙周易。(2)

直喜末是（ママ）稿

五月十六日

大簡賢契

（1）メリコンコ　メリケンコならん。戦争中の食糧事情を物語る書簡である。

（2）国家多難……繙周易　此の詩は『君山詩草』には「昭和乙酉四月廿五日偶成」と題して載せられている。昭和乙酉は昭和二十年。読み下せば、

国家多難なるも益なきを慙づ、老耋の餘生、何の惜しむ所ぞ。今夜空斎に爆音絶え、残燈影裏に周易を繙く。

なお『君山詩草』には、次のように作っている。

国家多難世無益、衰老餘生何所惜。此夜寒斎絶爆音、

残燈影裏読周易。

157

昭和二十年六月十五日

岡山県浅口郡六條院村　阿藤伯海様（恵展）

京都市左京区田中大堰町六　狩野直喜

拝覆。過日御入洛之節ハ、種々寒厨に得難きものを御持参被下、毎度御厚意にあづかり忝く存候。老境に入り、世間との来往少なく、読書悶を排する以外にハ、寂寞を感ずる際、二回まで御来訪ありて、久振りに快心之至に御坐候。かゝる如き事に常に逢ふを得バ、結構に候へども、時局之推移により、交通も困難となるべく、中ニ其期少なかるべしと存候。老夫も其後元気に致居候処、先日来少々腸胃を害ひ、静養致居候為め、御返事も延引致候。過日御依頼之室名も、右之都合にて未ダ心に浮み不申、暫らく御待被下度候。此度ハ東京よりまゐり候ものも御目にかゝり、大悦び致候。唯直禎が拝教を得ざりし事、残念ニ存候。先ハ右迄如此。匆々不一。

六月十二日　狩野直喜

大簡賢兄

祖賢行者よりも書面まゐり、二兄之事も認めあり候。老夫も又其内ニ、赤山へまゐりて見度く存居候也。

158

昭和二十年六月二十三日

岡山県浅口郡六條院村　阿藤伯海殿（恵展）

京都市左京区田中大堰町六　狩野直喜

寸書さし出し、御消息を御尋申候。先般ハ久振りに御目にかゝり、老懐を慰め候へども、御滞留之日短かく残念に存候。其後元気回復之事とハ存候へども、老人之癖として心にかゝり候。とも角務めて御自重相祈り候。老夫も齢と共ニ次第に弱はり候へども、別に病気と申す程ハ無之、偸生致居候間、御安慰被下度候。時局之前途は何かに相成り候哉、迂儒にハ分らず候へども懸念之至に有之、悶を消す薬として読書に耽くり(ママ)[1]候へども、毎日之事とて之に過ぐれバ、身体疲労を免れず、閉口之至り御笑可有之候。別ニ用事ハなく候へども、御近況御尋迄如此。再逢之日を今より御待致候。匆々不一。

梅雨之時節、雨なき時ハ熱く堪えがたく候が、貴地ハ何如。過日御話之僧院ハ、辟暑之地としても宜敷からむか。

直喜

六月廿二日

大簡賢契　侍史

（1）　耽くり　耽けりならん。

159　昭和二十年七月四日

岡山県浅口郡六條院村　阿藤伯海様（恵展）

京都市左京区田中大堰町六　狩野直喜

拝呈。其後御消息何如。岡山県も状報により物騒らしく存候へども、貴宅は遠く御離れの由なれば、毎夜安眠を妨ぐる程度かと思ひ候が何如に候哉。平安も御承知之通り、次第に敵機来襲之度を増し、警戒致居候。これ迄ハ一同無事ニつき御安神有之度候。さて先日御話之賢兄読書室之名につき考候処、荘子人間世之内ニ、「瞻彼闋者、虚室生白之語」あり。室虚なれば、日光之を照らすとは比喩にして、司馬彪之注にも、「室比喩心、心能空虚、即純白独生也」といへり。（二句ハ淮南子俶真訓にも見ゆ）僕曾つて或梵刹にて「虚白」二字之額を見たることあり。荘子に本づきたるを思ひ、ゆかしと感じたる記臆有之。賢兄山村中之読書室之名としてハ、面白くハ無之哉。

㈠虚白室[1]とか或ハ故ラニ虚字を除キ　㈡生白室など、してハ何如、御参考迄如此。周南子帰へりたる後、一回音信ありし後、久しく便り無之、賢兄之方へハ同様に候哉何如。拙宅児孫共息災に候間、乍（ママ）多事御安慰願候。匆々不一。

猶乍憚、尊慈様へ宜敷御申上被下度候。

直喜寄

七月三日

大簡賢契　侍史

（1）　虚白室　君山は伯海に「虚白室」の扁額を書き与えている。伯海の詩にも虚白室の文字を附した物を見ることができる。例えば、「劫餘虚白室与高羅浮偕聞筝」、「虚白室邀羅浮山人飲」、「虚白室即目用荊園主人韻」等々。なお「高羅浮」は、伯海の友人、高山羅浮峻博士のこと。

160　昭和二十年七月十五日

岡山県浅口郡六條院村　阿藤伯海様（恵展）

京都市左京区田中大堰町六　狩野直喜

拝復。六月念九之御手紙、四五日前に到着、早速披見、御帰宅後未幾、元気を回復され、又本月は蕭寺之山閣に暑を避けられ、初秋に御入洛あるべしと思ひ、且慰且喜候。拙宅も老夫を始め児孫に至るまで、無事に日を暮らし居候間、御安神相願候。さて高階氏[1]之件拝誦、この国家艱苦之時に当り、何之世用も致さゞる老耄の一迂儒に対し、厚意を有せられ候事、全く声聞実に違ふと申すべく、自顧みて冷汗を流し候。勿論其人は賢兄と御親密之事なれバ、其為人ハ想像され、かゝる人ニ逢ひ、賢兄之御近況を聞き、又御話いたし候事、解悶之一助［と］もなるべく、喜て御面会可致候。唯老夫ニ対することハ恐縮に存候間、其辺ハ賢兄より宜敷御とりなしを相願候。要するに、感謝之念と自己之恐縮とを合はせて宜敷、失礼にならぬやう御取なし奉願候。老夫も前述之如く無事に候へども、国家之事を思ひ候へバ、前途何如ニ相成候か懸念するのみにて、衰老いたすのみに候へども、老書生之習ひ猶読書を廃せず、又寒斎に蔵したる中土之古紙をとり出し、習字以て悶を解し、自ら慰め候事、御憐察被下度、別紙郵筒中に入れ置候間、御笑納被下度、但荘生胡蝶の夢(2)を邪魔いたし［候］点、御宥恕被下度候。呵々。

直喜頓首

七月十四日

大簡賢兄

（1）高階氏　不明。
（2）荘生胡蝶の夢　『荘子』斉物論に見える。荘子が夢で蝶になって楽しみ、自分と蝶との区別を忘れたという故事。万物一体、主客不分の心境をいったもの。

161　昭和二十年七月二十一日

岡山県浅口郡六條院村　阿藤伯海様（恵展）
京都市左京区田中大堰町六　狩野直喜

十七日之尊書忝く存候。愈御佳適、村吏之命を受け山野ニ御勤労之由、是亦時局ニ不得已事と可申、其閑なる時、読書ノ味ハ又平常に過ぐるもの有之事と想像致候。虚白室之大字、試ニ塗鴉(1)御送くり致候間、御一笑有之度、老来筆力も弱くなり、自顧みて残念之至に候。これハ唯御目にかける為めに認めたる次第也。表具などはなき方仕合に候。匆々。

狩野直喜

七月廿日

大簡賢契

（1）塗鴉　なすって書き、鴉のように見える下手な字。

162　昭和二十年七月二十一日

岡山県浅口郡六條院村　阿藤伯海殿
京都市左京区田中大堰町六　狩野直喜
※書留　※封筒のみ

（揮毫の「虚白室」を封入したものであろう）

163　昭和二十年九月六日(1)

岡山県浅口郡六條院村　阿藤伯海様（親披）

京都市左京区田中大堰町六　狩野直喜

八月念日之貴札忝く存候。其後愈御佳勝、尊慈［様］を御始めとし、御家中御息災之由、何より結構之事と存上候。敝屋も一同無事相暮らし候間、御安慰可被下候。戦局も遂に終止を告ぐるに至り、謹みて聖諭を拝し奉じ、其感情を何と明言すべきか、辞之出るを知らず、唯老涙を禁ずる能はざる次第に候。唯これよりハ、愈国家之艱を益すことは明白に候へども、過去を顧み其此之如くなりし所以を知り、新に国民の往くべき道を明にしたらば、幾年かの屈辱も雲散可致候と存候が、老夫ノ如き朝夕を計らざるものにハ、何之御奉効(2)も出来ず、又之を見るに及ばざるべしと思へバ、洵に残念之至に候。米軍も近々京都にも進駐致す由に候へども、其故ニ他県之人之来るを禁ぜられ候事もなかるべく、形稍定まるを見て入洛ありてハ何如。周南子も御承知之用にて、秋にハ来るとの事にて、今より待居候。行者よりハ過日書状まゐり候。賤息老夫之代りとて、一度登山丈室を問はむなど申居候へども、これも毎日勤務ノ為め実行出来兼候。先ハ右迄如此。時下千万御自愛有之度、家内一同よりよろしく申述べしやう申出候。尊慈様にも同様相願候。匆々。

九月初五　狩野直喜

大簡賢契

（1）　昭和二十年九月六日　敗戦を迎えての心境を述べている。
（2）　奉効　奉公ならん。

164　昭和二十年十一月二十七日

岡山県浅口郡六條院村　阿藤伯海様
京都市左京区田中大堰町六　狩野直喜
※封筒なし・宛先などは推定による

拝復。過日ハ御来訪忝く存候。其後無事御帰宅之由、安慰之至に候。老夫も外出之後、其遠近に因り一両日衰へ候事ハあれど、又旧に復する程度に候間、御懸念被下度候。(1)過日御話ありし尊邸仮山之名を考へて、三四御取舎を乞ひ候。「松」を西土にて餘り目出度ものとせぬと申し候へども、此ハ俗間之事にて、園之名とするは避けずとも宜敷と存候が、其字を用ひざる為めに撰びたるにハ無之、先平凡ながら心頭に上るは、松之字

一後凋園(2)　論語の句を用ひたるものなれば、松之字なくて宜敷かと存候。
二喬松園　尊邸之松は定めて老松多きと思ひ候につき、喬之字を入れ候。
三勁松〃　第一と同義。
四寿松〃　松寿〃　堂上御老人あるを以て、
　貞松〃　思ひつき候。
五聴松〃　或ハ、倚松。
六寒松〃　一ト同義。
三ト六トハ読ミテ強ニ失スルガ如ク感ズレドモ、
仮ニ之ヲ録ス。

右ハ枕頭之韻府に因り、之を選びたるものにて、其他もあれども取舎ニ迷ふを以て、これ丈にいたし候。園之字は御宅より幾分でも離れ候ハヾ、其広などは何如にしも宜敷と存じ候、何如。

来示によれバ京都へは年内に御出之由、相逢之遠からざるを楽み居候。御承知之如く、京都之冬ハ甚寒く、又寺院最［も］然りなれバ、十分御用意あり度願候。先ハ不取敢如此。匆々。

狩野直喜寄

十一月廿七日

太簡賢契

（1）御懸念被下度候　御懸念被下間敷候か。

（2）後凋園　後凋は『論語』子罕に、「歳寒、然後知松柏之後凋也」とある。伯海は自邸を後凋園と名づけ、君山は扁額「後凋園」を揮毫して与えた。『大簡詩草』に「後凋園喬松四首」と題する詩がある。

　不知何歳茯苓生、空守孤高邱壑情。唯有寒雲後凋色、
従容却愧大夫名。
風霜気伴蟄龍姿、勁節孤高不忒儀。言有磥砢多節目、
豈無謖謖棟梁資。
風音月露夜深時、松下誰懐謝眺詩。惆悵三山無鶴返、
故巣空挂万年枝。
　謝眺賦云懐風音而送声当月露而流影
山中旧宅秀長松、鶴去雲来寒翠濃。残月暁風清露滴、
天空影動作蛟龍。

165　昭和二十年十二月二十八日

岡山県浅口郡六條院村　阿藤伯海殿（恵展）
京都市左京区田中大堰町六　狩野直喜

過日二度御手接し、忝く存候。御返事可致之処、当時少し疲労致し居候を以、筆無精いたし候処、風邪にかゝり気管支を害し候間、御無沙汰と相成候。現今ハ次第に元気を回復し無事、あまり芽出度なき新正を迎ふる事ニ相成り候間、御安慰被下度候。右之次第なれバ、過日御依頼之御作も未だ思ふ所を申述ぶる能はず、其儘に相成り候段、御亮照被下度候。貴地よりハ交通愈困難となり、新聞によれバ事故之起り候事も少なからず、久振りに快談致度ハ切なるも、暫く御見あはせ然るべく存候。周南子よりも何等之消息無之、かの件も御中止になりたること奉想像候事ニ候。感懐を申上候事少なからず候へども右迄如此。窮陰之候[1]、十分御自重有之度、至々属々。

臘月廿八日　直喜

大簡賢契

家内一同よりも、宜敷と申出候。

（1）　窮陰　陰暦十二月のこと。

166　昭和二十一年八月二十六日

滋賀県坂本局比叡山里坊玉蓮院内　阿藤大簡様
京都市左京区田中大堰町六　狩野直喜
※はがき

拝復。御手紙忝く拝見。執筆名山之業終はり、久振歓晤之日を今より相待ち居候。此度ハ御滞留も長きかと存候が何如。

八月廿六日

祖賢師に宜敷御申上を願候。

167　昭和二十一年九月十二日

岡山県浅口郡六條院村　阿藤伯海殿
京都市田中大堰町六　狩野直喜
※はがき

先日ハ御出被下候処、委曲をつくす能はず、残念に候。御帰郷も無事なりし由、安神致候。老夫も次第に元気を回［復］致候へども、何分にも老人の事にて其歩遅きにハ困却致し候。周南も来り、賢兄も近く御上洛之由に候。老夫山にゆき度存候へども、其日迄には全快可致候か否かと懸念致候。匆々不一。

九月十二日

168　昭和二十一年十二月二十三日

岡山県浅口郡六條院村　阿藤伯海様
京都市左京区田中大堰町六　狩野直喜
※はがき

拝啓。失礼ナレドモ葉書ヲ以テ御尋致候。新聞ニヨレバ、先夜之地震岡山県ニモ多少ノ損害アリシ由、貴宅ハ御無事と思ひ候が何如。有周南信云、「明年正月十五日至廿日、若無公務支障、将入洛相見。想賢兄亦以此時来、快心何如」。

十二月廿日

169　昭和二十一年十二月三十一日

岡山県浅口郡六條院村　阿藤伯海様
京都市左京区田中大堰町六　狩野直喜
※はがき

拝復。過日之大地震につき、御尋を荷ひ忝く存候。拙宅ハ戸窓之音を聴きながら、床より起きぬ程度ニ有之、貴地ニ比し甚軽、御安神被下度、貴宅を懸念いたし候処、御災難もまづ軽きと可申候へども、拙宅之比スベキニあらず候。然れども害小なりとの御報告を聞、安慰いたし候。寒気烈敷節、御自愛可有之。匆々。

十二月三十日

170　昭和二十二年五月二十三日

岡山県浅口郡六條院村　阿藤伯海殿（恵展）
京都市左京区田中大堰町六　狩野直喜

先日は賤翰御覧之事と存候。老夫之疾も漸く宜敷なり、久振歓晤を得るの日を待ち居候処、御入洛無之、或は御家事によるか、或ハ賢兄若くハ御家族に御病気あるか、又ハ地積院（ママ）之失火が妙法院に災厄を為したる（1）に非ざるかなど〻、老人之ならはしにて懸念致居候。何等用事と申す事に無之、一寸御尋迄如此。匆々不一。

直喜

大簡賢弟　侍史

（1）地積院……妙法院に災厄を為したる　地積院は智積院の誤りか。他人のとばっちりを受けると言った意味であろうか。

智積院（真言宗）と妙法院（天台宗）は、慶長六年（一六〇一）に智積院が東山七条の地に再興されて以来、小径を挟んで南北に並んでいた。その小径（現在は通称であるが女坂と呼ばれる。京都女子学園の校舎が建てられているからである）を東に行き、東山三十六峰の一つ阿弥陀ヶ峰に豊臣秀吉の霊廟、豊国廟があった。

171　昭和二十二年六月二十六日(1)

岡山県浅口郡六條院村　阿藤伯海殿（恵展）

京都市左京区田中大堰町六　狩野直喜

御入洛之日を指折りながら相待ち候へども、其消息に接せず、或ハ国家之制度大変化をなすに至り、御家之整理等につき、形神共ニ疲労されたるか、或整理未だ全からざる故、しばらく御見合はせにハ無之かと存候。過日久しく無沙汰致候処、直方を遣はし祖賢師を問はしめ候が、其節必ず近き内に賢兄御登山之はづと申され候由、直方帰宅して報告いたし候へども、是はなにかの誤りにハ無之かと存候。祖賢師は当時大腸かたる之為、病床に困［臥］被致候由にて、回復ハ勿論之事と存候へども、難行之結果も加はり候と思へば、感佩と共ニ仏之庇護により、回復之一日も早き事を祈り候。老夫も御蔭を以て次第に宜しく、病気と名くるもの無之、長く臥床にありし故、足用をなさず、現今も二三歳の赤子の如く、室内を這まはるのみに候。遠からず足も家内ならば立つことも出来るかと［存］候間、御懸念被下間敷候。先ハつと筆をとり、右御尋迄如此。猶北堂を御はじめ宜敷御伝述有之度願候。匆々。

拙宅一同よりもよろしく申上候。

六月二十六日

(1)　これは、君山が伯海に宛てた尺牘で現存するものの年月が明らかな最後のものである。君山は此れから約半年後、十二月十三日の暁方に永眠した。年齢は七十九歳十ヶ月であった。

我が国は昭和二十二年に年齢を満年齢に切替えたが、数え年では八十歳であった。

172　（年不明）五月十五日

岡山県浅口郡六條院村　阿藤伯海殿（平信）

京都市左京区田中大堰町六　狩野直喜

其後御変無御坐候哉。早く歓晤を得度と存候処、昨日令弟態々大阪より御出被下、賢兄之消息を伝へられ、安神致候。唯其節老夫之為、米を御送くり被下候、感佩と共ニ慙愧之至に御坐候。老夫も初めハ痔にくるしみ候が、転じて腎盂炎となり困臥、今日に至り候へども、幸に回復近くなり候間、御安神被下度、山妻をはじめ一同よりも御礼申出候。賢兄も種々御世話多かるべきも、早く御目にかゝり世事を忘れて、色々御話し度存候。先ハ右迄如此。猶御母堂様によろしく御申上被下度相願候。匆々。

直喜

五月十五日

大簡賢兄

※別紙

立春詩和鈴木豹軒君韵(1)

散豆駆窮鬼、換符迎立春。不嫌風俗旧、且喜物華新。聖武平南国、天文宗北辰。何時洗兵馬、柔遠活斯民。

君山喜未定草

大簡賢兄　一粲

(1) 立春詩和……韵　この詩は『君山詩草』には「和豹軒立春韵」として載せられている。読み下せば、

豆を散じ窮鬼を駆り、符を換えて立春を迎う。風俗の旧きを嫌わず、且つは喜ぶ、物華の新たなるを。聖武は南国を平らげ、天文は北辰を宗とす。何れの時か兵馬を洗い、柔遠して斯の民を活かさん。

「柔遠」は『尚書』舜典に見える。遠方の民を安んじなつけて服従させるの意。

なお『君山詩草』には、第一句「散豆駆一作追窮鬼」、第三句「無嫌風俗旧」、第五句「聖武芟芟一作平南国」、第六句

「天文宗北辰宗一作仰」に作っている。

詩の内容から見て、この書簡は昭和十七年五月十五日付ではなかろうか。

173 （年月日不明）(1)

岡山県浅口郡六條院村　阿藤伯海様（平安恵展）

京都市左京区田中大堰町六　狩野直喜

拝呈。新正以来天気温和なりし処、近頃俄かに寒烈しく、毎日困臥門を出ず、寂寞を感じ候。賢兄より久しく御便りなく候事につき、老人の癖として、或ハ風引でもされたるに非ず哉と懸念いたし候。過日周南子より手紙あり、二月には必入洛し賢兄にも逢ふこと哉、今より其日を待ち居候云々と申来り、別ニ用事ハ無之、唯きにかゝり候間、御近況御尋迄如此。匆々。

直喜寄

大簡賢兄　侍史

（1）文中に「周南子より手紙あり、二月には必入洛」とあるところから、昭和二十二年一月ごろのものか。

174 （年月日不明）

神奈川県鎌倉名越六法井東　阿藤伯海様

京都市左京区田中大堰町六　狩野直喜

※封筒のみ

175 （年月日不明・住所記載なし）

阿藤賢兄（恵存）

狩野直喜

※「漢書補注補抜刷」と記述あり

※封筒のみ

附録　『東光』第五号「狩野直喜先生永逝記念」（弘文堂、昭和二十三年）影印

昭和二十三年四月三十日發行

東光

狩野直喜先生

永逝記念

第五號

弘文堂刊

東光 五號 目次

朔風吹きすさんで急に寒くなつた師走十三日の朝まだき、霜に傷んで落つる時じくのかぐの木の實の如く、我が碩學君山先生ははかなくならせ給うた。木の實の落つるは自然の理であるが而も偶然であるかのやうに突如として枝を離れる。そのやうに高齢八十にして矍鑠たりし我が先生は、千代もと祈る願ひを裏切つて吾々を見捨てられた。吾々の悲しみ、それは單なる私情のみでなく、廣く學界の爲に此の寶とすべき長老を亡つたことを衷心から悼むのである。茲に吾々は遍く先生と相識れる諸家に乞ひ、追憶の談を萃めて其の博洽なる學德を顯彰し、ささやかながら特別號を編刊して、以て通儒の面影を世に傳へんとするものである。

桃花源記序

狩野直喜

桃花源記并序

桃花源の記ならびにはしがき、

晋太元中[1]。武陵人。捕魚爲業。緣溪行。忘途之遠近。忽逢[2]桃花林。夾岸數百歩。中無雜樹。芳草鮮美。落英繽紛。

晋の代、太元の頃かとよ、武陵の魚を捕ふる業なすをのこ、谷川にそひ、(舟にて上りしが)路の遠近を辨まへず、上りける程にふと見れば、桃花の林あり、兩岸を夾さみたる數百歩の中には、ひとつの雜木だになく、(其[3]下には)、かうばしき草うるはしく茂りあひ、風に吹かれ花びらのひら〳〵と「散るさま得も言はれぬ景色なり」

漁人甚異。復前行。欲窮其林。林[4]盡水源。便得一山。有小口。髣髴若有光。便捨舟。從口入。初極狹。纔通人。

をのこいとあやしみ、林のきはみまでと、猶上り行きしに、林の盡くる所、卽ち水源なり、ふと見れば(向)に山ありて、其入り口と覺しき穴あり、かすかに日の光あるやと見ゆ、乃ち船をば捨てつ、口より入り見るに、初めのほどは、きはめてせばく、僅かに、人ひとりを、よかはすほどなるに、

復行數十歩。豁[5]然開朗。土地平曠。屋舍儼然。有良田美池桑竹之屬。阡陌相連。雞犬相聞。

また數十歩ばかり行きけるが、胸すくばかりにひろ〳〵と打開らきたる處へ出でつ、見ればいかめしき家居の

傍に、良田（よきた）美池（うるはしきいけ）桑竹（くはたけ）のたぐひあり、東西南北に人のゆきかふ小路正しく連らなりて、雞犬の此處彼處になく聲もいとのどかなり、

其中往來種作。男女衣着悉如外人。黃髮垂髫。並怡[6]然自樂。

其中を往來しつゝたがやす男女の身にまとふ衣を見るに、世のものと異なりて、外國人（とつくにびと）かと怪しまる計り也、又黃色の髮なす老人、もとどりたれたる小兒まで、打まじり、おのがじしたのしむさま、またなく心やすらげに見ゆ、

見漁人乃大驚。問所從來。具答之。便要[7]還家。設酒殺雞作食。村中聞有此人。咸來問訊。

漁人を見つゝいたく打驚き、いづかたより來り給ひしと問ふに、くはしく答へたりしかば、いざ我家（わがや）へとて、いなむをうながし、つれ還へり、酒をまうけ、にはとりを殺し、ねんごろに、ふるまひなすうちに、村のものども、まれびとありと聞きつ、みなこの家へ尋ね來りぬ、

自[8]云。先世避秦時亂。率妻子邑人。來此絕境。不復出焉。遂與外人間隔。問今是何世。乃不知有漢。無論魏晉。此人一一爲具言所聞。皆歎惋。

あるじ申すやう、それがしの先祖にあたるもの秦時の亂をさけ、妻子及び在所の人をひきつれ、この奥まりたる境へ來りしより、再び世に出でざりしかば、遂には外人と相隔たりぬ、そも今は何の世にさむらふぞやといふ、そのさま漢代だにしらず、魏晉は言ふまでもなし、おのこかねて聞けること一一つぶさに語り聞かしゝかば、皆古をしのぶこと限りなし、

餘人各復延至其家。皆出酒食。停數日。辭[9]去。

かくて村のものどもまた各をのこを其家へ請じ、酒食を供へもてなしければ、覺えずとゞまること數日にして

去りぬ、

此中人語云。不足爲外人道也。

其時皆々見送くりける其中の一人、御身ここへ來たり給ひしこと他の人々に語るにも及ばぬことに候ぞやといひつつ相別れけり、(9)

既出得其船。便扶向路。處處誌之。及郡下。詣太守說如此。太守卽遣人隨其往。尋向所誌。遂迷不復得路。(10)

かくてをのこは、こゝを出でて、かの船つき場にゆき舟をさがし、これを引きつゝ、さきに來りし道にそひ、處處にしるしをつけて郡へ歸へり、太守がりまゐりて、前に述べたる事を悉く語りしが、太守聞き、さらばとて人をこのをのこにつけ、彼の土を探らしめしが、さきにつけたりし道しるべを見失ひつ、遂に引かへしぬ、

南陽劉子驥高尚士也。聞之欣然親往。未果。尋病終。後遂無問津者。(11)

南陽の劉子驥といへるは世に聞えたる氣高き人物なりしが、此話を傳へき、（めづらしき處かな、我こそ親ら往き見むと）いさみしに、未だ果たさぬうちに病を得てみまかりぬ、かくて其後にかの船着場を問ふ人は絶えてなかりしと言傳へける、

(1) 桃花源記ハ陶淵明ガ己レノ理想境ヲ描キタルモノニテ、實ニ漁夫其地へ至リシ事アル譯ニ非ズトイフモノアリ。眞カ贋カ、明白ナラネドモ、太元中ト漠然ト述ベシ所ニ一種ノ味アリ、故ニ「太元の頃かとよ」ト譯セリ。

(2)「逢フ」ハ思ハズ出逢ヒタル事ナレバ、「ふと見れば」ト譯セリ。

(3)「其下には」ト原文ニナキモ、木ト花草ノ關係ヨリ入レ候ヘドモ、必要ナキヤウニモ思ハル。

(4) 林盡水源ハ、邦讀ニスレバ、林盡ク水源ニトモ、林盡キテ水源アリトモ讀メ候　音讀ナラバカヽル區別ナシ、今假リニ林

盡くる所、即ち水源なりトセリ。

(5) 豁然開朗ハ下ノ土地平曠ト連ラナリ、狹カリシ穴ヨリ廣々トシタル所ニ出ダト解スル事誤リナケレドモ、客觀的ノ景色ヲ描クト共ニ、主觀的ナル漁夫ノ心理狀態ノ一變シタル事ヲ含ム。道學先生ナド、心學ノ錬成ヲナスニ初メ苦心ヲナス狀態ヨリ大悟ニ至ルマデノ階段ヲ示シタルモノト言フ人アリ。此レハ當ヲ得ザルモ、兩面アルモノト見、「胸すくばかり」ト譯ヲ致シタルモ、ヨリヨキ語ハ無之哉。

(6) 怡然自樂の怡モ樂シムコトナレド、同ジ譯語ヲ用フル事能ハザレバ、少々區別シ、「怡」ノ尤近キハ調和ノ和或ハ調ナレドモ、コレモ何如ト思ヒ、心やすらげに見ゆト譯シタリ。

(7) 便ノ助辭ハ文中多ク直（タヾチ）ニノ意ヲアラハセドモ、元來、便ノ字ハ或ハ「遂（ツイ）ニ」ノ意ヲアラハス助辭ニ用ヒラル、事モアリ。此處ハ便要トツヾキ、漁夫ノ斷ハルヲ先ヅ〳〵ト無理ニ引キツレ往キシ、素樸ニシテ親切ナル狀ヲ示シタル極メテ力强キ助辭ナレバ、數語ヲ加ヘタリ。

(8) 原文ニハ「自云」トノミアリテ、何人ノ言タルヲ明言セザレドモ、家ノ主人ノ語ト見ルベキヲ以テ「あるじ」ヲ加ヘタリ。カヽル文字ハ後世古文ヲ書クニモ使用セズ、必ズ何人ト明記スベキ所ト思ハル。

(9) 此中人語云。此處原文トシテハ簡潔ニテ氣韵モ高ク感ゼラルレド、譯文ニハ數十字ヲ加ヘタリ。國文ノ規則ニ從ヒ省略セムト思ヘドモ力及バズ。

(10) 即遣人隨其往。即ノ助辭甚力アルヲ以テ、「さらばとて」ト譯セリ。

(11) 南陽劉子驥。此レハ俗物ノ太守ト反對ナル人物ヲ取上ゲ、一ハ人ヲ遣リテ失敗シ、一ハ病死シテ目的ヲ達セズ、之ヲ双ツ列ベタル處ニ面白味アリ。高尚士ヲ氣高きトシタレドモ、內容狹キ感アリ、他ニ適當ノ邦語無之候哉。其人柄及ビ當時此話ヲキヽシ時ノ心持ヲ想像シテ數語ヲ加ヘタリ。

兩岸石壁五色交輝青林翠竹四時
俱備曉霧將歇猿鳥亂鳴夕日欲頹
沈鱗競躍實是欲界之仙都
君山直喜

青山隱々水迢々秋盡江南草
未凋二十四橋明月夜玉人何處
教吹簫
君山老人書

通儒としての狩野先生

小島祐馬

「私は考證學です」

これは狩野先生がまだ京都大學の教授になられぬ先に、私が先生から直接伺つた言葉である。さうしてこれは私が先生から先生の學問上の立場に就いて聞いた最初であつて且つ最後であつた。先生の學問はその時からいへば、更に大に淵博精審の度を加へられたのであるが、しかし先生畢生の學問を一言にて掩へば、この考證學の語に盡きると思ふ。但だ先生の場合に於いて考證學といふ意味は決して簡單ではない。いふまでもなく考證學は支那學に關する限り清朝に至つて始めて發達した學問で、それが純粹な考證學になつたのは乾隆嘉慶の時代である。尤も同じく考證學といつても、その間に經學を主とするものと、史學を主とするものとの別があるが、先生の考證學は經學を主とするそれであつた。我邦近世の所謂漢學は大體に於いて明代の學問の祖述であつて、清朝の學問をするものは極めて乏しかつた。明治維新と共に漢學は無用の學として一般に輕んぜられ、一時その發展を阻止せられたが、その後やがて幾分復活の氣運に向つて來た時にも、幕府時代の餘勢で明學が猶ほ支配的であつた。たゞ新しい傾向としては、西洋哲學の影響を受けて中國の古典中から哲學的の分子を抽出し、その史的發展を述べる支那哲學派と、西域方面の研究を主とする西洋風の東洋學派とが、僅かにその萠芽を見はして來ただけであつた。この間に在つて狩野先生が東京大學に於いて教を受けられた先生は島田篁村先生であつた。篁村先生は海保漁村の門下であり、漁村は大田錦城の學を繼いだもので、これは幕府時代から我邦に僅かに存した清朝風の考證學の傳統であつた。されば篁村先生はその頃の我邦の學者には珍らしく『皇清經解』はよく讀んで居られ、何か質問をすると、「それは『經解』のかくかくのところに、かういふ說があり、かういふ說もある」といつた風に教へられ、自說は餘り述べられなかつたさうである。著述は文集以外殆んど傳はつてゐないが、おそろしく博覽强記の學者であつたらしい。東京大學で篁村先生の教を受けた人は多數有つたであらうが、その考證學を繼承して之を發展せしめたのは、狩野先生を措いて外には無かつたのである。

狩野先生は十歳前後の頃、熊本で舊藩主から召出され、その前で經書の講義をせられたと言はれて居り、一般に漢學の教養の高かつた當時の人々の間に在つても、一段と頭角を見はして居られたので、大學に入學せられるまでに漢籍は相當に讀んで居られたのである。それに加へて大學入學後の師承が前述の如くであり、大學卒業後は將來京都大學文科大學の教授たるべき人として、我邦最初の清國留學生の一人に選ばれ、初め北京に、次いで上海に遊び、親しく彼の地の學者達に接して心契する所も多かつたことゝ思ふ。殊に上海留學の時代には、同地に居た西洋の中國研究家や、同地で刊行して居た西洋人の中國研究の圖書雜誌などの影響を受け、歐米支那學の藩籬をも窺ひ、その長所をも取入れられるやうになつたのである。かくて先生の學問は、從來の所謂漢學にも屬せず、又支那哲學派や東洋史學派にも屬せず、さうかといつて全然清朝風の考證學と同一にもあらず、それよりは遙かに廣い內容を有つたものであつた。同時に、史學の方面に於いて內藤湖南先生があり、是れ亦た特出の資を以て清朝風の考證學を中心として、廣い基盤の上に新たな史學を打立てた。それは西洋流の東洋史學の如く一方に偏したものではなく、むしろさういつたものをも併合したやうな學問をはじめられた。この狩野先生の學問と內藤先生の學問とを中心として、こゝに一種の學風が京都の地に生れて來た。世間で京都風の支那學といつてゐるのは卽ちそれを指すのであらうと思ふ。この京都風の支那學は一時敦煌派といふ名前をつけられたこともあるが、それは明治の末年敦煌地方で發見された唐代を中心とする古文書に、此派の學者が注意を集中した爲めに、同じ大學內の西洋哲學の人々が名づけた名前で、それは此の學派の起源に關するものではなく、その一つの色彩を言ひ表はしてゐるに過ぎない。又明治の末年から八九年ばかりの間、清朝の亡命客であつた羅振玉・王國維の兩名が京都に定住し、董康氏なども數年間そこに居を構へてゐた。その爲め研究資料の上では多大の恩惠を受けたのであるが、研究方法の上には別に新たな影響があつたとは思はれぬ。

狩野先生は明治三十九年に京都大學の教授に任命せられると同時に、支那語學支那文學講座を擔當せられることゝなつた。然るに草創の文科大學では先づ哲學科だけが開講せられ、文學科は開講の運びに至らなかつたので、先生は當時支那哲學史の講義を受持たれた。さうして四十一年になつて文學科の講義が開始せられると共に、支那文學の講義を始められたが、支那哲學の講義は依然普通講義・特殊講義・演習を通じて其の一部を受持たれ、以て昭和三年の停年退職に及ばれたのである。その間の講義題目は、普通講義としては文學科で支那文學史、哲學科で支那哲學史を講ぜられ、特殊講義としては文學科では六朝文學・清朝文學・支那小說史・支那戲曲史・科擧と文學・兩漢學術考・魏晉學術考など、哲學科では論語研究・孟子研究・清朝學術史・公羊學などを講ぜられ、その外文學科の講讀に『元曲選』を用ひ、哲文兩科の演習に尙書・三禮の注疏を用ひ、就中『儀禮注疏』に最も力を入れてゐられたなどは、その特色とする所であつた。かくの如くにして京都大學に於ける支那哲學史並に支那語學支那文學の講座は、全く狩野先生によつて形式的にも實質的にもその基礎を築かれたものである。本來經學者である先生が、哲學文學の孰れでも選擇し得る立場に居ながら、ことさらに文學の講座を擔任せられたのは如何なる理由によるか、私はそれを聞いたことは無い。しかし所謂支那哲學卽ち宋明の理學といふものを先生は餘り好んでゐられなかつたと同時に、文學や詞章に對しては經學についで興味を有して居られ、その上中國に關する學問を綜合的に考ふる支那學の立場から見れば哲學文學どちらを擔任してゐても同じであると考へられたのではないかと思ふ。先生はまた昭和四年から東方文化研究所の前身、東方文化學院京都研究所長となり、その經營の事に任ぜられた。この方面に於いても我邦支那學界に貢獻すること頗る大なるものがあつたことは周知の通りである。先生は晩年同研究所の所員の爲めに『漢書』の考證を永い間熱心に續けて居られた。獨り經學文學のみならず、先生は史學にも興味を有し、その造詣も大變深かつたのである。

かくの如く先生の學問は非常に博く且つ深かつたが、本來經學者であり考證學者であつた先生は、たゞに宋明の理學を好まれなかつたばかりでなく、思想的のものを總じて嫌はれ、同じく漢學であつても西漢の公羊學などは餘り好まれなかつた。昨年三月お目に懸つた時――それが私に取つては遂に最後の面會となつたが――或元軍人がこれから公羊學を研究したいから指導を願ふといつて來たとて、「公羊學では困る」と言はれるから、「それでも大學の講壇で公羊學を講じたのは先生が始めてゞすから、それは致方ありますまい」と言つて笑つたら、先生も苦笑して居られた。この一例でもわかるやうに、先生は嫌ひであるといつても所謂食はず嫌ひではなく、よく知つて居られて嫌はれるのである。宋明の理學を好まないといつても『朱子語類』の理氣・鬼神・性理の條などもよく讀んで居られたのである。

以上はすべて學問上のことであるが、この外先生は現實の社會の動きにも常に關心を有つて居られ、時々の內政外交上の重大問題などに就いても、よく獨特の見識を以て批評して居られた。私が先生のお宅に上つて伺つたことは、學問上の事よりも寧ろかういつた方面のお話が多かつたやうに思ふ。かゝる點から觀て先生の學問は、所謂經學とか所謂考證學とかいつたやうな偏狹なものではなく、經學者の立場を堅持しながら廣く各方面の學問事物に通曉してゐられたので、通儒の稱號こそ先生に對して最も相應はしきものである。

先生の後進に對する態度に就いては、積極的に指導をせられなかつたことに於いて特色を有する。それは本人が憤悱せざる限り指導は效果が無いばかりでなく却つて有害であると考へてゐられたやうである。文科大學時代に熱心に指導をせられる某教授の下に、生理的に頸の筋肉の硬直して動かない一人の助手の居たことがあつた。先生はそれを見て「餘り指導をするとあゝいふ風になる」と、冗談を言はれたことがあつた。新獲の書物などを示してそれについていろ〳〵話をされるといふやうなことも先生は餘りなさらなかつた。これも先生がまだ大學教授になられない頃のことであるが、私が局刻の唐本などを此の上もない善本の如く思つて居るので、「本といふものはかういふものです」といつて見せて下さつたのが、熊本時習館で印行した『影宋本尙書正義』であつた。若しこの時私からこの本の性質をお尋ねすれば言つて下さつたであらうが、當時の私にはこれに就いて質問するだけの知識がなく、從つてその書の來歷について何事も聞くことが出來なかつたのである。先生の後進に對する態度は多く此の如きものであつた。それは一見不親切のやうであつて決してさうではなく、强ひて人を自分の學問に引附け、一定の範疇に入れることを意識的に避けられたのである。

先生は又餘りものを書かれなかつた。先生の一代に書かれたものは、すべて『支那學文藪』と『讀書籑餘』との二卷に收められてゐる。それはいづれも珠玉の篇ではあるが、それにしても先生としてはその分量が餘りに少く、且つそれは決して先生の學問の眞髓を傳へたものばかりとは言へない。先生はよく「書物を讀むには讀むこと自體が目的でなければならない。原稿を書いたり講義をしたりする爲めに讀むのでは、讀むことが間に合せになつていけない」といふことを言はれてゐた。さういふことが先生御自身に於いても自然習慣となつて、ものを書くことが臆劫になられたといふことも有らうが、一つには先生の謙抑がその原因であらうと思ふ。嘗て『支那學叢書』の刊行を計劃した時、先生の大學で講義された『兩漢學術考』の付印を御願に出たところ、「あんなものを出してもよいでしようか、君はどう思ひます」と言はれた。先生の著書に對する良心的なることは槪ね此くの如きものであつた。

先生は前述の如く京都に文科大學が增設せられると同時に敎授に任命された方である。當時の總長木下先生などの考では、東京大學に文科大學があつて、猶ほ收容力に餘裕があるのに、新たに京都に文科大學を置くからには特色あるものにしなければならぬ。それには東洋學の硏究に力を注ぐが如きこともその一つであるとして居られた。さうして狩野先生はその東洋學方面を擔當する最初の敎授として選ばれたのであつて、早くから先生の學問人物が識者の間で認められてゐたことは、それによつても知ることができるのである。然るに一般の世間では全くその名は知られてゐなかつた。大學敎授になつて後も初めの間は先生の名を知つて京都大學に集つて來たものは少數であつたやうに思ふ。現に私の如きも先生の盛名を聞いてその門下に馳せ參じたものではなく、實は偶然の事から先生を發見したのであつた。それは次の如き事情によるのである。

明治三十八年日露戰役の後に、今の立命館大學の前身である京都法政專門學校に、中川小十郎氏の發意で東方語學校といふものが併置されたことがある。そこでは每日午後三時から（土曜日は午後一時から）二時間、支那語と支那時文（現代文）とを敎へてゐた。當時京都大學の法科の學生であつた私は、友人の花田大五郎君（後の京都大學書記官）と共に此の學校に通つた。生徒は總勢二十名ばかり、その多くは商店の若い店員で、大學の學生は私共二人だけであつた。それが時間になると私共二人の外に、漢文などは大して讀んだこともなさそうな、しかし非常に眞面目な青年が一人加はつて、僅かに三人であつた。その時文の先生が狩野先生であつた。それは私共嘗てその名を聞いたこともない先生であつたが、生徒の少いことなどには頓着なく、新聞の切拔や條約文などを持つて來て講義をして下さる、それが極めて明快で一點の含糊曖昧もない。花田君も漢文は早くからよく讀んでゐられたし、私も元來漢文は好きであつたから、先生の講義には大變興味を覺え、平素疑問とする所をいろいろ質問するに、その解答は流るゝが如くであつた。例へば「接續詞の『之』の字は、これをつける場合とつけない場合とが有りますが、あれはどういふ區別がありますか」と訊くと、「句が長い場合はつけます」といはれる。私共は中學校や高等學校で漢文の文法はむつかしくてわからぬものといつた風に教へられ、こんな明晰な解釋を與へられたことは嘗て無かつた。これはすばらしく偉い先生だと思つた。そこで私はその先生に對し極めて無遠慮なことを言ひ出したものである。それは私がその頃讀んでゐた『王文成公全書』の中で解らない處を、一週一回ばかり教へて頂けませんでせうかと願ひ出た。すると先生は言下に許諾せられ、水曜日の晩に來るやうにとのことであつた。その日を待ちかねて御伺ひすると、先生は奧様にいつて袴を出させ、それを着けて机の前に端坐せられ、私の出した書物を手に取られながら、「歐陽修の全集かと思つたが王陽明でしたか」と言つたきり、嫌な顔もせられず、私の質問を聞いて下され、「兎も角も全集を讀むといふことはよいことです」と言はれた。私はそれに勢を得てかういふ御迷惑なことを長い間つゞけた。その中に先生は臺灣舊慣調査會の仕事を主にしてゐられるといふことを知つた。彼是するうち文科大學の開設となり、先生は教授に任命されたので、道理で偉い先生だと思つたと、今更の如く自分の無作法の振舞を恥ぢた。冒頭にあげた「私は考證學です」といふのは、この間に先生のいはれた言葉であつた。

私事に亙つて誠に濟まないが、ついでに此の話のつゞきを今少し言はせて頂きたい。明治四十年の七月に法科大學を卒業した私は、その年の秋から北京に行くことになつた。それは單に學問をする爲めではなく、中國に永住し中國人の教育に從事しながら、中國の社會・中國の文化を研究しようといふのであつた。ところが時恰も間島問題や辰丸事件によつて、第一回の全國的排日が起り、國際關係が非常に惡化した爲め、現に教習の職に在る人々も契約期限の滿つるに從ひ、片つ端から斷られてゐる場合、新たに教職に就くことは到底出來ないことゝなり、單に學問をするだけならば、當時の北京に留るよりも京都に歸り、狩野先生の薫陶を受ける方が遙によいといふことになつて、四十一年の春北京を引揚げて來て、その翌年京都の文科大學に入り、支那學を専攻することゝなつたのである。

かくて私は前後四十餘年の久しき狩野先生に師事して來たが、性來の迂愚は先生の學問の一端をも祖述し得ず、已に老境に入つて忽ち楷模を失ひ、往事を追懷する毎に惋惜の情・自責の念胸中に錯綜し、言ふところ或は前後其序を亂るものあらんことを恐れる。

シノロジストの典型

倉石武四郎

「世界に三人の支那學家がある」というのは、中國のある老先生の口ぐせであつた。支那學家とはシノロジストの中國譯語であり、三人とはフランスのペリオ博士とそして日本の狩野・內藤兩先生を指さすこと、改めて云うまでもない、その三人の中、內藤先生は早く昭和九年に沒せられ、ペリオ博士も近く一九四五年に長逝し、昨年十月には京都と東京とで追悼の講演會が催された。ひとり狩野先生が魯殿靈光と後學崇敬の的になつておられ、又いつ〳〵までもそうあつていたゞきたいと願わぬものもなかつたのに、ペリオ博士の追悼會を去るわずか二個月で、突然、まつたく突然、道山に歸せられた。かの老先生が口ぐせのように云われた三人の支那學家は、ついに一人も殘られぬことになつた。たゞ淋しいと云つただけでは表現できない。何かしら嚴しい淋しさが學界を蔽つているとでも云わうか、わたくしは適當なことばを見出すに苦しむ。

狩野先生は壯年の頃には西洋の學問にも興味をお持ちになり、中國語のほか、英語、フランス語をよくされた。自分も昔は隨分ハイカラだつたが、とはたび〳〵伺つたおことばである。しかし、わたくしが親しくお教えを乞うようになつた頃は、もつぱら漢籍に親しんでおられたらしい。京都大學を停年退官されてから、東方文化研究所長として十年にわたる苦勞をされたが、所長をおやめになつたとき、この十年は本が讀みたかつたと述懷され、これから一日でも長く生きて少しでも餘計に本が讀みたい、できることなら何遍でも生まれかわつて本を讀みたいなどと云われたのは、われ〳〵の不勉强を戒められるおことばであつたとともに、一面、先生が漢籍に對しどんなに御執心であつたかが窺われる。御臨終から數えると二十日ほど前、神經痛がおこるので寢ているがと云われつゝも、至つてお元氣で、床からだん〳〵半身を乘り出すようにしていろ〳〵話された中にも、この年になつてまだ論語が滿足に讀めないという嚴しいおことばがあつた。こうした、いつになつても滿足ということのない學問に對する熱情は、すべて漢籍を讀むという方向にかたまつて行つたものと思われる。

漢籍を讀むというのは、もとより廣く云つてのことで、漢文を綴ること、漢字を書かれること、乃至は中國語でお話しになること、すべてがこゝに綜合し統一されていた。これを新しいことばで表現すれば中國の言語文字の研究と云いたいのであるが、それではやはりどこかに食ひ違いがある。先生のばあい、どう考えても、漢籍を讀む、廣い意味での漢籍を讀むということが先生の本領であつたという外はない。たゞ、同じ漢籍を讀むにしても、事がらを讀むという史學的傾向に對し、先生のは文學を讀むという言語文字學的傾向が强かつたこと蔽うべくもない事實であつた。それにもかゝわらず言語文字の研究といつて食い違いのあるのはなぜであろうか。

先生が中國哲學史の普通講義で最初に說かれるのは、中國には哲學という名がないということであつた。そして、「兪曲園の哲學」という日本人の論文を讀んだ兪曲園が、誰知我卽哲學家、東人有言我始覺という詩を作つたという逸話を紹介された。もとより中國哲學史を講義されたのであるから、哲學も有り得るわけである。しかし、中國人自身が哲學といわず、むしろ哲學といわれて驚くようなものを哲學ということは、先生の必ずしも滿足されなかつたことに相違ない。特に晩年は、人が中國哲學を修めるということにかなり不安を持つておられた。多少わざと、中國哲學というものもやれたら、相當おもしろいと思いますがと申しあげると、それはそうだ、本當に哲學のやれる人間があつたらなあと嘆息された。ある人が自分のお子さん——高等學校の生徒であつたお子さんのために、大學中庸の參考書をと問われたとき、先生は高等學校で大學中庸の講義をするということがあるかと云われた。昔なら子どもの讀んだ本を高等學校へ行つてからやつと習うのかという意味ではもとよりない。大學中庸などは自分でも講義をする勇氣がない、高等學校には偉い先生があるものだ、と例の皮肉が出る。先生が漢籍を讀み、また讀むことにあれだけ執着を持たれたのは、中國の人の美しいと思うものの美しさを知り、中國の人のおもしろいと思うもののおもしろさを知ろうとされたのであつて、中國のらちの外のことで中國の人を驚かすためではない。まして、そのために中國には存在しない幻を描くことではなかつた。たゞし、たとえば敦煌遺書のように、中國の人がおもしろいと思い美しいと思うものを探ぐることには、とても熱心であつた。奈良の興福寺で唐寫本經典釋文の寫眞をとられたとき、はからずも講周易疏論家義記が現われたあの刹那、先生のお喜びようは大したものであつた。わたくしはその日、ちようどお伴をしてそのお喜びのお裾わけをいたゞいた。またロシアのコズロフ探險隊の發見した劉知遠諸宮調の寫眞がはる〴〵ペトログラードから屆いたとき、還暦の先生が若いもののように瞳を輝かされ、わたくしが寫眞の順序を合わしてさしあげようとするのを、もどかしとばかり自分でお取りあげになつた。はたして、この二種とも中國の人の意想外に出て、大いにもてはやされた。先生は飽くまで中國の人の美しさおもしろさの線に沿つて美しさおもしろさを理解しようとされた。そして、中國人の美しさおもしろさに反して中國を理解しようとする傾きには絶えず反對された、少なくとも不安を抱いておられた。わたくしが最後に先生から伺つたおことばは、まさにそのことを憂えられたもので、先生は死の床までも學問の方向のゆがみを恐れておられたのである。

では、そうした中國の人の美しさおもしろさは何によつて理解されたか、といえば、それは云うまでもなく文字であつた。言語を目に見える形に示した文字であり、その文字の綴る文章においてであつた。それが中國のために幸であつたか不幸であつたかは別として、中國の人は文字を愛し、そして文章のために苦勞してきた。實に文字、そして文章は、中國の知性の最高度を示すものであつた。しかも、何千年の嚴しい批判を經て今に生き殘つた古典にはこの民族の血が通つている。たゞし、自然の勢として中國の文字文章は、云わんとする事がら、すなわち内容よりもその表現に對し多くの力が注がれ熱がこめられていた。また同じ表現にしても、實字をもつて示された部分よりは、虚字をもつて示された部分に眞の苦心が祕められていたと云える。先生のように夥しい漢籍を讀み破られた方にしてみると、事がらは大體わかり切つてしまわれたに違いない。また實字による表現もあらまし底を突かれたことであろう。しかし虚詞の表現については、先生といえども遂に滿足されなかつたらしい。論語が滿足にわからないと云われたのも、まさにそこまで窮めようとされたのではあるまいか。二十年以上の昔、わたくしが客氣に驅られてある論文を發表したとき、内藤先生はわざ〳〵汽車の中へ持ちこんで讀んだと云つて、何かと注意されたが、狩野先生は通論はやさしいさと一蹴された。若いものがそんなものを書くよりは、漢籍そのものに沈潛せよというお教えである。だから經典の本文批判などを卒業論文に書く學生があると、若いくせにと苦い顔をされた。

數年前のこと、ふと桃花源記の中の不審をお尋ねしたところ、たちまち先生には桃花源記のおもしろさが蘇つたらしく、それからしばらくの間、お目にかゝるたびに桃花源記のお話である。お前は不足爲外人道也を日本語でどう譯すかといつてたび〳〵責められた。はては先生御自身で桃花源記を日本語に譯そうと、そのしごとに熱中された。もとより現代の口語に譯されたのである。先生は中途はんぱがお嫌いであつた。だから漢文直譯體のまずい文にはいつも眉をひそめられた。中國の人に見せて一分の隙もない漢文で書くか、さもなければ現代の日本語で書くのだ、といつも云われた。だが、譯された桃花源記の全貌は遂に拜見せずにしまつた。發表をお願いしたこともあるが、笑つて答えられなかつた。

しかし、こうした態度で漢籍を讀むとしたら、それこそ何遍生まれかわつても讀み切れる筈がない。心得はいかに積まれても、これを筆にすることすら極めて困難である。だから先生は講義や講演の草稿以外、ほとんど纏つた著述を殘されなかつた。先生にとつては研究は副業であつて、眞に心血を注がれたものは讀書であつた。先生から見れば、こうした言語文字の分析的研究は緒餘にすぎず、もつぱら言語文字を文章とし古典として嚙みしめられたのである。先生は清朝、ことに乾隆嘉慶時代をこよなく尊尚されたが、おそらくこの時代を通して古典の美しさおもしろさが存分に汲みとられたからでもあろう。昨年公刊された先生の雜著に讀書籑餘と名ずけられたところに先生の面目が躍如としている。

同じシノロジストといつても、先生ほど中國を愛された方は少ない。先生は中國の言語文字を通して、この國の最高の知性を窺い、それだけの文化をもつたこの國を極めて高く評價された。そしてその文化の尊重と愛護とに終始された。先生にとつて、中國は研究の對象であるよりさきに魂の故鄕であつた。先生が中國の學者と膝を交えて語られることは、漢籍を讀んで古人を尙友することと共に、最も樂しい時間であつた。この不幸な戰爭が終つて中國から學者が來られたとき、先生をお尋ねして御無事を喜び、また飛行便が初めて通つたとき、まず直ちに先生の御安否を問い合わせた人々は數すくなくなかつた。もしシノロジーというものが一種フイロロギッシュな意味で永遠の生命を持ちつゞけるとしたら、先生は實にその典型的學者と申さねばならない。

君山先生と元曲と私

青木正兒

明治四十一年九月京都大學に入學して出席した第一時間目の講義は、其時始めて講師として敎壇に立たれた故富岡謙三先生の「漢書」藝文志の講讀であつた。黑羽二重の紋服仙臺平の袴に鼻眼鏡、颯爽たる長身の先生を案內して、風采の揚らぬ矮軀古洋服の事務員らしい人が一緒に入り來り、登壇して先生を紹介し、是は史學科の講義であるが、支那哲學文學の專攻者も聽講するやうに、と注意を附加へて退去した。あの事務員は生意氣なことを云ふな、と私はいぶかりの眼を以て其れを見送つた。其次の時間は狩野先生の支那文學史であつたので、將來指導の師と賴む博士の入場を刮目して待つてゐた。すると、さつきの事務員が復た這入つて來た。今度は狩野先生を案內して來たのだな、と思つて見てゐると、外に誰も這入つて來る樣子はなく、只一人つか〲と敎壇に登つて、是から支那文學史の講義を始めると云つて、折鞄から原稿綴りを取出したのには驚いた。「肉眼神仙を識らず」と云ふが、地方の高等學校を出たばかりの私の頭に描いてゐた大學教授とは、案に相違した先生の風貌であつた。

　やがて講義が始まり、序説として先づ支那文學の特質に就いて講ぜられたが、一言一句珍らしい事ばかり。其の一項に擧げられた古典趣味の實例として、清朝の末、佛蘭西と事を構へた時、佛艦隊が淡水を攻めて敗北し、再び上海に還つて來たので、上海の人々は、かう云ふ謠を歌つて之を諷刺した、と云つて黑板に「于思于思、棄甲復來」と記して、其れを「ユィサイ・ユィサイ、チイ・ヂィア・フウ・ライ」と現代音で讀んで、是は「左傳」の宋人が華元を罵つて歌つた謠を用ゐたのであると說明された。私ははつとして心中に快哉の叫びを揚げた。是より先き私が高等學校を卒へて歸省してゐた時、或日商業學校に通つてゐる近隣の子供が、偶然支那語の教科書を携へてゐるのを珍らしく思つて、讀ませて見た。自然であり、音調も良い。私は感嘆した。漢文もあゝ云ふ風に讀んで理會されなければ嘘だと思つた。それから私は其の子供に頼んで支那語の初歩を少許り教へてもらつた。大學に入つたら是非勉强して支那音で漢文が讀めるやうになりたい。今迄習つて來たやうに訓讀してゐては、英文や獨文のやうにぴつたり來るわけはない、と幼稚ながら一個の意見と希望とを持つて大學へ進んで來たのであつた。其の矢先きに狩野先生の御口から「ユィサイ・ユィサイ、チイ・ヂィア・フウ・ライ」と云ふ支那音が流れ出たのであるから、私の驚嘆と感激とはたとしへなく、胸がわく／＼するほど狂喜した。今でも私はあの時の先生の御聲を、はつきりと思ひ出せる。此の先生に從つて學べば私の夢は必ず實現できる、と心に確く信じたのであつた。果せるかな、先生は神戸から徐東泰先生を招いて、吾々の爲に支那語の課業をも始めて下さつた。

　其後支那學會や文學會の講演會で先生がなされた御講話の中、特に私を動かしたのは「西廂記」に就いての御話と、「水滸傳」に就いての御話とであつた。「水滸傳」のことは姑らく措き、私が始めて「西廂記」を知つたのは、高等學校に在學中、笹川臨風氏の「支那文學史」の作例に擧げられてゐた「驚夢」の一折である。面白さうだが讀めない。ただ支那にも戲曲の有ることを知つて無上に嬉しく、私かに關心を寄せてゐたので、京都へ來ると早速古本屋をあさつて「西廂」の首四折だけを詳解した本などを見付け出して、其れをたよりに、たど／＼しい歩みを始めてゐたのであつた。やがて研究室が開設されて、狩野先生が蒐輯に力められた戲曲關係の書が追追と書架に列べられた。いづれも初めて見る珍らしいものばかりであつたが、其中でも「元曲選」「雍熙樂府」「嘯餘譜」などは最も稀少本だと先生から承つた。そこで私は「西廂」を踏み段にして「元曲選」に攀上らうと研究室に通つた。先生から「北曲譜」「中原音韻」の利用法などにつき、個人的に色々御指導を受けたりして、駑才遲々の歩みを進める中、いつしか二年を過ごして卒業論文に取りかゝる段になつたので、題目を元曲の研究と定めた。すると先生は特に御私有の資料をも貸與して御指導下さつた。其の主なるものは先づ「元曲選」序文の寫し。是は大學の藏本に缺けてゐるので、先生が人に賴んで完全な本から寫取らさせられたもの。次に「錄鬼簿」の寫本。是は王國維先生が副本を作つて先生に贈られたもの。それから「樂府傳聲」等であつた。かうして私は一方ならぬ御世話になつてどうやらかうやら論文を仕上げて卒業させて頂いた。

先生は實に我國に於ける元曲研究の鼻祖である。江戸時代の元曲研究は取り立てて云ふほどのことは無い。明治四十年前後に至つて「元曲選」の梗概を紹介した學者が二人有る。一人は幸田露伴先生で、たしか私が高等學校在學中出版された「露伴叢書」の中に、元曲數種の梗概と批評とが收められてゐた。今一人は森槐南先生で、私が大學に入ると間もなく創刊された雜誌「漢學」に、先づ元曲の大要を、次いで個々の曲の梗概を幾つかづつ連載されてゐたが、多分一年足らずで廢刊になつたやうであつた。それで露伴先生が「元曲選」紹介の皮切りと云ふわけだが、先生の專門的教養から見て、其の讀曲法は餘り高くは評價出來かねるものであつたであらう。槐南先生は詩詞學の力を基礎として讀まれたのであるから、是は露伴先生の素人藝と違つて一段高きものであつたらうと考へられるが、どの程度精讀されたかは疑問である。さて吾師君山先生が元曲研究に關して收穫の一端を具體的に示されたのは、右の二先生よりやゝ後れて、四十三年私が三回生になつた年度の講義に、先づ戲曲史の大要を講じ、併せて「漢宮秋」「竇娥冤」の二曲を講讀せられたのに始まる。然るに其の讀み方の合法的なると正確なるとに於ては、前二家の單に梗概を傳ふるものと日を同じうして談ずる能はざるものが有つた。つまり「北曲譜」「中原音韻」に照らして曲文を正確に句讀し、一言一句を忽諸にせずして意義を解釋せられるのであるから、かくの如き讀曲法は先生のやうに非凡な讀書力を持ち、且つ支那語に精通した者でなければ容易に企圖し難い所であつた。されば正式なる元曲讀法は先生より始まつたわけであり、此の意味に於て我國の元曲研究は君山先生を鼻祖とすると斷言して敢て憚らないのである。私は僅かに二曲だけ聽講して卒業したが、其後先生は年年元曲の講讀を繼續せられ、昭和三年退職せられるまで十七年間、大抵每年講ぜられたのであるから、其の數は元曲百種の大半に上つたことであらう。かほど多數の元曲を一字一句意味を檢討しつゝ精密に讀破した學者は、我國はもとより中華にもまづ無からうと思はれる。されば單に鼻祖と云ふだけでなく、我國に於ける元曲學の大宗とも仰がるべき先生である。

先生が始めて講讀された「漢宮秋」「竇娥冤」二曲は山田聖華房所有の古い木活字を使用して印刷した古雅なものであつたが、今出して見ても句讀に一二箇所どうかと思はれる點が有るだけで、實によく讀んでゐられる。最初の試みとして是だけ正確に句讀せられたのは、其れ迄に幾年かの準備期間を置かれたからで、で無ければ幾ら讀書力は有つても、いきなり出來るわざではない。其後は勿論年を逐うて其の研究は完成されて往つたことと思ふ。ただ惜しいことには、先生は至つて筆不精で、研究を文に綴つて發表されることが稀れであつたので、折角の貴重な成果も廣く學界に示されるに至らず、元曲に關しても「支那學文藪」所收の「水滸傳と支那戲曲」「元曲の由來と白仁甫の梧桐雨」等四篇が、纔かに其の深邃なる研究の片影を留めてゐるのみである。私は深く之を遺憾とし、何とかして先生が多年講ぜられた元曲の札記やうのものでも公にして學界を益したいと思ひ、其の整理出版を吾々の手でさせて頂きたいと申出たこともあるが、其のやうな書留めたものは何も無いとの御答へに失望したのであつた。然し京都大學に於ける先生の元曲講讀は名物として、また支那文學科の誇りとして、其の感化の及ぼす所は甚大であつた。嘗て北京大學に於て吳梅氏が元曲の講席を擔當した如きも、吾が京都大學の顰に傚うたものかと推測されるが、でなくとも先鞭は我が君山先生が着けられたわけである。東京帝國大學に於ける鹽谷博士の元曲講讀の如きは、固より我が君山先生の後塵を拜するものであつた。

先師と中國文學

吉川幸次郎

先師狩野君山先生が、漢詩文の作手として、日本人ばなれのした詞藻を示されたことは、あまねく人の知るところである。

讀むだけではいかん、作れ、といふのが、先生の主張であつた。私が卒業論文に宋の詩餘のことを書いた時、「これも讀むだけではいかんなあ」といはれ、研究所で元曲の研究をはじめた時には、「君、これも古今雜劇三十種の白が補へる位にならんといかん」といはれた。

さうして詩文の文學に關する限り、先生はこの主張を見事に實踐された。しかしこゝに追憶を綴らんとするのは、作手としての先生ではない。主として文學鑑賞家としての先生である。

まづ私事を語ることを許して頂きたい。

私が始めて先生に謁したのは、大正十二年のたしか二月の某日、田中大堰町のお宅の、のち終に易簀の室となつたあの階下東南隅、四疊半のお部屋に於いてであつた。その時の情景を、いまも私はまざまざと思ひ出すことが出來る。やや風邪氣味でおありになつた先生は、炬燵を横にして、首にはハンカチーフを卷いてゐられた。かしこまる三高生を前にして、まづ「火鉢に手をかざしたまへ」といは、大學にはいつて支那文學をやりたいと申上げると、支那文學の研究とは、本をこまかに讀むこと、ただそれだけです。支那哲學となれば、すこし違います、しかし文學となれば、それだけです。悠然として南山を見るがいいか、悠然として南山を望むがいいか、その一字の差を知ること、それが文學です、といはれた。

あの人生に於ける充實とは何ものであるかを身をもつて教へられるが如き vigorous な語調、さうしてそれは以後二十四年間、常に私の耳もとにあつた vigorous な語調であつた。

また昨年、最後の臥床の直前、春の大患のあととも思へぬ元氣さで、二度ばかり話題にされたのは、史記淮陰侯列傳の、「信能死、刺我、不能死、出我袴下」の「死」の字であつた。死ぬ、死ねない、といふことぢやない。この「死」の字は、ころすだ。何だ、大きな圖體をして、その劍でおれが殺せるか、殺せるものなら、ついて見い、殺せなきや、おれの胯の下をくぐれ、町やつこのやうな奴がさういつたのだよ。僕はさう思ふ。さうでなければならない。

先生と私との交渉は、一字の教へを以て始まり、一字の教へを以て終つてゐる。

私事を語つて恐縮であつた。しかしこれは必ずしも私に向つてだけ誥げられたことではない。これこそ先生の文學に對する一貫した態度であり、一生を通じて最も強く主張された方法であつた。つまり先生は、文學鑑賞の方法としては、何より細密な咀嚼を尊重されたのである。

その別の現れとして、先生の教への又一つは、選集を讀んではいかん、別集を讀まねばいかん、といふことであつた。個人の別集を初から終まで丁寧に讀み返すこと、それこそ細密な咀嚼の場である。

從つて先生の愛される文學は、先生の細かな咀嚼に堪え得るだけの緻密さをもつものでなければならなかつた。ことにその緻密さを外にはあらはにせずして、深くそれを内に藏し、内に藏する緻密によつて、緊張した色澤を呈するものを、愛せられたやうに思ふ。いひかへれば、それはつきりしたフォルムを結ぶものである。

さうしてフォルムを結ぶ原動力としては、作者の知的な教養を重視された。精神力の弛緩、乃至は學力の不足によりて、はつきりしたフォルムを結ぶに至らないもの、また感情を放恣に發散させて、フォルムを結ぶにいとまないもの、いづれも先生の好まれるところでなかつた。表現の形式としては、線の太いものを好まれたけれども、粗大なもの、すなはち先生の用語に從へば「粗獷」なものを、にくまれた。緻密なものを愛されたけれども、纖弱なものをにくまれた。

以上のことは、先生の治經の方向に於いて、すでに顯著である。經師としての先生が、最も力を用ひられたのは、やはり禮、ことに儀禮であつたと、思はれる。易は、晩年に至つて熱心に玩ばれ、仲仲面白いといつてゐられたが、私どもが急いで治める必要がありませうか、と伺つた時には、さあ、その必要はありますまい、と暫く考へてから答へられた。

秦漢の文のうち、晩年最も力を用ひられたのは、漢書であるが、漢書を愛好されるのは、早くからのことであつたらしい。またそれは島田篁村先生以來の傳統でもあつた。「何でも島田先生は、朝起きられると、楊枝をくはへながら、もう漢書を讀んでをられたさうだ。さう先生の家の人から聞いたよ」。

漢書を推重される一面、史記は讀めないと、よくいはれた。史記がある場合には示すあまりにも古怪な句法が、後人の咀嚼の範圍外にあることを、洞察された言葉であらう。

六朝の文は、時に誰を好まれたか、私はよくは知らない。ただ、おなじ六朝といつても、晉宋と齊梁は違ひます、といはれたのを、おぼえてゐる。大正の末年、對支文化事業委員として北京に赴かれ、王樹枏氏にあはれた時、談たまたま清の汪中の文に及んだ。先生が、「不下齊梁（プシアチリアン）」齊梁に下らず、といはれると、王樹枏が、あなたもさう思ひますか、さうです、さうです、といつて喜んでゐたよ、と、歸朝の直後、教室でにこにこしながら話された。その時の言葉である。

唐人の文では、やはり韓退之を一ばん好まれたのではあるまいか。大學の停年に近づかれた頃、作詩文の時間には、時時、古人の文を唐紙に書いて來られ、それを黑板にピンでとめて講義されたが、韓の殿中少監馬君墓誌も、そのひとつであつた。これは墓誌としては變則であり、正則でない。墓誌の正則は、その人の一生の事蹟を忠實に敍することにあるが、この墓誌の場合は、本人自身については何も書くことがないから、作者の感慨を敍したのだ。ところが日本人の漢文は、そこのところをわきまへず、墓誌といへばかういふものだと思ひ込んで、好んで詠歎を發したがるのは、困る。この體の文は、むやみに書いてはいけない。書くにしても、正格の文をいやといふほど書いたあとで書くものだ、と注意された上、しかしこの文は風神があると評された。その時、あはせ講ぜられて、おなじく風神ありと評されたのは、檀弓の趙文子與叔譽觀乎九原の章であつた。

もつとも、「文も韓よりは柳の方がいいやうだな、詩はもとよりだが」と、いはれたこともある。しかし私は柳文についての說を、あまり聞かなかつたやうに思ふ。それは私が柳文を讀んでゐないからであるかも知れない。

宋人の文は、曾南豐をのぞいては、殆んど推奬されたことがない。弛緩したものを好まれない先生にとつて、歐陽公の文は、畢竟するに陰柔の文であつた。東坡の放恣さも、好まれるところではなかつた。大學院にゐたころ、「この頃は何を讀んでゐる」とのお訊ねに、

「東坡の文を讀んでをります」と申し上げると、御機嫌がよくなかつた。

「僕は論などは作らうと思はないが」といはれ、私が論めいた文章を書いてお目にかけると、「僕は敍事が一ばん面白いと思ひますがね」といはれ、一たいに議論の勝つたものは喜ばれなかつたが、南宋人の議論の文は、ことに喜ばれなかつた。「日本人は陳龍川のやうなものを讀んでゐたのが、いけなかつたのだね」、さういはれたことがある。また「朱子は詞章も非常にいいのに、日本人は朱子の詩文は駄目だと思つてゐる、馬鹿なことさ。」さういはれたこともある。

感情の放恣な發散を好まれない先生は、明人の詩文には甚だ冷淡であつた。先生の學風は、種種の意味で、從來の日本の漢學に對する革命であつたが、この點もその一つである。

さうして、新しく提倡されたのが、淸人の知的な詩文であつたことは、あまねく人の知るところである。まづ顧炎武の「日知錄」が、先生愛讀の書であつたことは、これまたあまりにも有名なことであるが、「日知錄」は「困學紀聞」と共に、先生の經學史學の源泉であるばかりでなく、「君、日知錄を讀むなら、文章のいいところを見なくちやいかん」といはれたことがある。ついでは、朱竹坨、汪容甫、更には曾國藩であつた。「岩のところに石楠花の花がぱつと咲いたやうなところは、韓文公以後は、曾文正です」といはれたのは、停年に近づかれたある訪問日の夜、珍らしく角帶をしめてお座敷に端坐された先生が、ねめつけるやうにして語られた言葉であつた。また汪容甫にひきくらべて、洪北江はいかがですと伺つたら、「さらりと書いてありますね」と答へられたのは、それから一二年のちのある夜、書齋の椅子によりかかられてであり、おだやかな口調であつた。

詩は古今を通じ、やはり杜少陵を最も愛されたやうに思ふ。つい近ごろも、「この間、病氣をして、杜詩を讀んだが、えらい詩だね」と、いはれたことがある。最近、私が西洋文學の諸君と杜詩を會讀してゐる會合には、樂しみにして臨席され、病臥されてからも、「この頃、讀杜會はどうしてるかね」と、たびたび問はれた。以後この會合は、讀杜會と呼ばれることになつた。通鑑も先生愛讀の書の一つであつたが、通鑑によつて、玄宗肅宗父子の間の感情の阻隔を、先生一流の巧みな話術で、手に取るごとく話され、それが玄宗びいきの杜甫の詩に、いかに影響してゐるかを、說かれた。

詩に於いては東坡をも捨てられなかつた。人に書いて與へられた書幅には、往往にして東坡の詩がある。私も一つ頂いてゐるが、それは私が學生のころ、お宅へ伺ふと、今日は人から賴まれた書を書くから墨をすつてくれといはれ、たしか杜詩の「諸將」の中の一つ、錦江春色逐人來を依賴者のため書かれたあと、宋詩鈔の東坡のところを示され、どれか氣に入つた詩があつたら書いてあげよう、といはれたので、ではこれをと、草長江南鶯亂飛で始まる七律をお願ひすると、しばらくためらはれた上、こつちの方でもいいだらうといはれて、南來三見歲云徂で始まる七律を書いて與へられたものである。この選擇の中にも、先生の味覺は現れてゐるかも知れない。

范石湖の詩も、時時書いて人に與へられた。その誰かに與へられたものの跋語に、「余少くして范陸の詩を好み」云云といふ意味のことを書いてゐられたので、お若い頃はさうでしたかと伺ふと、すこし顏を赤らめられ、「いやあ」といはれた。

元遺山もおすきであつたやうである。王國維氏を弔ふ七律を作られた時には、「詩を作るには、すこし詩を讀まないといけないのでね」といひながら、四部叢刊本の遺山集の、七律のところに、點をうつてをられた。

清詩は、特に誰を好まれたか、伺つたことがない。お嫌ひであつたのは、錢牧齋、更には黃仲則、張船山であつた。漁洋もあまり好まれなかつた。ここでも先生の趣味は、明治の漢詩人と對蹠的であつた。「清朝の詩が分るのは、長尾だけです」雨山氏のことであつた。

要するに先生の好まれる文學は、細密な神經をすみずみまで行きわたらせつつ、しかも線の細からぬ積極的なものであつた。消極的なもの、枯淡なもの、纖弱なものは、先生の嗜味でなかつた。いはゆる東洋的な隱者と、いはゆる東洋的なディレッタントとは、先生の最も好まれぬものであつたやうである。先生の趣味は、世にいはゆる東洋趣味とは、むしろ反對であつた。

大學へはいつて始めてお宅へ伺つた時、といふのはつまり二度目にお宅に伺つた時、話題のないのに閉口して、夏目漱石をもち出すと、「夏目ね、あれは俳句趣味の人で、本當の中國のことがわかる人ではありませんでした」。私はとりつく島がなかつた。

またあの博治を以てして、且つまた御友人には方外の人もありながら、佛學には終始興味を示されなかつた。

といつて、先生は minor poet を理解されぬ人ではなかつた。清の汪蛟門の「吳中池館日吹簫、唯有寒山寺寂寥、幾樹江楓對漁火、行人歸去雨瀟瀟」、この一絕も、先生がよく人に書いて與へられたものである。

また先生が元曲研究のパイオニーアであることは、今さらいふ迄もない。晩年はほとんど曲のことを口にされず、「わたしも今ならあんなむつかしいものを講義したりはすまい」といはれたりしたが、しかし私どもが研究所で元曲の研究を始めた時には、大へん喜ばれ、最初の研究報告の審査を乞ふと、「僕としては大へん嬉しく思ふです」といはれ、「救風塵に正了本（ヂェンラベヌ）といふ言葉があるだらう。あれは昔どうしても分らなかつたが、分つたかね」などと、問はれた。

ただし明曲は全く讀まれなかつた。「南曲は、事件の發展に必然性がないから」。ここにも先生の味覺は示されてゐる。詩餘もあまり好まれなかつた。

小說は、ずゐ分讀まれたやうである。「小說史の講義をしてゐた時は弱つたよ、前の晩に長いやつをすつかり讀んで行かなくちやならんからね」といはれたことがある。紅樓夢は、たしか六度半讀んだといふのが、お得意であつた。水滸の話も、よく記憶してゐられた。四五年前のことであるが、「昔の人の翻譯も仲仲うまいよ」といつて、照世盃の和訓をあげられたことがある。晩年も讀書に倦まれると、小說をひつくり返してゐられたらしい。

先生の好まれるものと好まれないもの、それから列擧して來ると、そこには一つの方向が看取されるやうに思ふ。先生の好まれるものは、中國文學のうち universal な鑑賞にまで擴がり得べきものであり、好まれなかつたものは、より多く provincial なもののやうに感ぜられる。

このことは、先生が、正しい味覺のもち主であつたことを物語る。さうしてそれは後に述べるやうに、天成のものである。しかしそれには、先生が若いころ occidental な教養に觸れられたといふことが、全く無關係ではあるまい。先生の文學的味覺が、occidental なものを基礎としてゐるといふのでは、もとよりない。また先生の味覺が occidental なものの補充によつて、始めて成立してゐるといふのでもない。江戶の儒學は、將來の文學の味覺となり得べきものを自律的に胚胎し、おそらく先生のごとき人を生むべき段階にまで來てゐたのであらう。しかし先生の味覺が味覺として成立するには、occidental なものが、觸媒として役立つたといふことは、あるやうに思はれる。

周知のごとく先生は、英語が甚だ達者であり、お得意であつた。いはゆる「讀杜會」に臨席される所の先生は、時時昔とつた杵づかで、連中を煙に卷かれ、「ジュリアス・シーザーのブルータスの獨白ぐらゐいなら、今でも暗誦出來ますよ」などといはれた。

また先生のフランスびいきも有名であつた。今度の大戰でパリが陷落したとき、日佛學館へ弔辭をのべに行かれたのは、まことに誰かのいふごとく、先生でなければ出來ぬ藝當であつた。「パリにゐた頃は、毎日のやうに芝居を見に行つたが、しかし君、西洋の芝居といふのは面白くないね。」さういはれたこともあるが。

漱石をあつさり俳句趣味と片づけられたのは、新入學生が變な老人趣味に陷らぬやうにとの顧慮から出た教育的な言葉であつたと考へる。さうした危險から弟子が解放されたと見きはめられてからは、「そりや君、夏目ほどの人は、その後の英文學にゐませんよ」といはれた。漱石の小說も讀んでゐられたやうである。「いつか長谷川如是閑といふ人が、明治以後の文物で、一番進歩したのは小說だといつてゐたが、それはさうかも知れん」ともいはれた。昨春の御病氣の折、談たまたま經籍訪古志に及んだので、鷗外の「澁江抽齋」をお目にかけたら、これはあまり感心されなかつた。「雁」でもおにかけたら、もう少し感心されたかも知れぬ。

要するに先生の文學的味覺は、甚だ正確であつた。その正確さは、或ひは現在はなほ認知されず、將來の人人によつて認知されるものがあるかも知れぬ。杜甫の晚年の詩は、宋人によつて認知されるといふのは、先生お得意の議論のひとつであり、「宋人の杜を學ぶに非ず、杜の宋人を學べるなり」といつた趣旨の文章を、いつか高等教員檢定試驗の委員におなりになつた時、問題として出されたさうであるが、「誰も出來なかつたよ」と笑つてをられた。もつとも私がそれを伺つたのは、大分のちのことであり、もと何に見える議論かは思ひ出されなかつたが。

先生によつて開拓された方法のうち、論理的に把握し得べき部分は、それぞれ弟子たちに傳はり、受けつがれてゐる。ただ先生の味覺、それだけは再現の方法がない。先生の薨逝は、天が西北に缺けたやうな感じを、少くとも私には與へる。

もつとも私は先生晚年の弟子である。先生の味覺が最も圓熟してからのちの弟子である。私がはじめて大學で師事したのは、先生五十六歲の時である。

その頃の先生は、元氣一ぱいであつた。精力は短軀に凝り、講義の一句一句、一話一話は、自信にみちあふれてゐた。健康もおそらくは、生涯を通じて最も好調であつたと思はれる。「どうも狩野先生と西田先生とは、學問的な自信が血管のすみずみにまで浸透して、健康にもいい影響を與へてるやうだな」と、當時落合太郎先生が語られたことがある。その頃のある初夏の日の夕方、出町橋の東、淸野邸の前にあつた小さな橋のほとりで、偶然先生とすれ違つたことがある。おそらく何か會合に出かけられる途中であつたであらう。和服の上に、薄ねずみのインバネスを羽織られ、私がお辭儀をすると黑のソフトに手をかけて、嬉しさうに、「やあ」といはれた。その行歩は飛ぶが如くであつた。

しかし、何といつても、私が知つてゐるのは、老境にさしかかられてからの先生である。もつと若い頃の先生は、すこうし違つてゐられたらしい。中正な、しかし超脫した味覺を、若いころからそなへてゐられたことは、疑ひのないところである。しかしもつともつと新しいものずきであつたらしい。新しい學問の創始者たるにふさはしいよい意味での好奇心、それは終生持ちつづけられたものであるが、その活動がもつともつと盛んであつたらしい。これは先輩たちから聞くところがさうであるばかりでなく、先生自身の言葉に徵してもさうである。

「僕もむかしはハイカラでな。上海に留學してゐた頃には、兪樾も生きて居たし、孫詒讓も生きてゐたわけだが、さうしたものには會ひたいとも思はずにね、Royal Asiatic Society の North China Branch へばかり行つて、大いにハイカラにやつたもんだよ。今から考へると惜しいことをしたものだ。」 さうした意味のことを、たしか二度、或ひはそれ以上、いはれたことがある。民俗學的な方法に努力されたことを意味する。その影響は初期の講義にも顯著であつたらしい。

しかし、さうした時期もあつたといふことが、後年の大をなしたのではないか、私はさう考へた。單に考へたばかりでなく、無遠慮な私は、しかし私としてはせいぜい無遠慮でないいひ方で、口に出して申上げた。先生は莞爾としていはれた、「さうかも知れん。」

先生が、元曲研究のパイオニーアとなられたこと、これは何よりも壯年の先生の、新しきものへの興味を示す。西洋に於ける戲曲小說の位置が、先生の研究をその方面にむけたといふ解釋は、ある程度あたりつつ、十分にはあたつてゐない。ひとつ今までの儒者の讀まなかつたものを讀んでやらう。さうしたことが、あつたのではないか。先生が大正の初年、文科大學叢書の一つとして覆刻された「古今雜劇三十種」の跋には、新分野を開拓された學者の、誇りが、ありありと看取される。この跋文は、のち大正の末年、「支那學文藪」に收められたが、ちやうどその頃、お宅に伺ふと、文藪の原稿を整理してゐられるところで、「どうも昔書いた文は、直さないとをかしくつて」といひながら、この跋文にも朱を入れてゐられた。私はまたおこがましくも申し上げた。「先生あの跋文は、いかにも若若しいところがありますよ、あまりお直しにならん方が。」 先生は私の提言に從はれた。

また治經の方向についても、三禮の大家となられたのは、從來の日本の學者のやらないものをやらうといふお心持もあつたのではないか。これは清朝の公羊學をはじめて日本に紹介されたのが、先生であることによつても窺はれる。何でも「公羊學」といふ特殊講義をしてゐられた頃、ある小學校の校長さんが大學へやつて來て、「コーヨーガクといふのはどういふ學問ですか」と質問した、といつて、腹をかかへてゐられたといふのは、故本田蔭軒博士からの又聞きであるが、その頃の先生の面目が窺はれる。晩年には、「そりや公羊も面白いさ。しかし經學は何といつても鄭玄だよ。ふぐもうまからう。鰯もうまからう。しかしうまいのは鯛さ」といつてゐられた先生であるが。

またかく先人の讀まなかつたものを讀むといふことは、讀めなかつたものを讀むといふことであつた。三禮、元曲、みなしかりである。またこの意氣込みは、臺灣舊慣調査會に於ける活動となり、清國行政法となつて實を結んだ。

先生は、わが國の先儒の中では、最も徂徠を好まれた。徂徠の父弟子湯淺常山の「文會雜記」を讀むと、徂徠の學風を記して、「ムツカシクヨミニクキ書ヲ、ヨミクダクコトスキニテ、戚南塘ガ書武備志、明律ナド、人ノ中々得讀マヌモノヲトカレタリ」といつてゐる。先生はその點でも徂徠と一致してゐられた。

もつとも私は徂徠については、あまりお話を伺つてをらぬ。これは私が徂徠よりもむしろ仁齋東涯びいきである爲に、しぜん物子よりも伊子の方に、多く話題が行つたのであらう。乃至は晩年の先生の嗜味は、徂徠的な方向よりも、より多く仁齋的な方向に傾いてゐたのかも知れぬ。それは輕輕に斷じ難いが、仁齋父子の文を評せられて、世間には仁齋も東涯も、文章は下手だと思つてる人があると、大笑ひをされたことがあるのを、附記しておく。

話がすこし横道へはいつた。

ところで重要なことは、かく先生の好奇心の目ざしたものが、單なる好奇的な存在ではなくして、みなそれぞれに中國の文化に於いて最も重い比重を占めるものであり、同時にまた中國の文化事象のうち、世界的な意義をもつものであつたことである。禮それはまさしく中國の文化の形式を他の文化の形式から別つ最も重要な存在である。且つそれは中國の文化の獨自性を主張するばかりでなく、實にその文化性を主張するものである。また元曲は近世の口語文學のうち、最もすぐれたものであつた。また清朝の經學の輸入は、先生よりも前に溯り得るであらうけれども、清朝人の詩文を提倡されたのは、先生と內藤先生に始まるのであるまいか。さうして清朝人の詩文は、その肌目（きめ）のこまかさに於いて、まさしく中國の詩文のうち、最も近代的なものである。

更に重要なのは、唐人の疏の尊重である。孔穎達の「五經正義」その他、唐人の疏を讀むといふ傳統は、わが國の儒學にもあり、清朝の儒學にもある。しかし先生の如く本眞劍に疏を讀んだ人は、段玉裁以後、先生が始めてなのではあるまいか。しかも先生は、しかく疏を本眞劍に讀むことによつて、唐人の疏が經書の研究の上にもつ意義の重要さを、身を以て示された。今日では、疏を讀むことは、誰でもの常識になつてゐる。しかし考へて見れば、これは實に先生の恩惠である。徂徠の門生なども、さうさうみながみなまで疏を讀んでゐたわけではないらしい。「南郭ノ方ニ儀禮ノ會アリ、注疏マデカケテ吟味スルト也、コレハ外ノ方ニナキコトニテ」（文會雜記卷二之下）

要するに先生の好奇心の根底にあつて、好奇心を發動させたものは、先生の正しい味覺であつた。故に先生によつて發掘されたものは、みな正しいものであつた。さうしてまた、先生は、その味覺によつてさぐりあてられた正しいものの正しさを、はつきり人に說いて聞かせるだけの能力と迫力をもち、その能力の行使に、生涯をかたむけられたのである。そこにこそ先生の最も偉大な點はある。またそこにこそ、先生がわが國の進歩的實證的な中國研究の大宗となられた理由がある。またそこにこそ先生が、單に儒者として偉大であつたばかりでなく、世界的な水準に於ける文化人の一人でおありになつた理由がある。

一方またさうした勝義の好奇心は、晩年、味覺が圓熟の極に達してからも、一向に衰へなかつた。老いていよいよ學ばれるエネルギーの源泉は、實はそこにあつた。

事は甚だ象徴的であるから、敢えて語らせて頂く。研究所の所長でおありになつた頃のこと、東上の御用があつた。あたかも丹那トンネルが開通したばかりであつたが、研究所の食堂で、「いや、その丹那トンネルといふやつを、はやく一ぺん通つても見たいし」といつて、頭をかいてゐられた先生を思ひ出す。

七十にして、易をあすこまで熱心に玩れた熱心さ、そこには今度は自分自身いままであまりやらなかつたものをやつてやらうといふ、御自身への革命の氣持があつたのではないか。

しかし最後まで vigorous であつた先生も、ひとつだけ前とお變りになつた點がある。

この文章の冒頭にも書いたやうに、こまかな咀嚼を方法とされる先生は、大學の演習の時間には、どんな小さな疑義をも看過されず、ぎゆうぎゆう學生を問ひつめられた。「この卽の字はどういふ意味だ。」「……。」「そんな馬鹿なことはない。」

しかし先生とても、上手の手から水がもつて、百度に一度は、すこし妥當でない讀み方をされる時がある。そのとき、かうではありませんかと申し上げても、いつかな承服されなかつた。博引旁搜、いろいろと例をもち出して、御自身の讀み方の正しさを、あくまで主張された。やつさもつさしたあげく、「うん、君の讀み方でも讀めんことはないな」　さういはれた時は、鬼の首でも取つた思ひであつた。

ところが晩年は、わりあいあつさりと、「うん、さうか、さうだね」といはれるやうになつた。べつにこちらの學問が、さうあつさり先生に兜をぬがせるほど進んだとは思へない。

このことを落合太郎先生に話すと、「淋しいね」といはれた。それはまことに淋しいことであつた。無遠慮な私も、かつてそれだけは先生に申上げたことがなかつた。

先生の薨逝は、私には甚だ急に思はれる。しかし先生の健康は、やはり徐徐にかたむきつつあつたのである。私はここまで比較的平靜な氣持でこの文章を綴ることが出來た。しかし書いてここに至れば、何故か涕は襟を沾ほす。

——昭和二十三年二月九日——

君山先生との倡和

鈴木虎雄

余は狩野先生をいつごろからお識り申したか、東京大學の學生中であつたか、卒業後であつたか、はつきりわからぬ。學會やら雜誌のことやらで、卒業後はしばしばお逢ひする機會があつた。或る夏の夜に、先生を本郷の森川町邊の下宿屋に尋ねて遲くまで話をしたことは今も目にちらつく。大正元年七月に先生が教授派遣で歐洲へ旅行される時、余は可なり長い詩を作つて先生を送つた。中に

夙昔鴻都門　驕陽赫蘊隆　公也館羈旅　中夜偶相從
霄漢墜清露　華月臨疎桐　各挈玉壺氷　論文言不窮
（送狩野博士歷遊西土）

とあるのは當時の事を想ひだしてのべたのである。その後先生は支那へ留學され、明治卅三年拳匪事變にあひ、北京籠城の後無事歸朝となり、京都に住せられ、京都の文科大學創立以前には法科の諸博士其他と臺灣舊慣調査會の仕事などをしてをられた。その頃にも余は東京から來て二本松の寓にお尋ねをしたことがある。四十二年に余自身が京都へ來ることになつてからは、ずつと朝夕となく先生の謦欬に接したわけで、ざつと五十年近くの交誼を辱くしたのである。

先生の壯年の詩について、余は若干知つてゐるのであるが、記憶にはなく、記錄も急に探りだせぬことは遺憾である。先生との應酬諸作は余の退官以前のものは「豹軒詩鈔」に收められてある。その中で次の作は擧げたくおもふ。余は留學中、大正六年の歲晚に上海から先生にあて、海雲吳樹遠依稀　客舍登臨對夕暉　申浦風寒蛟已蟄　淞溪葉落雁孤飛　山川空入仲宣賦　今古何歟伯玉非　轉眼平安春又近　須栽桃李滿王畿（寄懷君山狩野博士）といふ詩を寄せたところ、先生から次韻の和作を寄せられた、曰く、

歲暮江南木葉稀　山川滿目滯斜暉
塞闕突兀孤雲過　煙水蒼茫獨鳥飛
爲客知君詩味淡　閱人覺我宦情非
歸來把臂期應近　早已春光入帝畿

と。これは余に取つては思出深き詩なのである。

以下は余の退官以後最近までの倡和等について大略を記さうとおもふ。

昭和十三年の五月、余は九州に遊び阿蘇山に登つた。そのことを

報ずると、先生から、

不到名山三十年　客心日夜憶風煙
郵箋在手謝君賜　置我奇巖亂石邊

といふ詩を寄せられた。時に余は　未到向長婚嫁年　思臨絶壁弄雲煙　一朝償卻平生願　鳴屐蘇山五嶽邊　と賦した。

同年十一月十二日、東方文化研究所長であつた先生の銅像の除幕式が行はれ、余は之に參列して　像幕除來喝采雄　先生儀範草庭中　任他金石有時壞　不滅學園開拓功　の詩を贈つた。先生次韻見示詩に曰く、

扢揚文化賴羣雄　桃李春風雨露中
榮飾鑄金增我愧　濫竿敢數十年功

と、甚だ謙遜の辭である。

その頃には麗澤社が出來てゐて、遠足をしたり小宴を張つたり、詩文の切磋をしたりしてゐた。十四年の四月三十日に長岡天神の境内の錦水亭に社集があり筍飯を食べた。時に先生は池亭卽事と題して、

錦水橋邊丞相祠　我來偏憾訪芳遲
綠陰滿目櫻花落　只有東風帶雨吹

と詠まれた。余はその韻を攀ぢて、綠樹陰陰鎖古祠　池亭吟苦得歸遲　殘陽帶雨紅橫水　花落西東魚子吹　とお茶を濁した。

この歳十一月、余は相國寺の東鄰から等持院の今の寓居へ移轉し、移居の詩を賦した。それは　生涯猶逆旅　洛下八遷居　辭別慳窩墓　近鄰恭獻墟　靜從三徑得　愁藉五車除　休說同蓬轉　看山樂有餘　といふのだ。荒木鳳岡・福田世處その他諸家から和作を寄せられたが、先生の和は二首あつた。曰く、

門外無人到　宛然五柳居　山容像車蓋　月色照林墟
老去詩爲伴　愁來酒可除　羨君多暇日　不必玩三餘
幽人無外慕　取適愛吾居　擧世營高第　幾時作廢墟
圖書堆戶牖　松菊滿庭除　淸福君家足　不僅歲月餘

と。十五年の一月末に、余は家任某の戰場の信を得て、跋涉山河忘渴飢　硝煙彈雨幾驅馳　陣中珍重憐卿志　點檢行囊廿字詩」　聞道江南春已來　戰場梅傍榮花開　茅齋風味渠知否　松竹蕭蕭雪作堆」の二首を賦した。先生の惠和に曰く、

四野荒涼凍雀飢　江南征戍夢相馳　回風急雪對爐火　恍思杜陵愁坐詩
江南閩道早春來　想見先生愁眼開　欲寄家書意無極　不知獨淚積成堆

と。同じ頃、余は鳳岡先生の蒲郡客舍の詩韻を用ゐて茅齋卽事を賦した。それは　郊村雲樹脫霏微　風引雪花回砌飛　炭戶不來爐火小　芸窗縮頂候斜暉　といふのだ。之に對して君山先生の賜和に曰く、

雪後茅簷酒力微　倦看柳絮帶風飛
幸逢聖代無詩獄　吟罷悠然弄落暉

と。十六年三月、余は三月靑陽節を賦した。曰く、　三月靑陽節　園林氣色和　微風吹短草　嬌鳥度芳柯　倚瑟佳人怨　搴旗壯士歌

而吾一瓢飮　墳典守巖阿　と。先生の惠和に曰く、

　青帝遲囘馭　陰陽失太和　孤燈暗茅屋　細雨滿庭柯
　未上昌平頌　空聽征戰歌　濟時愧無力　只合老邱阿
　征戰一作敕勒

と。月末に先生病中の作を示さる、曰く、

　連日春寒不出門　藥罏火冷伴黃昏
　此生好與梅花瘦　細雨斜風共斷魂

と。余和して曰く、　山櫻初綻柳垂門　林屋寒囘細雨昏　誰向梅花嘆消瘦　傷春無病亦銷魂　と。

　十七年の一月末に、荒木前總長が樞密顧問として歿せられたとき、余は五言八韻の輓章と追懷の七言絕句凡十二首を賦した。先生はこの輓章と絕句六首とに和作せられた。先生の輓章に曰く、

　槐市親多士　蘭宮對至尊　聲名淹海宇　光寵照家門
　淸白防身累　謀猷守道原　文章何典雅　情性素忠敦
　壓設東山會　今無北地存　幽亭挂翰墨　茂草遶牆垣
　感似離羣雁　悲同落木猿　臨喪嗟老疾　空想素旌翻

と。先生平生文字の推敲には丁寧仔細を極められるが、この時も凡そ五六囘余と手紙の往復をされた。前記は余の見た定稿だが、其後にも修正を加へられたかも知れぬ。詩ができた時、二人で淨寫して別に贈呈しようかとの話が有つたが、粗末な一卷に仕立てて荒木家へ贈呈した。原絕句十二首に對し、先生の和作雜詩六首、その中、余自身に關するもの二首を省いて四首を錄すると左の通りである。

　櫻花如錦柳生煙　宴客東山列聖賢　一座詩成皆璧玉
　不論王後與盧前
　山河襟帶古雍州　不獨風光足勝遊　殿宇煌煌仰宮闕
　豈同西士說宗周
　巷少行人知夜闌　老來最怕是晨寒　忽聞捷報從南至
　起取輿圖仔細看
　八十漁翁釣渭濱　鷹揚牧野尙精神　國家多難思元老
　歎息聖朝無若人

右の一と四とは鳳岡先生に關するもので、二は京都を賛し、三は先生の自述であるやうだ。

　十九年の六月、余は大阪の懷德堂で朱子の齋居感興詩を講じて大阪で宿し、浪華客舍偶感の七律を賦した。先生の賜和に曰く、

　汲古無功慙偸生　休言老耋擁書城
　人間未聽中和曲　宇內空聞鞞鼓聲
　聖武撫民因道義　天驕擴地飾文明
　幽窗一夜不成睡　遙思西南遠戍情

と。その頃、先生に赤井藏磯詠といふのがあつて示された。曰く、

　彈丸如雨遶身飛　赤井上流藏石磯
　欲向村人尋往事　偏憐老去舊知稀

と。圖も示された。これは明治十年西南戰爭の時、先生は祖父母君に從つて鄕里熊本近くの赤井といふ處の上流に兵亂を避けられたことがある。官軍の兵士と稱する者がやつてきて脅迫がましいことを

言うたので、祖父が刀を引きよせて拔きかけたりして、恐いこともあつたなど話された。その圖に題せられたのである。余の和作は略する。

二十年の明治節に先生左の四疊韻の詩がある。曰く

黄華不見坐秋酣　蔬菜種園東又南
白髮老人多感慨　生從明治改元三
唯聞滅敵戰方酣　未想艨艟伏海南
千秋仰見尼山訓　兵食爲輕信重三
戰終前後雜論酣　安得俊豪車指南
勿因時運謬興廢　天地之間人列三
甲論乙駁議方酣　忽見敵來從北南
遺恨千秋忘不得　漫將暮四代朝三

と。余も顰に倣うて十數疊の和作をしたがすべて略する。

二十二年の正月、余は先生の八十歳を迎へられたことを賀して、傳經擒藻仰兼功　儼峙靈光洛水東　鶴髮如仙開八袠　碧桃花下笑春風　といふ拙詩を呈したところ、例にもなく大きく書いてくれと言はれ、更に大書して呈したことである。正月十九日に先生を訪問して、　鶴髮皤然氷玉容　水仙天燭白紅重　揖來未及談風雅　無限春光座上濃　と賦した。あとで先生から和章を寄せられた。曰く、

寒齋不想接淸容　大作加書感謝重
客有老翁驚甲子　破顏一笑談論濃

と。客とは其時同席した先生の老鄕友某氏である。

十一月十四日、余は先生を訪ひ二時間近くお邪魔をした。余は近く歸鄕するつもりであつたので、内心御暇乞ひのつもりであつた。其日は　坐擁行爐雪鬢垂　竹窗和暖納霜曦　千年徊想開天盛　共話少陵憶昔詩　といふ詩を呈した。

この日余は別に「嫁女辭」といふ五古拙篇を呈し正を乞うた。これが先生との永訣とならうとはおもひもよらぬことであつた。翌十二月十三日朝、先生は白玉樓中の人となられ、十五日には最後の御見送りをすることとなつた。十五日、余の先生の靈前に捧げた輓章は左の如くである。

我出嫁女辭　君說杜陵詩　前月共此事　今日長別離
寢門方一慟　如接舊容姿　半生許氣類　惘默獨囘思
高密蔚儒業　廬陵偉文詞　鴻都興道藝　無非依模規
縞紵交荒徼　子弟盛挽推　文化賜章下　人瑞令譽隨
不憖遺大老　一朝失範儀　惋惜爲斯道　嘆嗟豈吾私
輀車已發引　寒風動繐帷　遠望終不見　此情無已時

故先生のことども

梅原末治

一

狩野先生がお亡くなりになつたについて、昭和四年の四月から十二年の十一月までの前後八年間に亙る東方文化學院京都研究所での日々の事共がつぎから次へと思ひ出されるのであるが、それにも增して今も鮮かな印象をとゞめ先生追慕の情を切にするのは、更に十數年以上も遡つた若い日の先生から受けた懇ろなお指導の數々である。先生の學とは一見全く緣遠い存在だつた私ではあるが、大正の初めから、先生なり故内藤先生に親炙して學問する仕方を敎へられて、段々と中國の學野に入り込むと云ふ稀な幸を持つことが出來たので、既に三十餘年も過ぎた古いことながら、その當初の事どもが強く腦裏に印象づけられてゐる次第である。

私がはじめて先生の御講演を拜聽したのは明治四十四年二月のことで、日まではつきりと憶えてゐるものゝ、當時はまだ中學の三年生に過ぎなかつた爲に、專門上の六ケ敷い先生のお話の内容など固より理解出來よう筈もなく、從つて今ではたゞ敦煌の遺書に聯關したお話だつたことが、ぼんやりと思ひ出されるに過ぎない。處が親しくお目にかかつた時の樣子となると、すべてが餘程はつきりしてゐる。それは忘れもせない大學にお厄介になつた大正三年七月のことで、先生がその年の大學の夏期講習會に「漢文研究法」を講ぜられることになつたにつながつてゐる。右の題目は當時世間の注意を惹き、中にはそれで漢文が讀める樣になると思ふた人などもあつたと覺しく、聽講の申込が百名を超へると云ふ盛況を呈した。そこで私も是非それを拜聽したく思ひ、お許しを受ける爲に内藤先生から添書をいたゞいて御宅に參上したわけであつた。先生は早速引見して、お許し下さつたが、同時に唐代の墓誌の拓本を持ち出して讀んで見よとの事に全く面喰はざるを得なかつた。こう云ふ事はそれ以後も御伺する度につゞいて、いつも當惑し、嚴しい先生であるとの印象を深めて行つた。さて右の講義は每日二時間宛一週間つゞき、每回多數の書籍を展示しながら所謂漢文――實は廣く中國のあらゆる學問を學ぶ門徑をば秩序立てて說かれた。そしさ、それが折から第一次歐洲大戰亂の勃發と云ふたゞならぬ世情のうちに行はれた點で特に感銘を與へたことでもあつた。尤も聽衆の過半はその學の如何に六ヶ敷いかを知り得たに過ぎなかつたらしく、私の隣りで聽講してゐた豐橋から來た若い一工兵中尉君はこれでは一向漢文が讀めそうもないと歎聲を漏らしてゐた程である。これは聽講生の或者が先生の一部分示された『太平御覽』とか『册府元龜』などの値を彙文堂に就いて問合せに出掛け等して、先代の友直氏を面喰はせた話などと共に今も思ひ出されるエピソードである。

當時の私も固よりそう云ふ人々と選ぶ所もなかつたわけであるが、その後年を經て、諸先生に導かれて中國の學問に就いて段々と關心を持つ樣になるにつれ、先生の講ぜられた要旨がまことの研究の指針たることがやつとわかつて來て、常に當時のノートを取り出して讀んでは敎へられた。それで先生にお目にかゝつた或時、事のよしを申上げた上、自分の筆記はまづくてよくわからない所が多いから、どうかあの時のお講義の要旨を出版願ひたいと無鐵砲にもおねだりしたのであつた。すると先生はそう云ふ控などないので因難だが、折角筆記があるなら持つて來れば見て見ようとの御話に、稚拙極まる當時のノートを氣はしながらも大いそぎで淨書して提出した。それからは御たづねする每によくその話が出て、先生が御覽下さつてゐるのを知つて感激したことであるが、間もなく海外に出掛けて年月がたち、つい歸朝後お忙しい先生の御樣子におねだりも出來ないでそのまゝになつてしまつたのは、今になつてひどくくやまれるわけである。萬一先生の御手の加はつたそれが御宅にのこつてゐたらばと、實はそれに私かに望をかけてゐるのである。

二

最初の右の樣な單なる機緣から先生に人一倍親炙する幸を持つに至つたについては故富岡先生の長逝後の遺書整理と云ふことが大きに關係してゐる。それについて私は先生と內藤先生、更に時には小川先生が加はられると云ふ大先生達の直接な指示の下に、約一年位の間は、週に二回位の割で、全くなれない六ヶ敷い漢籍の調べに當らなければならなかつた。そうしてこの期に於いて兩先生が如何に書籍に深い造詣を持たれてゐるかと云ふことなり、それについての熱意を現實に知ることが出來た。兩先生共に他人な筈の富岡先生の藏書の主要なものを知悉してゐられて、一々たなごころをさす如く指摘せられるのには全く驚かされた。こう云ふ本がある筈と云ひ、一々大きさなどまで指示せられる。私がうづ高く無秩序に積まれた本をあさつて行くと、中からすべて出て來るのである。處がまたか樣な整理のことをはじめ、萬事について故人に對せられての兩先生の厚い友情については、まことに至れり盡せりであつた。桃華先生の七周忌の記念に蒐集の古鏡の圖錄が刊行された際、先生の題簽と序文とを願ふたのであつたが、出來上つた序文の音讀を命ぜられた後、しみじみと亡友への眞情をかたられた事が思ひ出される。

一體先生の學の深いことがただに我が國ばかりでなく、中國の人士にも推重せられてゐることは、最初お目にかゝつた前後から、當時東山に居を占められた羅振玉・王國維兩先生の許に出入することになつて自然に推し得たのであつたが、大正の後半に入つて佛印から遠東學院長のオルソー氏が來朝、一ヶ月近くも先生の家に滯在せられて、學問上の交歡を遂げられて居るのを見て、更にその盛名を仰ぐにいたつたわけである。其後昭和二年秋思ひ掛けなくも入露して、約一ヶ月をレニングラードに過した私は、同地で中國の學を專攷してゐられる學士院のアレキセイフ教授にお目にかゝる幸を持つたのであるが、教授は先生の中國古文辭の學に就いての造詣に深く傾倒してゐられて、彼の國の探撿家達が西域乃至敦煌から齎し歸つたマニスクリプトの調査研究に先生の御協力を願ふべきであることをかたられ、當時のなほ可成り面倒な自國の情況の下にあつて、工作を進めてゐられる樣子を知り得たのは、同じレニングラードで雜誌『支那學』が巴里のペリオ教授の許から送られて來て、學者の間に讀まれてゐる事實を知つたのと共に、何よりも肩身廣く且つうれしく感じたわけであり、そして、それが彼地滯在中に大いに私の見學に幸したことであつたであらう。翌年重ねて入露したおりには、右の話が既に具體的となつて居り、やがて關係資料の寫眞が先生の許に屆けられたことを歸朝の日に知り得たのであつた。

三

先生はこの樣に中外の學者の推服する深い學識を持たれてゐたのであるが、御自身の學問の外にはつとめて關與することを避けてゐられた。この點では內藤先生と餘程違つた立場に始終せられた樣である。併し事中國に關する限り、廣い見解を持たれてゐて、他の分野に關することでも、いやしくも聯關した事項には常に注意を拂はれてゐた點では當世の所謂專門家とは全く違つて居られた。早く一部から敦煌派と云はれた、京都大學文科の諸先生の中では、先生は一番考古の學に緣が遠かつた如くで、この事はよく御自身でも口にせられてゐた。併し實際では大學の考古學研究室なり陳列室に深い關心を持たれ、また中國の考古學の發達にもたへず注意を拂はれた。すでに東方文化研究所長の任を去られて後も、時に御伺する私にいろ〳〵と關係の事項を糺されたことであつた。先生が晩年特に意を用ゐて居られた「漢制」に聯關して、この時代になつて墓前に於いて靈を祀る風習の一般化したとする認定の上から、考古學上明にせられた墓自體の模樣の說明を求められた事の如きが、その一例として擧げられる。これに就いて河南省信陽の塼墓の一つに戶口の前面に塼築の祭壇が作られてあつて、台の上に祭器類が置かれてゐた例を御話した所が、非常に興味を持たれた樣に見受けられた。それにつけて最近出た『東光』第二號に載つてゐる森　鹿三君の「最近における中國學界の動向」なる文中に、四川彭山の崖墓の調査で、同じく墓の傍にどこでも平たい台があると云ふ一條を見出し、先生いまさばとの思いを新たにすることである。

歴史家としての狩野博士

宮崎市定

大正十二年、史學科の二回生になつてから時間に餘裕が出來たので、狩野博士の文學科特殊講義、「清朝制度と文學」を拜聽することが出來た。當時は學生の數が至つて少なかつたので、聽講者はせいぜい七八人に止まつてゐたと思ふ。一週一時間の時間割であつたが、時間いつぱいに講義されたから、ノートは二時間の分と違はぬ位にたまつた。

先生はこの講義の緒論の中で、「制度と文學は全く性質の異るもので、その二つを合せて一つの題目にするのは似合はしくないかも知れず、制度のことは寧ろ歴史學乃至は法學の講義に相應はしいであらうが、併しある時代の詩や文章を讀む時に、その制度を知つてゐなければ十分に理解出來ない。又歴史的人物の經歴や肩書も、制度を知らないで漫然と想像する時は意外な見當違ひをする事があり、小說や劇曲の製作年代を考證する際にも、制度が重要な手懸りを與へることがある。制度の中でも特に學校や科擧の制度が、文學と云はず學問全般と相互に影響しあつてゐる點が大きい」といふ意味のことを述べられた。十三年の第一學期まで續いたこの講義は本當に面白かつた。

先生の講義そのものも面白かつたが、これから歴史をやらうと志してゐた自分は一層切實に制度研究の必要なことを教へられたのであつた。歴史は文學以上に密接な關係を制度との間に持つ、と云ふよりは、寧ろ制度は歴史の結晶したものだと云つてもよい。先年私が出版した「科擧」の骨子は、殆ど此時の講義の後半を拜借したものである。特に「儒林外史」を引用した箇所は、全く先生そのままである。

先生が清朝の制度の研究に本腰を入れて取掛られたのは、矢張り「臺灣舊慣調査會」の仕事に携はる事になられてからであらう。この調査會の報告書中の白眉たる「清國行政法」が出來上るまでの經緯について、生前に先生にもつと詳しく伺つておくべきであつたと、今更後悔しても及ばない。直接の關係者が悉く他界されて了つた上に、當時の記錄らしいものも殆ど殘つてゐないのは殘念である。

「清國行政法」の編纂は、明治三十六年、後藤新平男から、織田萬博士に先づ話をもちかけ、博士は一應辭退されたが、臺灣統治の上にとうしても必要な事業だからと再度懇望されたので、博士は狩野先生を推薦し、兩博士が委員となつて協力編纂に着手されたことが、同書の序文に見えてゐる。斯くて三十八年に、第一卷汎論四六倍判五百三十二頁の大著述が出來上つた。

この第一卷は織田・狩野兩博士の外に、補助委員として淺井虎夫氏が加はつてゐるが、何れの部分が狩野博士の執筆であつたか分明でない。この書の構想が中國式でなく、西歐式に出來てゐる所から見て、恐らく全體の組織は織田博士が立て、具體的な內容は狩野博士が提供されたものであらう。云ひかへれば織田博士が問題の提出者で、狩野博士がその解答者であり、この解答を得て再び織田博士が綜合されたものと思はれる。

第二卷以下には淺井氏の外に、東川德治・加藤繁の二氏が補助委員に任ぜられて編纂に加はつた。そして第六卷までを完了したのであるが、この間に辛亥革命の勃發、清朝退位といふ大事件が起きて、清朝は既に過去のものとなり、從つて清國行政法も最初の意圖を少しく外れて、過去の制度史資料となつて了つた。既に制度史となつた以上、更に深く制度の淵源を探る必要があり、また缺漏を補正するの意味もあつて、第一卷の訂正が企てられた。それが竣成したのが大正三年（民國三年）三月のことであり、新第一卷は上三〇二頁、下三二六頁の二册に分れてゐる。全六卷の外に索引一册を附し、稍小形にした漢譯本も平行して出版された。今度の戰爭中、この書に對する需要が昂まつたので東京の某書肆が覆刻したが、第一卷に明治三十八年の舊版を用ひたのは失態であつた。

新第一卷の卷首には、舊版にない參考引用書目が揭げてあるが、斯る資料の蒐集については先生が非常な苦心を拂はれたことと思はれる。不幸にして此の貴重な資料は事業終了後、臺灣總督府へ返還されたものと見へ、京都大學には殘つてゐない。この中に「六部成語註解」といふ寫本が一册あつた。幸ひ加藤繁氏が手寫しておかれたのが殘つてゐたので、それを借りて內藤乾吉氏が、先年、校訂を加へて出版され、後世を裨益すること大である。これは中國在住のある日本人が清國の學者（恐らくは胥吏？）に、法制上の難語の解を說明して貰つたものだと云ふことで、その詳しいことは內藤氏の解題中に見へてゐる。

資料の方は大方亡くなつて了つたが、この事業が機緣となつて、淺井虎夫・東川德治・加藤繁の三學者を養成した功は大きい。殊に後年、支那經濟史學者として第一人者たる加藤繁博士の該博な學識がこの時代に根柢を築いたことを思へば、臺灣舊慣調查會の副產物も偉大なものがあつたわけである。

明治四十年の夏、比叡山に朝日新聞社の主催で夏季講演會が開催された折、先生も出講された。「叡山講演集」の中の「清朝地方制度」が、その時の筆記である。何故特に地方制度とされたかと云ふと、恐らく當時清朝が立憲運動に動かされて、頻りに中央政府の改造を行つてゐた際なので、まだ改革の及ばぬ地方制度を主題に選ばれた爲であらう。僅か三回の短時間の講演であるが、實に要領よく、地方制度の急所が掴んである。中央政府と總督と巡撫と相互の間に統屬關係のない事が指摘されてあり、知縣の職務など面白く説明してある。之は近刊の「讀書籑餘」にも輯録されたが、講演集の口繪には先生の寫眞が載つてゐて、壯年時代の博士の俤を偲ぶことが出來る。

大學での「清朝制度と文學」は、一年有半に及ぶ講義で、云はゞ「淸國行政法」の粹を拔いたやうなものであるから、あの尨大な書物を讀破することが何人にも要求され兼ねる以上、是非早く纏めて出版して貰ひたいものである。先生はよく會典を熟讀された。そして軍機處のやうな重要な機關が、乾隆の會典に載せられないで、嘉慶會典から始めて現はれてゐることについて、典といふものの性質を説明された所などは、歴史の專門家も及び難い境地である。

淸朝制度史の研究にも見られるやうに、先生は優れた歴史家であつた。殊に漢書は先生が最も愛讀されたものの一つであつたであらうし、又先生ほどよく漢書を讀んだ人は、歴史家の中にも先づなかつたと思はれる。謙遜な先生は、歴史の事は歴史の先生に任しておくといふ態度を常に持して居られたが、最も良き史學の理解者でもあり愛好者でもあつた。

先生が京都文科大學の創立委員に擧げられて講座內容を決定する時に、東洋學を以てその特色とすることに盡力された。そして出來上つた講座數は、支那哲學の一講座、支那語支那文學の二講座に對して、東洋史學は三講座であつた。これは東洋史なるものが、單に支那史たるに止まらず、塞外・西域をも包括せねばならぬので、勢ひその爲の一講座を必要とする事情にある故であるが、當時まだ新疆探險も本格でなく、敦煌・西域文書も殆ど出なかつた明治三十八・九年の頃に於いて、早くも東洋史學の進むべき道を見窮めて、將來の爲に十分の用意を整へておかれた深い理解に對しては、眞に頭の下る思ひがする。

併し先生は學生が自己の才能をも顧みずに新しい學問の流行に走ることを絶えず戒飭された。ある時、支那文學教室の「西遊錄」「西使記」などを借用する爲に、先生の認印を貰ひにゆくと、「先輩の眞似をしてはいかぬ。人の眞似をしたのでは獨自の途が開けぬものだ」と諭された。當時は西域研究の全盛な時代であつた。後に助教授を拜命して、歐洲へ留學の途に上るについて暇乞に參上した際にも、「敦煌文書はもういゝ加減に切上げたがよからう。日本人は敦煌にしか興味を持たぬと西洋の學者が思ふかも知れぬから」と云はれた。普通の人間は先づは支那本部から入つて行くのが本筋で、餘力があつたら塞外にも及ぶがよいといふのが先生の持論であつた。

思へば私等の大學生時代は、東洋史學講座の最も充實した黃金時代であつて、內藤・桑原・矢野・羽田の四博士が揃つて居られた。私の卒業の際の口頭試問には四博士の外に狩野先生が陪審に立會はれたから、空前の盛觀であつた。今もなほ彷彿として當日の光景を思ひ浮べることが出來る。論文に引用した白話文を指されて、曲りなりにも讀めたのは、先生の「元曲選」の講義に出席してゐたお蔭であつた。先生の質問は最後に廻つた爲に時間がなくなつてゐて、只讀後の感を述べて今後の注意を與へられただけであつた。卒業後、一年志願兵として入營することになり、挨拶に參上して、「一年後には嘸馬鹿になつて歸ることでせう」と口をすべらせると、「それがいい。人間は馬鹿になるに限る」と云はれた。先生は兵役には行かれなかつたが、北清事變の際には義勇兵となつて戰はれた實歷があるのだ。その折の經驗が先生の人生觀の上に深い印象を殘したことは、屢〻自ら述懷された所であるが、この時の先生の言葉は、特に歷史などやらうといふ者には色々な體驗が必要であることを云はれたものであらう。そして先生の歷史學に對する興味と理解も、或は北清事變がその契機をなしてゐるのではないかとも考へられるのである。

君山先生思慕の記

新村　出

私が君山先生と相識るに至つたのは、明治三十九年晚秋、しぐれふる京都吉田の新設京都文科大學の教官室内であつたかと思ふ。抑もその年の夏に新設せられた文科大學には、創立委員として六人の教授が指定委囑された。學長に補せられた狩野亨吉教授をはじめ、松本文三郎・松本亦太郎・谷本富・狩野直喜・桑木嚴翼の諸教授がそれであつた。即ちわれわれの狩野君山先生は文科創立委員の一人であつたのである。その他相談役とでもいふべき非公式な先進學者が、東京にも京都にも二三存した事實は認められねばならなかつた。それらが現地ないし文部省がはの當局に進言し協力しつつあつたことは、亦爭ふべからざる所であつた。しかし何といつても、以上の六委員が直接に指導者として新學の運營にあたつたことは申すまでもない。京都では、後れて教授に任ぜられた史學科の内田銀藏・藤代禎輔、それに稍後れて先づ教授格の講師に囑託された內藤虎次郎、これら三先生があつたが、それらの先覺とは別な意味で、狩野亨吉學長の個人的親善な上田萬年・芳賀矢一兩東大教授も蔭で參畫して、しばしば之に相當の進言や推薦を與へて居たことも、創立初期にあつては、殊にそれが文部省專門學務局における企畫部の周圍の事情から推考すれば、自然な勢であつた。明治三十九年四五月ころ、その新年度の豫算において、多年の宿望が達せられた京大の文科大學の設立費が成立つて、官制の發布と共に、學長や教授幹部の人選を立案するについては、現地における木下京大總長の抱負および經綸は姑く之を措き、一方京大がはは未成期の文科の教授候補者としては、自任學長として内外に名を馳せた谷本富・それに木下總長の股肱とも信望されたわれらの狩野直喜、これらの兩先輩が並び存し、他方東京に在つては、一高校長の狩野亨吉、未だ學界人には伍しなかつたとはいひながら、篤學にして博覽なる好書人、沈毅篤敬なる德望家が新設文科の學長に推され、そのもとに一高から松本文博士と桑木博士とが拔擢せられ、東京の高師からの松本亦博士の登用と共に、東京がはの創立委員四人が選定された。卽ち京大がはの谷本・狩野二委員と、東京がはの狩野(亨)・兩松本・桑木の四委員とが、東西遙かに相對峙してゐた有樣であつた。私の推知し又聞知したところ、高師からの松本亦博士の參加は、恐くは事情あつて稍おくれて最後に確立したかに憶えてゐる。

當時私は高師教授を以て東大助教授を兼ねた未熟な末輩に加はつてゐたにすぎなかつたが、文部省の臨時國語調査委員會の補助委員に囑托されて、每週三日間、主査委員たる上田萬年・芳賀矢一兩博士の下に在つて、音韻や口語法や送假名法や方言やの調査に從事してゐた關係上、それは明治三十五年五月頃から同四十年二月頃までの間で、加藤弘之博士をはじめ仰ぎ視る幾多の巨星の光明に浴しつつ研究にいそしんでゐた際であつたが、同三十九年の春夏の交、しばしばわれわれの調査室を狩野亨吉先生が上田主事をおとづれ、又稀には東上中の谷本梨庵翁も來談に見え、新設の京大文科の組織などに關する內密の相談が進みつつあつたことを、うすうす自然に見聞することの出來た運命をもつた。上田主事は、私の學生時代の明治三十一年ころ(一八九八)から數年の間、國語調査會の創起される同三十五年(一九〇三)の前まで、專門學務局長に轉任してをられ、その間京大文科大學の豫算を作るとか、幹部を組織するとかいふ仕事にも關係した。上田博士は、直接か或は一代隔てゝか、元一高校長にして前專門局長たる木下現總長や中川書記官とも事務的相識の間柄であつた因緣もあり、多分文部次官の牧野伸顯翁が西園寺文相のもとで立案した京都大學の完成を期すべく、先覺の後を承けて、單に事務的にのみならず、教育經營者として、大學教授として、京大文科の設立に關して、少からず關心と情熱をもつてゐられたかと思ふ。私が東大言語學の二年生のときか、專門局長として教授を兼任することとなり、一時その講座を高楠講師に讓られたのを愛惜したとき、ボップやグリムがをるから、フンボルトは當分をらんでもよからうと、微笑されたことがあつた。當時先師は三十一二ほどであつたのだから、あゝいふ壯語も吐かれたのだと思ふ。閑話休題として、筆を進めてゆくと、とにかく先師が京大の文科に多大の興味を有し、その設立に對して幾分かの寄與を加へ、且つ設立後の多年、その育成についても普通の僚友先進者以上の關心を保つてゐたことも私には十分察知されたのであつた。京大文科の最初の學長としては、大西祝博士が內定されたことがあつたが、博士が易簀のあとでは、豫算の不成立と共に、多年擬定される人もなくて經過したが、いよいよ明治三十九年にその成立が確定されたころには、事情を辨へぬ東大あたりでの下馬評では、上田が學長になるのだといふ噂も一時行はれた程であつた。

老人の懷舊談がすこし脫線してすまなかつたが、何はともあれ、われらの狩野君山博士が將來の京大敎授、最初のシノロジーの講座を擔任すべき京大文科の敎授として、先づ中國に、精しくいふなら前淸朝の北京に留學を命ぜられたときは、上田專門學務局長在任中であつた。卽ち北淸事變の最中、北京籠城に、服部宇之吉敎授と共に、銃劍を執られた經過は、今も知る人が多く殘つてゐるであらう。故人ペリオー敎授も、フランスがはの防衞軍に參加したことも著聞される。私は、明治三十三四年ころ、その折の活劇を、際物を演じた新派の芝居で見たこともあつたが、私が京都の文科大學に來てから早々、その逸話を君山先生に語つた思出もある。そこで、君山先生は、上田專門局長から、島田篁村大人の高足一門人としてのみ、單にその儒學を認識されこそしたが、その西洋語學力を確認されなかつたがため、歐洲留學、けだし英佛留學の附加を拒否され、淸國留學のみにとどめられて發令されたといふことである。我邦の東洋學者として、君山先生くらゐ語學力を具有した人は稀であつたと思はれるのを、局長が否定したか、局員が否認したか、今さら確かめることは出來ぬわけであるが、とにかく君山先生は、後年明治末か大正初年かに、瀧節庵博士と共に渡歐されるまでは、留學は禹域にとどまり、北京の後には上海に滯留見學されたことも直接聞いた。

そのとき、ヂョセフ・エドキンス Joseph Edkins に面會し、その日華語の語原比較研究の一端を見聞し、その不適切を批判して語られたこともあつた。君山先生はそれほど古くも洋人にも相交はつた經歷もあり、その後渡來した幾多西洋のシノロジストとの對話、英米佛獨ないし舊露の諸國人、一々列擧せぬが、殊に英佛兩國の學者の敎を乞ひ交を求めに來訪したものが其數少くなかつたやうに憶える。ましては華語の流暢なること、日本における斯學者中、新進の學者は姑く之を措き、君山先生に及ぶ者は、稀であるかと思ふ。又及門の士より華語に通達して、將來の華語敎育の重要性を力說せる氣鋭の新學者の輩出したのも、君山先生の華語奬勵の結果ではなかつたであらうか。華語ばかりか、西洋語學の通達による西洋學者との親交も亦君山先生の比倫稀れなりし特色の一つに數へられよう。河内(ハノイ)の極東學院よりの故人オールッソー氏を寄寓せしめ、同じくノエル・ペリ氏との親近など、今咄嗟の間にさへ想出されるほどである。舊露のイワノフ氏、ネフスキ氏なども亦君山翁來訪の西客と數へあげられるであらう。之を要するに、君山先生の學問の餘光は、單にその著述上からの光被ばかりでなく、人間的に普く歐米學界に照映してゐるのではないかと思ふ。但、時運非なる今日、なほ又君山先生自身が聞達をむしろ厭はれた事情もあり、且つ經學といふ地味な領域を守られた關係もあり、廣く遠西遠東の學界に著聞せずにすぎる恨がないとは限らぬ。惜みても餘りあることである。

昭和三年二月(十一日がその誕生日に當り、今年の當月當日を以て満八十歳の壽を迎へられる筈であつたのである）、今から正に二十年前に還暦記念として編刊された支那學論叢には、多分博士の固辭の結果と思はれるが、略年譜が附載されず、又座右の人名辭書にも極めて粗雜な記載しか見はれてゐないので、今直に私の記憶をたしかめ得ない憾みがあるが、博士が狩野（亨）松本（文）兩學長の後を承けて第三代目の文科大學長（或はすでに文學部長の名稱かもしれぬが）に補せられた大正年代より昭和三年停年退職に至るまでを込めて、通じて約二十年間に亙る中國の經學及び文學の指導と、昭和初年以降の東方文化研究所の創建並に經營とは、本邦ならびに東亞におけるシノロジーの歴史において永久にかゞやく我國前古未曾有の業績として、顯彰されねばならぬ。文化勳章の燦として輝くとはいひながら、なほなほ足らぬ憾みが存する。

　私が最終に訪問した昨年十一月二日、永眠前凡そ四十日前にあたるが、その日は論語の第十七篇陽貨篇の孔子對陽貨の問答が、偶然念頭に上られたと見え、その座右から海寧陳氏の論語古訓の一帙を机上に展開して、快げに論語の文學趣味と措辭法とを説示された。南に午後の陽光を受けて明朗溫暖ないつもの座敷であつた。終焉の當處（田中大堰町）に移居される前は、吉田で三高の東側、後に河上肇博士が卜居した同處か隣居かに寓せられ、大學の門前近い便宜の地であつただけ、眞裏に住した原勝郎博士などと共に隨分たびたびお訪ねして、文科創立期には漫談を試みたことが重なつた。北遷後の田中では、その北室、また階上の南齋、報本の小さい扁額の懸つてゐる室で、易經の話、陶淵明の桃花源記および詩の和譯につき、雅談を承はつた思出が、近年のこととて印象が深い。

　思出はつきない。しぐれた明治三十九年の初冬から、秋晴れの昭和二十二年の晩秋までの四十年間の君山先生との交情史を、ぽつぽつ書きはじめたところ、老懷徒らに遠く遡り、博く渉りて、繁簡宜しきを得ず、贅漫逸脱、とりとめぬ述懷に陷り、そこはかとなき蕪稿を成し、洵に慚愧に堪へない。君山先生が京大文學部創立委員六人の中の最後の一人として、桑木博士に後るゝこと一年、安らかに大學北西の近地に、その八十の高壽を終られたことは、東方文化研究所創立の第一人者たる功績をも併せて追懷しつつ、この思慕の記が情を盡くさず、禮を全うせず、體を成さざるもの多きを省みて、謹みて先生の寛恕を乞ひて筆をおくばかりである。

（昭和戊子一月二十五日）

狩野先生と敦煌古書

神田喜一郎

狩野先生が一代の間に遺された多くの學績の中で、敦煌古書を逸早く世に紹介し、またその研究を試みて、啻にわが邦のみならず世界の學界を啓發裨益せられたことは、わけても著るしいものの一つである。

そもそもペリオ教授の敦煌古書發見の報が、わが邦の東洋學界に一大旋風をまき起したのは、明治四十二年、卽ち西暦一九〇九年の秋のことである。これより前、その年の八月、敦煌古書を發見して大成功を收めたペリオ教授は、宛も凱旋將軍の如く、意氣揚揚と中央アジアから北京に歸つてきた。さうして一時同地の八寶胡同に假寓して、いろいろ將來品の整理や何かに忙しい日を送つてゐたが、教授が奇籍を齎したといふので、北京の士大夫中、學者は勿論、古典籍に趣味を持つてゐる人達は、陸續教授の假寓を訪問し、その將來の珍品を見せて貰つて、誰も驚歎せぬ者はなかつた。當時北京に在住してゐた文求堂主人田中慶太郎氏もその一人で、實にわが國人としてペリオ教授將來の敦煌古書を親しく寓目した嚆矢である。その當時のことを、田中氏は救堂生の筆名を以て、明治四十二年十一月發行の「燕塵」第二卷第十一號に掲載した「敦煌石室中の典籍」と題する文中に委しく傳へてゐる。これもわが國人の手になつた敦煌古書に關する記載の最初のものである。この田中氏の文中に、羅振玉先生手記の「敦煌石室書目及發見之原始」の全文が紹介せられてゐるが、田中氏は、これを「燕塵」に載せる前に、早速に寫しとつて、京都の內藤湖南先生の許に送り屆けた。それと相前後して、羅先生からもまた、京都の內藤・狩野の兩先生に宛てて、敦煌古書に關する報告と共に、その寫眞數葉が送り屆けられた。これがそもそもわが邦に敦煌古書のことが始めて傳へられた第一報であつて、明治四十二年の十月末のことである。さうして十一月二十八日に、岡崎公園の京都府立圖書館の樓上で開催せられた史學研究會の第二回總會の席上に、それが內藤・狩野兩先生によつて披露せられ、わが學界の視聽を聳動せしめることになつたのである。

狩野先生と敦煌古書との因緣は、實にここに始まる。いまの史學研究會の模樣は、明治四十三年七月發行の「史學研究會講演集」第三册第二八四頁以下に委しく見えてゐるが、狩野先生は、當日陳列せられた敦煌古書「老子西昇化胡經」の寫眞について說明せられた。同書に見える記事に「狩野敎授は老子化胡經に就きて日本國見在書目に見えたるものにして、唐高宗の時火にせしと傳へられたるもの或は之なる可きを述べ、其の道敎研究上の價値に言及せられ」たとある。

この敦煌古書の發見は、實に空前の大事件であつたので、俄に淸國でも喧しい問題となり、李盛鐸や劉廷琛等の進言によつて、ペリオ敎授が敦煌に遺しておいた古書數千卷を北京の學部に運んだ。この報が傳はると、京都帝國大學文科大學では、遂に狩野・小川・內藤の三敎授、富岡・濱田の兩講師を北京に派遣して、その調査にあたらせることに決定した。明治四十三年八月下旬のことである。そこで狩野先生は以上の諸同僚と共に北京に赴かれ、滯留二個月、その使命を果して、十月の末に歸朝せられた。さうして翌四十四年二月十一・十二の兩日に亙つて京都帝國大學文科大學第八番敎室で、「淸國派遣報告展覽會」が開催せられ、一行の將來品を一般の公衆の觀覽に供せられると共に、その報告演說が法科大學第一番敎室に於て行はれた。狩野先生も演壇に立たれたことは言ふまでもない。當日「淸國學部所藏敦煌石室遺書繙閱目錄」と題する一小册子が來會者にくばられたが、別に大阪朝日新聞は、この派遣員の談話を二頁に亙つて、大きく揭載した。この報告演說會がいかに重視せられたか、以て想像できよう。わたくしは當時一個の中學生に過ぎなかつたが、その新聞を便りに展覽會を參觀に行つた。さうしていまにその新聞を保存してゐる。

狩野先生は北京に在つて敦煌古書を調査せられると共に、また元曲關係の資料なども調査して、これを將來せられた。元曲作者の白仁甫の「天籟集」などといふ書は、敦煌古書調査の副產物として、この時將來せられたもので、それを使つて先生の書かれたのが、明治四十四年二、三月發行の「藝文」第二年第二、三號に連載せられた「元曲の由來と白仁甫の梧桐雨」といふ論文である。この北京で調査せられた敦煌古書については、先生はその後何等發表せられる所がなかつた。却て松本文三郞博士が、狩野先生等一行の北京から將來せられた敦煌古書の中の佛典について、同じく明治四十四年五、六月發行の「藝文」第二年第五、六號に「敦煌石室古寫經の研究」と題する論文を連載せられた。當時先生等一行が北京で調査せられた敦煌古書は大體佛典が多くて、狩野先生の特に興味をもたれるやうなものが尠かつたためであらう。因に狩野先生等一行が北京に赴かれた旅行の始末は、一行中の小川琢治博士の筆によつて「地學雜誌」第二十三年第二百六十六號に「北支那旅行概報、附敦煌石室遺書」と題して傳へられてゐる。

狩野先生は大正元年の秋から大正二年の春にかけて歐洲に赴かれた。歐洲に於ける東洋學研究の狀況を視察せられると共に、英京ロンドンの大英博物館に藏するスタイン博士將來の敦煌古書と、佛京パリの國民圖書館に藏するペリオ敎授將來の敦煌古書とを調査せられるのが主要なる目的であつた。わが邦の學者で歐洲に於ける敦煌古書を調査したのは、實に先生と、それから先生と大體行を共にせられた瀧精一博士とを以て嚆矢とする。尤も瀧博士は美術品を主とせられたので、古書についてはやはり先生ひとりを推すべきかとも思ふ。さうして先生は多大の成果を收めて歸朝せられたのである。然し、わたくしはそれを述べる前に、先生が歐洲に赴かれる途次、露都ペテログラードに於て、コズロフが甘肅から齎した西夏の古書を見てゐられることから言はねばならぬ。これも先生がわが國人として最初であるのみならず、ペリオ教授が “Les documents chinois trouvés par la Mission Kozlov à Khara-Khoto” の一文を “Journal Asiatique, série XI. Tome 3.” に發表したのよりも數年早い。因にわが羽田　亨博士も大正三年に露都に赴き調査せられてゐる。

大正二年一月發行の「藝文」第四年第一號に「海外通信」として、狩野先生の書簡が載せられてゐる。大正元年十月二十日附で露都から當時の文科大學の同僚に宛てて報ぜられたもので、實にロシアの東洋學の狀況など委しく述べられてゐて、今日では貴重な文獻であると思ふから、少し長いが左に全文を轉載することとする。

拜啓愈々御清康大賀此事に奉存候。陳者小生事去二十一日當聖彼得堡府着以來毎日觀風の爲め忙殺され候處、明晩巴里へ向け出發致候事と相成り、少しの間を得候間、一寸當地觀察の模樣を御報知致候。前便に申上候通り、當府大學中の東洋語學科は頗る盛大なるものにて、一昨日大學圖書館を參觀致候處、東西書籍の貯藏に骨を折り候由に相見え、支那の分は、ワシリエフ氏の蒐集に係るもの多しとの事にて、滿蒙漢の三藏其他四部の書大略備はり候樣に見受申候。支那以外亞細亞各國語學研究の盛なることは申迄も無之候。支那語科には、イワノフ氏の外にアレキセーフといふ若手の學者を加へ、此人は專ら支那文學の方面を擔當致候由にて大學にて面會致候が、第一驚き候は支那語に堪能なることにて、一寸屛風を隔てゝ聽きたらば北京ッ子と間違ふ可しと存候。目下唐時代の文學を講じ候由にて、司空圖詩話のよき註釋はなきやと被問候。其外史記も講じ居候由にて、索隱に舛誤多きことより轉じて李杜の優劣論などに及び、氣焰當るべからざるの慨あり。當地に來りしより、言語不通にて、何事も唯珍らしきと思ふのみに有之候處、大學の一室にて、支那文學の話を致し候ときは、何だか日本に歸つた樣な氣を生じ申候。有名なるラドルフ氏にも翰林院（アカデミーを漢語に翰林院と譯し居候）附屬博物館にて相見致候が、年齡は七旬を踰えたる老儒にて、風采質朴、溫容掬すべき人に有之、小生を見て大に喜び、三階にある同氏の仕事部屋に伴れゆき、オルホン地方にて發掘し候例の碑文の拓本を見せられ、得意に談論され候が、其篤學なる態度には、不覺襟を正し申候。小生は餘り老先生に厄介をかけてはならぬと思ひ、匆々辭し來らんと致候處、傍にあるイワノフ氏が、今日は貴君に其研究物を示すことを非常に樂み居られ候間、心配には及ばぬと被申候間、心ならず其意に從ひ申候。同氏は其著述の一切を京都大學に寄送可致と申され、イワノフ氏より轉送することに相成居候間、到達の上は禮狀を出すと共に、外に何もなければ、大唐西域記でも御送り被下度、猶桑原内藤諸兄の御考にて他に適當のもの有之候はゞ、御送り被下ては如何かと存候。前陳の博物館には、人種學、考古學の標本、中々能く集り居候樣に有之、殊に露領内に生息する各人種の宗教風俗を示すものは盛に備はり候樣に、素人眼には被思申、殊に「シヤマニズム」に關するもののみにても、盛なるものに有之候。イワノフ其他博物館の委員は、頻りに、同館と京都大學考古學教室所藏のものとの交換を希望し、唯一の實物にて手離しすること能はざるものは、模造品の交換をなし度との事に候。これも實行しては如何かと存候が、御商議の上、濱田君にも御話被下間敷哉。又序に内藤、桑原兩兄に願候は、同館委員のうちに、「アムール地方民族」の研究を專門と致候ステルンベルグといふ人より、肅愼の事に就き質問をうけ候、小生には見當違ひなれども、不取敢漢土古典の出所はこれ〳〵と答置候。小生の記憶によれば、史學雜誌に、肅愼考と題する論文有之たる樣に存候。若然らば、其論文丈でも御謄寫を命ぜられ御送り被下度、同氏は日本文に通ぜざれども、他に人ありて譯してきかす可しと存候。宛名はラドルフ氏に送るものと同じく、A. Ivanow, Academie Impériale des Sciences. Musée d' Antropologie et d' Ethnographie. Pierre le Grand, St. Petersburg. にてよろしく候。

又前便に申上候コヅロフ甘肅の發掘は、學術上の價値より申候へば、分量は少なけれども敦煌と匹敵すべきものと被思申候。西夏語掌中字彙、西夏文字經卷、唐槧大方廣華嚴經、北宋槧本列子斷片、宋槧呂觀文進注莊子、雜劇零本（これは一寸寓目したるのみにて斷言は出來不申れども何となく宋槧らしく有之、例の古今雜劇よりも板式舊く有之萬一宋槧ならば、それこそ海内の孤本元曲の源流に一大光明を放つもの也。惜しきことには紙破損多し）宋槧廣韻の斷片、至正の年號ある書翰など、我輩敦煌黨には涎の流るゝものにて、目下翰林院にて整理中に候。イワノフ氏の厚意にて本野大使に從ひ往觀致候。殊更に驚くべきは佛畫にて、其數多く又精巧也。門外の小生にはこれをいふ資格なけれども、唐代のものたるは間違無之、筆法は例の柔かな方なるが、かの田舍臭き粗末の點は全く無之、純粹なる美術品として見事なるものと存候。殊に唐代の刊行と見ゆる錦畫風（采色はなし）の四美人の圖は珍の又珍なるものと存候。瀧君に是非見て貰ひ度と存候。小生は此の發掘物の或るものを刊行致候ことを勸申度候處、翰林院の當局が若し實行せざるときは、寫眞の全部を京都に送りて、京都大學にて印刷しては如何と申出候。小生は、此れは露國の誇りなれば、是非翰林院にてやり候方至當なるべく、萬一翰林院で出來ず、京都でやることを承認するならば、歸朝後同僚に相談し、總長に要請すべけれども、行はれぬかも不知、其時は、日露の有志にて湊錢して刊行願度と申置候。翰林院の都合はイ氏より通告有之候筈に有之候。

昨夜はイワノフ氏宅にて、支那方面の人二三相集まり、茶話會を催し呉れ候處、談は支那の事計りにて、愉快を覺え候。來會の一人、從來兩國時に違言あり、常に玉帛を以て相交はること能はざりしこともありしが、我輩は學者より始めて、互に隔意なく交を致くし、彼此益を獲る樣に致したしとの話にて、小生も大に贊成を致置候。要するに小生は、露都に於て、普通の漫遊者以上の興味と利益を得申候。

以上は學術の方面のみに候が、其外に見物もせねばならず、朝より晩迄忙殺され、この手紙を認めながら投函することを忘れ候うち、二十六日に彼地を去り、一昨日當府（巴里）に安着致候が、當地は二三月滯在の積りなれば、昨日例のカーン氏に面會致候外、室內に茫然として、唯街上の車は遊龍の如く、人は春華の如く、衣光扇影、絡繹絶えざる有樣を望み、此狀を書き續け申候。出發のとき原兄が、一年間は全く觀風計りして來い。漢字などは暫時休業の事と忠告され候が、當府にては敦煌の眞物を見候はゞ、舊癖又々增加致し申すべくと心配致候が、これもやり、あれもやり、歸朝の際は、立派な文明國の紳士となりて、諸兄を驚かし可申候。色々詼諧を交へ恐入候へども、此れ迄の御報告迄、如此御座候。匆々頓首。

これによると、先生はコズロフの將來品をいろいろ寓目せられたのであつて、その中「珍の珍なるもの」とせられてゐる「唐代の刊行と見ゆる錦繪風の四美人圖」の如きは、その寫眞を將來せられて、これを大正五年三月發行の「藝文」第七年第三號の口繪として紹介せられた。但しその解說は當時「藝文」の編輯擔當者であつた植田壽藏氏の筆である。それからまたこの書簡の中に、「元曲の源流に一大光明を放つもの」と歎賞せられてゐるのは、いまは中國の俗文學史上の至寶として知られてゐる「劉知遠諸宮調」のことであるが、これは後年先生の還曆祝賀會に際し、當時京都帝國大學文學部講師であつたネブスキー氏の盡力とレーニングラード大學教授アレキシエフ氏の厚意とによつて、特に先生のために寫眞撮影して贈られたのを、先生の高足青木迷陽博士が昭和七年四月發行の「支那學」第六卷第二號に精緻な考證を發表せられるに及んで、世界の學界の注視を牽くに至つたものである。もし狩野先生が最初露都でこれを注意せられることがなかつたら、或はこの貴重な資料も未だ世に知られるには至らなかつたかも知れないと思ふ。猶ほこの先生の還曆祝賀會に際して、ロシアから同じく唐鈔本「文選」の斷簡の寫眞も併せて送り屆けられた。これについては、先生は昭和四年三月發行の「支那學」第五卷第一號に、自ら漢文を以てかかれた長文の考證を發表せられてゐる。

歐洲に於て先生はどういふ行動をとられたか。これも先生自らそれを語られてゐる書簡があつて、同じく大正二年四月發行の「藝文」第四年第四號の「海外通信」に掲載せられてゐるから、これまた全文を轉錄しておかう。大正二年一月二十二日附で、桑原・内藤の兩教授に送られたものである。

拜啓兩兄愈御淸康之段大賀此事に奉存候。小生留守と相成候については、餘計な荷まで兩兄へ負はしめ、爲めに御繁冗を增し候事と御氣之毒に奉存候。扨小弟義、其後身體も至極壯健にて、毎日觀風の傍、例の敦煌遺書を閲覽致居大に興味を感じ申候。唯不幸にして、小生着の時分はペリオ氏の嚴君重患に罹り、直に面會も出來兼ね數日を經過してやつと同氏へ面會し、其紹介にてビブリオテック、ナショナルに赴き閲覽の義を申込み候處、未だ十分に整理されざるにより一般には見せざれども、小生へは格別の取扱をするとて許可致吳れ候。然るに小生の考へにては滯在中到底遺書の全體を見ること能はざれば、先づペリオ氏の作りたる目錄を寫し、それにつき小生へ直接關係あるものを見候考へにて、目錄抄寫に取懸り申候。然るに目錄といひながら、勿論版になつたものにあらず、ペリオ氏が自ら書いたものにて、それも漢字の目錄ならばよけれども、書名は支那音を羅馬字にかき、且其下に一寸解題樣のものを加へあり、それが佛文で加之ペリオ氏の字が讀み惡いときて居るから(小生に取りて)中々はかどり不申。而して圖書館は朝十時開館、午後四時閉館に有之、又見物にも出ねばならぬから、目錄抄寫計りに大に隙取り、やつと、十二月一パイ完成致し、これは日本への土產と存候。それから今月に至つて小生の面白く感じ候ものを選みて少しづつ見、又其中には一部を寫取り候ものも有之、何さま千五百餘通の事なれば、到底盡く見る譯には參り不申、又ペリオ氏が寫眞をし、若くは、將來寫眞をする考へのものは後廻はしに致候が、其以外にも面白きもの不尠、此等は歸國の後御話申上度存居候。小生最初にペ氏を訪問致候節、羅君へ送るとて、寫眞せしものを一覽致し、これは已に羅君の手に入り、老兄等も御一覽の事と存候。論語鄭注の如き、誠に珍の珍なものにて、經學の上より見れば非常な事と存候。當地にてシャバンヌ及ペリオ氏の話によれば、Stein 氏の發見物は分量に於て猶これよりも多く、其內には貴重なものも少なからず、繪畫も澤山有之候由、漢字のものはなきなどと、話有之候へども、之は訛傳に有之候。然るに之が又困難にて、Stein 氏は目下印度にあり、而して其古書はブリチシイ、ミユーゼアムの地下に貯藏し、目錄さへも無之見ることは出來まいとの事を聞き候間、先づシャバンヌ氏に依賴し、同氏より印度へ書面を出し候處、Stein 氏の返信あり、かく／＼せよと懇切に申來り候。Stein 氏は小生が覽る事を喜び候樣子なれども、圖書館などいふものは支那でも西洋でも同じことに有之、面倒な事を嫌ふものに候間、果して成功致し候哉、疑問に候へども、Stein 氏の先容あり、又セイス氏の紹介狀も有之、ムゲにハネ付られぬ事と存候。若し見ることが出來れば、倫敦も二三月は懸ることゝ存候。瀧氏も昨年末より當地へ來り、目下同宿、大に心强く有之候。來二月一日よりスイス、イタリーに一ケ月滯在、それより墺國獨逸南部を經て、三月上旬か中旬に再たび當地へ舞戻どり、それよりベルギー、オランダを經て、四月上旬には入英致候積りに候。先日松本學長より、教授會の結果萬國史學大會へ京都大學を代表して出席可致候由申來り候間、一二日迄には同地へ參らずては相成難くと存候。何樣見物もあり、又段々當地にてシヤバンヌ氏ペリオ氏など親切に致し吳れ、殊に榊氏の懇意なるシルバン、レビー教授は最親切に致し吳れ、色々の人へ紹介致吳れ候間、中々忙敷有之、漫然色々の國へ行つて漫然見物するよりも、歷遊地方の數を少くして滯在日子を多く致候方利益かと存候。何處でも此處でも民風土俗は大差なく、又そんな事を見たとて小生には大した利益も無之と存居候。

　內藤兄に先日願上候事有之、已に御允諾被成下候事と奉存候へども再び一應願上候。卽ちシヤバンヌ氏より朝鮮古書刊行會の事を聞かれ候も、御承知之通り朝鮮には小生何等の興味なく少しも存じ不申候。日本へ問合せ返答可致と申置候。卽ち入會し、若くは刊行會の出版物をとる手續を御敎示被下間敷哉（其代價も）。氏は高麗史三國史記等のある叢書と申候間、多分この事かと存候。右は京城に本部御座候哉、右御敎示奉願候。次は藤田の慧超傳考證をペリオ氏頻りに欲しがり申候間、大兄より同氏に寄送方御依賴被下間敷哉。藤田氏の宿所番地小生忘却仕候間、是亦老兄へ御願致候。右は直接ペリオ氏宛卽ち Monsieur Paul Pelliot, 52 Boulevard Edgar Quinet, Paris でもよろしく、又小生宛でもよろしく候。色々な事を願上候事、御氣之毒に候へども、枉げて御允諾被下度奉願上候。色々珍談も有之候へども、先は右迄如此御座候。猶小生手紙を頂き申候はば、矢張當地下宿にてよろしく、下宿より小弟出先きへ屆吳れ候事と致置申候。

　羅董王三氏の近況何如に候。一度手紙を出さんと存候へども、於今少暇なく無沙汰致候。御序によろしく奉願候。今日閱覽致候敦煌遺書のうちに、西本願寺西晋寫經と同一なる字體のもの有之候。寫經の珍なもの其外に澤山有之候へども、小生は寫經以外のものを見、到底寫經に及ぶ暇無之、殘念に存候。陸德明釋文尙書も亦面白く、これは一部抄寫致置候。演義類の斷片と宋雜劇の起原と思はれ候斷片（時代は五代若くは宋初ならん）も有之、毎日山陰道中を行くが如く應接に暇無之、其外に見物も致さねば相成不申、大に疲勞仕候段御一笑奉願上候。深更相認め亂筆御推讀被下度奉願候。匆々頓首。

　この歐洲に於ける先生の勉强振りは非常なものであつたらしい。短日月の間に、英佛兩京にある敦煌古書を相當に多く筆寫せられたものである。その數はどれ程あつたかよくわからないが、先生の筆寫せられたものを、先生の歸朝せられた當時京都に居られた羅振玉・王國維の兩先生がまた筆寫して、それを學界に紹介せられたものだけでも十數種に上る。いま「敦煌石室碎金」・「敦煌零拾」等に收められてゐる左の諸書は皆さうである。

唐寫本殘職官書
唐寫本食療本草殘卷
唐寫本靈棋經殘卷
唐寫本失名殘書
唐寫本大雲經疏
唐寫本韋莊秦婦吟殘詩
唐寫本云謠集雜曲子
唐寫本殘小說
唐寫季布歌
唐寫本敦煌縣戶籍

先生の篋底には猶ほ當時筆寫せられたものが多く殘つてゐるのではなからうかと思ふ。ともかく先生によつて、多くの敦煌古書が始めて世に知られるに至つたのは、今日後學の者が感謝せねばならぬ、先生の大きな學績である。

それに先生は單に敦煌古書を筆錄せられたのみではない。その中のあるものについては歸朝後に立派な研究を發表せられてゐる。その一は大正四年二月發行の「藝文」第六年第二號に發表せられた「唐鈔古本尙書釋文考」である。これは先生がパリで筆錄の際、逸早くその陸德明の尙書釋文で、しかも今日通行の釋文とは違つてゐることに注意せられ、歸來それを研究せられた論文で、尙書の研究には今日でも極めて重要な文獻である。この先生の論文が刺戟となつて、ペリオ教授も同じ殘卷を考證して、一九一六年に"Le Chou King en caractères anciens et le Chang chou che wen"と題する雄篇を Mémoire concernant l'Asie orientale II に發表し、それから中國でも、その寫眞が「涵芬樓祕笈」に收めて印行せられ、いろんな學者が問題とするに至つたのである。

その次は、大正五年一・三月發行の「藝文」第七年第一・三號に連載せられた「支那俗文學史研究の材料」と題する論文である。これは先生が英佛兩京で筆寫せられた學界未知の全く新らしい幾多の資料を縱橫に驅使して、中國の俗語體の小說や彈詞が夙く唐代に起原するものなることを論ぜられた論文であつて、その方面では實に劃期的の新研究であつた。さうして先生の創見は、今日では全く學界の通說となつてゐるのである。わが邦や中國に於て、この二三十年來、中國の俗文學の研究が盛になつたのに、この先生の論文が與つて力多かつたことは、おそらく誰も認める所であらう。

狩野先生と敦煌古書との關係は、大體以上の通りである。先生はわが邦に存するいろんな古鈔本にも注意せられて、夙く明治四十三年に嘉納白鶴氏所藏の唐鈔本「畫圖讚文」の跋を內藤湖南先生と共に書かれたのを嚆矢とし、いまは東洋文庫に藏して國寶に指定せられてゐる古鈔本「毛詩」の唐風の殘卷がまだ紀州の東氏の手に在つた時、逸早くこれを寫眞に撮つて、その考證と共に同好の間に配られたやうなこともある。確か大正八九年の頃であつたと思ふ。考證の文だけはまた「史林」に揭載せられた。このことなどもいまは知る人が尠からう。わたくしは當時先生から頂戴した寫眞を大切に藏してゐる。それから奈良の興福寺に藏する古鈔本の「周易疏」や「禮記釋文」の考證を書かれたり、正倉院聖語藏に藏する古鈔本「老子」の研究を書かれたり、京都高山寺に藏する古鈔本「莊子」の校勘記を書かれたりしてゐる。これらは比較的新らしいことで、昨年上梓せられた「讀書纂餘」にも採錄せられてゐるから、必ずしも絮說を要せないかと思ふ。

かくの如く、先生が古鈔本や古版本を學問上に價値あるものとして、よくこれに注意せられたのは、察するに、先生の師事せられた島田篁村・竹添井井の兩碩學の影響ではなからうか。この兩碩學がさういふ方面に造詣の深かつたのは、隱れもない事實である。それにしても島田篁村博士や竹添井井博士に親しく薫陶をうけた學者は多かつたのに、さういふ方面の衣鉢をついだ人は、篁村博士の息島田元楨を除いては、狩野先生の他にはないやうである。先生の本領とせられた所は、勿論ここに在つたわけではないが、この一事のみを見ても、先生は遙かに儕輩に擢んでてゐられたことがわかると思ふ。

東方文化研究所と狩野博士

羽田亨

昭和二十二年十二月十日、緊急の用事で東京に行かねばならぬことになつたので、その前日に當る九日の午後、狩野老博士邸を訪ひ、玄關先きで令夫人から御容態を聞いたところ、格別どこが惡いというのではないから、食慾さへ增進すれば漸次囘復せられるであらうとの診斷であるとのことに、急遽の容態などとは思ひもそめず、態とお目にもかゝらないで引取つた。それが十四日に歸宅してみると、前日既に永久の眠に就かれた後で、あまりのことに言葉も出でず、たゞ悵然として悲嘆にくれるばかりであつた。それから早くも四十餘日、東方文化研究所設立當時に於ける博士の思出を書くやうにとの註文を受けて、今宵寒夜の薄暗い電燈の下に筆を執つてみれば、それからそれへ追懷の緒は綿々として盡きぬ。

北京に於ける文化事業總委員會の活動の停頓につれて、その前からも屢々議に上つた國內に於ける同種の事業の計畫が、漸く具體的の動きを示すやうになつたのが、昭和三年の春も末頃からであつたかと思ふ。同會の日本側委員の一人として盡力せられた狩野博士が、在京都の有志者を代表して、東京の有志と共に、時の外務省對支文化事業部との間に折衝を重ねられ、最初に着手することになつたのが經籍史籍の索引の編纂で、この年十月からこの事業を開始したのであつた。昭和三年といへば、實に博士が華甲の壽を迎へられた年で、その二月十一日には同友門下の人々によつて、記念の講演會や祝賀の宴も張られ、同時に博士は永く馴染まれた大學の講壇から離れて、悠々自適の生涯を樂しまうと期してゐられた際であつた。然るにかゝる次第で、丁度この頃から總委員會關係の人として、京都側では是非とも博士を煩はさねばならぬ幕が開かれ、折角博士の待望せられた境涯に入られるのを妨げねばならぬことになつたのは、學術の發達を計る大切な事業の爲とはいへ、博士にとつては誠に迷惑のことであつたに相違ない。殊に旁の見る目にもお氣の毒に思はれたのは、かゝる事業につきまとふ煩はしい交渉や事務の處理が、博士の平生最も厭つてゐられたところであつたことである。厭はれただけに、巧に切廻せるとは勿論思つてゐられず、巧でないと自認せらるればせらるる程、あの強い責任感から益〻それに念をいれて努力せられる有樣で、その心勞に對して、全く同情を禁じ得ぬ次第であつた。

索引事業の取定めと並行して、東西兩京の東方學者有志の間では、東方文化研究所を兩京に設置して中國を中心とする東方文化の研究を進め、學術の進歩に寄與すると共に、中國及世界の學界との間に提携を計ることにしたいとの希望が盛んになり、外務當局との間にも漸次意見の一致を見ることになつた。その研究所は兩京に別々に置くといふのではなく、東方文化學院とでも名づくべき機關を設け、その機關の事業として兩研究所を經營しようとするのであつた。かかる考案が大體一致を見るに至る迄の間には、外務省と東京京都兩地の有志との間に度々の會合が開かれ、それぞれ案を持ち寄つて協議せられたのであつたが、三者必ずしも意見が常に一致した譯ではなく、小異についても、時にはなかなか互に讓らない場合もあつたやうである。先づ京都側の意見を取纏めることに一苦勞を經た上に、重ねて東京に於ける折衝に苦心を拂はねばならぬ面倒な役目が、京都側としては獨り狩野博士に全面的に委託せられてあつた次第で、かなり主張に強い人々が、會議となれば群集心理の作用で一きは活き立つのを、それぞれ出來得る限り尊重して、適當なところに落ちつかせることに勉められた苦心は、察するに餘りがあつた。

かゝる次第で、この年十月の初頃には、一應學院や研究所の規定も打合せが出來上り、建築も昭和四・五兩年度中に完成させるといふところまで內議が定まつたので、こゝに東西の有志三十餘名が發起人の名を列して、東方文化學院設置の諒解を政府に求めることになつた。然もかやうにして內定した規定に對しても、京都ではこの月の末に發起人の一員の發議で、重ねて京都側の發起人會を開き、更めて研究費を增加し、研究の範圍を擴大し、建築についても、それが兩年度に亙るのは止むを得ないにしても、五年度の始めに完成してもよいことに改むべきであることを強く主張した。この一例によつても、當初內議を纏めるについて、如何に博士が苦心せられたかの一端を想像するに足るであらう。

かやうにして學院や研究所の設置の事は、關係者の間に於て下相談が出來上つてゐたので、政府の助成金交附もこの後間もなく認められることになり、取急いで昭和四年度の豫算と役員とを定める段取りとなつた。役員は學院の理事と研究所の評議員とで、評議員には東西それぞれの發起人が委囑せられることになり、そして評議員の一人である狩野博士が京都研究所の主任に當られることになつたが、學院理事の選任については、最初のことでもあり、また東京側との關係もあり、博士の少からず苦慮せられたことであつたらうと思はれる。その間の事情については今に於ても關知しないが、昭和四年二月六日に、京都の研究所の最初の評議員會が開かれた席上、主任としての博士の外に、評議員中の年少であつた濱田君と自分とが、嫌應なしに理事を引受けさせられることになつた。或は博士が用意周到に諸先輩との間に諒解をつけて置かれた結果ではなかつたかと想像する。間もなく二月十五日にはこれら三人の理事が集つて豫算案を作り、三月十日には東京京都の理事の外、文化事業部長や内部の事務官も參加して最初の理事會を東京で開いたが、大體京都で作つた豫算案を認めることとなり、重ねて四月十四日に第二回理事會を開いてこれを決定した。學院の名稱も實にこの會議で決つたことで、外務省側では東方文化院といふ名を提示したのを、「學」の一字を加へることを理事側で主張して、ついにそれに定まつたのであつた。

かくして學院、從つて研究所創立の事は大體軌道に乘つて來たが、しかもその研究の方向とか範圍とか研究員の選定とかいふ實質問題に進んで來ると、衆議またなかなか一致しない。どこまでも純學術研究でなければならぬと強く主張するものもあれば、化導啓蒙のことも考ふべきであるといふものもあり、既に大成した知名の士を聘して急速に所の成績を擧げるべきだと說く一方には、將來を期し得べき若き人才を選任するにかぎるといふもあり、三月十九日の評議會では、これらに關する原則の議定に當つて甲論乙駁して讓らず、ついにはハラハラするやうな場面が演出せられるまでに高潮に達したのであつたが、困惑の色の濃い狩野博士の提議によつて、兎も角研究員や助手の候補者を各評議員から推薦し、それを三人の理事で協議詮衡した上、一週間の後に更に評議會を開いて決定することに落着した。その日の今は亡きあの顏この顏と思ひ浮べると、過ぎ去つた二十年の昔ながら、光景躍如として眼前に彷彿し、無量の感慨を禁じ難い。やがて決定せられた初めての京都研究所員の顏ぶれと研究題目とを見れば、かゝる群議に對して、博士が如何なる方針で望まれたかを明らかに知り得るであらう。

京都研究所は昭和四年四月から、博士を主任として當時の京都帝國大學文學部陳列館の一室を借りて發足したのであつたが、この頃別に博士を惱ました問題の一つは、研究所の位置を定めることとその建築とであつた。研究體制や從業員の選定は、いふまでもなく煩雜なことであつても、この際博士を煩はすのは止むを得ない事として、まだしも我慢を願ふに値したこととも言ひ得られるが、建築問題で焦心して貰うことは全く氣の毒至極の儀であつた。折悪しくも嚴冬から春寒にかけての、老體には尤も惡條件の季節に、あの地この地と人の勸めるまゝに敷地を相して廻られた。昭和三年の末頃には、樂友會館の向側に當る舊京都府立第一中學校敷地跡の東北部が、候補地としてほゞ定められたので、博士は何囘となく府廳との間に交渉を重ねられたが、結局不調に了り、翌年二月末頃と記憶するが、新たに北白川の新開地を相して位置を定めることになつた。これが今の小倉町の研究所の敷地である。

敷地が決定すると直ちに建築の問題に入り、先づ如何なる様式のものにするかを定め、それによつて設計を依賴する人を考へることになつたが、これについては理事の濱田君が關心と興味とを持つてゐて、假令他から色々の意見が出ても、容易に讓りそうには思はれなかつたので、自分は博士と話し合つて、この問題はすべて濱田君中心に考へることに方針を定めた。やがて濱田君の考案したのが大體今の研究所の建築の骨子で、その趣味の上から修道院風の様式を選んだのであつた。これは流石にこの方面に造詣の深い同君のことであるから、今尙ほ多くの人々から賞讃を受けるやうな善い考案であつたが、これについて思ひ出されるのは、同君が狩野博士は兎も角、理事の一人としての自分が之に對して文句をいふのではないかと氣にしてゐたやうであつたことである。それで何囘となく圖稿を自分の室に持つて來ては、これでどうだと鉛筆をひねくりながらチラリチラリ上眼づかひに自分の顔色を見るのであつた。もともと自分は洋館といへばあの箱をさしたやうな建築ばかり出來るのに恐れ入つてゐたので、初めから濱田君の思ひつきに贊成してゐたのであるが、さりとてそれが行き過ぎると、遠からずして厭氣がさすであらうことをも恐れてゐた。しかし今同君がこれに熱中してゐる最中にそんな點に注意すると、必ず反撥して無理にもその考を通さうとするに違ないことを知つてゐるので、ある時いさゝか逆手を使つた積りで、折角かういふ形にするなら、もう一層調子を強めて、例へばアルケード式の廊下の如きも、もつと本式のものにしたらというたところ、妙な表情をして引取つた。ところがそのつぎには却つてそれが穩かな調子になつて、大概今のやうな形に直されてあつた。こちらが逆に繰られたのかも知れない。こんな有様で大體の考もまとまつたので、五月五日には博士邸で三人が集り、工學部の武田教授に設計を依賴することに定め、早くもその二十二日には同教授の部屋で、研究室の劃方を始めプランの大概をきめ、七月八日にはこの建築工事に主任として從事してもらうことになつた東畑氏も參加して、大略の設計圖について説明も聞き注文もする段取に進んだ。武田教授が濱田君を始め素人の吾々の注文を嫌な顔もせず、出來得る限り素直に受け入れて、折角出來上つた下圖に惜氣もなく鉛筆や消ゴムを加へられたことは、東畑氏の熱心さと共に、吾々の深く感謝したところであつた。かく製圖作業の進行してゐる中に、如何なる事情であつたかは今記憶しないが、外務省から建築の速成を求めて來たので、出來得る限り工程を急いでもらひ、翌昭和五年一月十一日に地鎭祭を修し、その後從業員諸氏の格別の努力によつて美事に竣工を見、遂に十一月九日に開所式を擧げるに至つたのである。

開所式當日の博士の晴々しい様子は、濱田君とも語り合つたやうに、一同の目につく程著しく、參加の多數の來賓を前にしての雄辯の挨拶にも、滿足と希望との溢れてゐるのが感じられた。恐らくは博士の生涯を通じての數々の喜びの中でも、その小さからぬ一つであつたであらうと思ふ。上に略述したやうな經路を辿つて、長い時間と深い心勞とを費された結果であることを思へば、誠に滿悦の極もさこそと推察し得られるのであつた。

併しながら研究所に關する博士の貢獻は、實にこの以後に於て益益多きを加へたことゝ思ふ。かくして作り上げられた研究所をして、眞に學術研究の意義に徹する所たらしめ、一路向上の途を辿らしめようと不斷の苦心を拂はれた有様は、自分の語るまでもなく多くの人の知るところである。その苦心の甲斐あつて、三たび所長の任を重ねられる間に、研究所の聲譽は高く内外に揚がることになつた。これこそ開所當初の喜びにもまさる喜びとして、謙讓なる博士の獨りで滿悦してゐられたところに違ない。

また一个を弱(うしな)う・希の原理

橋川時雄

歳の丁亥季冬、某月某日（昭和二二、一二、一三）、狩野直喜京都市左京區田中大堰町の自宅にあつて道山に歸る、年八十。――このことを私は小さな活字の新聞記事で知つた。彼れ君山はけつして膠柱の儒ではない。飽學篤行、またよく山水を貪り雲煙をまき、夢の世界にも生きていたひと。英年笈をおうて禹邦にあつた。洞庭湖に浮んで湘女の眉うつろう君山に、恍として吸われてゆくをおぼえたので、それから君山の號を用いた。蘇州にもどつて花を賣る江妓(チャンヌチィ)の倡をきいては、兒女英雄の限りなき恨に泣かされたこともあつたろうよ。今は何の世、この時運迍變のさなかにも、彼れはなお生くるもののよろこびを失なわないで、ゆとりをもつて仁者の壽域をのり超えていつた。私は彼れがあまたの學徒たちに送られて、雪まばらに草まだ萠さぬ洛陽郊外を肅々と歩みゆくを思い、にわかに襟を正して、「ツ、シミテ君山先生長逝ヲ悼ム」の弔電をおくつた。

その朝の北國は雪花亂舞していた。こゝ松岡町は越芙蓉(こしふじ)白山を出てうねる連山の溪水をあつめて流る九頭龍川が越前平野にはきだされた洞門といつたところにある。やがてそらが霽れてくると、白山の肌がとおく浮ぶ、近くは淨法寺山それに連る山々が白化粧してわが書窓にせまる。こゝでは人間の騒音をはなれて何の音もない。ただかそかに地ひゞきする九頭龍川の晝夜を舍かざる逝流をきく。

三間板屋屋如船。傾耳希聲是逝川。
開霧曾無行李立。橋影蹶前山雪懸。

この板屋（バラック）に移つてきて二十日ほどになる。逝流の希聲は自然の大音、それは越の曠野に展べられた幾千年の歴史のエッセンスである。精爽である、詩でもあり宗教でもあるといえる。永久に沈默することのない聖者の豫言ともいえる。私はこゝで文字としての「希」についてざつと考證をこゝろみたい。

「希字の考證」は本篇のページをくいすぎる、活字になつておらない文字が多く引かれる。こゝではその大略を摘んでおく。

——希字は今本説文にのせられていない、あとに脱落されたというのはあたらない。ところが希に從うものは十幾字もあつて説文ではみな希の聲韻によまれてゐる。これを稀から省略された希に從うという説にも服しがたい。希は稀の古文で禾苗の希疏にかたどる、また希は稀の古文で、稀のおり物がその原義である、という兩説も確かでない。そこで黹希二字は同體の文字として糸をくり、おり、ぬうて文樣をつくるかたちを象形して創意され、同字として古に通用された例もしばしば經典に見出だされる、そこで説文には爻巾の部に希を收めないで、べつに黹字の部がたてられている。この二字はすこぶる似ておるが、希は糸の交入するかたち黹はぬい針で文樣をきざみこむかたちがとりあげられているので、この二字が同字として通用されていた時代でもおのおの別個の書きぶりが見られていた。このことは周秦彝器の古文や甲骨文字の象形によつても解明される。あとには黹がもつぱら黼黻などいくつかの限られた、字義の文字をうみだされたが、希はその原義原形に從うて、すこぶる多くの文字を演變せしめたばかりでなく、希の字義も疏・少・止・望・庶・冀などの字義に假借通轉されてきた。

糸をおり、くり、ぬうて、文樣をつくりだす形にかたどる文字は、希字のほかに、玄・幽・幾・爽などあつて、すべて糸のわざが、ふかくかつこまやかに、多彩にしかも條理ある表現がなされるところが、あるいは人文原理の深遠を語り、あるいはその本體の幽玄を表現する、だから希字および希に從う諸字には希の原理が説明されている、それは語言で述べつくせない妄言の玄理でもある。古典によまれる希は、訓詁家のごとく、カソカ・マレ・スクナシ・ヤム・チカシ・ノゾムとよむよりは、その文字の聲あるかなきかのその原音でよめばよい、現中國音は hsi それは發聲の詞とみてよい。

老子にはその各句の末に夷・希・微の同韻文字をはかせて道の本體が述べられている、その文に、視之不見、名曰夷。聽之不聞、名曰希。搏之不得、名曰微。此三者、不可致詰、故混而爲一。これを視れども見えず、色をもつて求むることのできない無色の世界がある、それは「夷」と名づくる。これを聽けども聞えず、聲をもつて捉えることのできない無聲の原理がある、それは「希」と名づくる。これをうてどもうつことができない、形をもつてさぐりもとめることのできない無形の本體がある。それは「微」と名づくる。道の本體すなわち一は、色なく聲なき無形無象であるが、これが物にふれて分裂派出し、私どもの視聽に感覺される。この一節にあらわれた思想は希の哲學原理であり、佛家の説にもちかい。

老子に、希言自然。飄風不終朝。驟雨不終日。これを聽けども聞くことのできない希言は自然そのものである。飄風驟雨は天地の間にまきおこされた一時の變化であつて自然の本體ではない、自然の流轉でもない、ゆえに終朝終日に及ばないでやむ。その聲すこぶる大ではあるが眞に大いなる聲ではない。眞に大いなる聲は自然の希言であり、老子にはこれを希聲ともいひ、大器晩成、大音希聲。と看破している。注釋家たちは、希疏也、少也、……と訓ましめているが、それはその本義を表現しえたものではない。論語には孔子が諸弟子との言志問答の一節がある、そこには孔子を喟然たらしめた妄言の桃源が展べられている、曾點の春服既成云云の語がそれである。その意境は、曾點のしぐさを寫した皷琴希の一句、その「希」の一字に要訣されている。

いまは時代の流轉も自然とはいえない、桑田變じて滄海となる、田鼠も鶉とばける、世相のすべてが動搖し變貌しつゝある、一瞬前の世界はすでに今の現實ではない。そうした騒音がわれらの耳に滿ちて喧しい。この激化變貌も千古不磨の感覺ではない。その騒然たる大音も終朝終日の久しきをもちきらない飄風驟雨である。このとき私どもはどこに耳を傾けて眞に大いなる音、これを聽いて聞えざる希聲を聞こうとするぞ。私はいま陶淵明集をひもどいて、隨意放誦、その癸卯歳十二月中作、與從弟敬遠一首にいたつて、たちまち卷を掩うて慨然たらざるを得ない。わが身邊を四顧するに、遭逢感慨のまつたく相同じものがあり、一字の虚設もなく一語の差池もない。私はこの感激をもつてこの一首の箋注をこゝろみた。（その文はここにはぶく。「陶淵明記傳とその箋注」におさめる。）そしてまたこの一首から、淒淒歲暮風　翳翳經夕雲。傾耳無希聲、在目皓已潔。の四句を、わが君山にたむくる輓詞として摘錄してみた。咏雪の名句は多いが、この四句ほどの佳製はほかにはけつして見だせない。私は百回厭わずこの四句を誦し、またこの陶詩に和する一首をものすることによつて、永劫に沈默しない彼れ君山の希聲をきゝ、その千古不磨を長歌する。和陶子歲暮作敬輓君山先生一首――その句にいわく、

作此生活來、江湖書函絶。在昔長安醉、歸矣草扉閉。
中夜希無聲、大千開朝雪。皚皚越芙蓉、四野望淸潔。
餞夫哲人逝、祖道自然設。烏乎西京老翰林かの・なおき、
道腴顏常悦。腹便五經笥、文史發芳烈。

三人弱一个、歳暮蕭索節。我駑老難駕、遭亂言詩拙。
一倡葬斯文、心往揮涕別。

古城坦堂（貞吉）松崎柔甫（鶴雄）と彼れとは、ともに東肥のひと、私にはながいあいだ眷顧をうけてきた心往慕向の三人である。戰爭のさなかに、私は古城・狩野二人に幸田露伴を加えて、山中の精舎にその放談をきいてみたいと夢のようなことをもくろんで、そして京都の某學士に君山の籃輿をかぐように話しかけたことがある。この三人では、去年露伴の一个をうしのうてから、北平からもどつてきた柔甫と東肥三人がどこかにめぐりあわせてその希聲を放つ機會をのぞんでいた。彼れの訃音をきいた柔翁からは、いちはやく痛ましい聲を江戸玉川學園の寓居から寄せてきた。私は今の拙い詩を初稿のままあとの二人におくつた。虎溪に三人が笑つたあとならその一人が眉をひそめて去つたとて何かあろうぞ。

私がはじめて彼れの面識を得たのは、大正十四年五月ごろ、東方文化委員會成立のために、彼れが服部隨軒博士と袂をつらねて北平にのり出したときである。そしてその前年、上海であつた沈曾植にうけたと同じ印象を彼れからもうけた。哲人がもつ風貌とエジケットには、それが日本人たると中國人たると、はた泰西の人たるとにかゝわらないものだ。沈氏にも彼れにも、しばしばその眉宇のあいだをしかめてある平らかならぬものを閃光すること、不平の口吻で牢騷をもらすことも同じであつた。そのころ順天時報で同人であつた松浦學士からよく彼れの學藻逸事をきかされていた。彼れはときおり教壇で、「こゝで學を講ずることが俺のしごとだ。君たちは卒業したとて、おれに就職の世話などもちかけてくるのは、眞ぴら御免だ」と語つていたという、この話だけが今に忘れえぬ。またそのころ北平にあつた今西龍博士を客舍にたづねたとき、博士は彼れから寄せられた數頁の手札をもちだし、「廣袤かぎりない禹域の野に一針をたてるような學問はたくらむものでない、中國の碩儒は叩くこと大なるほど大鳴する巨鐘である」と、博士が柯劭忞に贄をとつて學ばるゝにいたつたことをほめられていた。その手札を私によみきかせた博士の雙眸にはうるむものが見られた。

追憶は三十餘年前にさかのぼる、半肩の行李をにのうて書劍飄然中國に流落するとき、私は京都に下車した、それは洛下に湖南・君山の兩碩學があるときゝ、せめてもその丰姿を一瞻してゆきたいと思われたからである。竹籔のかげさす住居の玄關にぬつと顔を出された内藤湖南博士は、「今學校にゆくところだ。……師範出には往々馬鹿なヤツがいる、君もしんみりと勉強したらモノになろう」の一言をうけて、それに滿足された私は、介箋をもちあわせておらなかつたので君山の門は叩かずに前途にむかつた。私はいま畫家里見氏が墨繪でゑがいた甲乙二つの柿に目をうばわれている、甲を物とみれば乙は心か、乙を物と見れば甲は心か、いづれが物か、心か、の思索である。湖南・君山兩博士がありし日の場所を、私は今もこの甲乙二つの柿をゑがいた畫面にしのぶことができる。

一代の碩學王國維を東方文化委員會に加えることができなかつた

ことに失望して彼れ君山は北京を去つた。あとに王氏投海の悲報をきいた彼れの恨事には想いいたるものがあつた。狩野・服部のふたりはともに、遣唐留學が途絶えたあと、久うして再興された最初の官費留學生の選にめぐまれて西渡した、そして北平にあつてともに拳匪の亂にあい、ともに籠城組のひととなつた。ときに服部博士には柴大人（チャイターレン）五郎大佐の祕書としてすこぶる鞅掌されたが、彼れと古城坦堂とは、六朝高士の阮歩兵ではないが、一歩兵として砲筒をとつて無情の矢面にたつこともあつた。そのとき彼れは數件の書篋を整封して、「これは中國文化が遺した寶物であるから、これを掠奪するものも散亂燒棄するなかれ」と記して身まわりの始末をつけていた。坦堂には、永樂大典の始末記の一篇によつても、そのときの行動の片影が見られる。そののち彼れは服部博士をともに東西の辟雍に君臨して名聲一時に藉甚なるものがあつた。功成り身退き、いまだいくばくもなくこのふたりの翰林はふたゝび手をたずさえて北平に東方文化委員會の創設にのり出された。彼れは同會の圖書籌備處を主宰してきた。私が同會に述職して彼れと親しい交渉をもつにいたつたのは昭和二年春からのこと、それまでに彼れはなお一度北平に來遊し、そのとき私は餘園の客舍に彼れをおとずれた。そのおりには倉石・吉川兩學士たちがこの老夫子に侍して拳々立雪の敬虔をさゝげていた。

　そのころ東廠胡同の餘園には妖怪が出現するという話がもちあがつていた。彼れは何の奇懷あつてか、ふとその客舍にあてられた數間の屋舍をぬけ出して、應接間に臥起されていたが、彼れも妖怪に見まわれたのだが、儒者の彼れには怪力を語られまいなどととりどりに噂されていた。あとに私がそこに居を移した時、彼れはひとに托して、あそこはいけないと云つてよこした。京都に出たときも、「君、あそこは住むところでないぞ」と、私におののき語られたことがある。南方（熊楠）哲學では、幽靈がないなどというのは俗人のこととなつているが、この話はこれ以上探幽できない。

　彼れが服部博士と東方文化委員會の創設のために北平にあられたときは、中原は兵馬倥偬の際ではあつたが、かの地の鴻儒碩彦たちは連日の歡宴で、一日の虛日もなく、文人高會、一時の盛をきわめたものである。兩人のまえに投ぜられた彩箋には、多く東京西京の文字がよまれた。それは東京にある服部には東漢、西京にある彼れには西漢の博士としての學藻風懷をうたわしめたもので、さすがに中國人たちにみられる技巧とおもわせた。それは粟田眞人を、漢代の衣冠、いま東方君子國の使節において見る、と唐人たちが喧傳したそれにもふさわしい情景であつた。私が彼の地における半生の書生生活を一まずうちきつて祖國におくりかえされることになつたとき、國民政府が遣わした教育部沈兼士接收委員は接收の本部をこの餘園においていた。そして私の歸えるのを送るために、詩を思うて就らず、かつて兩博士に贈つた舊什を寫して餞けし、それに小序をつけて記念された。その句にいわく、

兩京博士老猶健、巍然儒宗世爭羨。遠來浮海振斯文、
況値中原正酣戰。學士奔波靡所騁、文物凋零可勝歎。
誰能幽棲載典籍、靜坐從容觀世變。洄懷往昔盛唐時、
學術風流何其絢。東儒不遠萬里游、長安殷軫集群彥。
晁衡歸帆賤春日、太白摩詰同深眷。當知物理盛必衰、
千載滄桑轉流轉。淒淒風雨慢悲吟、傾盞今朝且懽醼。
祗願來年兵氣消、吾儕無事長相見。

昭和の晁衡はいま何のていたらく慢に楚囚となつて歸帆の日を待つ、心も身もしばまれてたゞこの六尺の殘軀をあわれまんのみ。私が餘園の落葉をふみ、落葉吟若干首をのこして北平を去つたのは昭和二十一年四月十四日。——いまその二首を左にぬく。

舊京風物不可尋、愁着餘圖落葉深。人似不材生贅老、
猶誇松雪後凋心。

不是柴桑靖節家、九秋無色徑無花。拔心誰信玄根朽、
歸止悔繙書五車。

この年の六月には、私は熊本から上京、外務省に報告をすました。その報告書はあとでタイプして彼れのもとにも送られたはずである。（そのうちに、「本會所藏の圖書については、既に編印された北平人文科學研究所書籍目錄十册およびその後の購書書目などを添えて、一部の佚亡もなく、その原簿に照らし點檢の上移交接收された。……又本會事業として編纂された四庫提要については、その原簿に照らして約三萬五千篇が接收された。……私はさらに本會の四庫提要編纂刊行を期成するために、從來の經過內容および企劃について約三百ページ漢文で詳述した說明書を作製して手交し、近き將來この事業が日華兩國の學徒の協力によつて達成せんことを要望した」などと記される）かの鐵筋コンクリート三階建に插架された一五、四二〇部の書城は彼れの設計によつて築かれたもので、長へに彼れの業蹟を語るであろう。これが完璧のまゝで中國がわの接收に應じえられたことは、守藏室の一史としての私にも滿足である。

私は熊本に歸る途次、京都に下車してすぐ彼れの門前にたつた。東京で服部繁子未亡人をたづねたときの痛ましい思出が、私をしていま彼れの前にたつことがいさゝかもその老懷を慰むることにはならないとためろわしめ、ついにその門をたゝかずに車をかえしてきた。そして晴耕雨讀して半年も經たら、自分の健康も回復し、多少の若返りがあたえられるであろう、そこで昨非今是の無聊雜念をうちはろうて、長揖して彼れのまえに立つべきだ、そしてふたゝび西渡の途に上る日のいたるを待とう。歸りつくと繁子未亡人から二首の歌が寄せられていた。

あさましくかわりゆく世にかわりなき君が誠をみるぞうれしき。
ありし世をかたり合さん君はしも、程は雲居の空遠くして

それほどよろこばれるのであつたら、彼れ君山にもあつてくるのであつたと、あとから悔いられた。ほどなく彼れからつぎのごとき手敎が寄せられたのには殊に滿顏の慙惶をおぼえしめた。

拜啓、終戰後に於ける北京の御生活何如なる御樣子かと御案じ

申居候處、柔甫翁より歸還の報知あり、又老兄にも已に無事彼地より肥後へ一時御還り有之たる由を傳へられ、誠によき御都合なりしと慶祝に任へざる次第に御座候。かの續提要之件も衆愚無知の爲御不快之事も多かりしと存候へども、ともかく出來あがり候につき、縱令彼れが接收することとなりても、我國の事業につき、心あるものは感謝いたし、文化侵略などと惡口を爲さざるべく、かく申すものありても聞すてにして、後世の批判とまつべく存候。先は不敢取如此。匆匆不一。

小生近來老耄記性なく、文字の誤も可有之、御推讀奉願候。

六月十九日

四庫提要の續修事業はおもに服部博士が主訂されることになつていたが、その實、君山先生の指示と協力にあずかることすこぶる大きかつた。月ごとにタイプ印刷に附せられた提要初稿が私から彼れのもとに送られると、彼れはこれを京都研究所の所長室の書笥に收めて、隨時硃筆をとつて批正をくわえておられたのである。獨識先生閑事業（彼れに和した詩の一句）――慇懃をきわめたこのしごとが彼れにあつたことは、所内のひとにもあまり知られておらない。私にいわしむれば、これも希の哲學であり、術のしごとである。私が北平からやつてきて、卒然彼れの机前にたちむかつたとき、硃筆をやめた彼れはだしぬけに、「君、某の述べた某書の提要には困るね。」とまるで私を叱るようにいわる。「それは私も讀んでよく知つています、それを指摘して云々すれば、その學徒をこばむことになる、せつかくの事業がくずれる、他日開刊して人間に出るときには、各篇ごとに作者の姓氏をつけて、その責任を明らかにすることにしたい」と私が答えたとき、「君はそれを知つているのか、中國の學者たちとのしごとにはそんなところに苦勞がいる。」とふかくうなずかれて微笑されて、帽子をとりながら「よく出てきてくれた、これから宅にいつて話そう」とたちあがられた。

私が「楚辭」を書きおろして日本評論社から出版されたとき、痛棒かならずいたると畏れながら、私の近業を報告することも彼れに對する敬意だとおもい、恥を忍んでその一部を送つた、それに對して酬いられた彼れの手札には、「尊著拜讀、失禮ながら君の學問も圓熟に入つた、……拙老にもあゝした書きぶりで書いて見たいのだが、……」などとしたゝめてあつた。私はその前半にはくえぬおやぢの言葉としてその昌言を拜したが、その後半にはたしかに彼れの晩年の意欲として眞實を吐くものであろう。第一奇書金瓶梅もこうした意欲をもつ鴻儒の筆すさびに成れるか。

論語によまる孔子の語に、「四十五十、而無聞焉、斯亦不足畏也已」とある、年少の後生こそ畏るべく、年四十五十にもなつても令聞世に聞えないおとこは畏るに足らない、どんなにはげんだところでその學を完成するにはもう遲いからである、と解くのがその通説である。また同書には、「子曰、年四十而見惡焉、其終也已」ともある。不惑の四十にもなつて、ひとに惡評されるほどのものは、それだけで終るまでであろう、その名譽を回復するだけの善行をたてることは望まれないと解かる。浮名虚聲を教養なき大衆に博することは容易であるが、令聞を少數の識者にうることは難いことであるのに、名聞は君子の求むるところでないとし、無聞は道を聞くなしと解かるべきであるという異說もあつたようである。いつたい孔子の語錄や聖書（バイブル）に載せられた言葉は、その作者の胸臆としての系統をもつものでない、その言葉に含まるゝ教訓的の意想だけをとりあげることができても、それは經說家たちが訓詁による解明に滿足されると同ように、言葉の作者がもつ哲學性にふれることにはならない。まして彼れらの言葉のうちには教養なき大衆によびかけて倫理的に人間を生かしむるために教訓的な制律をかぶらせてことさらにその哲學性を歪曲させて發せられたものが多い。私はこの年配にいつて、五十無聞の一語に深い原理を覺ゆる、それは先哲前輩の希聲に耳を傾けたいあこがれである。そして私の書屋を無聞精舍と命じた。それは無聞希聲といつても有聞希聲といつても、それはともに希の原理を思索する感覺にはかわりがない。一片の糸めもあやに創られた刺繡すなわち希の原字黹をとりだして、これは糸と針とで組成されたというのは經說家たちのしごとである、これは人文の原理すなわち希であるというのは私どもの學問であらねばならない。今の碩學君山先生の門に及んだひとたちには、字を問いえたひともあろう、訓詁を求めたひともあろう、あるいはパンの途をもとめて退けられたひともあつたろう。私は卷を抱いて彷徨しつゝあるあいだにしばしば彼れの希聲に耳を傾ける機會にめぐまれたことに幸福を感ずる。私は昭和二十年六月東京に出で、仙崎から歸棹する日、彼れに一箋を修めて、無聞二字の揮毫を求めたが、それは酬いられないでしまつた。

東京に開かれた中國古書展覽會には、彼れは阮元の梅花圖を出品していた。そのとき私は京都にたちよつて彼れの書室をおとずれた。私が清代考證學者たちの詩作には平易素淡の風韻がつたえられてゐると述べたら、彼れは、阮元にも畫筆をふるう生活があつたと語られた。また、學は漢學であらねばならぬ、宋學の空疏ではいけないなどいうが、老いておちつくところは味のある宋學にあるらしい、とも、そのとき述懐されていた。私が文選を校訂して「選學考述」の初稿ができたとき、この開版は先生百年の後になろうが、卷頭の題詞をいたゞきたいと求めた。數日して再訪したとき、破れは研經室集から文筆論の一節をうつして與えられ「君のために書くものは、中國人たちの前にもち出だされるので、これは苦勞したぜ」といつておられた。そのときも、墨は康熙のものがよいとその賞玩の用墨を示されたが、康熙墨には康熙の學潮と相通じたあじわいを賞玩されていたか。ひとはよく、彼れが中國および中國人たちに對する親愛の感情は度をこえて、むしろ佞するにちかいと指摘したものもある、それは當らない、彼れの古學に對する態度も、佞古・信古・知古・疑古といつたように派出的な感覺ですゝめられているのでない。

いま私の住居の壁にかけられている詩幅は、昭和六年四月、胡玉縉が江瀚とともに私の先導で東遊の途によるときの詠作である。そ

の句にいわく、

日照搏桑氣萬千、兩京蹈偏廿年前。蘭言今得同心契、
櫻會須謀一面緣。失火參元合更賀、重來阮肇倘逢仙。
行期巳訂情何限、破浪乘風待放船。

私どもはまづ京都にいたつて、幾日かを勾留して、すこぶる西京諸學士の歡迎をうけた。そのとき隨處でとられた寫眞のうちには矍鑠たる彼れの風貌を見る、君山と胡・江と、いまやこの三人もまた亡し。（「無聞帖」よりぬく、昭和二三、二、八）

君山狩野直喜博士を追慕す

辱交 八十一叟 **高瀬武次郎**

弘道專心八十年。育英弟子蓋三千。
身通諸藝樂天命。名遂功成德教傳。

弘道トハ「人能ク道ヲ弘ム」の意である。學校で講義するにも、ただ漠然と字句を講ずるのでなく、聖賢の道を弘めたいと云ふ態度でする。狩野博士は弘道の精神を以て講授された。日名靜一君が、「狩野先生の講義を拜聽すると身に浸み込むやうである」と云つた。私も講義をする時には、支那哲學を授くると同時に、學生の精神修養に意を注いだ。或學生が私に向つて「先生の御講義を承はると、大に修養の益をも受けます」と云つた。弘道と云ふ語の外に、衞道といふ語もある。程伊川は韓退之を評して、衞道の功ありといふた。

狩野博士は美聲の持主であつた。音吐朗々、親切叮嚀に講義された。充分に蘊蓄を吐露された。眞に博覽强記の人であつた。衞道・弘道の功を立てた。全く專心に學問を事とされた。

八十年の天壽を全うされた博士は明治元年二月十一日即ち神武天皇御即位の紀元の佳節に呱々の聲を揚げた。そして昭和二十二年十二月十三日朝五時十分に逝去された。ツマリ、八十年と十ヶ月の天壽を全うして道山に歸られた。私と同年であつたが私は十二月十六日生れであるから十ヶ月若かつた。博士は養生には十分に注意され、平生に强壯劑、「何首烏（カシュゥ）」といふ妙藥を服用しつゝ長命を得られた。「カシユウ」と云ふは珍藥である。九龍蟲に比すべきものであらう。

こうして博士の記念誌の原稿を書きつゝ考ふると、私が一番能く博士を知つて居る一人であることを感じます。博士の多くの親友も段々と凋落して、今は極て少くなつた。私は明治二十八年の九月に

東大の漢學科に入學してから知り合つて居り、同科の好みで色々と御厚情を蒙つて來た。其間に種々な事も見聞して居り、停年で御退職もやはり近く、二人とも京都に居つたから、動靜を知つて居る。私が記念號に執筆する適任者である。

近重眞澄博士曰く、狩野君は美聲の人である。總じて熊本縣人には美聲家が多いと。ナルホド考へて見ると首相淸浦奎吾伯は美聲で謠曲仕舞は玄人も跣足といふ程であつて、黄鐘調の鐘を撞くやうな聲量であつた。私は伯が西本願寺の大廣間で、二時間に渡り水一滴飲まずに朗々と妙巧の講話をされたのを聞いた。又た明治天皇の侍講元田永孚先生も熊本縣人で、盤上に玉を轉ずるやうに美聲で御進講申し上げられた。天皇は元田先生に「朕を堯舜の君と爲せよ」と仰せられたと承はる。美聲も地方的影響があるかとも思ふ。高知縣人には雄辯家が多いといふ。馬場辰猪、板垣退助、後藤象次郎等があつた。

狩野博士は談話が上手であつた。朝永三十郎君曾て曰く、「狩野さんは談話が好きで、上手である。樂として又自然に運動の代りにもなる」と。博士は交際家で多くの友を有し、來客は絶えなかつた。話術に長じ、時には突拍子のオドケも雜へ、面白く話され、抑揚頓挫宜きを得て美聲で談され、話材にも富んで居られた。鶯や迦陵頻伽も美聲で聞える。曾て妙心寺の或會で狩野君が謠曲の一節を謠ふた。並み居る人は皆感心し特に大幸勇吉君は狩野さんは實に美聲ですなと讃歎の聲を放つた。曾て大阪の公會堂で何人か講師と一緒に講演をしたが、狩野さんの聲のみ隅々まで聞えたといふ。美聲は世渡りに得が多い。狩野さんも大阪のアノ講演には餘り大聲を發したから後で腹が痛たかつたといはれた。

博士は談話好きで人を困らせたこともあつた。大阪の懷德堂で夜七時から九時まで講義をして、教員溜で又小一時間の談話をした。西村天囚博士は「狩野君は早く歸つて吳るればよいのに、長話して十時近くまで居る」といつた。

狩野博士は八十歳の逝去を豫知したらしい。君山翁が七十歳にて東方文化研究所の所長を辭せられた時の送別宴の挨拶の言の中に、「私は六十歳に京大を去り、今七十歳にて此所の所長を辭した。八十歳にはドコカへ行く」と云はれた。其後で余は代表として挨拶をして云ふた。「君山翁が京大を辭する時には私が挨拶の役に當り、今又七十歳の時に所長御辭任の挨拶も私が致した。八十歳にはドコカへ行くとの御言葉であつたが、私は今より約束申上げて、必ず八十歳の時も挨拶を致しませう」と云ふた。けれども「ドコカへ行く」と云はれた言葉が、果して何んの意味であつたか、地獄か極樂か天國か、君山翁も笑ながら、冗談半分にいはれ、私も亦不可解ながら、笑ながら約束した。然るに今となつては、アレが讖を爲し、十年後の未來の逝去を豫言されたのであつたか。翁もモウ十八日生き延びたら八十一翁ノ正月の雜煮の餅を喫せられたに、惜しいことをした。遂に八十歳を一期として道山に歸られ、學界の重寶を喪ふた。噫。私は後に殘りて翁の挽歌を作り、記念册子の原稿を書いて居る。感慨無量である。

恩師井上哲次郎先生は曾て「狩野直喜は年が寄つたら、根本通明のやうな人間に爲るであらう」と云はれた。此の評語は君山翁の老後の風鑑であらうが、何の意味か不可解である。毀譽褒貶いづこともも知れぬ。井上先生は根本通明は腐儒と罵倒したこともあつた。此れは恐く根本先生が狷介不屈にして剛直一方を以て世の變遷に關せざりしを云ふたのか。井上先生は重野安繹博士が「井上は學界の團十郎である」と評した如く、井上先生は花形役者の如く、和漢洋の學に通じ、明治の文壇に活躍された。此先生の態度に比すると、根本先生は頑固一點張りで、易道專攻であつたから、時代に遲れ、世間知らずと云はれたかも知れぬ。ケレドモ私は君山翁の老後を根本先生に比したのは適評とも思はぬ。君山翁は博洽多聞、時稱通儒と云ふ古語が當てはまるやうでもあつた。

巽軒先生は「大哉孔子。無所成名」と云ふ感がある。先生は「ソクラテス」を以て自任し、「ソクラテス」の額と我が額と能く似て居るといつた。根本先生は三十六變筮法といふ復古筮法を探究考定して日本一の易學者となつて居らるる。腐儒と罵られても能く名を成された。

狩野博士の學系は、清朝考證學派である。日本にては大田錦城・海保漁村・島田篁村先生の系統を承けて居る。狩野さんも私も島田先生の御教授を受けた。ケレドモ私は不肖もので、考證學に趨かず、陽明學廣くは宋明性理學、支那哲學を主とした。桑原隲藏博士曰く、「狩野君は考證學者、高瀬君は陽明學者で、兩々相對す」と。

君山翁は愛國忠君の志は極めて堅かつた。京大文學部の老事務員松山康民君曾て歎じて曰く、「文學部に狩野・高瀬兩先生が亡くなつたら、愛國忠君を云ふ人はなくなる」と。マサカ。是れに就きて思ひ浮ぶ。大正元年の初冬の頃に、君山翁は御用有之、歐洲に派遣せられ、「シベリヤ」線で歐洲に向はるゝ途次、北京に立ち寄られた。其時に私は支那留學中で北京に寓居した故に、翁は私の寓に來られた。談話の中に、私が翁に對して「シベリヤ線は長くて退屈するから貴君の御好きな謠曲を謠へば宜しからう」と云つたら、翁は儼然と容を正して、「イヤ御大喪（御諒闇）中ですから、謠曲は決して謠いませぬ」と云はれた。是れには私も恐れ入つた。二ノ句は出ない。赤面して俯したまゝ沈默した。私の不心得、不注意であつた。此時は翁も私も四十六歳の元氣盛んなことであつた。小村俊三郎君も北京に居つて、歡迎兼送別の會もした。

猶又博士が宮中御講書初の御進講の用語即ち言葉づかひに就きても非常に嚴格であつた。タトヘバ朱子ハ朱熹と云ひ、王陽明は王守仁と云ひ、中江藤樹と云はず、中江與右衛門と云ふ類であつた。西村天囚君も「狩野君は餘り固くなり過ぎた。アレマデ嚴格でなくても宜しかつた」と言ふた。右は單に一二の例である。

桑原隲藏君曰く、「狩野君は自ら持すること嚴であるが、人を責むることも相當に嚴である」と。當れるや否や。

桑原君又た狩野翁・内藤湖南翁の脊の低く、服裝の整はざるを評して、數人並んで歩くと、マルデ百鬼夜行の狀態であると。兩翁は五尺未滿であつた。太く短かい、肥滿した方であつた。或時上海で支那の友人が、日本の學者はナゼ脊が低いかと云ふたらしい。兩翁は先づ以て優婆塞（ウバソク）寒山拾得（ジツトク）と云ふ樣子であつた。狩野翁は蓬頭亂髮で、モジャ〳〵した頭髮で、櫛は當てなかつたらしい。偶〻頭髮を綺麗に分けると反つて學生が微笑する位であつた。「ネクタイ」も正しく着けて居らず、イツモ横になりかゝつて居つた。氣の付く御弟子、加藤盛一博士等が、近く寄つて「先生、ネクタイが」と云ひつゝ直すのであつた。翁は服裝など無頓着であつた。風彩は揚らぬ方であつた。朝永三十郎君曰く、「狩野君はイナカの村長さんのやうで、或時區役所に出頭して村長さんと見られた珍話があつた」と。濱田青陵博士曰く、「狩野さんは或方面には氣六ケシイ人と聞くが、僕は狩野さんは好きだ。所謂韜晦せる政治家である」と。翁の政治家的方面を評したらしい。榊亮三郎博士は私に云はれた。「君は早く洋行せぬか。遲くなつたな。狩野は如才なく甘く立ち廻はるが、君も少し運動せよ」と。同懷の積りであつたらしい。榊君は極めて率直で、思ふたまゝに言ふ人であつた。

桑木嚴翼博士が東京から遊びに來た時に、京大の大食堂で歡迎會があつた。其席上、谷本梨庵博士が立つて京大の文科創設の當時の苦辛談を細かに述べた中に、「狩野は狸でノウ」と云ふた。是れは何の意味か、今に不可解の言であるが、梨庵君は時々暴言も吐く人であつた。失禮の評もした。

狩野博士は八十年間育英に從事されたから、其の弟子の數も孔子樣以上で三千人を超過したかも知れぬ。天下の英才を得て之を教育するのは人生の至樂である。トニカク大學生は天下の英才と見て可なりと思ふ。翁の御弟子は文科系の外にもあつた。近衞文麿殿の如きも、京都で狩野翁に漢學を受けた一人であつた。近衞公が第一次の首相を辭職された直後に京都へ來られ、南禪寺前の瓢亭にて狩野翁其外數名を招かれた時、近衞さんは狩野先生は御イクツですかと問はれたら、翁は「弟子の中に前首相の近衞さんがある程ですから老人です」と云はれた。

新村出博士曰く、「狩野君は身六藝に通ず」と。狩野翁は多藝多能の人であつた。書道は最も達して居つた。翁自身も若き時から書だけは巧妙に書きたいと云ふて居られた。生れ付ての上手であつた。翁は劉石庵の書法を尤も愛して居られた。石庵・成親王・鐵保・翁方綱は淸朝の四大家であるが、君山翁は性に近きを取つて石庵を學んだ。內藤湖南翁と長尾雨山翁と三人は、近來傑出した名筆であつた。雨山翁は君山翁の書を褒めて「君山の書は高古である」と云はれた。心正則筆正とは柳公權の名言であるが、君山翁の書は實に君山翁を思はしむるものがある。全體に翁の字は短く太くあるが、字體を見ると其のカラダの樣子も思ひ出さるる。尺牘は特に巧妙にして雅味があり、恩師島田篁村先生の尺牘に似て居ると思ふ。篁村先生も非常な能書で、天下の名硯を多く珍藏されて居られた。原勝郎博士曰く、「狩野の字は狩野のカラダに能く似て居る」と。適評ならんか。

書ハ心畫也の楊子雲の金言より考ふれば、書ハ身畫也と云ひ得るか。君山翁は揮毫の時には懸腕直筆で四鉤にして卵子を掌中に含めるが如く、極て鄭重に嚴肅に筆を運ばれた。新町德之君曰く、「狩野先生の筆の持ち方は滿點だ。實に立派な態度である」と。翁曰く、諺に「能書は筆を擇ばず」とあるも、僕は筆、紙、墨は必ず精良を望むと。翁は細字は單鉤にて筆頭を少しく右へ傾くるが宜しと曰はれた。楷書・行書が多く、草書はアマリ書かなかつた。私は狩野さんと一緒に京都の寺町三條上る竹苞樓の珍藏する懷素の肉筆、黃山谷の跋あるのを見たことがあつた。去年十二月二十日頃に偶然竹苞樓にて主人と共に翁の逝去を惜み、曾て懷素山谷の寶物を見たことを話し會つた。又た私は狩野・內藤兩翁と共に、伊藤顧也氏の招に應じて、古義堂にて終日仁齋・東涯等の遺墨其他手澤品を見ました。中に最上至極宇宙第一論語古義といふ仁齋先生の肉筆の原稿もあつた。狩野翁も內藤翁も共に仁齋先生の書は御家流が三四分雜つて居る。東涯・蘭嵎は正式で一段と立派であると曰はれた。

君山翁は書の鑑識にも自信があつたらしい。ケレドモ私の藏する成親王の對聯を見て失敗された。拓本の白地に黑抜きのものを見誤つて眞筆の如く評した。猿も木から落ちることがある。大正元年の冬、北京にて君山翁の友人、外交官鄭永邦君が此の成親王の對聯の兩幅を見て「若シ此レガ成親王ノ肉筆ナラバ百圓」と曰はれた。其れを川口某と云ふ骨董屋が聞違へたか、早や合點したか、私の方へ持つて來て、鄭さんが百圓と云はれましたと曰ふた。私は直ちには買はず、疑ひながら、瑠璃街（ルリチャン）に行つて、右の幅と同じものを見付けて壹圓で買ふて來た。

君山翁は謠曲が上手であつた。若年の頃から熱心に稽古され、非常な美聲で、聲量も豐かに、節廻はしも巧妙であつた。謠曲は熊本縣出身の淸浦伯・井上毅翁の誘導に由りて、東京觀世流を學んだらしい。小川琢治博士が神戶にて或時謠曲の會に家元連の一行の謠曲を聞きに行つた。スルト、藤代禎輔博士と君山翁が其の一座に加はつて謠ふて居つたのに驚いて、後で聞いたら、家元が一緒に謠へと言つたから謠ふたのだと云ふたと。君山翁は梅若萬三郎が愛好者であつた。京都の丸太町の觀世能樂堂へは常に遊ばれた。京大にも謠曲の天狗連は相當あつた。藤代君は仕舞も鼓も上手で、謠曲では玄人のやうであつた。君の雅號は素人と云ふたけれど、謠曲會には君山翁・素人翁は盟主と云ふ程で、深田康算君も得意であつた。君は酒豪で、玉山傾く頃に謠ひ出し、極て愉快に飲んだものであつた。成瀨無極君も濱田靑陵君も天狗であつた。吉澤義則博士も桑木嚴翼博士も寶生流の上手で吟友であつた。君山翁は曾て私にも謠曲を勸められたこともあつた。私は聲量が乏しいからと云つたら、ナニ、謠曲と云ふものは聲の美惡には關係は無いと云つた。私は其後ち大正十四年一月十八日から謠曲の稽古を始めて、毎水曜日に澤田庫吉先生が來て下さつて、今日も續けて居る。君山翁の如く上手にはなれぬが、保健養壽の效果は多大と思ふ。

君山翁は詩も文も巧妙で又熱心であつた。博覽强識で古今の有名な詩文も多く暗記して、經學も深く思想も豐で、文才も秀でゝ居つたから、自任も高かつた。京大で祝賀式でもあると、翁が總長の命を受けて草案を作つた。六ケシイ文句を列ねて名文を作る。同僚の人々が見て、文は讀むものではなく、眺めるものだと云つた。詩や文の草稿も相當に多く積つて居るであらうと察する。

君山翁は半農と云ふ雅號もあつたが、多くは君山と云ふ方を用ひられた。半農は蓋し晴耕雨讀の意味か、謙遜に出づるか。君山は洞庭湖の君山からであらう。

酒は少量であつた。翁は僕は甘いと思ふて飯を喰はぬ。已むをえず喰ふと云ふて少しく召し上つた時もあつた。早く喫する習慣であつた。私とイツゾヤ南山城の笠置の溫泉場に越年の旅行を二三日したことがあつた。二人一緒に食事すると、翁は早く終り、今度はユルユルタベヤウと約束しても、ヤハリ早かつた。或時に、生きることも容易ではないと、云つて居つたこともあつた。タダシ、長生の養生法には十二分の注意を拂はれ、令閨も能く御世話をされた。

翁は令嗣直方君あり、御孫さんも三人あり、誠に多幸な御家庭であります。向日町に別莊を建てられたけれども、多くは田中町の御本宅にて家庭團欒の樂を得られたのであります。陶淵明の歸去來辭に、聊乘化以歸盡樂夫天命復奚疑　と云ひし如く、八十歲の天壽を終へて、病氣の苦痛もなく、老衰病にて漸次に化に乘じて滅盡に歸した。先づ以て理想的逝去であつた。眞に天命を樂まれた。張横渠の西銘の末に、存吾順事、沒吾寧也とある。一生此世に生存する間には、天理に順ふて天地父母に事へて孝養し、死しては、恥づる所なく、安心するのみ。五柳先生の傳に、常に文章を著はして自ら娯み頗る己が志を示す。懷を得失に忘れて此れを以て自ら終ふ。不汲汲於富貴。葛天氏之民歟と云ふ風があつた。

君山翁の一生を通考すると、先づ以て順調に立身出世した人であつた。翁自身から考へると逆境と思ふたことも有つたであらうが、大體に於て順境と察せられた。「幸多く八十路の坂を登り來ぬ思ひ置くこと更に無からむ」と詠ずべきか。洞庭の秋色月光鮮とも思はる。良心の光明は常に保たれたらんと察するのである。「君山や風淸らかに月白し」と。

翁は學問に對しては眞劍味を以て居られた。ソレユヘ他の人に對しては嚴格に觀察された。某は學問を玩弄物視して眞劍味が足らぬと云つた。

翁は自ら居ること相當高く、容易に人に許さぬ。人を讃むることは稀有であつた。坂口昻博士曰く、「狩野さんは人を讃めない御方である。其の狩野さんに讃られたのは名譽である」と、或學生に言ふたことが有つた。翁は他人を讃めぬと云ふのは、多藝多能で、感心する程の物を見ないからであつた。

君山翁が東大の漢學科を卒業したのは日淸戰爭の頃であつた。翁は潜龍館といふ本鄕區の臺町の下宿屋に居られた。此の頃には文學士は少かつた。重んぜられたが、世に出て見ると、ナカナカ好遇はして呉れない。翁と同時の卒業生に宮本正貫と云ふ人があつた。島田篁村先生の御宅に行つて、先生、私は御蔭で大學を卒業致しましたが、行く所が無いから、先生の御宅の玄關番として下さいと頼んで、先生を驚かしたといふ。君山翁も潛龍館に蟄居して不如意を歎じつゝ、麻布の邊の中學校の漢文の講師と爲つて生活して居られた。或日、今日は元良勇次郎先生が僕の中學校に參觀に御出でになつて、生徒に「聖人とは如何なる人ぞ」と云ふ質問を發せられた云云と、話された。翁は忍耐強く好運を待つて居られたが、容易に開運しない。モウいよいよ田舍の中學校の教師と爲つて行かふかと曰ふたこともあつた。シビリを切らして居られた。蛟龍得雲雨。終非地中之物也といひつゝ我慢して、終に支那留學生と云ふ幸運に際會された。此頃の留學生は非常の名譽と考へられたのである。秀才たる己を證するもので、コレカラはトントン拍子に出世するやうに思はれた。乾の卦で云へば潛龍の境を離脱して、九二、見龍在田の地位に上つた。待てば甘露と云ふ。島田篁村先生に見込まれてあつた。翁が愈々留學生として支那に出發する時には、幾分平生から交際家でもあり、且つは光榮の留學で前途の希望に滿ちた旅途であるから、新橋驛には澤山な人が見送つた。實に盛大なことであつた。ケレドモ、此頃には留學といへば大抵西洋へ行くのに、翁は例なき支那留學で、人は變に思つたらしい。熊本の國權黨首領、佐々友房氏は私に對つて、狩野君は支那へ何しに行くのですかと怪み問はれた程であつた。社交的な狩野君の先輩知友は非常に多かつた。日清戰役の前後には東大の文科のみを見ても、豐年滿作で、著名な人が輩出した。夏目漱石、高山樗牛、建部遯吾、姉崎正治、上田敏、松本文三郎、桑原、桑木、笹川臨風、大町桂月、鹽井雨江、鈴木豹軒、久保天隨等等の諸名士があつた。皆狩野君の友人であつた。又熊本縣人のみでも有名な人人が多かつた。井上梧陰翁、清浦翁、元田翁、德富蘇峰翁、德富蘆花氏等等も皆同鄉の先輩であつた。

君山翁は留學生と爲つた時は三十餘歲で元氣旺盛、喜色滿面、洋々たる前途に向つて出發された。人生の痛快時期である。翁が支那北京に行かれて後に北京に義和團の騷動が起つた。義和團は祕密結社の一つで、外國人の横暴を惡んで、排斥・撲滅といふ大膽なる擧に出た。北京籠城中には君山翁も勇敢に活動されたらしい。服部宇之吉先生も一緒であつた。君山翁曰く、「平素は大言壯語して居る人もイザ戰場にて死生の間に立つと、只恐怖戰慄する人がある」と。此籠城は苦戰奮闘で翁の一生中の逆境であつた。服部先生は後年に一册子を作つて義和團の遭難を詳述された。服部先生は支那へ教習即ち教員として招聘されて居つた。

君山翁の留學は滿三ヶ年であつた。歸朝後は東京に居つて、學德を磨きつゝ、九三、君子終日乾乾、夕惕若厲无咎と云ふ風であつた。京大に文科の創設の氣運であつたから、漸次其の準備をしつゝあつた。九四、或躍在淵无咎と云ふ有様であつた。日本の國勢も特に文化は明治年間に年と共に旭日昇天の勢であつた。實に各方面に活氣充滿であつた。京大の文科創立には君山翁は其創立委員と爲つて明治三十八九年頃から從事された。創設にはナカ〳〵苦心したらしい。私は創立の一年後卽ち四十年七月に京大へ就任した。君山翁は其の後、九五、飛龍在天の盛運に會し、京大教授と爲つて、昭和三年まで二十三年間は得意時代を續け、六十一歳にて停年退職と爲つた。老子曰、功成名遂身退天之道と。翁は能く天道に順はれた。

翁は支那文學にも哲學にも兼ね通じて居られたから、京大にても兩方に跨つて教授した。詩聖豹軒鈴木博士は文學を擔任し、私は哲學を擔當した。翁は優に兩方を擔當し得た。ケレドモ翁の兩方擔當は文科の同僚にもカレコレ云ふ人もあつた。坂口昻君は狩野君は水陸兩棲だと評して居つた。

翁は京大の外に臺灣舊慣調査會にも盡力され、織田萬・岡松參太郎・加藤繁三博士、其他の人と調査に骨を折られた。

翁は大阪の懷德堂の顧問となつた。同堂教授松山直藏博士は謹直其の物といふ人であつた。翁は令息直方君の教養に特に意を注ぎ、松山博士の宅へ時々行きて謹直の風に接せしめんとした。翁曰く、「松山君は終日惰容なしと云ふ人じや。常に袴を着けて居る」と。

又た臨時教員養成所を京大に創けた時にも大に盡力された。

尙ほ特に記すべきは北白川の東方文化研究所の創立である。新城新藏博士曰く、「此の研究所は全く狩野・內藤兩博士の盡力に由りて成立した」と。特に狩野博士は精神を込めて完成せしめ、第一囘の所長と爲つて長く努力された。其の功は多大である。頌功碑の代りに翁の銅像が研究所の中庭に建てゝある。私は曾て此の研究所の立派な建築物は實に狩野博士の永久的の記念殿堂であると云ふた。翁の考證學的・字義訓詁學的學問の傾向から論じても、此の研究所は君山的趣味を多分に帶びて居る。修道院的に閑靜にして研究に從事するに適當な設備が十分に出來て居る。此所に秀才を集めて勉强せしめてあれば、其の効果は世を益すること極て大である。右に記載する諸事業の効果が卽ち翁の德風を天下に傳ふるものである。

翁は學士院會員であり、又た文化章も受領され、學者としての殆んど最高の位勳を受けられ、榮譽を擔はれた。

翁の著書は（詩文の草稿は家に藏す）春秋公羊傳の研究論文・君山文藪其他であるが、翁は平素の持論が著述は餘りせぬ方であり、曾て粗雜な著書は却つて學界を煩はすと公言して居られた。古來ソウユウ意見の學者もある。或は自身の作つた詩文の草稿を燒いた人もあつた。宋の林和靖も其の一人である。翁はソレホドまでには極端ではなかつた。遺墨も遺著も相當に有ります。

君山翁は語學の才が優れて、支那語・英語は勿論、佛・獨語も話された。曰く「會話は大膽に話せば宜し」と。聲量の豐かな美聲で臆面なく談話された。翁の友人は世界の各國にあつた。華甲壽の祝賀の折も各國の友人から、詩歌・文章・贈品が寄せられた。

翁は京大の文科の漢學方面の者の研究會として支那學會を設立された。翁は會長で、私は副會長であつた。此會も近年まで續て居つた。其の頃は文科も人數は少かつたが、皆親密であつた。私の珍藏する孔夫子の像の根本通明先生の贊の大幅を祭り、狩野令夫人がワザワザ花を立てられて、發會式を擧行した。

翁の御宅の近傍に田中の小學校がある。養正校といふ。是れは翁が周易の山水蒙の卦の蒙以養正聖功也から命名された。童蒙幼稚の時に正しき性を養ふことは、後日優秀の人と爲る基礎となる。

君山翁は、詞類、戯曲、小說にも精通して、水滸傳・西廂記・紅樓夢ナドモ愛讀された。哲學的方面には幾分注意が淺かつた。私は浩然之氣ナドを翁と論じた事もあつたが、說が合はなかつた。周易もアマリ讀まなかつた。內藤湖南翁も僕は周易は閉口じや、周易は高瀨君に委かしたと。

君山翁の詩文の友は多くあつた。鳳岡荒木寅三郎博士、行樂社員檜谷　久保雅友翁、愛山　寺町雅文翁、豹軒博士、織田萬博士、近重物庵君、雨山長尾甲翁、滿洲國國務總理鄭孝胥翁等であつた。君山翁曰く、「清浦伯は詩は作るが一向上達しない。井上梧陰翁は僕に漢文を作るなと云はれた。此の忠告がなかつたら、僕はモ少シ上手になつたかも知れぬ」と。

君山翁は能く人の世話をされた。支那の避難者、農科大學長羅振玉・王國維二氏が翁の舊友であつた。何カラ何マデ實に親切に世話された。卒業生の就職にも骨を折られた。師弟の關係の上に、親子の情の如く親切に盡くされたことは、武內義雄君が、翁の停年退職の時の壽宴席上で述べた。私が京大へ就職したのも狩野・桑原兩君の御世話であつた。公私とも御厚情を蒙むつたことを感謝します。桑原君が曾て「僕等の仲間では高瀨君が一番長生きするだらう」と曰ふた。桑原・內藤・狩野と段々凋落して、桑原君の言が當て居るが、私も遠からず道山に御伴するであらう。

君山翁は注意深く、明哲保身に世を渡られた。上九、亢龍有悔と云ふ辭を能く玩味咀嚼して進退の機會を過ることはなかつた。進を知つて退を知らざるは愚人なり、進退存亡を知つて其の正を失はざる者は其れ唯聖人かと云ふ文言に徵すると、聖道に合して居る。私は屢〻君山翁と老人の養生法を話し合つた。翁は太靈道の養正法も試み、行樂社員高橋芳君（棲眞居士）の手熱療法も受けつゝあつた。戰々兢々として歸全の孝を盡くされた。

狩野令夫人は能く保健に心を注がれた。令夫人たね子刀自は曾て他家に於て主人を失ひ、モウロクせる老母に仕へられた。其の老母は健忘的に在來の事も全部忘れたが、只嫁入の時に美麗な衣裳を着た事のみを覺え居つて、毎日其れを話して娯んで居つた。其れを令夫人は氣長く相手になつて、ソウデスソウデスと云ひつゝ慰め、其の老母の亡くなるまで他人には嫁せずと義俠的につとめられた。此の事を小川琢治博士が聞て、此人ならば君山の夫人に適せんとて月下氷人となつた。カクテ令夫人は君山翁にも誠心誠意、殊勝な御世話をされたのであります。

翁の靈魂不滅永く斯文を護り給はむ。

（昭和二十三年戊子一月八日）

狩野博士と私

古城貞吉

狩野君と私とは七八歳の頃からの友達でした。郷里の天神さまのお祭などには、よく二人で遊びまはつたものです。狩野君が十二のときでしたか、西南戰爭が起つて、しばらくの間は往き來しませんでしたが、十七八の頃にはまた、濟々黌で一しよに勉强するやうになりました。しかし狩野君は寄宿舍、私は通學といつたようなわけで、あまり顏を合はせる機會はありませんでしたが、狩野君が一高――當時は第一高等中學と申しました――に入り、一年遲れて私も入學しましてからは、話し合うことが多うございました。しかし一高時代の狩野君は、もつぱら大學の圖書館に入りひたつてをられたことが、記憶に殘つてをります。その後、私は事情があつて途中で退學致し、北京へ參りました。その頃、內藤湖南さんも萬朝報の記者として北京に居られたことがあつたやうに記憶してをります。

　やがて狩野君も北京に來られました。當時狩野君は四庫全書を手に入れたと言つて喜んでをられましたが、義和團の事件が起りましたのでもう學問どころではなく、私も銃を執るし狩野君も執るといつたありさまで、まづ無事に日本へ歸りました。それから、狩野君は上海に留學されました。

　狩野君は後々のことはともかくとして、東大では儒學、それも程朱學をやつてをられたやうですが、ほんとうの興味はやはり文學にあつたと思ひます。北京で、私は戲曲小說の硏究をしなければならぬと考へてをりましたが、狩野君は私の所に文學關係の本が置いてあるのを見て、自分も文學をやりたいやうなことを洩らされたこともありましたが、儒學硏究のためには、みづから文學に走らうとする心を抑へようと思ふ、などゝ話されたこともあります。

　狩野君は早くから學問の天分を示された人で、五六歲のときからもう詩を作つてをられました。これは私たちの驚歎の種でありました。當時は、詩を作ることが學問に入る門徑と考へられていましたので、みな熱心でしたが、狩野君の好みは普通の人とは違つてをりました。非常に眼の銳い人でした。私などもだんだん詩を作つてみるやうにはなりましたが、私は詩を作つてゐると普通學の勉强がおろそかになる、つまり詩を作る暇には西洋の學問や、そのほか一般の學問をした方がよい、と父に戒められましたので、それきり詩をやめました。狩野君はそのまゝ續けられまして、作られた詩の數も大分にのぼるでせう。たゞ文の方はあまり作られなかつたやうです。どうも詩の方が多かつたと記憶してをります。その詩風は、一體狩野君の學問全體がさうですが、日本人好みといふよりも、むしろ支那人好みのするものでした。淸朝人の風など、當時の日本人にはあまり好かれないものでしたが。私が支那文學史を書いた時、詩人の名を擧げてやり、狩野君に賴んで、その詩人の代表作二三を選んでもらつたこともあります。

狩野君が學問好きだつたのは天性もありませうが、祖父にあたる方の薫陶が大きかつたと思ひます。狩野君のおぢいさんは藩學の先生をしてをられたこともあつたらしいのですが、晩年は專ら藩政の方にたづさはつてをられたやうです。狩野君のお父さんは次男でしたか三男でしたか、ともかく家を嗣がれる方ではなかつたのですが、本家の人たちも、どんな役目についてゐたかは知りませんが、とにかく余り高い地位ではありませんでした。狩野君のお父さんは、狩野君が三四歳のころ亡くなられました。お母さんも、狩野君が五六歳のころでしたか、やはり亡くなられまして、言はゞ孤兒となつた狩野君を、おぢいさんが引取つて教育されたのでした。この方は狩野君を非常に可愛がられて、いつも膝下においては本を讀ませてをられました。このおぢいさんも、藩政の方にこれといつて定まつた役目はなかつたやうで、江戸に上られた時なども、特にどの方面の仕事をなされたといふやうな記憶はありません。しかし學問には熱心な方で、詩文も多く作られました。後に狩野君は祖父の詩を集めて出版しようなどと言つてをられたこともあります。

大體、肥後の學問は寶曆年間に秋山玉山によつて開かれたもので、玉山は林家の系統を引いた學者ですから、肥後の學風はカチカチの宋學に凝り固まつてしまつたわけですが、玉山その人は決して宋學だけの人ではなく、漢唐の學も大いに奬勵したやうです。藩學の學規にも、我が徒はまづ漢唐の注疏を讀めと記したくらゐで、結局漢唐の注疏によつて力をつけて、それから新註を讀めといふのが主張のやうでした。狩野君の學問には、かうした玉山の學風が大きく影響してゐるやうに思ひます。狩野君の學問は、それは宋學などとはとても違ひますけれど、その根底に流れるものに、やはりかうした肥後の宋學の風があつたことは、どうにもならなかつたのではないでせうか。詩を作ることも、やはり玉山の遺風でした。だからどうしても內藤さんの學風とは根本的に違つてゐるのだと思ひます。狩野君と內藤さんの學問は、あまり離れすぎてゐるから、どうにも一しよになれませんでした。一しよになれたら、大したことだつたでせうに。……それもつまりは狩野君の學問の底に、肥後の玉山の學風があつたからだと私は思ひます。

狩野君は學問の好きな人でした。家庭的には不幸な人でしたが、始めてお孫さんができたときには、とても喜んで、これには必ず支那學を研究させると言つてをられましたが、その後どうなりましたらうか。それにつけて思ひ出すのは、狩野君が北京へ來られたとき、結婚してをられたか、あるひは結婚の直前だつたか、そこはよく憶えてをりませんが、とにかく私の所へ來られて、「僕、今度結婚したんだよ、しかし誰にも言はないでくれ」と、恥づかしさうに、そつと申されました。そんなところのあつた人でした。

狩野君と私とは同學の友でありますが、同時に竹馬の友といつた氣分を強く持つてをります。狩野君は御存じのとほりあまり身體の大きい方ではないし、私も弱い方でしたから、そのころの書生は亂暴なもので、仲間が一人死ぬと、おい次は誰の番だ、などと話しあふのですが、そのとき第一番に候補にあげられるのが狩野君と私でした。ところが強い連中はみんな死んでしまつて、弱い二人だけが生き殘つたわけです。京都と東京に離れて住むやうになつてからは、會ふ機會もなかなかありませんでしたが、私が郷里に歸るときには、必ず京都へ寄つて、泊つて行つたりしたものです。最近では狩野君の方で私の身體を心配してくれて、わざ〳〵見舞の人をよこしてくれたほどでしたが……狩野君に逝かれて、私は兄弟を失つたやうな氣がいたします。（前野直彬筆記、文責在記者）

伯父の思い出

八木田政雄

私の父は今度亡くなつた伯父の弟である。いま一人吉田家の養子となつた伯父を頭に、三人の兄弟は、幼にして兩親を失ひ、貧苦の中に成長したことは、父や母から何囘となく聞かされた。

父は私の家に養子に來た。それでなければ、東京まで行つて中等學校教師の檢定試驗を受けることができなかつた。伯父は別の途をたどつて自己の運命を開拓した。十何歳だつたか、たゞ獨り、長崎・門司と船に乘つて、東京まで笈を負うた。舊熊本藩主細川家の庇護を受けたようだが、人の書生をしながら、全く獨力で、中學・一高・東大と進んだ間の貧乏は、今日、我々にとうてい想像を許さぬものがあつたらしい。

母がよく話してくれた。父もすぐには檢定が受からなかつたらしく、二度か三度か上京した。養家の金で上京するのだから、養父母との間に挾まる母の氣苦勞も並み大抵ではなかつたらしい。それでも上京毎に羽織・袴を仕立てゝ持たせてやるが、歸つて來ると、人目に恥しいほどに汚してある。それというのは、伯父は羽織を持たない。袴はあつたろうが、人前で著けられるものはなかつたろう。

それで二人が代る〲母の丹精した羽織と袴を使つたので、目茶苦茶にしたのだそうだ。父が東京から歸ると、また養父母に氣まずい思いをしたという。

伯父が風呂嫌いというか、風呂に入るのを面倒臭がつたのも、當時の生活の影響ではないかと思う。父から聞いた話だが、伯父は當時の細川侯爵の著替えの手傳をさせられた。ところが伯父は長く風呂に入らない。著物も前述の次第で垢じみたことは勿論、それが侯爵の極く身邊に接して手傳うのだから、一種の臭がする。侯爵はその度毎に鼻をつまんで居られたという。鼻をつまんで居る侯爵と薄汚い書生との對比、これが當時の伯父を偲ぶ一幅の戲畫であると思う。

助教授時代まで貧乏は續いたらしい。本は買いたいが金はない。人から借りて讀んだのも多かつたらしい。借りた本は長く手許に置く譯には行かない。速く讀み、寫す必要があるので、必死に努力した。そのころに讀んだものは、苦勞しただけ、今日でもよく憶えて居ると、伯父はよく述懷したものだが、この話は聞かれた人が多いと思う。貧乏は殊更にするものではない。又する必要もない。だが伯父はかゝる貧窮の中で、よくもあれだけの學問の基礎を作つたものだと、青少年時代の私には、伯父が一種の英雄に見えた。

父は私の五高一年の終りに早世した。病篤しと聞くや、伯父ははるばる熊本まで見舞に來てくれた。鄉里で名醫といわれた谷口博士を自ら訪ねて、來診を乞うた。診察の結果は絕望。誰々は同一の病氣で癒つたのに、父の癒らぬ理由如何と詰寄つて、博士を困らせた伯父の姿は、唯一人の實弟を愛する一念であつた。吉田家を嗣いだ一人の伯父は既に亡く、それだけに父の病に對する伯父は眞劍であつた。父は私たちのこと、特に長男である私の將來を、伯父に托して死んだ。これから伯父と私たち卽ち母・私・妹三人との特別な關係が始まつた。伯父は私たち兄妹の第二の父となつた。父の遺托に基いて、親身に、本當に親身に私達の面倒を見てくれた。父の亡くなつた前後だけでも、見舞、葬式、法要と、前後三回にわたつて熊本まで足を運んでくれた。間もなく五高を卒業した私には、東京で下宿するだけの餘裕がない。當然のことのように、私は京大法學部に入つて、伯父の許から通學した。その家族として扱われた私は、御蔭で伯父のような極端な貧乏生活をする必要はなかつた譯である。學生時代の監督は勿論、私の結婚、妹三人の嫁入（母はその間、昭和五年に亡くなつた）に至るまで、伯父は父の代りとして、否、父そのものとしての役を引受けてくれた。私たちは心の中で伯父は親であると思つている。今日も、その氣持に變るところは少しもない。

私が東京で家を持つ頃には、伯父は既に停年で大學を去り、東方文化研究所の仕事を始めていた。その外に、宮中や學士院の御用で、度々、上京の必要があつた。初め從弟の直方が東京に在勤したときは、勿論、その家を宿としたが、大阪や京都に勤めた時もあつた。そんな時は、私の家に泊つてくれた。二・二六事件の日における伯父のことは、忘れようとしても忘れることができない。丁度その日の正午、外相官邸に招待があつて、前日に上京して來た。朝早く役所に出た私は、驚いた。役所の前には劍付鐵砲を持つた兵隊が、顔色を變えて群がつている。雪の中に機關銃が据えてある。私はある新聞記者から大體の情報を聞くことができた。外相官邸は襲撃された首相官邸の眞前にある。私は電話で伯父が外出しないように注意を與えた上で、家に飛んで歸つた。私の電話を聞いた伯父は、家人が驚く程の元氣を出して、二丁位離れた親戚まで走り、外務省に電話をかけた相だ。事件の擴大をおそれた私は、直ぐに離京方を奬めた。ようやく三等切符を手に入れて、東京驛に見送つたのは、その日の午後一時半頃であつた。三等車の片隅で、二番目の妹とションボリ出發する伯父の姿を見た私は、ホッといきをついだ。翌日、翌々日の情勢は、はやく伯父に歸つてもらつたのを幸に思つた。

從弟の家に泊るときでも、必らず私に報せがあつた。出迎へ、訪問し、又見送つた。こんな風で、伯父との往來は絶ゆる時がなかつた。筆まめな伯父は、何事かあれば、例の達筆で手紙を寄越した。その手紙は全部保存して置いた。重ねたら二米以上になつたろう。家庭の祕事に關係あるものを除いて、後日、表裝をするつもりで居たら、戰災で燒いてしまつた。私にとつては、戰災による大きな打擊の一つである。現在手許にあるのは、その後の數通に過ぎない。伯父の書のことで、こんなことがあつた。同鄕に鯉を良く畫く畫家があつた。あるとき鯉を畫いて伯父に賛を賴んだ。伯父は、これを人に賣らないという約束で、觀魚の詩を書いた。それが美事な出來榮えであつた。ところが、この畫家は約束に反して、それを展覽會に出して賣つた。さいわい之を手に入れたのが、私の義父であつた。義父は大いに喜んで、素晴らしい表裝を施して愛藏した。義父の死後、私はそれを讓つて貰つて、伯父の書の中では一番大切にした。一度伯父に見せようと待ち構えたが、遂に見せる機會がなかつた。この軸も戰災を免れることはできなかつた。

私が伯父を第二の父と仰ぎ、その親身な薫陶を受けたことが、私をして今日どうやら一人前の司法官たらしめた譯であつて、親としての伯父に負うところ、まことに大なるものがあるのは勿論であるが、私はその外に、學者としての伯父に學ぶところが多かつた。とかく人というものは、遠くから眺めた方が偉く見える場合が多い。近寄つて見ると、案外な人が少くない。身近く觀察するにつれ、人物の內容が判然して、詰らないことが判るのであろう。伯父は身近な親族であり、家族としての生活もしている。學者としての伯父の缺點も、他の人よりよく知つている譯だが、學者としての伯父の偉さというか、價値というか、自分の遠く及ばぬ存在であることは、年を經るに從つてますます判つて來た。そして伯父の學者らしさは、年齡をとるにつれて衰えるどころか、いよいよ光を加えたようである。もとより私は專門が違うので、伯父の專攻する學問の內容が判るはずはない。だが、あの頭の銳さ、學問的良心の堅固さ、學問的精進の深さ、語學の豐かさといつたものは、學問的分野の如何に拘らず、共通の要件であつて、これらの點において、伯父が特に優れて居たのを親しく見、聞き、感ずることができたのは、私の今日に多くの影響を與えたと思う。司法官という職業は、學者と役人の合の子のようなものである。書籍に親しむ必要があるばかりでなく、その仕事のやり方も、物の考え方も、すべてが學問的でなければならないので、學問というものには、常に多少の理解を持つているつもりである。だから伯父の傑れた學者らしさから尠からぬものを受け得たように思う。伯父は伯父として、第二の父として、更に學者として、二重三重の感化を私に與えてくれたことを感謝している。

伯父がたびたび上京した用向の中で最も骨が折れたのは、研究所の用事であつたらしい。研究の內容が如何なるものであるか、私に判るはずもなかつたが、上京の用件がむしろ俗事で、行政的・經濟的なものが多かつたので、問題の所在やこれに對する苦心は、多少理解ができた。研究所が、當時、外務省の對支文化事業として經營されたために、外務官僚との折衝に自ら出馬する必要があつたらしい。時には學問の如何なるものかに理解の足りない人もあつたらしく、はげしい口吻で不滿を聞かされたことも、一再ではなかつた。かゝる雜事はもとより伯父の得意でないばかりか、その反對であつたことは、衆知の事實である。その伯父がよくもあれだけの仕事をやり通したと思う。研究所が何か排日問題の研究（ハッキリした題目は忘れたが）のようなことを押し付けられようとしたとき、伯父の憤りは大したものであつた。遂に、少くとも京都の研究所では、研究が政治や外交のために悪用されたことはないと聞いている。伯父の學問的良心と情熱とは、如何なる權力にも屈することなからしめたのであつて、今日の研究所の學風や研究の成果にいささか寄與するところがあつたのではないかと思う。

伯父の語學の豐かさは、如何にして獲たものであろうか。私の學生時代、伯父は文學部長を勤め、家庭における人の出入も特に多かつたが、中・佛・英の三個國語を自由に電話で操るのを聞いて、驚きの目を見張つた。自分の無學は棚に上げて、語學の天才には敵わないと思つたこともある。十數年後のことであるが、あるとき、例の通り東京驛に見送つたところ、見慣れぬ服裝の外國武官らしい人を見た。何國人であろうかと話していたが、ふと伯父は何氣ない風でその外人に接近した。引返して曰く、あれはソビエット人だよと。伯父に露語の知識まであることを知つて、驚きをかさねたのであるが、最近、從弟の話を聞けば、外國留學當時、伯父は一月程前から露語の本を讀んで居たということである。やはり單なる天才だけではなく、何事にも研究に精根を打ちこんだ、あの學問熱心に由來すると思う。私も少しく外國の法律に興味を持つようになつて、自己の語學の知識の淺薄さを悔いている關係から、年齡をとるにつれて、ますます伯父の語學力に驚歎している次第である。

伯父ぐらい逸話の多い者も少いと思われる。家庭の內外にわたり、「コント」の材料になるような話が山ほどある。私の家に泊つてくれたときも、歸る道を忘れ、他人の家に飛び込む位は朝飯前だから、交通の頻繁な東京で怪我でもされたらと、それぱかりを心配した。

すべてが自由な時代であつたから、近所の自動車屋と特約し、何所からでも伯父が電話さえかけてくれたら迎えに行ける準備をさせてあつた。通常、逸話の多いのは、日常ありふれたことに對する無頓著から來るようだ。なぜ無頓著になるのか、人によつて違うであろう。少くとも伯父の場合は、ある物事に對する熱心さの故に、他を忘れ、又は注意をしないことに原因があると思われる。伯父にとつて、自己の學問の研究およびこれに附隨する事項ほど重要なものはない。常住坐臥、それを忘れない。私と對談中、何か文字を思い出す。火箸で灰の上に書いて見る。そして私の存在を忘れる。家に歸る途中　文章の一句が氣にかゝる。途端に曲り角を忘れて他人の家に飛び込む、といつた具合のようだ。自己の學問の熱情を打ち込むこと、伯父の如きは稀ではなかつたかと思う。學者にあんな精進が必要なら、自分のようなものは、とうてい學者になれるはずがないと、一般學者に對する尊敬が高まつたのである。

八十歳近くなつて、伯父は急に老いたとゆう感じを深めた。上京の機會もなく、また元氣もなくなつたようだ。たまたま京都を訪ねると、涙を流して迎えてくれた。滯在は普通二三日であつたが、いよいよ歸るときになると、もう歸えるのかと、涙ぐんで別れを惜んでくれた。最後に會つたのは、昨春、一時、伯父の病が篤かつたときである。私が訪ねたときは、旣に病氣そのものは全快に近かつたが、餘りにも痩せ衰えて、からだ全體が小さくなり、蒲團に横わつた姿を見て、涙の出るのを止めることが出來なかつた。伯父は自ら物忘れが多くてといゝながら、頭腦はハッキリして居つた。一體、私ぐらい伯父に我儘をいつた者も少いと思う。伯父も亦怒らずに聞いてくれた。このときも「腰湯をお使いなさい。不潔は毒ですよ」とか、「無理をしても榮養を攝つて下さい。消極的療法はいけませんよ」とか、ズケ〳〵勸告したが、伯父はうなずいて聞いてくれた。東京當時、京都に行つて驚いたことは、物價の高いことであつた。東京の二倍位の闇値であつた。定收のない伯父に榮養を攝れるかと、初めは心配したが、有難いことに、門下の方々が何から何まで、食物までも、世話をして下さつて、榮養に缺くるところのないのを知り、安心すると共に、皆さんの御厚意に感激した次第である。

その後、自分で手紙をくれるようになつたので、少しく安心したものゝ、例の寒さに弱い體質だから、冬になつたらどうだろうと心配した。果して舊臘九日、從弟から速達の手紙を受け取つた。が、今日明日に迫つた病狀でもないように思えたので、十五日に一應仕事を片付けて、直ぐ京都に向う豫定を立てゝ居たら、人々の豫想に反し、伯父は急に十三日に革り、私は遂に臨終に間に合わなかつたのみならず、汽車の切符を手に入れて居る內に、葬儀にさえ列席することができなかつた。あの手紙を受取つたとき直ちに出發したら、こんなことにはならなかつたであろうにと、後悔するばかりである。あのように第二の父として、三十年の永い間、私を育み導いてくれた伯父に對し、このことのみは、まことに申譯ない次第であると思つている。

年長のものが自分よりも先にあの世に行くのは當然であろう。伯父は齢既に八十を數えた。年齢において怨むところはあるまい。だが、この私にとつては、伯父は幾つかの意味で自分の宿るべき大木であつた。自分が年齢をとり、學問とか人生とかに多少の理解をするにつれてますます頼りとなる大木であつた。そして一生追い付こうと思うことさえ不可能な、力強い頼りであつた。この大木は急に倒れた。これからいよいよ本當の獨り立ちにならねばならぬかと思うと、自分の弱い力が頼りなくなつて、今さら伯父を思慕するの念が高まるのを感ずる。

伯父は京都を愛した。靜かな都 京都を愛した。黒谷の元京大總長木下先生のお墓の近くに墓地を購めて、前の伯母が靜つている。自分もこゝに眠るつもりであつたようだ。その意志に從つて、伯父の墓はこゝに築かれるだろう。そして靜寂そのもの丶高臺から、何時までも私たちを見守つてくれると思つている。私は伯父のあの學者としての信念と情熱と精進とを、自分に遺された訓戒であると心得ている。少くともそれを忘れさえしなければ、黒谷に詣つても、伯父は叱らないでくれるだろうと思つて居る。

狩野博士と謡曲

阪倉篤太郎

故狩野博士の學問上の經歴や業績、さては人格などに就いてはそれ〴〵、同學または受教の方々が、述懷追悼の筆を執られることになつてゐるので、わたくしは故博士の趣味の方面、特に謡曲に關する思ひ出を書き綴つてみた。

わたくしが學問以外で親しく故博士と膝を交へたのは、昭和三年に姻戚の間柄となつたのより十數年以前からで、それは謡曲を通じてであつた。わたくしは、成瀬無極君の勸めで、明治の末年頃から謡曲の手ほどきを、故藤代素人博士に御願ひすることになつて、數年間（片山九郎三郎師に學ぶまで）、熱心懇切な指導を受けたのであるが、その藤代博士のお宅で、毎年正月五日に催される新年謡初會に、屢々故博士と席を同じくする機會を得たのであつた。故博士の謡曲は、その頃既に堂に入つて居られたやうで、未熟なわたくしの耳にも、その美しい旋律は極めて印象の深いものであつた。別に帝大關係の觀世流謡曲同好者の京都に於ける集まりに松嵐會といふのがあつたが――藤代博士などの肝入りで始められた謠會で、顔ぶれは新陳代謝したが、終戰直前まで繼續した――わたくしもその會員の一人として、毎月の例會に參加したので、度々故博士のすぐれた聲調に魅了されたのである。

抑〻故博士が謠曲の練習を始められたのは、明治三十九年、京大文科創立委員として、京都に在住されてからのやうであるが、（木下廣次初代總長に敎を受けられたと聞いてゐる）、能樂に關心を持たれたのは遙かに以前からであつた。學生時代の或日に、東京九段の靖國神社能樂堂の前を通ると、囃子の音や謠の聲が聞えて來て、素通りしかねたから、恐る〳〵拜見を乞はれると、學生さんなら拾錢でよろしいと言つて入場させてくれたので眞に嬉しかつたといふ思ひ出を屢〻話された。故博士の學生時代といへば、明治二十七八年頃で能樂復興の曙光がさし初め、梅若實・寶生九郎・櫻間左陣などといふ名人ぞろひの時代であつたから、隨時これらの巨匠たちの演技に接せられたと見えて、折々その印象を語られたが、わたくしは羨望に堪へなかつたと同時に、鑑賞眼の高さに敬服したことであつた。

前に述べた松嵐會は、所謂東京觀世流を謠ふ人たちから成立つてゐたから、同流關西の重鎭、片山九郎三郎（觀世元義）師の在世中は地頭としていつも參會せられて、京都に於ける流儀發展の上に淺からぬ因緣をもつてゐたが、この元義師の子息清久（元滋）、卽ち後の左近宗家は少年時代を京都で送られた關係から、故博士は同流の嗜み深い藤代博士、その他京大・三高の敎授がた數名と共に、敎育顧問として輔導にあづかられた。又明治の末期に觀世流謠曲本の改訂が行はれた際には、漢文學の方面で少からぬ贊助を與へられた。

故博士の謠は、一口に言へばすみきつた美聲で、幅の廣い方ではなかつたが眞に名調子であつて、鬘物に最も適してゐた。木下總長から一年間、「松風」の曲を繰返し〳〵稽古されたといふだけあつて、特に「松風」は得意の曲の一つであつたので、「汐汲車わづかなる」と謠ひ出された故博士の謠ひ振は、今もわたくしの記憶に鮮やかで、忘れ難い。又事を苟くもせぬ愼重な性格は、この方面にも現はれて、例へば謠會の番組の中に、まだ稽古されなかつた曲中の役が割當てられてゐる時などは、その役を辭退されるか、或は專門家に就いて謠ひ方を研究した上で謠はれた。まだ練習したことの無い曲でも、應用問題だなどと言つて臆面もなく、でたらめに謠つて得意になつてゐたわたくしなどは、今思ひ出しても慚愧に堪へない。

右の「松風」のほか、「景清」「鉢木」「花筐」「葵上」などは最も愛好された曲であつたが、永眠の日近く、意識朦朧として發音も不明瞭になつてからも、譫語の中にまじつた謠曲の、とぎれ〳〵の語句だけは、はつきりと聽き取れた。「いかに誰かある」と夢現の中で、人を呼んで居られたこともあつたが、「かしまし〳〵」といふ「景清」の一句を、力強く口ずさまれたのは、不愉快な雜音のあまりに多い現時の世相を、戒められたのではなからうかと、わたくしには意味の深い諷刺が感ぜられるのである。

祖父の追憶

狩野直禎

私は祖父が六十二歳の時に生まれた。しかし私が祖父について微かながらも記憶を有するのはこゝ十年ほど前からである。此の十年間を顧みて、いま、祖父を一言で言い表さんには、「好々爺」なる語をもつてすれば充分であろう。

祖父は私が生れた時「此の子が小學校に入學する迄は生きていたい」と言つておられたそうだ。だから私が小學校に入學した時の御喜びは此の上なかつた事と思う。私はまだ幼くて何も覺えていないが、その當時の寫眞が殊に多いので推察できるのである。私が小學四年生の時、學年末の學藝會に劍舞が有つて、其の時の詩は頼山陽の「川中島」であつたが、祖父は其の詩の讀み方と解釋をわざわざ書いて下さつたのであつた。私が「大學」の素讀を始めたのは、それよりも少し早かつたように思う。東京に移つてからは、阿藤先生から御習いした。また素讀とは別に、中學二年の時、日本外史をくださつた。昭和二十年、再び京都に歸つてからは、祖父は時々、漢文の教科書をテキストにして何かと話をしてくだされ、それに關聯して「資治通鑑」なども一部分教えてくださつた。そういう時でも、祖父は私に退屈させぬように、鴻門の會のような興味のある所を教えてくださつたものである。また陶淵明の桃花源記を三度ほどお話してくださつたが、「晋の太元中の頃かとよ」と言われたあの調子が、妙に耳にこびりついて離れない。

話は前後するが、私が東京へ行つて間もなく、少年報國隊というものが結成され、私がその班長になつた時、祖父は「里仁爲美」という論語の句を引用した御手紙をくだされ、且つ私がその樣な人を指導する立場に立つた事を非常に喜んで下さつた。中學三年の時には、祖父は「出師表」を解釋して私に送つてくださつた。又その頃、私は學校の宿題に出た漢作文を祖父の所に送つたが、その時は大變喜ばれ、細く批評し添削して送り返して下さつた。當時は戰爭が激しい最中で、學徒動員が行われていたが、祖父はその事を豫期して、私の短所を戒め、いま讀みかえしても涙がこぼれるような注意を書いて送つて下さつた。だが其の動員も、祖父が案じていたほどに酷いものではなく、いつしか終戰となり、私は再び學生々活に入つたのであつた。

昨年私が高校入學試驗の時、祖父は病氣で寢て居られたが、私が試驗を終えて祖父の部屋へ行くと、まず第一に、「漢文はどんな問題が出たか」と問われた。私が「解釋一題と詩が一題出て、この樣に書きました」と、答案に書いた通り答えると、祖父は「そうか。それだけ書けたら大丈夫だ。何はいれるよ」と、ともすれば沈み勝ちな私の心を激まして下されたものだつた。私が三高合格の通知を受取つた時、祖父は涙を流して喜んで下さつた。そして、「これからも油斷せずに勉强せよ。何時も言うように、學問をするには學問が好きでなくてはならない」と、諄々と御諭し下さつた。平凡な譬えであるが、私は祖父に「山よりも高く海よりも深い」御恩を蒙つてゐるが、三高入學によつて、たとえ萬分の一でもその御恩に報い得た事は、祖父いまさざる今日、私の僅かなるなぐさめである。

私は、最近、謠曲を習い始めたが、私の習い始めの下手な、聞くに堪えぬ謠を聞いてくださつたのは、家では祖父だけであつた。そして謠曲に出て來る中國の傳說の話をしてきかせて下さつた。また、夏休みには、毎月曜日の朝、ラヂオで謠曲があつたので、一緒によく聞いたものであつた。或る時、「張良」が放送されたが、それが終ると、すぐ、史記で張良の御話をしてくださつた事もある。

九月には、春からの病氣もすつかり恢復されて、朝早く私が表を掃除している頃に起き出して、ステッキをつき、鳥打帽子を冠つて、「どうじや、よく似合うだろう」と言つて、飄々然と散歩されていた後姿が今でもはつきりと目に浮んで來る。祖父は私の心の中に永久に生きていられるのである。

父を偲びて

狩野宮子

私が狩野家へ嫁入つて參りましたのは、父が六十一歳のお正月でございました。結婚式と披露の宴は京都ホテルでいたしましたが、これも狩野式だと申して、テーブルを二つに分け、一つの方は男の方ばかり、一つの方は女ばかりで、食事をいたしました。普通、宴半ばに、新郞新婦は新婚旅行だとか申して中座してしまいますが、父はそんな馬鹿なことはない、旅行に行きたければ落付いてから行けばよいのだと申し、食事がすみますと、私共は控の小室にかえり、父はお客樣方と雜談をして居りました。その時のお客樣も、父の流儀で、極く少數でございました。私の記憶にのこつて居りますのは、お仲人をなさつて下さいました小川琢治博士御夫妻をはじめ、內藤湖南博士御夫妻・鳥居素川様御夫妻・桑原博士御夫妻・矢野博士御夫妻・富岡令夫人などでございました。そしてその方々が御歸えりになります時には、父の命によりまして、いちいち階下の玄關まで母に手を引かれて御見送り申上げました。結いなれぬ日本髮に重い帶をしめて、何回も何回もホテルの階段を上つたり下りたりするのは、隨分歩きにくくて困りました。お客様をすつかり御送り申し上げてから、親子四人が自動車をつらねて田中の家へ歸つて參りました。翌日は母につれられて御挨拶廻りをいたしましたが、お晝時になりましても、御化粧がくずれるのを恐れて食事をいたしませんでしたところ、父は大きな聲で、「飯を食わさぬという事があるか」と大變に母をお叱りになりましたとか、後で母から笑い話にきかされた事でございました。

翌年十一月、長男が生まれました。お產は東京でいたしましたのに、京都の家にお客様が來られますと、「今日は一寸とり込んでいるから」と申して、お玄關でお話をしておかえりを願いましたそうでございます。「お父様の心がとりこんでいたんでしようね」と、母が笑つて居られました。

丁度その頃、宮中に御進講のことがございまして、父は上京して參りましたが、產室はけがれているからと申して、赤坊を見には來られませんでした。そして無事に大役をすまされますと、すぐに御下賜の菓子を持つて來て、赤坊の枕許にならべ、うれしそうにして居られました姿が、今でも目に浮んで參ります。

當時、この子が幼稚園に行くまで生きていられるだろうかと、それのみ言いくらして居られましたが、それが小學校も濟み、中學校も終えて、高等學校に入るまでおいでになつたのですから、滿足して下すつた事と存じます。しかし餘程この子の成人するのが待ち遠しかつたものと見えまして、亡くなります數日前にも、「直禎はこの三月に卒業するのかね」とお尋ねでございました。また最近に主人に向つて、「直禎が大學に行くまで生きていたいものだ」と申して、泣かれたそうでございます。

昭和六年には、長女も生まれましたので、父はいろいろ孫達への手土產を用意して、每月一回、學士院の例會には必ず上京して孫達をみるのをたのしみに致されて居りました。やがて長男が七歳の時、私共は主人の轉任のため、向日町の家へ歸つて參りました。父のよろこびは大變なもので、每日々々、京都の宅から向日町へ電話のかからぬ日とてはございませんでした。翌年、父は隣接の土地を買つて藁葺きの隱居家を建てました。そして土曜日から日曜日にかけて、必ず兩親で泊りに參りました。晩になりますと、子供達を寢かしつけておいて、父母と主人と私で雜談にふけりましたが、話が子供の教育のことになりますと、時間のたつのも忘れて、十一時十二時になるのは珍しい事ではございませんでした。

やがて直禎が九歳になりますと、次男が生まれました。すると直績が、「お父さんの後は直禔がするから、僕はお祖父さんの後を繼いで學者になるんだ」と云い出しました。父はそれを聞いて、「おれが苦心して集めた本を使つてくれるものが出來た」と云うて、大變およろこびになりました。そして向日町へ來る度に、少しづゝ大學の素讀を教えることをお初めになりました。

ところが十五年に、私どもは又々東京へ轉任になつてしまいました。父は折角の素讀が中止になるのを大變殘念に思われたのです。阿藤先生がそれを御察し下さいまして、鎌倉の御宅から西荻窪の寓居まで、父に代つて、毎週、教えに通つて下さいました。父は大よろこびで、次は孝經、次は孟子、それから論語という風に、自分で本を選んでは小包にして東京へ送つてよこされました。

また父からは、前の時もそうでしたが、今度も同じ樣に度々手紙が參りまして、京都の家のことは細大もらさす知らせて下さいました。この頃、東京では女中もいなくなつてしまいまして、忙しいものですから、つい一週間程もたよりをいたしませぬと、必ず誰か病氣をしているのでは無いかと心配しておたづねの手紙が參りました。そして孫達にと申して、熊本の飴やお菓子などを小包にして、たびたび、送つてよこされました。その時の手紙には、「孫どものよろこぶ顔が見度きものに候」などと書かれてありました。

その內、戰爭もおい〱形勢が惡く、東京もたびたび空襲を受ける樣になりましたので、勤めのございます主人一人をアパートに殘して、子供達と私は父の家へ歸つて參りました。父は大變涙もろくなつて居られまして、「よくかえつて來た」と申して、ポロ〱と涙をこぼしてよろこんで下さいました。でも、まだその頃は元氣で、子供達の轉校の事なども、一人で何かと御骨折り下さいました。

その內四月には、主人も大阪の店へ轉任して參りまして、これから三年間、初めて家內七人そろいのにぎやかな生活がはじまりました。

父は情の厚い方でございました。ある時、私が男便所のお掃除をいたして居りましたところへ用足しに參られましたが、私に向つてしみ〲とした語調で、たゞ一言、「氣の毒だね」と申されました。私はその心からの御言葉に思わず涙が出ました。

また父は大變義理がたい方でございました。自分の子や孫を可愛がる事は、犬や猫でも知つている。義理を尊ぶ事こそ人間としての特徴であると常々申されて居りました。そして世間にはよくある事だが、自分の亡くなつた後で、親子の仲が不和になる樣なことが有つてはならぬ。必ず御母樣を大切にして、そういう事の無い樣にせよと、口ぐせの樣におさとしになりました。父が亡くなります三日ばかり前の事、もうその頃は大分頭が變になつて、よくうわ言など申されて居りましたが、ある朝、御飯の時に主人から、「お前は聞かなかつたかい、さつきお母さんに『宮子をかあいがれよ』と言つていられたよ。お母樣が『はい』とお返事をなさつて居つた」と聞きまして、あまりの有がたさに思わず涙ぐんでしまいましたが、或は主人の聞き違いかも知れないどいう樣な氣も致して居りましたところ、お通夜の席で、母からもその事を涙ながらに伺いまして、餘りのもつたいなさに思わず聲をあげて泣いてしまいました。母は「これは今後は私が出しやばらず、宮子を主にせよとのおさとしと思つて聞いた」と申されますが、私はやはり父が義理がたい方でございましたので、實の子や孫の事を言わずに、たゞ一人の義理の仲である私のことをおつしやつて下すつたのだと存じます。どちらにいたしましても、何という有難いお言葉でございましよう。よめに對するしうとのお言葉として、これ以上のものがございましようか。私は臺所で働いて居ります時でも、また御買物に參ります途すがらでも、ふとそれを思い出しますと、胸が一杯になつて自然に涙がわいて參ります。そして今後も狩野家の爲には、私の力のかぎり盡して、この御父様の御厚意に御報いしなければならぬと思うのでございます。

父は人に對する好き嫌いの多い方でございました。お客様を御取り次ぎいたしましても、御自分の氣の合つた方の時は、御顔付から御聲まですつかり御ちがいになりました。外から歸つて參りましても、御客間からの御聲を聞いただけで、お好きな御客様かどうかという事がすぐわかりました。羽田先生には研究所の關係もございまして、大變御いでになるのをよろこばれました。たま〳〵羽田先生は私の里の父と御同窓でいらつしやいますので、母の留守などで私が代りに御玄關へ御見送りに出ますと、いつも里の父のことを御尋ね下さいました。それでいろ〳〵御挨拶など申しますと、父はそれを實の娘を見る様なごやかな眼なざしでニコニコと眺めて居りました。羽田先生は告別式の時、弔詞を御讀み下さいましたが、先生の御顔を拜見した瞬間、いつも御たずね戴きました時の父のなごやかな様子がまざまざとおもい出されまして、思わず泣き出してしまいました。

しかしその一面、父は大變むずかしい方でもございました。この頃流行の自由主義や個人主義は大嫌いで、どんなわずかな事でも、自分勝手なことをする事は決してゆるされませんでした。私なども何か事があつて里へ參ります場合、「今日はあんた個人として行くのじやない。狩野家の者として行くのだから、よく氣を付けてこういう風に挨拶をして來なければいけない」という風なことを、よく申されました。

食物なども、昔から有る性の知れたものでないと戴きませんでした。パンでも交ぜものの無い白い粉で、進々堂で燒かせたと申しますと、いたゞきましたが、何の粉がまざつているかわからない様なものは、絶對に食べませんでした。魚でも、鯛とか鰤とかいう物はいたゞきますが、名の知れないものや、かに・いかなどは召し上りませんでした。また小骨のあるものも、「老人がそんなものを食べて、もし骨をたてる様なことがあつたらどうするか。何事によらず、不覺を取るという事が武士の一番はじとするところだ」と申して、いたゞきませんので、そんなお魚の配給になつた時には、赤ちやんに食べさせる時の様に、よい身の所だけお箸で選つてお皿につけたりいたしたものでございます。不覺をとるという事は大嫌いで、傘などでも、一寸でも曇つている時は必ず持つて外出なされました。おさしみも好きでございましたが、旅先きなどでは決して箸をつけませんでした。お豆腐・おうどん・御味噌汁などを好みました。昔ならば御馳走でも何でも無かつたのですけれども、戰時中はそんなものもなか／＼手に入らず、隨分變なものばかり配給になりましたので、父の食事には一方ならぬ苦心をいたしました。八十歳になりました時戲れに「おきてにはさわらぬ程のやみをして、八十路の坂に着きにけるかな」という歌をつくられました。量は極く少量で、どんなに美味しいものでも、適量をすごすという事は致しませず、たつた一口でも多すぎる時は必ず殘してございました。

いま靜かに二十年の年月をかえりみますれば、その間には隨分叱られた事もございましたし、また我儘をおつしやつた様な事もございましたけれども、それは丁度大海原の浪風の様なものでございまして、その底には何時も變らぬ言いしれぬ深い眞心を藏していらつしやるのでございました。

父の追憶

狩野直方

父が八十歳の天壽を全うし得たのは、平生からの堅い信念による攝生のおかげである。父の養生法は、萬事に無理をしないことであつた。父は決して幼時から頑健な身體ではなかつた。若冠　東京に遊學し、有斐學舍に寄宿して居た時代は、よほど弱かつたらしく、學校の武道の科目は特に免除されていたし、當時東京で一家を構えて居た鄕里の友達の家では、父の行く度にわざわざ粥を用意されたという位であつた。それに學資も乏しく、隨分無理をしたのではないかと思う。鄕里に歸つて呑氣な生活をした方が良いと、再三醫師に勸告されたのであるが、飽くまで學問の研鑽に打ちこんだ父は、遂に病魔を克服して大學を卒業した。其の後も、其のまゝ東京に留り、正則中學校や東京外國語學校に教鞭を執つて居たが、間も無く中國に留學し、時恰も北淸事變に遭遇した爲に、義勇兵として銃を取つた次第である。流彈で左腕に擦過傷を負うに至つたのも、此の時のことである。前述の通り、東京遊學中は誰よりも身體の弱かつた父が、最後まで生き殘つたということは、父が平生から大切にし過ぎる位に自分の身體に留意した結果に他ならぬ。時には消極過ぎるとさへ思われることがあつたが、父は他人の言葉など意にかけず、自分で滿足するまで自分の身體を大切にせられた。父は五・六歳頃、『腸チフス』に罹つたことがあつたそうである。其の時、熊本で開業していたマンスフイールドといふ蘭法醫に治療して貰つたということであるが、當時、封建排外思想の根强かつた熊本で、蘭法醫に診察を乞うたのは、よほど思ひ切つたことであり、ハイカラなことであつたのだと、父は時おり話していた。これは母方の叔父に當る人の取り計いであつたそうである。自分が其後知つている範圍の大病と云えば、明治四十二年の夏に、ジフテリアで大學病院に入院せられたことと、大正九年一月に、當時全國に猛威を振うた流行性感冒の爲めに大學病院に入院したこととである。此の時は一家總倒れと云う悲慘な有様で、よほど父も弱つたらしく、其の心痛した様子は側目にも痛々しかつたことを覚えている。其後はたいした病氣もせずに元氣であつた。なお、十餘年前に一度大腸カタルで大分長い間臥床されたことがあつたが、父が晩年便通のことを非常に氣にせられるやうになつたのは、實に此の大腸カタルに原因しているらしい。其れ以後、昨年二月の大患までは、これと云つた病氣はなかつた。

父はずつと以前はよく中西先生、松浦先生、木村先生、辻先生にお世話になつたのだが、最近は府立醫大の飯塚先生、主治醫としては奥岩吉先生に一方ならず御世話になつていた。奥先生にはかれこれ二十五・六年も主治醫として診て戴いていたし、何か一寸でも身體の具合が惡いと、例えば便通が惡いとか、咳でも出ると、すぐに奥先生に電話せよと性急に云われたものである。奥先生はそんな場合にも、快く御都合をつけて下さつて御來診になつた。奥先生と父との間は、單なる患者とお醫者といふ關係でなく、もつと親密な溫いものであつた。先生は大抵一週に一度は御來診下されて、ビイタミン劑とホルモン劑の注射をして下さつた。この注射は數年間續いていた。お醫者の言いつけは良く守られたが、前に述べた通り、父は自分の身體は自分で隨分大切にされたので、お醫者がもう起きて良ろしいと云われても、一週間位も寢て居たり、お藥も飲まないでも良いと云われてからも暫くは飲んで居るという風であつた。便通については非常に氣に病んでおられ、ここ數年は殆ど通じ藥を離さなかつた。奥先生も御調劑には隨分御苦心になつたことと思う。お醫者の言葉は傍の誰の忠告よりも良く守られた。例へば、二月の大病の恢復期にも、まだ自分では大事を取つて臥つて居られたが、偶々、飯塚先生が見えて、「少し起き上つて部屋の中を散歩でもなさつた方が良ろしい」と云われると、早速、翌日から實行されたし、今度の病氣の際にも、飯塚先生からリンゴのお汁を吸うことも結構だが、たまには其の儘を齧じるのも良いと言われたのを父に話すと、今迄はリンゴの汁を吸うだけであつた父が、先生のお話通り、リンゴの一片を手にして嚙んで居られたが、それは亡くなる三日前の事であつた。

なお其の他に父の養生について見るに、お酒は概して嗜まなかつた。深酒などは殆どなく、從つて自分は父の醉態などは見たことがなかつた。たゞ一度、私が子供の時、ボートレースの當日に文科大學の祝勝會か何かがあつて、其の歸途、電車の停留場を失念せられたことがあつたように記憶する。それでも機嫌の良い時には、二三盃の晩酌で陶然とせられた。洋酒は强過ぎると云つて餘り好まれなかつた。たゞしビールは大の好物で、配給のビールでもあると大へん樂しみにして、『ビールを飲もうか』とよく云われた。しかし分量は少量で、コップに一二盃の程度であつた。また夏には良く平野水を常用された。サイダーは好きではなかつた。父は酒の害についてはよく自分を戒められた。父が長壽を保ち得たことの原因の一つは、確かに節酒にあつた。父も屢々自分が酒を飲んで居たらもつと早く死んだであらうと云われた。

煙草は酒に比較して隨分吸われた。何時の頃から喫煙されるようになつたのか知らぬが、古いことのようである。以前は殊の他に好物で、殆ど煙草を手から離したことはなかつた。それも一本を完全に吸うと云うのではなく、三四口吸つては其のまゝ火鉢に突込むのである。來客が歸られた後の火鉢の中は、文字通り吸殼林立の狀態であつた。今から思えば、隨分贅澤な吸い方であつた。晩年は分量も減り、主として刻みを愛用されていた。死ぬ二日前に母が煙草を進められたら、二口程吸われたが、うまくなかつたのか、其の儘やめられた。父の煙草好きな插話としては、北清事變の際、好きな煙草が不足して非常に弱り果てた擧句、晝間に目をつけて置いた場所に、夜分になつてから針金を曲げたものを持つて匍匐して拾いに行つたと云う話がある。すると他にも人影があつたので、すわ敵兵と思つたが、あに圖らんや、やはり戰友の一人であつたと云うことだ。

入浴は大變嫌いであつた。お風呂にお入り下さいと云つても、仲々氣が進まなかつたので、母などは父に入浴して貰うのに大分苦勞された。父の入浴嫌いは學生時代からのことであつたらしく、書生の頃、さる殿樣の御衣裳を御着せ申したとき、父が餘り長い間お風呂に入らなかつたので、少々不潔であつたらしく、その殿樣がお鼻をつまゝれたので、大變恐縮したと、いつだつたか笑い話されたことがあつた。あの衞生家の父が、入浴だけは何と云つても嫌であつたことは不思議であつた。しかし以前には近所の錢湯へ人の空いている頃を見計つて出かけられたこともある。

運動は別に取立てゝは何もしなかつた。强いて擧げれば、散步位なものであつたらう。それも至つて稀であつた。吉田二本松に居た頃、たしか明治四十二三年頃と思うが、二三度大學にテニスの練習に行かれたことを子供心に覺えているが、それもそれつきりで止めになつた。父が四十七・八歲の頃には、每年一月の二十・三日頃に、當時の文科大學の伊津野さん田中鐵三さんに鈴庄さん其の他の皆樣と一諸に比叡山に登られた。私も中學生の三・四年生の頃、一度、皆さんのお伴して雲母坂から登つたことを覺えている。或る年のこと、坂本に下山したら、既に船が出て行つた後で、仕方なく大津まで歩かれたこともあつたそうだ。晩年になつてから、冬になると、當時の思い出話をよくされた。「あの頃は自分も元氣だつたな」と、つくづく述懐されたことであつた。

野球は殆ど見に行かれなかつた。たゞ一度、大正の末期に、農學部のグラウンドで全國高等專門學校の大會があつた時、偶然、觀覽席で一諸になつたことがある。

武道は劔道の方を柔道よりも推奨された。しかし父の父、つまり私の祖父は、肥後藩では猫と渾名された位に敏捷で、これに加えて力もあり、力士さへ投げられたという位の柔道の豪傑であつたそうである。此の點、父は少しもそんな素質を受け繼いでいない。

最後に父の食事について觸れてみやう。食事は別にたいした好き嫌はなかつた。こちらで調理したものは、大抵、其のまゝ食べられた。自分だけの食事を特別に用意することは嫌われた。父は以前から極めて少食だつたし、食事は早かつた。傍で見ていると、あまり食べ方が早いので、充分咀嚼が出來ていないように見えた位だつた。以前は食事の際にも本を側に置いて讀んで居られた。從つて食事中に雜談をされるということは稀であつた。そして食事が終るとまたすぐに書齋に入られた。だから私の家の食事は早かつた。それでも食事のときの行儀などは嚴しかつた。お箸の持ち方など、自分の子供のときには幾度も注意されたことを覺えている。父の食事の早いのは肥後藩の言葉の『早飯、早屎、早走り』によるものだろう。以前は朝は長い間パン食であつた。好物としては鰻にお餅・麵類であつた。死の前日には、朝晝ともにお餅とうどんをおいしそうに澤山食べられた。又熊本の特產でマンビキという乾魚があるが、大變好物で、子供のときのことを思い出すと云つてよろこばれた。どちらかと云えば、父は辛口であつた。關西風の薄口よりも田舍めいた風味を好まれた。概して齒は强かつた方で、堅いものでも平氣で嚙んで居られた。

聽力は最後まで完全であつた。病床の側で一寸家の者が小聲で喋べつたことでも、ちやんと父は聽いているという具合で、幾度かはつと思つたことがあつた。頭はなくなる三四日前から所謂ぼけて來て、話の應答もつじつまの合わないやうになつたけれども、本のことや學問のことになると仲々しつかりされていた。しかし昨年位から字を忘れたり、知人の名前なども忘れ勝ちになつて居られた。手紙を書く時にも母が側につきゝりで世話をして居られた。十二月一日の夜も、父は例により昔語を私に聞かせて吳れたが、偶々、父が十七才の時、祖父に見送られて熊本の三角から船に乘つて東京に行つた話をされた。其時、話が賴山陽の泊天草灘の詩に及んだが、どうしても最後の二句が浮んで來なかつた。其の夜はおそく迄、母と私の三人で、父の病床の側で、昔話をしたが、それが父とゆつくり話をした最後となつてしまつた。

次に父の趣味としては、謠曲がその最たるものであつた。晩年は何時とはなしに家で謠われることはなくなつたが、自分が子供の時にはよく聞いたものである。以前、お正月に藤代先生のお宅でお謠の會があつて、暮に當日の番組が定まると、其の中から謠の文句に因んで福引を作ることになつていた。父はそんなことは不得意らしく、母とよく相談されていたが、豫定數だけはどうやら出來ていたらしかつた。亡くなる二日程前の晩、突然大きな聲で、衰弱した父からどうしてあんな大きな聲が出たか、不思議なほどに大きなお聲で、謠の一節を朗々と謠われた。これが父の最後の謠であつた。

習字も父の趣味の一つであつた。其の習字はいつ頃から始めたかは知らないが、古いことであるらしい。隨分人に揮毫を依頼されたようであつたが、知らない方に書くことは餘り好まなかつた。晩年は疲れるからと云つて、大きな字を書くことはなく、殆んど詩箋を用いて居られた。今年の夏は毎日のやうに詩箋に何かを書いては、來訪の方があると自分で差上げていた。父が自分で書いたものを他人樣に差上げるようなことは今迄についぞなかつたことであつた。墨は自分が磨るのは氣に入らず、專ら母の仕事であつた。御依頼になつた揮毫も、數枚書いてみて、氣に入つたものがあつても、翌日更に見直して氣に入らないと、更に日を改めて書くといつた風で、一枚の揮毫でも決して忽にせられなかつた。父は字を書く時は、他のことは何も忘れて如何にも樂しそうな風であつた。落款は自分で押して居られた。時々いがんだりしたが、それが如何にも父らしかつた。現在使用してゐるのは以前に桑名樣と住友の谷内樣に篆刻して戴いたものであるが、細川護貞樣からも「君山」というのを有難く頂戴していた。自作の詩を書いて人に差上げるごとは滅多になかつた。額は餘り書くのを好まなかつた。額は一度かけられると長くかけておかれるので、下手な字を見られるのが辛いから、なるだけ幅の方を書くことにしているといわれた。

字をよく書く父も、繪には全く素人であつた。子供の時、お習字はよく父に習つたが、繪は餘り描いてもらつたことはない。大正の末期頃、津田青楓先生の塾で河上先生・佐々木先生・河田先生らと繪畫會に出席していた。其の折、少し竹の繪を習つたのであるが、到底ものにならなかつたらしい。父の繪については「物の形というものが全く頭に浮んでこない人だ」と、津田先生が云つて居られる。筆の持ち方、手つきなども不器用で、常人と異つているようだつた。

父は手紙はすべて自分で認められて家族のものに代筆させられることは殆どなかつた。今度も發病まで自分で認められていた。又父のお世話になつた先生親戚などのお手紙は、今も大切にしまつていて、故人を忍ぶよすがとしていた。竹添先生・木下廣次先生・星野恒先生や兄弟縁者の手紙など、大切に保管してあつた。父は字の上手下手は云われなかつたが、誤字だけはやかましく云われた。何時だつたか、どうすれば字がうまく書けるのですかと問うたところ、學問が出來てくれは字は自然に書けるものだと答えられたことがある。

父は世間からは大變難かしい堅苦しい親しみ難い人のように考えられ、初對面の人でなくとも、父の前に出るのが何だか恐いような風に誤解されていたのではないかと思われるが、決してそんな頑固な人ではなかつた。父は直情徑行の人であつたが、感情の人ではなく、理性の人であつた。喜怒哀樂を顔に表わすことは餘り無かつた。

私共に對しても、こちらの云い分を靜かに最後まで聞いてから、納得の出來るように判斷を加えられた。一時の感情で烈しい言葉が出るようなことは無かつた。

父は動物を可愛がられた。ずつと以前に犬を飼つていたことがあつた。其の犬が何かの折じやれ半分に他人の足を嚙んだことがあつて、其の人が文句をつけにやつて來た。母が非常にその犬を叱られたが、父は「畜生のしたことだ。そんなに叱るな、可愛相だ」と云つて、母を制せられた。其の犬が年老いて死んだ時には、父の浴衣に包んで百萬遍の墓地の東の空地に埋めて讀經して貰つたことを覺えている。又昨年の夏、十二年も家にいた猫が死んだ。この猫は非常に父になついていたが、何分のとしに弱つていると、父は自分の食物を分けてやつて居られた。そして其の老猫も父にとつてはなくてはならぬ家族の一員だつた。父は以前は氣の強い人であつたが、晩年は非常に涙脆くなつて居られた。

私は幼少の時から身體が弱かつたので、兩親の心配はたいしたものであつた。お醫者から學校を退校させるように、父に話されたこともあつたそうだ。しかし父は私にそれを云わなかつた。父はお前が可愛相で、とても打明けられなかつたと、後年、私が丈夫になつてからつくづく述懷された。そして子供の時にお世話になつた病院の先生方の御恩や、ここまでにして下さつたお母さんの御恩を忘れてはならないとよく云い聞かされた。丁度亡くなる二十日程前に、私の誕生日があつた。父は其の日を大變に樂しみにして、夜の祝膳をお晝頃から待つて居られたそうだ。食卓についたとき、「お前が元氣に成人して今日のお祝が出來る」と、涙をポロポロ流して喜ばれたのも、私にとつて忘れ得ぬことであり、また父と一諸に全家族が打ち揃つて食事をしたのは、これが最後となつた。病氣の進行が意外に早く、素人目にも或はと不吉の豫感も抱くようになつた日の或る朝、孫たちがうち揃うて朝の挨拶に伺うと、言葉は短つたが、それぞれの進むべき道を丁寧に諭され、特に末の子供に對しては、今までにない本當に嬉しそうな顏をして、よしよしと頭を撫でておられた。

父は經濟の方は全く母に任せきりであつたので、母は一家の經濟を切り廻さねばならなかつた。父は書籍を購入される時も、一々母と相談されていた。元來、父は熊本の貧乏な士族の家に生れ、幼にして兩親を失い、其後は祖父母によつて育てられたので、家計は決して裕福ではなく、本を買うことも容易に出來ない境遇であつた。それで本を讀みたいときには、人から借りてそれを熟讀されたそうだ。しかし家は貧しかつたが、兩親のしつけは極めて嚴格で、殊に教育には充分意を用いられたと聞いている。父は昔のことを忘れられなかつたので、私の家庭では贅澤なものを買うことはなく、いつも質素な生活をしていた。そして折に觸れ何かあると、御兩親樣にお見せすることが出來たらと、幼時になくなつた兩親を追懷せられていたことも度々であつた。しかし家だけは自分のものをと母は考えられて、いろいろ苦勞された末、現在の田中の家を購入されたのは大正二年の秋だつた。吉田二本松の家から移轉したのは十月の末で、本田成之先生が當日書物の整理にお見えになつたことを思い出す。私達は田中の家に既に三十四五年棲んでいる。父は晩年に餘生を送る家として、西向日町に隱宅を建築された。しかし昭和十年に私達が東京から京都に轉任して來て其處に居住するようになつたので、父は更にお隣の畠を分讓して戴き、茅屋を建てた。父は其處を自分の書齋とせられるつもりであつたが、當時はまだ東方文化研究所の所長であり、其他にもいろいろな關係があつて、公人としての立場上、早急に轉宅することも出來ず、週末に讀書かたがた休養に來られる程度であつた。茅屋は父の趣味に合う樣に工夫され、大變氣に入つていた。父は田中の方の家を適當な時期に處分して、全く西向日町に隱居されるつもりであつたが、前述の樣な公人的な仕事の關係と、さらに戰爭の爲めに、遂に實現されなかつた。一方、父は田中の家にも限り無い愛着を持つて居られた。今迄にも家の處分について研究され相談もされたが、結局この家は自分としては思い出の深いものであり、且つ此の家を購入する爲めには隨分母が苦勞された結晶であるから、何としても手放すに忍びないと云つて、其の儘になつてしまつた。

父は敗戰日本の現狀を非常に心痛され、再建については一方ならず苦慮されていた。中國に對する國交の調整に關しては殊に氣掛りであつたらしく、毎日の新聞も中國に關する記事は丹念に讀んで居られた。そしてもし自分がもう十歳若かつたら、もう一度中國に行くのだがと、年老いて身體のまゝならぬことを殘念がつて居られた。臨終の床のうわ言にも、「私はもう足が立ちません。願います。願います」といわれていた。誰かに後をお願いして居られたようであつた。

君山先生

桑原武夫

一九三七年七月號の「四季」に、私は「君山先生」と題して、次のような文章をのせた。もとより狩野先生の學者的本質など捉えれよう筈はなく(それは今とても變らぬが)、たゞ外的些末事をしるしたにすぎない(文中狩野という文字は一回も使つてないので、同先生のことと知る人は殆んどなかつた)。しかし今となつては、その些末事もすてがたい氣持がつよいので、あえて舊稿を再録し、そのあとに先生の語錄若干をそえて、責をふさぐこととする。諒とせられんことを。

君山先生がわが國シナ學の大宗たることは言うまでもない。たゞ先生は本を作ることを好まず、世間的なことには一切關係されぬから、一般の人にはあまり知られておられないかも知れない。しかし、十一月革命後、レーニンが禮を厚くして幾度も招こうとしたという一事をもつてしても、先生の世界的地位は明らかであろう。もつとも先生はこの招きには應ぜられなかつた――ぼくは君主主義者だからね。

私は、父が先生と長らくの同僚であつた關係上、お名前は子供のころから承知しており、椅子にかけられると足が地にとどきかねるほど小柄な愛敬のある(と思われた)お姿も寫眞などでよく見なれていた。しかし、親しくお話しするようになつたのは父の死後のことである。父の臨終の前に見えたこともあつたが、その折はやせ細つた父の手をとられたあと、別室で「桑原君もあんなになつて……」とつぶやくように言われたきりで、お茶ものまずに立ち上がられた。たゞそのとき紫檀の机の上に二三滴こぼれ落ちたものから、かすかに白い湯氣のようなものが立つたこと、いまも忘れない。

父の遺言に墓誌銘は君山君にとあつた。シナの文人も恐れをなすという先生の撰文揮毫を得ることは私のもとより切望するところだつたが、先生は快く私の請いをいれられ、やがてそれは立派に出來上つた。墓石の正面は父母の名、左右兩側面に各の略歴を刻む。母の分はお賴みしたのではなかつたが、歿年享年のところを〇〇にして、原稿紙に書いて下さつた。「君のお母さんより僕の方がさきに死ぬに決つているが、お父さんのと余りスティルが變つたり、おかしなものになつても困るから、文章だけは僕がこしらえておく。書は鈴木君にでも賴むんだな。」

そんなことから私は幾度もお宅へ伺つた。前の道が近年アスファルトびきになつて、トラックやリヤカーがひんぱんに通る。玄關わきに貧弱な竹が植えてあるのは、食に肉のないのはどうでもよいとして家に竹がなければ人をして俗ならしめるという蘇東坡の說に出たのかも知れぬが、どこにも俗塵をさけて風雅に遊ぶなどという趣きはない。「結廬在人境、而無車馬喧、問君何能爾、心遠地自偏」というのかも知れぬと思いながら座敷に通ると、舊式の煉炭ストーヴがあり、上にアルミ鍋がかゝり、靑碗豆がにてある。まわりの金網には洗濯足袋がぶら下つている。奧さんがあわてて片付けられたが、先生は何ともいわれない。猫が五六匹圓陣をつくつて、暖をとつている。薄汚れした普通の猫、これは先生が次の間へ追つぱらわれた。床の間には、鐵齋の傑作「化城喩品圖」や同じく沒骨の萬才の繪、あるいはシナ名前の筆蹟など、日によつて變つている。正月など室內の片附いた日には、その前に御紋章つきの銀の大花瓶が燦然と光を放つていることもある。御下命によつて文を奉られたとき御下賜になつたものの由。それからいつも欄間に掲げられているのが、三笠艦甲板上の東郷元帥と幕僚、誰でも知つているあの繪の石版刷がガラス入りの大きな額になつている。

煙草盆をさげて出てこられた先生は鐵無地の羽織をきておられたが、その袖口のへんに墨と朱の斑點が大小無數についている。それが陽差しのかげんで大へん綺麗にみえ、中々に好ましい。いつも甚だむぞうさな風をしておられるが、ある日など取次を待たずに玄關までひよこひよこと出てこられた先生の裾から白木棉の布が引きずつていたこともあつた。氣がつかれたらしく、さすがに膝ではさむようにして座敷まで行かれたが、坐るとすぐ話をはじめられた。

父の一周忌の前に、詩を一つ書いたから取りに來るようにというお電話があつた。行つてみると、巽絹に例によつて雄渾でまた艶々しい二十八文字が書かれてある。

故人墳在黑谿湄　　貧罷生芻歸去遲
微雨夜來春草遍　　老鶯啼度野棠枝

無學の私のために先生は、別に句讀訓點をつけたのを細字で書箋に書いておいて下さつた。それを示して、一應說明をしておこうといわれる。一週間ほど前に黑谷にある父の墓に參つて下さつた折の即興である。湄はほとり、生芻は故事があつて一寸むづかしいが、シナでは靈前に牛豚など生臭さを供える、がそれは大げさでもあり、高くついて買えぬというところから、牛などの飼料にする乾草を以てこれに代えた人があつた、それが生芻、つまり香華を手向けおわつても低徊去りがたいということろだ。（後に「辭源」を引いてみると、これは處士徐穉の逸事である。その傳をのせた後漢書卷八十三を亡父の書庫から引出して見ると、その條に朱の傍點が打つてあつた。私は奇異の思いに堪えなかつた。）　野棠は野生の梨でシナの墓地にはつきもの。老鶯にはまあ自分のことも含めている。すべて詩はサンボリスムだから、實際と違つていても、それでよろしい。即興だが相當よく出來とるんだよ——詩は自分で作つた覺えのない者には本當の味はわからんがね。それから、あの字などに白くかすれたところが出來ているが、あれはあそこがよい、渇筆といつて余ほど力が入つておらぬことには、あゝはならん。詩も字も中々よく出來とる、そういつて自ら樂しむように眺めておられる。傍におられた奥さんが、自分でほめてばかり、といわれると、わしもいつもこう行くとは限らんのだから、ほめてもかまわん。

表裝が出來たので參上して箱書きを乞うと、今すぐ書いてやろうといわれる。先生が書をかゝれるのを見るのは初めてなので、私は喜んだ。奥さんが硯に水をたつぷり入れて磨り出される。シナの古墨である。墨は必ず女の磨るもの、男では粗くなつていかぬなどといいながら、煙管に刻みをつめておられる。そこで私はおたずねする——日本の詩人や文學者で、漢字の字づらの美しさということを强調する人が多いが、シナ人はそういう美を感じているのですか。——そんなことはなかろう。書と詩文とは別の藝術だ。詩は何よりも韻律の美しさでなければならない。もつとも戯れに、例えば同じヘンの字をそろえて作詩するなどというようなこともせぬではないが、それは邪道だ。

話しながら時間を計つておられたのか、突然「そこらで鳩居堂を少しまぜて」と奥さんにいわれた。墨も繪具のようにまぜた方が効果の上ることがあるらしい。

私は近ごろ陶淵明の詩が「コメルス」誌にフランス譯されたことを話したが、以前から漢籍の現代語譯の必要ということを時折申しあげても、いつも藝術の反譯は不可能だと一蹴される先生のことだから問題にされなかつたが、その序文にヴァレリがシナ人は最も文學的な國民だといつていますがというに及んで、先生は興味を起こされた。（世界で文化國民はシナとフランスというのが先生の持說である。）そこでこの詩人の格調の嚴正さ、その詩論などを少しばかり開陳した。先生の曰く「ヴァレリというのはよほど藝術のわかる偉い奴にちがいない。」

やがて墨が磨りあがると、筆箱が出る。四五寸角、長さ一尺ばかりの大きな桐の箱で、ふたには「君山筆匣」と肉太に書かれてある。大小數十本の筆が雜然と入つている中へ、まるつこい手をぐさりと突込んで、中から太いのを一本無造作に選びとり、墨をたつぷりふくませて、「弔桑原博士墓七絶」と書かれた。私の今まで見かけた箱書きは、大てい箱の中央に細字で書いてあつたが、先生のは天地なし、左右にこぼれさうなほど大きい。そういえば先生の家の標札も板一面に書かれてあつた。筆と一しよに緊張した身體全體が動いている。大きな字を書くと一日疲れるといつておられたのが、初めてわかつた。そして出來上つたものを見れば重厚なうちに水々しさがあつて、七十近くの老人の筆ということを疑いたくなる。それから私を驚かしたことがある。たとえば弔の字の第一劃のように、まず横に引いてそのまゝ下へ曲げるべきところを、先生は二筆に分けて書かれる。一つの字を書くうちに墨をつがれることさえある。そういうことは許されぬと聞いておりますがときくと「初めのうちはそういうこともいうがね。」なるほど先生のは、出來上りはどこで墨をつがれたのか全くわからなくなつている。大たい書は畫と同じような一つの藝術だから、すべてあまり拘わるのはよくない。字の劃にしても、出來た字がちやんと整つておれば、劃の一つや二つは違つていてもよろしい。そういつて古來の名家の字體を集めた『楷法溯源』という書物を示されたが、李斯などという偉い人が勤という字のヘンの下の三本の棒を二本にして、いわゆる誤字を書いている。

次に、箱のふたの裏に署名して捺印される。印池はやゝ扁平な球形、めし茶碗ほどの大きさの青磁、中の朱肉は目の覺めるほど赤い。その色の配合がこの上なく美しく、肉の上を印で叩くようにされると、ぴちやぴちやという愛らしい音がする。

すつかり干くまで待てといつて語學雜談を初められた。先生のシナ語は天才的だという人がある。英語は一時英文學に志されたことがあるだけに堂に入つておられ、落合太郎先生は自分のきいた日本人の英語演說のうちこの先生のが最高といつておられた。フランス語は學生時代に學ばれただけだが、會話など實に堂々としている。もつとも相手はみな教えを乞いにくるのだから氣の樂な點もあるだろう。《C'est un grand l'écrivain》と冠詞を二つつけられるのを聞いたこともあるが、そのときも先生は短軀にやゝそりをうたせて、浩然といゝはなたれ、長身のフランス人はうやうやしく《Oui, mon maître.》と腰を曲げたのだつた。先生がヨーロッパへ行かれたとき、イギリスに學會があつて、フランスの學者たちも來ていたが、先生は得意の英語でやつておられた。ところが次にパリで、ある會合へ出て、英語で話されると、同じフランス人たちが、《Nous sommes en France. Parlons français.——フランスにいるんだから、フランス語にしよう》といゝおる。しやくだつたが仕方がない。二十年前にエックさんに習つたのでぽつりぽつりとやりながら、ふと思いついて、《Nous sommes tous sinologues. Parlons chinois.——お互いにみんなシナ學者だ、シナ語で話そう》それからは牛耳つたね、などと話された。

この正月お伺いしたとき、鐵齋が晩年になつて俄かに畫境が進んだのは、湖南先生や先生の影響があるのではないか、とかねがね思つていたことをお尋ねしてみたが、それには答えず、鐵齋は日本とシナのことしか知らぬような人ではない。排外的なところは少しもなかつた。表向きは出さなかつたが、西洋の繪のことも中々よく研究していた。いつか西洋畫家の風景を見て、これ位ならといつて子供のパステルで卽座に富士山の繪をかいたが、すばらしい出來だつた。

またこんなこともいわれた——昨年久しぶりで帝展へ行つたが、

日本畫のところは素通りした。洋畫の方はしばらくのうちに大へん水準が上つてきたように思う。もう日本畫などかくのは止した方がよいかも知れない。この間ふと驛前の百貨店へ入つたら壁畫があつた。ふん、あれが藤田か、あれのおやぢさんはぼくも一寸知つている。あれはちやんと繪になつている。

一九四三年一月三日――先生は、あさ下賀茂まで歩いて疲れて臥せておられ、誰にもお目にかゝらぬと申していますが、と奥さんがいわれるので辭去しようとすると、それでも一寸いうだけいつてみます、と引込まれた奥さんがすぐ出てこられて、さあお上りなさい、桑原は別ぢやないかといつて叱られました。二階へ上ると、先生は床の上に起き直り、じやまくさそうに着物をき、兵兒帶をまきつけ、「まあ他人じやないから、これでいい。」そして「報本　直喜」とした自筆の扁額の下で、話し出された。話しながら、火鉢の中に五六本たまつていた朝日の吸がらを炭火でもやされる。しめ切つた部屋の中はもうもうたる煙である。先生のうちには何か子供つぽい、あるいは野性的なものがひそんでいるように思える。

――シナの正史はなぜみな列傳體なのですか。

――「史記」以來の傳統だ。しかし列傳のみを重んじてはいかん。あれは面白いから、日本人は二言めに「史記列傳」などというが、本紀もあり、表、志もある。これらを讀まねばダメだよ。

――日本ではシナを模倣しながら、「大日本史」以外に列傳がないのは?

――そうだね、まあ文化が低くて、インテリがいなかつたからだろう。シナはインテリの國だ。蔣介石があの勢力をえたのも、インテリの力だ。日本には古來インテリがいない。だからシナのインテリを尊重しない。そこに間違いがおこるのだ。

フランスには écrivain という言葉がある。日本にはそれにあたる言葉はなからう。フランスの文化の高い所以だよ。

シナでは何ごともまず「文」である。つまり forme だ。内容はどうでもよろしい。しかもシナでは文人は政治に關係している。ここもフランスと似ている。文人は政治のことも倫理のことも書くが、しかし文章がうまくなくては問題にされない、フランスもそうだろう。がんらい政治とか倫理とかは下品なものさ、文章でも上手でなければね。

――高等學校で外國語の時間がへつて、國漢文がふえたことについては、その改策の愚を笑われたが、生徒が一向漢文を勉強せぬというと、それはあたり前だ。敎師が惡いんだから。シナの文章のニュアンスが少しもわかつていない。文が味えず藝術がわからずに、どうしてシナの言葉を敎えて生徒の興味がひけるものか。(今の漢文敎師がだめというのは先生の持說で、文部省が自分を視察委員にしないのは――たのまれてももちろん斷るが――自分が行つて授業をみたら、みんなを失格させるおそれがあるからだ、と笑いながらよく言われた。) たとえば陶淵明の「桃花源記」にしても、おしまいのところに「不足爲外人道也」というところがあるだろう。他人にいうては困るということではあるが、私なら「こんなことは人におつしやらなくてもいいんですよ」とでも譯す（いいんですよ、というとき、やわらかな輕い調子をつけられる）。もちろん桃源の人人は、こゝがうるさい人に知られては困ると思つているので口止めするのだが、その口止めの仕方がかなり上品なのだ。他人にいうてはいかんとか、言うに當らぬとか、そんなふうに取つては、もうだめ。纖細な魏晉時代の人が、そんな露骨なものいいをするはずはないのだから。（なお先生は、この「桃花源記」を雅文に邦譯されたのを私に示されたことがあつた。このごろシナ文學の反譯がはやつているから、自分もやつてみたのだが、序だけでやめた。あとはとても譯す勇氣が出ない、といわれた、吉川君の「元曲金錢記」の譯が出てからのことだつたと思う。）

——漢字は大いに制限したがよろしい。日本人は自分の國の言葉を愛してはいないのだ。今の人の漢字の用法は間違いばかりだ。完遂とは何ということかね。私の家の前に國旗掲揚臺があるだろう。あれは南京陷落記念と書いてある。わしはシナ人が來るごとに恥ずかしい思いをする。陷落という言葉は、野蠻人が文化のすぐれたものを落したときに使う、そういうニュアンスがある。それを日本人はいつも使つている。自分は野蠻人だといつているようなものだ。それから近ごろはやりの散華というのは一たい何だね。あれは天人が花をまくことだろう。それを勇ましい戰死に使つている。花と散るというような感じはどこにもない、シナ人ならむしろ女々しいものを感じる筈だ。花と散るといえばよいではないか。すべて漢字を使いすぎ、しかも間違つて使つて、毎日のたねをまいているのだ。

同年十二月二十五日。

本居宣長の「あしかり小舟」は、あの時代の文藝論としては實に立派なものと思います。しかし、あそこで文藝と政治を分けて考えているあゝいう鋭い考え方はどこから來たのでしようか、日本にああいう考え方があつたのですか、とおたずねすると、日本にはあゝいうイデはない。シナから得たのに違いない。恐らく「文選」の昭明太子の序などからも來ているだろう。

——詩三百篇思無邪ということがあるが、宋儒はこれを、詩をよんで惡はこれを斥け、善はこれを學ぶ、故に邪なしというふうによむのだが、漢あたりでは恐らくそうではない。詩の作品そのものが惡を歌うも善を歌うも共に、すなおであつて、そこに邪はないと考える。だから宋儒は詩のうちの卑猥なものを一そう卑猥に解することになる。そこで私が、そうすると宋儒の考え方は道德的のようでいて、實は思想の一種のデカダンスと見られませんか、とおたずねすると、先生曰く、デカダンスといえる。

——水滸は、金聖嘆もいうように、人物の個性がはつきりしており、その言葉づかいも雅俗いろいろで人物をよくあらわしている。これを味わい分けねばならぬので、反譯ではよくわかるまい。たとえば石秀が兄よめと怪しい和尚に會つて、自己紹介するところでも、「私は」というのではなく、「わしかい」という感じで、すべて敎養のないあにきの調子を出さねばならない。武松が兄よめに口説かれるところでも、vousoyer していたのが急に tutoyer に變るところ、あゝいうところの微妙な語感をよく味わい分けねば水滸は面白くない。

——「史記」や「漢書」の列傳は、たんに一個の選良を描いたのでなく、ヒューマン・タイプを示しているのだ。

先生は明治の文學は相當評價しておられたが、現代文學については殆んど知られなかつた。

一度志賀直哉さんに賴まれて、先生に揮毫をお願いしたとき、先生はその人は何をやる人だねときかれた。その後、君の友達の小説家、そうそう志賀という人、などといわれた。

（一九四八・三・三一）

君山談錄

論語の第一にいゝ所は、文章だ。文章の妙である。われわれは、もう、孔子を見、その聲を聞くことは、できないのであるが、しかし論語を讀むと、孔子の風貌が、目の前にありありと現われてくる。その聲が聞こえるような心地がする。また、そこまで讀まねばならない。

初めの「學ンデ時ニコレヲ習フ。亦タヨロコバシカラズヤ」。これだ。この「ヨロコブ」は、下の「タノシム」や、「亦タ君子ナラズヤ」と、三つかさねている中で、一番重い。「ヨロコブ」というのは、酒を飲むのもうれしいが、これもうれしい、というような、そんなものではない。これは、人生には疑惑や煩悶があろうが、それが解けた時の、そのよろこびだ。孔子に煩悶があつたのであろう。それが學んで習うているうちに、解決できた。そこの氣持だ。

「亦タ」の字も重い。ベース・ボールもおもしろいが、本を讀むことも、またおもしろい、というような意味ではない。「亦」は「大」だ。體驗がここに爆發したところだ。

詩は入りにくいが成しやすい。文は入りやすいが成しがたいというが、まつたくそのとおりだ。飾りだけでは、文にならぬ。山東の夏泉がわしの所に來た時、中井息軒の文だけを「重い」といゝ、他のもつと技巧に富んだ文章を斥けたのは、この人はシナ語がお出來にないますかと問うたほどに調子がよいことも原因だが、しかし、中にものありで、經學の力がこもつていたからだ。シナ語を習わずに、あの調子を出したのは、やはり、それだけ根底があり、習う所があつたからだ。

昭和二十年十月から、先生のおもとめに應じて、週に一度ずつ、お宅に參上し、お話を承わることになつた。孫弟子である私に、昔話をしておきたく思われたのである。しかし私の我まゝと怠慢のために、先生の御期待に沿うことができなかつたのは、申譯ないことである。右の二條は、二十二年七月十三日のお話である。

（平岡武夫記）

編集後記

シナ文化を生活する人は、樂しんで漢籍を讀み、その讀書から詩文を流出させ、そして上手に字を書く、この三拍子のそろつた人でなければならない。その一をなし、その二を兼ねる人は、今もあり、これからもあらう。しかしこの三をそろえる人は、あるいは君山先生をもつて終りとするのではあるまいか。シナ文化の光榮はいよいよ發揮するとしても、それを享受する仕方が、これから變るのである。

塾で學び、殿様を知り、文字どおり笈を東都に負い、大學のワクもこの人みずからと共に作られて行つた君山先生、

帝王の前に書を講ずること七度、勅を奉じて顯忠府の文を撰し、且つ書いて、一生の心血を傾けつくした儒臣君山先生、もとの宰相近衞公のために墓誌を書き、そのおくつきに埋めた君山先生、

舊藩主の「若様」の教養に切ない心を傾け、聖賢の道を説いて倦まず、臨終の床にその人の見舞を受けるや、寢具の上に袴を置かれた君山先生、

文學博士、帝國大學名譽敎授、學士院會員、文化勲章も、この先生にとつては、成長して來た近代日本の象徴として、健全な意味を持つ、

京都のシナ學の基礎を定め、中國の學者と親密な交誼を保ち、またフランスのアジア協會の名譽會員に最初に推された君山先生、

西南戰爭に遭い、幼にして孤となり、英文學を志してシナ學の泰斗となり、鄕黨の中でもつとも弱くして、しかも誰よりも後まで天壽を保ち、文に篤くしてしかも最初の勲章は武功による旭日章であつた君山先生、

先生みずから「これはわしをもつて終りとする」といわれたことどももある。あるものはそうであらう。しかし先生は先生なりに最後まで現役の人であつた。君山先生八十年の生涯が正史の列傳に必らず載せられるべきものであることは、何人も疑わぬであらう。その學、その行、その人を、我々はいかに大きく紀念するとも、紀念しすぎることはない。この小册子はそうした我々の微意のあらわれである。學者としての先生と共に、人間としての先生も描きたかつた。勝手な、そしてせつかちな乞いにもかゝわらず、皆様の玉稿をお寄せ下さつたことに、我々一同は心底から感謝している。もとより、とり上げるべき題目、依頼すべき執筆者がこゝにつきているのではない。但、紙幅と時間との制約から、こういう形になつたのである。年譜の作成も、間に合わなかつた。傳記の編纂、文稿・書翰の整理のなされる日を待つている。

巻頭の追悼の辭は、編集者を代表して青木博士が書かれた。遺影は十年ほど前、即ち七十歳のころに、お氣に入りの向日町の書齋で撮されたもの、しろと寫眞で、ピンボケのうらみがあつたが、もつとも親しみを覺えさせるおもかげだというので、あえて用いた。

二幅の書について青木博士は次の手記を寄せられた。「手蹟の一は陶弘景の『答謝中書書』、昭和二年六十歳の筆である。是は門下の本田成之、青木正兒及び畫家人見少華等の諸氏によつて結成されてゐた南畫研究團體考槃社の第二回支那名畫展觀會が市の公會堂で催された際、同會の懇請を納れて内藤湖南先生等の書と共に特別出陳された傑作で、會後本田氏に贈與され、今其の家に藏してゐる。其の二は杜牧の『寄揚州韓綽判官詩』、昭和十

四年七十二歳の筆である。是は門下其他の有志が組織する所の麗澤社詩文會の席上、酒後揮毫された興會飄擧の神品で、今青木氏に藏せられてゐる。」

なお別刷の分のみに載せたいま一幅は、比叡山無動寺の住職稲田祖賢師に贈られたものである。揮毫は昭和二十三年四月二日、先生の最も終りに近い書であり、みずから快心の作とされたものである。先生が自作の詩を人に書いて贈られることはめつたになかつた。ごく晩年になつて、たまにこのことがあつたが、この詩は先生の自作になり、その點からも尊重すべきものである。

君山先生はいうまでもなく、名うての漢詩文の上手である。そして我々にも漢詩文の習作をいつもすゝめられた。我々がそれをせず、却つて國譯をしたりすると、苦い顔をされていた。先生を偲ぶ紀念の册子に、先生の詩文を掲げることは、似つかわしいことであり、またその材料も豐富にある。しかしそれにもかゝわらず、この桃花源記の譯を出したのは、次の如き事情からである。この譯文は先生のお得意のものであり、先生を訪ねた多くの人々が、先生の「…頃かとよ」という名調子を拜聽するの光榮に浴したものである。しかしそれは往々にして、現在行われている漢文の國譯のしまりのなさ・あやまりに對するお叱りから漢文文章論に發展し、かんじんの譯文は「…頃かとよ」で終つてしまうのであつた。それでこの譯文のあることを知る人は多くて、その全體を知る人は少いのである。またこの文章を拜見すると、その時の先生のお顔も、お聲も、ありありと思い浮んでくるのである。それでこゝに載せた。なお註記は先生がみずからつけられたものである。本文と紙を異にしているから、後に書かれたものであろう。その文章からも分るように、これは人に示して意見を求められたものである。その人は新村 出博士で、その時は昭和十九年二月二十六日である。新村博士は全文を別紙にうつして、それに自分の考えを朱書して、三月に返された。私は二十年十二月二十一日に、これを題目として翻譯論から文章論に及ぶ先生の大氣焔を拜聽した。その委細は別の機會に譲ろう。

なお、お寄せ下さつた皆樣の玉稿は、あげて君山先生の御靈前にお供えしていただきましたことを、御諒承願います。

本誌が短時日のうちに刊行できたことは、前野・福永・今井・篠原の四學士の御助力に負う所が多い。編集者一同と共にお禮を申上げます。（ひらおか）

桑原武夫氏の原稿は、すべてが校了になり、刷りにかゝつた時にとゞいたので、よぎなく巻末に組んだ。順序不同の點はあしからず（ひらおか又しるす）

東光 第五號（季刊） 定價三十円

昭和二十三年四月二十日 印刷・納本
昭和二十三年四月三十日 發行

編集兼發行者 八坂淺太郎
印刷者 加藤辰二郎
發行所 弘文堂書房 東京都千代田區神田駿ケ臺 出版協會々員番號A一一一〇二八
印刷所 弘文堂印刷部 京都市左京區田中西浦町四〇

配給元 日本出版配給株式會社 東京都千代田區神田淡路町二ノ九

あとがきに代えて

狩野直喜の孫狩野直禎は平成二十九年二月七日の早朝、急逝致しました。本書刊行の話が進んでいることは、薄々察しておりましたが、進捗状況などについては知りませんでした。その年の夏頃、法藏館編集部の今西智久氏より協力の依頼を受け、直禎が既に本書の一部「祖父狩野君山と阿藤伯海先生」や書簡の注釈の原稿を残していたことを知りました。図らずも、祖父の書簡集は孫の遺作になったわけでもあります。

私（狩野直敏）は直禎の長男、即ち直喜の曾孫に当ります。直喜は私が生まれる十六年前に亡くなっていますから、直接の記憶はもちろんありません。また、父の勤務先の関係で物心付く頃には、書簡に度々登場する大堰町の家を離れていた頃もあり、幼い頃に意識したこともありません。

ただ、正月に帰省した折、雑煮の席などで、祖父（直方。直喜の長男）と父の間で「直喜さん」が話題になると、座敷の高い所に掲げられている「礼服姿に勲章を着けた写真」の人のことなのだと理解はしていました。

そして、最も日常的に直喜さんを意識せざるを得なかったのは、二年生の二学期から通うことになった小学校でした。詳しい経緯は祖父からも父からも教えられなかったので、『京都市立養正小学校ホームページ』の「学校沿革史」から引用すると、

「校名の由来」　易経「蒙以養正聖功也」
　大正7年4月1日京都市編入のとき京大教授狩野直喜博士により命名
（引用者注。学校の創立は明治十二年十一月一日。当初の校名は「田中小学校」）

とあります。

本来なら誇らしく思うべきなのでしょうが、転校生で引っ込み思案でもあった私にとっては、自分が通う学校の名前が身内の命名であることはむずがゆく、誰かにからかわれたりしないか、いつも警戒していました。高学年になって父がPTAの会長を引き受けたことも含め、「餘計な事をしてくれたものだ」との思いが強かったのです。ただ、今思えば、父には「祖父が命名した学校で大役を任せられた」との感慨が強かったかも知れません。

その後、私も史学科に進んでしまったがために、人前で直喜について触れられたり、直喜の名を出されて激励されたり、難しいことを尋ねられたり、辟易することも多々ありました。

知るところ知らぬところで、直喜の名の恩恵を受けていたことも確かなのでしょうが、私にとっての狩野直喜とは、長らく敬して遠ざける存在なのでした。

父は、かつて直喜の依頼を受けた阿藤先生に漢文の素読を受けたように、自身で小学生の長男に素読を行おうとし、『論語』冒頭の「子曰学而」から始めたことがあります。しかし、恥ずかしいことに、教わる側が無関心で応えてしまい、半年も続かず頓挫しました。以降、直喜や漢文について、父から何か押し附けられたことはありませんでした。ただ、数十年経ってワープロやパソコンが普及しだした頃、全くの機械音痴であった父から原稿の清書を頼まれることがありました。直喜に関する文章も含まれていたことは、「お前もそろそろ、直喜さんのことをもっと知るようにしろ」との遠回しのメッセージだったような気もします。

父が亡くなる少し前、他愛もない雑談の中で、直喜が晩年猫を可愛がっていたと聞きました。当代随一の支那学者が愛猫にどのような名を与えていたのか。興味津津で尋ねたところ、答えは「チビ」。ずっこけました。しかし、この時初めて、「直喜さん」に対し、偉い学者ではなく、身内としての親近感を抱けたような気がしました。

そして今回、この文を書かせて頂いたことで、直喜にまた少し近づけたように思います。

最後になりましたが、本意ではないにせよ本書の編集途上で退場を餘儀なくされ、関係者の方々に御迷惑をお掛けしましたこと、直禎に成り代り御詫び申し上げます。とともに、本書の執筆・釈読・編集を御担当頂きました杉村邦彦・寺尾敏江両氏をはじめ、阿藤伯海について特別に御寄稿をたまわりました岡山大学名誉教授の廣常人世氏、直喜の書簡・遺墨を大切に保管し、今回御便宜を頂きました浅口市教育委員会、ならびに法藏館編集部の今西智久氏に、心より御礼申し上げます。

平成三十年十二月十三日　君山忌日

狩野　直敏

【監修・注釈】

狩野直禎（かの　なおさだ）

昭和四年（一九二九）、東京市生まれ。京都大学文学部史学科東洋史学専攻卒業。聖心女子大学助教授、京都女子大学教授・同学長を経て、京都女子大学名誉教授。文学博士。前三国志学会会長。平安書道会会長。平成二十九年（二〇一七）、逝去。〔主著〕『後漢政治史の研究』（同朋舎）、『諸葛孔明』（人物往来社、のちPHP文庫）、『「三国志」の世界　諸葛孔明と仲達』（清水書院）、『史記「人間学」を読む』（学陽書房、のち改題して人物文庫）、『「三国志」の知恵』（講談社現代新書）、『「韓非子」の知恵』（講談社現代新書　のちPHP文庫）、『治世の人　乱世の人――中国の治者と覇者　その叡智と器量』（学陽書房）、『三国時代の戦乱』（新人物往来社）、『孔子「論語」の人間学』（学陽書房、のち改題してPHP文庫）等。ほか編著多数。

【釈読・編集】

杉村邦彦（すぎむら　くにひこ）

昭和十四（一九三九）年、大分市生まれ。京都大学文学部史学科東洋史学専攻卒業。京都大学大学院文学研究科博士課程修了。京都教育大学・四国大学名誉教授、書論研究会会長、『書論』誌主幹。書学書道史学会名誉会員、西泠印社名誉社員。第八回蘆北賞、第五回立命館白川静記念東洋文字文化賞受賞。〔主著〕『書苑彷徨』第一集～第三集（二玄社）、『中国書論史概説』（同朋舎出版）、『歴代名家臨書集成』（共編、柳原書店）、『書の基本資料一九・書論』（中教出版）、『墨林談叢』（柳原書店）、『中国書法史を学ぶ人のために』（世界思想社）、『晋王羲之遊目帖解説・釈文』（二玄社・文物出版社）、『書學叢考』（研文出版）、『書學論纂』（知泉書館）、『巌谷一六日記』（共編、甲賀市教育委員会）、『甲賀市水口歴史民俗資料館蔵巌谷一六漢詩文稿』（共編、甲賀市教育委員会）等。編集雑誌『書論』（既刊四十四号）。ほか編著多数。

寺尾敏江（てらお　としえ）

昭和二十一年（一九四六）、名古屋市生まれ。元名古屋市立図書館司書。書論研究会会員。〔主著〕『巌谷一六日記』（共編、甲賀市教育委員会）、『宮島詠士清国留学書簡』（共編）、『山本竟山の比田井天来あて書簡』（共編）、「『巌谷一六日記』にみる一六居士の囲碁小考」（『書論』第四十四号所収）など。

【特別寄稿】

廣常人世（ひろつね　じんせい）

昭和七年（一九三二）、岡山県浅口郡大島村（現笠岡市）生まれ。岡山大学法文学部漢文学専攻卒業。東京大学大学院人文科学研究科博士課程中国哲学専攻単位修了。岡山大学名誉教授。〔主著〕『講座東洋思想第二巻　中国思想　儒家思想』（共著、東京大学出版会）、『中国古典文学大系第一四巻　資治通鑑選』（共訳、平凡社）、『傍訳漢文　論語・孟子』（共訳、明治書院）、『中国古典新書　新序』（明徳出版社）、『西山拙齋全集』第一巻～第三巻（編著、鴨方町）。

狩野君山の阿藤伯海あて尺牘集

二〇一九年二月七日　初版第一刷発行

監修・注釈　狩野直禎
編　　集　杉村邦彦・寺尾敏江
発 行 者　西村明高
発 行 所　株式会社 法藏館
京都市下京区正面通烏丸東入
郵便番号　六〇〇-八一五三
電話　〇七五-三四三-〇〇三〇（編集）
　　　〇七五-三四三-五六五六（営業）

印刷・製本　中村印刷株式会社

ISBN978-4-8318-7721-5 C3023

藝林談叢　法蔵選書	神田喜一郎著	一、八〇〇円
書聖空海　法蔵選書	中田勇次郎著	一、八〇〇円
顏真卿伝　時事はただ天のみぞ知る	吉川忠夫著	二、三〇〇円
敦煌から奈良・京都へ	礪波　護著	二、五〇〇円
鏡鑑としての中国の歴史	礪波　護著	二、五〇〇円
隋唐佛教文物史論考	礪波　護著	九、〇〇〇円
隋唐都城財政史論考	礪波　護著	一〇、〇〇〇円
中國文學思想管見　橋本循著作集　第一巻	橋本　循著	五、〇〇〇円
詩經國風　橋本循著作集　第二巻	橋本　循著	五、〇〇〇円

法藏館　価格税別